자료통역사의 통하는 자료해석

③권 전략편

김은기(자료통역사)

도서 출판 **오스틴북스**

KB037348

일별 학습 진도

I

학습목표 및 복습

**간단
요약**

문제를 푸는 것은 산을 오르는 것과 같다.
산 중에는 내가 오를 수 있는 산이 있고, 오를 수 없는 산이 있다.
한번 오르기 시작하면, 중간에 포기하기 힘든 것이 사람 심리이다.
따라서, 내가 오를 수 있는 산인지, 아닌 산인지를 잘 판단해야 한다.

1 전략편의 학습목표

Q 전략편에서는 무엇을 배우나요?

세팅편과 풀이편에서는 문제를 통째로 풀지않고 문제의 일부분만을 분할하여 학습했다.
이제 전략편에서는 문제를 통째로 푸는 연습을 할 것이다.

문제를 통째로 푼다는 것은 산을 오르는 것과 같다.
산 중에는 내 실력에서 충분히 오를 수 있는 높이의 산도 존재하는 반면, 오르지 못할 높이의 산도 존재한다.
하지만 산을 오를 수 있는지 없는 지는 오직 산의 높이만으로 결정되는 것은 아니다.
자신이 어떤 등산 경로를 선택하느냐에 따라서 정상에 갈 수 있을지 없을지가 결정되기도 한다.
등산 시 난이도의 핵심은 분명 산의 높이가 결정하지만, 등산 경로에 의해서 난이도는 충분히 달라진다.
그렇기에 우리는 등산 전에 최대한 많은 정보를 미리 조사하여 최선의 등산로를 선택한다.

문제를 푸는 것도 등산과 유사하다.
어떤 문제는 주어진 자료 자체가 이해가 잘 되지 않아, 겉으로 보기에도 풀 수 없는 문제가 있다.
하지만 풀이의 전략을 어떻게 세우느냐에 겉보기와 다르게 쉽게 풀리는 문제도 존재한다.
또한, 큰 어려움이 없어 보이는 문제도 어떤 전략으로 접근하는지에 따라서 난이도에 변화가 생긴다.
이렇듯 문제를 푸는 행위에서도 핵심 난이도는 자료가 결정하지만 전략에 따라 난이도는 충분히 달라진다.
그러나 안타깝게도 문제는 실제로 풀어보기 전에는 '최선'의 전략은 무엇인지 알 수가 없다.

그렇다면 어떻게 해야 할까? 답은 생각보다 간단하자. '최선'을 포기하면 된다.
문제를 실제로 풀지 않고도 알 수 있는 정보인 "문제 유형별 특성"과 "원하는 이점"을 생각한다면,
수험에 적합한 "최적의 전략"을 만들어 낼 수 있다.

우리가 전략을 통해서 얻고 싶은 이점은 아래의 4가지이다.
① 풀 수 있는 문제인지 알아내기
② 문제 난이도를 낮추기
③ 풀이 시간 단축시키기
④ 실수 줄이기

따라서 우리가 얻고 싶은 4가지 이점을 얻기 위해 문제 유형별 특성을 최대한 이용하는 방식으로
전략을 만들어 갈 것이다.

Q 어떤 유형이 존재하며 각 문제 유형별 특성은 어떻게 되나요?

 문제의 유형은 일반형, 매칭형, 기타형 3가지로 나누어진다.

일반형	
발문의 구성	1) 이에 대한 설명으로 (옳은/옳지 않은) 것은? 2) 이에 대한 〈보기〉의 설명으로 (옳은/옳지 않은) 것만을 모두 고르면?
문제의 특성	1) 답을 찾기 위해서 모든 설명을 풀어야 할 필요가 없다. 　예를 들어 ①~⑤ 5개로 구성된 설명 중에 ③을 제외한 모든 설명을 풀었을 때, 　답이 나오지 않는다면 답은 ③이다. 2) 설명들간에 연계성이 존재하지 않는다. 　그렇기에 특별히 어려운 1개의 설명 때문에 문제를 못 풀게 되는 경우도 존재한다.
전략	1) 모든 설명을 풀어야만 답이 나오는 것은 아니다. 　하지만 어려운 설명 때문에 답을 못 내는 경우도 존재한다. 　따라서, 답을 가르는 설명이 존재한다면, 그 설명부터 풀어내야 한다. 2) 만약 답을 가르는 설명을 풀 수 없다면, 풀 수 없는 문제이다.

매칭형	
발문의 구성	~을 바르게 나열한 것은?
문제의 특성	1) 주어진 선지에 나열된 것들 중에 답이 존재한다. 　즉, 선지가 정답 후보이다. 2) 주어진 설명들은 무조건 '옳은' 내용이다. 3) 주어진 설명들은 서로 간의 연계성이 존재한다. 　따라서 처음 푸는 설명과 마지막으로 푸는 설명이 중요하다. 4) 주어진 설명만을 통해서 정답이 확정된다.
전략	1) 설명간의 유기성이 존재하는 유형이다. 　따라서 설명을 푸는 순서가 중요하며, 풀때 선지를 이용하면 더 쉽게 풀 수 있다. 　특히 첫 번째로 어떤 설명을 푸느냐에 따라서 연계성의 이용도가 갈린다. 2) 첫 번째로 풀어야 할 설명이 잘 풀리지 않는다면, 풀 수 없는 문제이다.

기타형	
발문의 구성	알 수 없음
문제의 특성	1) 발문을 통해서 문제의 목적을 제시함. 2) 제시된 목적에서 요구하는 대로 풀어야 실수를 방지 할 수 있음.
전략	1) 발문에서 제시한 '목적'에서 요구한 것을 명확하게 따라야 한다. 2) 만약 목적이 명확하게 잡히지 않는다면 해당 문제는 풀 수 없는 문제이다.

Q 풀 수 없는 문제는 어떻게 해야 하나요?

 자료의 이해 또는 전략을 통해서 풀 수 없는 문제라고 판별 됐다면,
나중에 풀 문제라고 생각하고 일단 넘어가자. 그리고 자신이 풀 수 있는 문제들만 골라가며 문제를 풀도록
하자.
마지막 번호까지 가면서 자신이 풀 수 있는 문제만 모두 골라서 풀었다면, 이때부터는 전략을 바꿔야 한다.
여태까지의 전략은 모두 잊고 주어진 설명 중 가장 쉬운 설명을 먼저 푸는 것이다.
이를 통해 자료의 이해를 확장하자.
자료에 대한 이해가 확장된다면 자료가 이해가 안되서 넘어간 문제를 풀 수 있게 된다.
또한 앞에서 어려울 것이라고 생각했던 설명도 자료에 대한 이해가 확장되면,
풀이를 위한 다른 길이 보여 설명의 난이도도 내려가게 된다.

즉, 우리는 2가지 모드를 가지고 시험지를 풀어야 한다.
모드.1 풀 수 있는 문제들만 골라가며 문제만 풀기
이때 자신이 몇 문제를 풀고, 몇 문제를 넘기는 지는 하나도 중요하지 않다.
자신이 모드.1에서 세팅한 전략을 기계적으로 적용하고 판단하면서 풀 문제만 풀어 간다.

모드.2 자료의 이해 확장시키기
모드.2에서의 목표는 자료의 이해를 확장시키는 것이다.
자료의 이해를 확장시키는 가장 좋은 방법은 일단 해보는 것이다.
아무거나 해 볼 수 없으니, 자신이 생각할 때 가장 쉽다고 생각되는 것을 해보는 것이 중요하다.
가장 쉽다고 생각되는 것을 일단 해보면 이해가 확장된다.
그렇게 확장된 이해를 통하면 풀 수 없다고 판별했던 것도 풀 수 있게 변화한다.
단, 모드.2에서도 어떤 문제를 풀어야 할지는 계속적으로 골라주어야 한다.
모드.1에서 넘긴 문제는 대표적으로 아래의 3가지일 것이다.
1) 단순히 시간이 오래 걸릴 것 같아서 이동시킨 문제
2) 설명이 어려워서 넘긴 문제
3) 자료가 어려워서 넘긴 문제
모드.2에서도 3)은 최대한 마지막에 푸는 것이 좋다.

Q 전략편을 요약해주세요.

전략편의 요약도는 다음과 같다.

문제의 유형	일반형	매칭형	기타형
자료의 이해	이해가 간다면, 모드.1 이해가 안간다면, 모드.2		
모드.1	답을 가르는 설명이 있다면, 그것부터 푼다. 만약, 풀기 어렵다면 넘긴다.	첫 번째로 풀 설명을 찾는다. 만약, 풀기 어렵다면 넘긴다.	제시된 목적을 잡는다. 만약 명확하게 안잡힌다면 넘긴다.
모드.2	일단 해보자. 단, 가장 쉬워 보이는 것을 이용해시		

2 사칙연산 요약 - 덧셈과 뺄셈

Q 덧셈과 뺄셈은 어떤 관점으로 봐야 하나요?

자료해석은 기본적으로 '비교'라는 큰 틀에서 숫자를 봐야 한다.
비교라는 큰 틀에서 숫자를 보기 위해서는 아래의 순서를 따라야 한다.
1) 비교를 위한 고정값의 유무를 판단하고, 고정값이 없다면 고정값을 만든다.
2) 고정값을 통해서 '비교'를 한다.

Q 덧셈은 어떻게 접근 해야 하나요?

자리 올림의 유무부터 확인해야 한다.

Case① 일의 자리 때문에 자리 올림이 생기는 경우

> ex) 335＋328
> 일의 자리를 우선적으로 채워주기 위해 일의 자리를 찢는다. → 328＝5＋323
> (335＋5)＋323＝340＋323＝663

Case② 십의 자리 때문에 자리 올림이 생기는 경우

> ex) 282＋475
> 십의 자리를 우선적으로 채워주기 위해 십의 자리를 찢는다. → 475＝20＋455
> (282＋20)＋455＝302＋455＝757

Case③ 일의 자리와 십의 자리 때문에 자리 올림이 생기는 경우

> ex) 586＋379
> 일의 자리와 십의 자리를 채워주기 위해 숫자를 찢는다. → 379＝14＋365
> (586＋14)＋365＝600＋365＝965

Case④ 일의 자리 때문에 자리 올림 + 십의 자리의 합이 9인 경우

> ex) 138＋569
> 일의 자리를 우선적으로 채워주면, 십의 자리에서도 자리올림이 발생한다.
> 따라서, 일의 자리와 십의 자리를 채워주기 위해 숫자를 찢는다. → 569＝62＋507
> (138＋62)＋507 ＝ 200＋507 ＝ 707

Q **뺄셈은 어떻게 접근 해야 하나요?**

 자리 내림의 유무부터 확인해야 합니다.

Case① 일의 자리 때문에 자리 내림이 생기는 경우

ex) 482 - 158
십의 자리의 자리 내림이 발생하지 않도록 숫자를 찢는다. → 482 = 322 + 160
322 + (160 - 158) = 322 + 2 =

Case② 십의 자리 때문에 자리 내림이 생기는 경우

ex) 458 - 183
일의 자리는 자리 내림이 발생하지 않으므로 후에 처리한다. → 458→450, 183→180
백의 자리의 자리 내림이 발생하지 않도록 숫자를 찢는다. → 450 = 250 + 200
250 + (200 - 180) = 250 + 20 = 270, 일의 자리 결과가 5이므로, 275

Case③ 일의 자리와 십의 자리때문에 모두 자리 내림이 생기는 경우

ex) 536 - 379
백의 자리의 자리 내림이 발생하지 않도록 숫자를 찢는다. → 536 = 136 + 400
136 + (400 - 379) = 136 + 21 = 157

Case④ 일의 자리 때문에 자리 내림 + 십의 자리의 크기가 같은 경우

ex) 735 - 339
십의 자리의 자리 내림이 발생하지 않도록 숫자를 찢으면, 백의 자리에서 자리 내림이 생긴다.
따라서, Case③처럼 숫자를 찢는다. → 735 = 335 + 400
335 + (400 - 339) = 335 + 61 = 396

Q **덧셈과 뺄셈의 비교는 어떻게 하나요?**

각각의 숫자의 증감을 통해서 비교가 가능하다.
덧셈 비교는 A + B VS C + D A → C의 증감과 D → B의 증감을 통해서 비교가 가능하다.
뺄셈 비교는 A - B VS C - D A → C의 증감과 B → D의 증감을 통해서 비교가 가능하다.

해당 자료의 저작권은 메가피셋 김은기 강사에게 있습니다. **11**

연습문제 [덧셈과 뺄셈]

■ 문제지

01)	438	+	424	=		21)	617	–	381	=
02)	225	+	421	=		22)	791	–	462	=
03)	490	+	354	=		23)	517	–	367	=
04)	426	+	325	=		24)	854	–	517	=
05)	343	+	478	=		25)	788	–	443	=
06)	438	+	349	=		26)	613	–	342	=
07)	467	+	536	=		27)	691	–	541	=
08)	185	+	528	=		28)	580	–	334	=
09)	319	+	590	=		29)	568	–	399	=
10)	497	+	235	=		30)	647	–	409	=
11)	304	+	322	=		31)	785	–	484	=
12)	341	+	427	=		32)	724	–	517	=
13)	472	+	482	=		33)	784	–	493	=
14)	452	+	381	=		34)	652	–	350	=
15)	318	+	430	=		35)	602	–	331	=
16)	269	+	511	=		36)	898	–	588	=
17)	207	+	415	=		37)	527	–	371	=
18)	489	+	434	=		38)	622	–	371	=
19)	470	+	489	=		39)	533	–	375	=
20)	241	+	390	=		40)	872	–	518	=

■ 답안지

01)	862	11)	626	21)	236	31)	301
02)	646	12)	768	22)	329	32)	207
03)	844	13)	954	23)	150	33)	291
04)	751	14)	833	24)	337	34)	302
05)	821	15)	748	25)	345	35)	271
06)	787	16)	780	26)	271	36)	310
07)	1003	17)	622	27)	150	37)	156
08)	713	18)	923	28)	246	38)	251
09)	909	19)	959	29)	169	39)	158
10)	732	20)	631	30)	238	40)	354

연습문제 [덧셈과 뺄셈 비교]

■ 문제지

01)	278	+	856	◯	366	+	666
02	388	+	538	◯	409	+	505
03)	153	+	419	◯	195	+	342
04)	223	+	393	◯	246	+	359
05)	727	+	860	◯	817	+	803
06)	863	+	403	◯	931	+	316
07)	224	+	782	◯	261	+	689
08)	353	+	638	◯	450	+	629
09)	139	+	575	◯	167	+	530
10)	625	+	688	◯	734	+	653
11)	881	–	543	◯	932	–	578
12)	336	–	220	◯	391	–	262
13)	946	–	912	◯	987	–	923
14)	697	–	236	◯	773	–	334
15)	584	–	270	◯	575	–	236
16)	690	–	167	◯	873	–	125
17)	812	–	167	◯	768	–	198
18)	924	–	342	◯	829	–	261
19)	1083	–	813	◯	1028	–	877
20)	840	–	211	◯	886	–	298

■ 답안지

	좌항		우항		좌항		우항
01)	1134	〉	1032	11)	338	〈	354
02)	926	〉	914	12)	116	〈	129
03)	572	〉	537	13)	34	〈	64
04)	616	〉	605	14)	461	〉	439
05)	1687	〈	1620	15)	314	〈	339
06)	1266	〉	1247	16)	523	〈	748
07)	1006	〉	950	17)	645	〉	570
08)	991	〈	1079	18)	582	〉	568
09)	714	〉	697	19)	270	〉	151
10)	1313	〈	1387	20)	629	〉	588

해당 자료의 저작권은 메가피셋 김은기 강사에게 있습니다.

2 사칙연산 요약 - 곱셈

Q 곱셈은 어떤 관점으로 봐야 하나요?

 곱셈도 당연히 비교에 집중해야 한다.
높은 자릿수 위주로 집중하여 정확한 값을 도출하기 보단, 비교 자체에 목적을 두는 것이 매우 중요하다.

그러나, 곱셈은 앞에서 배운 덧셈과 뺄셈과는 조금 다르다.
곱셈과 '고정값'을 비교하는 형태에서도, 여러분이 곱셈의 결과 값을 짐작하는 능력이 자체가 없다면,
비교의 대상이 '고정값'의 형태로 주어졌다고 하여도, 비교의 결과를 생각하는 것이 결코 쉽지 않을 것이다.
따라서, 위에 주어진 숫자 암기를 매우 매우 열심히 해야 한다.

또한, 곱셈 역시도 비교라는 큰틀을 따르기 위해서는 아래의 순서를 따라야 한다.
1) 비교를 위한 고정값의 유무를 판단하고, 고정값이 없다면 고정값을 만든다.
2) 고정값을 통해서 '비교'를 한다.

여기서 고정값을 만들기 위해서는 아래의 4가지 관점이 필요하다.
① 플마 찢기 - 가로연산
② 곱셈 찢기 - 인수분해
③ 분수로 접근하기
④ 증가 감소로 접근하기

이중 플마 찢기와 곱셈 찢기는 정밀한 고정값을 만들기 위한 관점이고,
분수로 접근하기와 증가와 감소로 접근하기는 대략적인 고정값을 만들기 위한 관점이다.

우리가 해야 할 것은 '비교'이기 때문에 대부분은 2)를 통해서 확인하자.
허나, 정밀함이 필요한 경우에는 1)로 접근한다.

Q **관점.1 (플마 찢기 – 가로 연산)**

곱하기를 진행할 때는, 숫자를 있는 그대로 보는 것이 아니라
플러스(+)와 마이너스(-)를 이용하여 숫자를 찢어서 보는 것이 필요하다.
바로 위의 예시처럼 83×17과 같은 2개의 곱으로 구성된 경우,
17을 20-3으로 찢어서 보는 것이 대표적인 플마 찢기의 예시이다.
만약, 24×75와 같은 숫자 였다면, 24를 20+4로 찢어서 보는 것이다.

플마 찢기에서 중요한 것은, 내가 곱하기 편한 숫자로 찢어 내는 것이 중요하다.
24×75의 경우 찢을 수 있는 경우의 수가 총 4가지가 존재한다.
1. (20+4)×75   2. (30-6)×75   3. 24×(70+5)   4. 24×(80-5)
이중 가장 편한 형태는 1번으로 구성된 형태이기에, 1번의 형태로 플마 찢기를 이용하는 것이 가장 합리적이다.

원한다면, 숫자를 둘 다 찢어 낼 수도 있다.
62×73 → (60+2)×(70+3) = (60×70) + (60×3) + (70×2) + (2×3) = 4200+180+140+6 = 4,526

Q **관점.2 (곱셈 찢기 – 인수 분해)**

곱하기를 쉽게 보기 위한 형태는 플마(+ -)찢기 뿐만 아니라 곱셈(×)을 통해서 찢는 방법도 존재한다.
바로 위의 예시처럼 24×75의 경우 24는 6×4, 75는 25×3과 같은 형태로 찢어 볼 수 있다.
그렇다면 24×75=(6×4)×(25×3)=6×(4×25)×3=6×100×3이므로, 1,800이라는 결과 값을 편하게 볼 수 있다.

곱셈 찢기에서도 중요한 것은 내가 곱하기 편한 숫자로 찢어 내는 것이다.
위에서 풀었던, 24×75의 경우 찢을 수 있는 경우의 수가 매우 많은 형태로 찢어 낼 수 있다.
예를 들어 24만 해도 2×12, 3×8, 4×6으로 3개로 찢어 낼 수 있기 때문에,
이중 나에게 편한 값이 무엇일지를 생각해야 한다.
이러한 것을 떠오를 수 있게 만드는 것이 바로 친숙한 숫자를 만드는 암기이다.

Q 관점.3 (분수로 접근하기)

친숙한 숫자 만들기를 통해서 많은 분수값을 암기했을 것이다. 암기한 분수값들은 곱셈에서도 이용될 수 있다. 단위(%)를 생각하지 말고 오직, 유사한 숫자구성이 있는지만을 생각해 보는 것이다.

예를 들어, 77×90.9라는 곱셈이 있다면, 90.9을 보고, 90.9%($\doteqdot \frac{10}{11}$)를 떠올릴 수 있다면,

90.9를 $\frac{10}{11} \times 100$의 형태로 바꾸어 생각해 보면, $77 \times \frac{10}{11} \times 100 \doteqdot 7{,}000$이라고 결론낼 수 있다.

Q 관점.4 (증가 감소로 접근하기)

위에서 배운 관점.1과 관점.2를 응용하여 생각하면, 곱셈을 증가와 감소처럼 생각할 수 있게 된다.
예를 들어 24×54라는 곱셈이 있다고 가정해 보자.
여기서 24라는 값은 곱셈 찢기를 이용하여 20×1.2로 찢어 생각해 보자.
그렇다면, $24 \times 54 \rightarrow 20 \times 54 \times 1.2$의 형태로 바꿀 수 있게 된다.
여기서 1.2를 플마찢기를 이용해서 생각해 본다면,
$20 \times 54 \times 1.2 \rightarrow 20 \times 54 \times (1+0.2) \rightarrow (20 \times 54 \times 1) + (20 \times 54 \times 0.2)$의 형태로 바꿀 수 있게 된다.
즉, 20×54와 20×54의 20%가 합해진 값과 같다는 것을 알 수 있다.
이것을 '증가'처럼 생각해 보면 20×54의 결과값인 1080에서 20% 증가된 값이라고 생각할 수 있다.
따라서, 1080에서 216가 증가한 값이므로 $24 \times 54 = 1296$이다.

연습하기 [곱셈]

■ 문제지 (※정밀한 값이 아닌 근사치 값을 빠르게 알아내는 것이 중요함.)

01)	934	×	17.6%	=		21)	695	×	89.8%	=
02)	762	×	57.0%	=		22)	919	×	40.2%	=
03)	648	×	43.9%	=		23)	744	×	74.4%	=
04)	848	×	82.2%	=		24)	663	×	80.5%	=
05)	335	×	98.6%	=		25)	154	×	21.8%	=
06)	141	×	47.3%	=		26)	909	×	45.4%	=
07)	100	×	27.7%	=		27)	961	×	52.0%	=
08)	784	×	74.8%	=		28)	143	×	62.9%	=
09)	136	×	85.3%	=		29)	776	×	49.8%	=
10)	414	×	43.4%	=		30)	332	×	81.1%	=
11)	511	×	96.2%	=		31)	606	×	26.2%	=
12)	299	×	77.6%	=		32)	692	×	11.9%	=
13)	335	×	56.6%	=		33)	284	×	81.8%	=
14)	654	×	54.4%	=		34)	501	×	72.8%	=
15)	107	×	66.0%	=		35)	927	×	45.3%	=
16)	122	×	72.7%	=		36)	310	×	83.7%	=
17)	946	×	72.5%	=		37)	556	×	65.0%	=
18)	583	×	10.7%	=		38)	426	×	72.4%	=
19)	878	×	98.2%	=		39)	826	×	20.5%	=
20)	964	×	68.7%	=		40)	979	×	15.6%	=

■ 답안지

01)	164.4	11)	491.6	21)	624.1	31)	158.8
02)	434.3	12)	232.0	22)	369.4	32)	82.3
03)	284.5	13)	189.6	23)	553.5	33)	232.3
04)	697.1	14)	355.8	24)	533.7	34)	364.7
05)	330.3	15)	70.6	25)	33.6	35)	419.9
06)	66.7	16)	88.7	26)	412.7	36)	259.5
07)	27.7	17)	685.9	27)	499.7	37)	361.4
08)	586.4	18)	62.4	28)	89.9	38)	308.4
09)	116.0	19)	862.2	29)	386.4	39)	169.3
10)	179.7	20)	662.3	30)	269.3	40)	152.7

해당 자료의 저작권은 메가피셋 김은기 강사에게 있습니다.

곱셈 요약 - 01. 배수 테크닉

 Q 배수 테크닉은 언제 사용하나요?

 곱셈의 배수 테크닉은 곱셈 비교테크닉 중 하나이므로
당연하게, 곱셈 비교처럼 아래와 같은 자료과 설명의 형태를 지닌 경우에 사용될 수 있다.

〈표〉 국가별 GDP와 GDP 대비 수출액

(단위: 백만달러, %)

국가 구분	가	나	다	라	마
GDP	42157	36281	69217	67215	29052
GDP 대비 수출액	25.3	19.5	14.1	13.3	16.5

┤설명├

1. 수출액이 가장 큰 지역은 가국이다.

(O, X)

2. 수출액은 가국이 마국의 2배 이상이다.

(O, X)

곱셈 비교와 동일하게 설명의 목적이 항목들의 곱셈으로 구성된다.
추가적으로 곱셈들간의 배수 관계를 구할 때 유용하다.

 Q 배수 테크닉에 대해서 알려주세요.

 배수 테크닉의 정의

1) $A \times B$ >? $C \times D$ → $\frac{A}{C}$ > ? $\frac{D}{B}$	2) $A \times B$ VS $C \times D$ → $\frac{A}{C} \times \frac{B}{D}$ = n

곱셈을 구성하는 숫자를 이항하여 숫자간의 배수 관계를 통해하여 곱셈을 비교할 수 있다.

예를 들어 57×98와 49×119를 비교한다면,
어림셈으로 접근하면 둘다 6,000보다 작게 나오기 쉽지 않을 것이다.

허나, 49와 98를 이항하면, $\frac{57}{49}$와 $\frac{119}{98}$으로 볼 수 있게 된다.

$\frac{57}{49}$는 1.2보다 작고, $\frac{119}{98}$는 1.2보다 크므로, 49×119가 57×98보다 크다고 판별할 수 있다.

또한, 이항할 때 하나의 항으로 모두 이항을 한다면, 두 곱셈간의 배수도 파악할 수 있다.
예를 들어 40×150 → 60×300이라는 곱셈간의 배수 관계를 파악한다면,

40과 150을 모두 이항하면, $\frac{60 \times 300}{40 \times 150}$으로 볼 수 있게 된다.

$\frac{60}{40}$은 1.5이고, $\frac{300}{150}$은 2이므로, $\frac{60 \times 300}{40 \times 150}$ = 1.5×2=3이므로 40×150 → 60×300는 3배 관계이다.

Q **배수테크닉에 대한 예시를 조금 더 보여주세요.**

 비교를 위한 배수 테크닉의 예시

38×24과 77×13, 38과 13을 이항하자. 이항을 하면 $\dfrac{24}{13}$과 $\dfrac{77}{38}$으로 볼 수 있게 된다.

$\dfrac{24}{13} = 2\downarrow$ $\dfrac{77}{38} = 2\uparrow$이므로, 77×13가 38×24보다 크다고 판별할 수 있다.

이항을 진짜로 하면서 풀기에는 우리에게는 시간이 부족하다.

따라서 빠르게 사고하기 위해 다음과 같이 배수적으로 접근하자.

38에서 77으로 → 2배↑, 13에서 24로 → 2배 ↓

이번에는 355×288과 423×203를 바로 배수적으로 접근하자.

355에서 423으로 → 1.4배↓, 203에서 288으로 → 1.4배↑

배수관계를 파악하기 위한 배수 테크닉의 예시

23×14 → 49×22 몇 배인가?

23과 14를 이항하자. 이항을 하면, $\dfrac{49 \times 22}{23 \times 14}$로 볼 수 있게 된다.

$\dfrac{49}{23} = 2\uparrow$이고, $\dfrac{22}{14} = 1.5\uparrow$이므로, $\dfrac{49 \times 22}{23 \times 14} = 2\uparrow \times 1.5\uparrow = 3\uparrow$이다.

따라서, 23×14 → 49×22는 3배 이상이다. 라고 판별할 수 있다.

이번에도 이항을 진짜로 하면서 풀기에는 시간이 부족하다.

따라서, 빠르게 사고하기 위해 다음과 같이 배수적으로 접근하자.

23에서 49로 → 2배↑, 14에서 22로 → 1.5배↑, 따라서, 2배↑ $\times 1.5$배↑이므로 3배↑이다.

이번에는 19×80 → 63×55 몇 배인지를 바로 배수적으로 접근하자.

19에서 63으로 → 3배↑, 80에서 55로 → 0.66배↑ 따라서, 3배↑ $\times 0.66$배↑ = 2배↑이다.

하지만, 80에서 55로 가는 배수를 보는 것은 쉽지 않다.

이처럼 배수가 잘 보이지 않는 경우에는 반대 방향으로 생각하자.

단, 방향이 반대로 가는 경우에는 ×이 아니라 ÷로 연결해야 한다.

19에서 63으로 → 3배↑, 55에서 80로 → 1.5배↓ 따라서, 3배↑ $\div 1.5$배↓ = 2배↑이다.

해당 자료의 저작권은 메가피셋 김은기 강사에게 있습니다. **19**

연습문제

■ 문제지

01)	848	×	996	○	1039	×	781
02)	845	×	117	○	900	×	113
03)	496	×	784	○	657	×	615
04)	693	×	312	○	911	×	243
05)	745	×	514	○	905	×	434
06)	400	×	769	○	510	×	628
07)	710	×	946	○	870	×	742
08)	332	×	207	○	350	×	198
09)	478	×	1275	○	581	×	992
10)	927	×	248	○	1061	×	215
11)	873	×	585	○	1026	×	520
12)	982	×	925	○	1124	×	801
13)	746	×	872	○	809	×	782
14)	831	×	173	○	1051	×	140
15)	521	×	921	○	560	×	819
16)	595	×	1091	○	687	×	953
17)	972	×	1125	○	1230	×	911
18)	320	×	678	○	331	×	637
19)	621	×	800	○	761	×	681
20)	667	×	804	○	790	×	662

■ 답안지

	좌항		우항		좌항		우항
01)	844417	〉	811303	11)	510705	〈	533403
02)	98827	〈	101692	12)	908502	〉	900636
03)	388926	〈	404178	13)	650460	〉	632959
04)	216393	〈	221445	14)	143680	〈	147170
05)	383146	〈	392846	15)	480036	〉	458701
06)	307720	〈	320280	16)	649255	〈	654925
07)	671696	〉	645355	17)	1093583	〈	1120147
08)	68694	〈	69351.5	18)	217090	〉	210974
09)	609316	〉	576124	19)	496909	〈	518054
10)	230197	〉	228204	20)	536488	〉	523241

연습문제

■ 문제지

01)	286	×	401	○	325	×	344
02)	619	×	749	○	690	×	632
03)	984	×	1019	○	1156	×	832
04)	884	×	329	○	1074	×	278
05)	330	×	308	○	355	×	274
06)	709	×	502	○	755	×	485
07)	133	×	398	○	136	×	370
08)	427	×	517	○	515	×	433
09)	547	×	410	○	703	×	312
10)	191	×	1124	○	249	×	868
11)	711	×	205	○	757	×	181
12)	639	×	136	○	687	×	133
13)	394	×	594	○	475	×	497
14)	385	×	868	○	483	×	697
15)	685	×	483	○	771	×	449
16)	991	×	515	○	1164	×	420
17)	832	×	450	○	936	×	383
18)	515	×	188	○	590	×	163
19)	219	×	484	○	268	×	412
20)	838	×	771	○	1043	×	614

■ 답안지

	좌항		우항		좌항		우항
01)	114617	〉	111666	11)	146064	〉	137056
02)	463581	〉	436197	12)	87111.7	〈	91361
03)	1002893	〉	961958	13)	234003	〈	235961
04)	291216	〈	298589	14)	334090	〈	336773
05)	101723	〉	97201.5	15)	330632	〈	346011
06)	355900	〈	366216	16)	509870	〉	489059
07)	52901	〉	50440.3	17)	374421	〉	358488
08)	220945	〈	222794	18)	96956.5	〉	96117
09)	224423	〉	219303	19)	106018	〈	110529
10)	214695	〈	216353	20)	645738	〉	640592

해당 자료의 저작권은 메가피셋 김은기 강사에게 있습니다. **21**

곱셈 요약 - 02. 사각 테크닉

Q 사각 테크닉은 언제 사용하나요?

 곱셈의 사각 테크닉은 곱셈 비교 테크닉 중 하나이므로
당연하게, 곱셈 비교처럼 아래와 같은 자료과 설명의 형태를 지닌 경우에 사용될 수 있다.

〈표〉 국가별 GDP와 GDP 대비 수출액

(단위: 백만달러, %)

구분 \ 국가	가	나	다	라	마
GDP	42157	36281	69217	67215	29052
GDP 대비 수출액	25.3	19.5	14.1	13.3	16.5

┤ 설명 ├

1. 수출액이 가장 큰 지역은 가국이다.

(O, X)

2. 수출액은 나국이 마국보다 20억 달러 이상 많다.

(O, X)

곱셈 비교와 동일하게 설명의 목적이 항목들의 곱셈으로 구성된다.
추가적으로 곱셈들간의 차이값을 구할 때 매우 유용하다.

Q 사각테크닉에 대해서 알려주세요.

 사각 테크닉의 정의

1) $A \times B$ >? $C \times D$ → $(A-C) \times B$ > $C \times (D-B)$	2) $A \times B - C \times D = (A-C) \times B - C \times (D-B) = n$

이미지로 이해하는 사각테크닉

→ $B \times C$ 만큼은 공통 넓이이므로, 비교에 영향을 주지 않는다. 차이는 오직 $(A-C) \times B$ 와 $C \times (D-B)$ 뿐이다.

예를 들어 78×27과 58×37을 비교한다면, 어림셈으로도, 배수테크닉으로도 비교하기 쉽지 않을 것이다.
이처럼 어림셈이나, 배수테크닉으로 비교하기 힘든 곱셈에는 사각 테크닉을 적용해 보자.
78×27과 58×37 → $(78-58) \times 27$과 $58 \times (37-27)$ → $20 \times 27 = 540$과 $58 \times 10 = 580$이므로, 58×37이 더크다.

또한, 위의 이미지처럼 사각테크닉으로 제거되는 부분은 공통 부분이므로, 차이값을 구하기도 용이하다.
예를 들어 37×58과 27×78의 차이값을 구한다면,
$37 \times 58 - 27 \times 78$ → $(37-27) \times 58 - 27 \times (78-58)$ → $10 \times 58 - 27 \times 20 = 40$이므로, 두 곱셈의 차이값은 40이다.

❋ 노래로 배우는 플마 찢기
 앞에선 앞에꺼 빼고~ 뒤에건 그대로~ 빼빼빼빼 빼고~
 뒤에선 뒤에꺼 빼고~ 앞에건 그대로~
 $(A-C) \times B - C \times (D-B)$

Q 사각테크닉에 대한 예시를 조금 더 보여주세요

1) 비교를 위한 사각 테크닉의 예시
55×38과 47×43, 앞에서 배운 사각 테크닉을 그대로 적용하면,
(55-47)×38 VS 47×(43-38) → 8×38 VS 47×5이므로, 8×38가 더 크다.

만약, 앞의 숫자가 더 작다면 어떻게 해야할까?
32×68 VS 44×52, 앞에서 배운 사각 테크닉을 그대로 적용하려고 하면,
(32 44)×68 VS 44×(52-68) → (-12)×68 VS 44×(-16)으로 음수가 나오게 되어 복잡해진다.
따라서, 앞의 숫자가 더 작다면 곱셈의 위치를 바꿔 생각해야 한다.
32×68 VS 44×52 → 68×32 VS 52×44 → (68-52)×32 VS 52×(44-32)
→ 16×32 VS 52×12 이므로, 52×12가 더 크다.

2) 곱셈간의 차이값을 구하는 사각 테크닉의 예시
68×28 - 52×36, 앞에서 배운 사각 테크닉을 그대로 적용하면,
(68-52)×28 - 52×(36-28) → 16×28 - 52×8 → 16×(28-26) = 32

만약, 한쪽의 곱셈의 값이 둘다 크다면 어떻게 될까?
56×48 - 51×38, 앞에서 배운 사각 테크닉을 그대로 적용하면,
(56-51)×48 - 51×(38-48) → 5×48 - 51×(-10) → 10×(24+51) = 750

한쪽씩 큰 경우는 좌측 페이지의 사각형처럼 각각 한쪽씩 튀어나와 있기 때문에, - 로 연결되는 반면,
한쪽이 모두 큰 경우에는 하나의 사각형이 다른 사각형을 모두 뒤덮기 때문에, + 로 연결된다.

A×B - C×D의 이미지화	
A > C, B < D 인 경우	A > C, B > D 인 경우
(A-C)×B / C×B / C×(D-B)	(A-C)×B / C×D / C×(B-D)

해당 자료의 저작권은 메가피셋 김은기 강사에게 있습니다. **23**

연습문제 [두 곱셈의 대소를 비교하라.]

■ 문제지

01)	68	×	128	○	60	×	130
02)	138	×	124	○	130	×	125
03)	63	×	59	○	60	×	60
04)	150	×	40	○	145	×	45
05)	132	×	58	○	125	×	60
06)	50	×	107	○	45	×	110
07)	38	×	27	○	35	×	30
08)	85	×	131	○	80	×	135
09)	58	×	124	○	50	×	125
10)	136	×	42	○	130	×	45
11)	66	×	77	○	60	×	75
12)	63	×	85	○	55	×	80
13)	40	×	131	○	35	×	125
14)	126	×	43	○	125	×	35
15)	138	×	71	○	130	×	65
16)	144	×	104	○	140	×	100
17)	99	×	129	○	95	×	125
18)	91	×	106	○	90	×	105
19)	127	×	113	○	125	×	110
20)	43	×	91	○	40	×	85

■ 답안지

	좌항		우항		좌항		우항
01)	8704	〉	7800	11)	5082	〉	4500
02)	17112	〉	16250	12)	5355	〉	4400
03)	3717	〉	3600	13)	5240	〉	4375
04)	6000	〈	6525	14)	5418	〉	4375
05)	7656	〉	7500	15)	9798	〉	8450
06)	5350	〉	4950	16)	14976	〉	14000
07)	1026	〈	1050	17)	12771	〉	11875
08)	11135	〉	10800	18)	9646	〉	9450
09)	7192	〉	6250	19)	14351	〉	13750
10)	5712	〈	5850	20)	3913	〉	3400

연습문제 [두 곱셈의 대소를 비교하라.]

■ 문제지

01)	60	×	46	−	55	×	50	=
02)	123	×	143	−	120	×	145	=
03)	43	×	44	−	35	×	45	=
04)	77	×	110	−	70	×	115	=
05)	42	×	33	−	35	×	35	=
06)	52	×	85	−	45	×	90	=
07)	89	×	113	−	85	×	115	=
08)	69	×	87	−	65	×	90	=
09)	107	×	113	−	100	×	115	=
10)	67	×	42	−	60	×	45	=
11)	77	×	68	−	70	×	60	=
12)	29	×	108	−	25	×	105	=
13)	31	×	136	−	30	×	135	=
14)	32	×	124	−	25	×	120	=
15)	125	×	76	−	120	×	70	=
16)	98	×	63	−	90	×	55	=
17)	96	×	68	−	90	×	60	=
18)	83	×	76	−	80	×	75	=
19)	126	×	86	−	125	×	80	=
20)	43	×	95	−	35	×	90	=

■ 답안지

	좌항	우항	차이값		좌항	우항	차이값
01)	2760	2750	10	11)	5236	4200	1036
02)	17589	17400	189	12)	3132	2625	507
03)	1892	1575	317	13)	4216	4050	166
04)	8470	8050	420	14)	3968	3000	968
05)	1386	1225	161	15)	9500	8400	1100
06)	4420	4050	370	16)	6174	4950	1224
07)	10057	9775	282	17)	6528	5400	1128
08)	6003	5850	153	18)	6308	6000	308
09)	12091	11500	591	19)	10836	10000	836
10)	2814	2700	114	20)	4085	3150	935

해당 자료의 저작권은 메가피셋 김은기 강사에게 있습니다.

곱셈 요약 - 03. 합차 테크닉

Q 합차 테크닉은 언제 사용하나요?

곱셈의 합차 테크닉은 곱셈 비교 테크닉 중 하나이므로
당연하게, 곱셈 비교처럼 아래와 같은 자료과 설명의 형태를 지닌 경우에 사용될 수 있다.

〈표〉 국가별 GDP와 GDP 대비 수출액

(단위: 백만달러, %)

구분 \ 국가	가	나	다	라	마
GDP	42157	36281	69217	67215	29052
GDP 대비 수출액	25.3	19.5	14.1	13.3	16.5

┤설명├
1. 나국은 라국보다 수출액이 많다.

(O, X)

곱셈 비교와 동일하게 설명의 목적이 항목들의 곱셈으로 구성된다.

Q 합차 테크닉에 대해서 알려주세요.

합차 테크닉의 정의
$(x-a)(x+a) = x^2 - a^2$
곱셈의 값은 두 숫자의 합(x)이 크거나, 두 숫자의 차(a)가 작아질수록 커진다.
만약, 두 숫자의 합이 같다면, 차가 작을수로 커진다.

A×B와 C×D에서 논리적 사고로 비교가 안되는 경우는 둘 중 1개는 더 크고, 하나는 더 작을 때이다.
이것을 수직선(number line)에 점으로 표현하면 다음과 같다.

즉, 수직선(number line)기준으로 하나의 곱셈(A×B)은 밖으로, 하나의 곱셈(C×D)은 안으로 배치된다.
만약, A+B와 C+D가 같다면, 합차 테크닉에 의하여 두 개의 차가 작은 안쪽에 있는 곱셈이 더 크게 된다.

위의 2가지 개념
1) 논리적 비교로 해결되지 않는 곱셈 비교의 숫자 위치는 바깥쌍과 안쌍으로 구성되므로,
2) 합차 테크닉 = 합이 같다면 차가 작을수록 곱셈의 값이 커진다.
→ 따라서, 두 개의 곱셈의 합을 같게 만든다면, 안쌍의 곱셈이 더 크다.

그렇다면, 곱셈의 합을 어떻게 알 수 있을까?
곱셈의 합이 같으므로 A+B = C+D이므로, A-C = D-B 차이값이 같은 경우에 합이 같게 된다.
즉, 곱셈의 합(A+B, C+D)이 같은지는 차이값(A-C, D-B)이 같은지를 통해서 확인할 수 있다.

> ✳ 노래로 배우는 플마 찢기
> 차이값을 확인해~ 확인해~ 차이값을 같게 해~ 같게 해~
>   큰 숫자 쌍 중엔 작은 숫자! 작은 숫자 쌍 중엔 큰 숫자!

Q **합차 테크닉에 대한 예시를 조금 더 보여주세요.**

53×32과 47×38, 곱셈의 숫자가 바깥쌍과 안쌍 2개로 구성되므로,
앞에서 배운 합차 테크닉을 적용 해보기 위해 차이값이 같은지 생각해 보자.
차이값 확인하기 → 53-47 = 6, 38-32 = 6 → 차이값이 같으므로, 합차가 성립한다.
따라서, 안쪽에 있는 숫자인 47×38가 더 크다.

43×22과 37×25, 곱셈의 숫자가 바깥쌍과 안쌍 2개로 구성되므로,
앞에서 배운 합차 테크닉을 적용 해보기 위해 차이값이 같우지 생각해 보자.
차이값 확인하기 → 43-37 = 6, 25-22 = 3 차이값이 같지 않으므로, 합차를 사용 할 수 없다.
합차를 사용하기 위해 차이값을 같게 만들어 주자.
43-37과 25-22의 차이값이 2배 차이이므로, 25와 22의 값을 2배로 만들어 준다면,
차이값이 6으로 증가하여 차이값을 같게 만들 수 있다.
즉, 43×22과 37×25 → 43×44과 37×50이므로, 안쪽에 있는 숫자인 43×44가 더 크다.

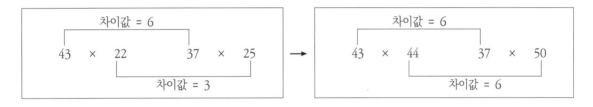

차이값이 다른 경우를 하나만 더 예시로 들어보자.
49×67과 52×59, 곱셈의 숫자가 바깥쌍과 안쌍 2개로 구성되므로,
합차 테크닉을 적용해 보기 위해 차이값이 같은지 생각해 보자.
차이값 확인하기 → 52-49 = 3, 67-59 = 8 차이값이 같지 않으므로, 합차를 사용할 수 없다.
차이값을 같게 만들기 위해서는 52와 49를 2.33배 곱해야 한다.

곱한값을 실제로 구하지 말고, 수직선(number line)에 어디에 위치하는지 생각해 보자.
그렇다면, X와 Y는 수직선 기준 우측의 2개의 숫자가 될 것이고, 남은 67과 59이 좌측의 2개 숫자가 된다.
안쌍의 숫자가 더 크므로, 59과 67중 안쌍 숫자인 67을 포함하고 있는 49×67이 더 크다.

해당 자료의 저작권은 메가피셋 김은기 강사에게 있습니다.

❖ 연습문제

■ 문제지

01)	35	×	79	○	38	×	73
02)	94	×	49	○	99	×	34
03)	71	×	88	○	75	×	72
04)	88	×	53	○	90	×	49
05)	19	×	35	○	21	×	31
06)	40	×	43	○	42	×	37
07)	13	×	49	○	16	×	40
08)	39	×	92	○	44	×	72
09)	15	×	87	○	19	×	79
10)	95	×	77	○	100	×	62
11)	16	×	38	○	20	×	22
12)	32	×	59	○	35	×	50
13)	78	×	59	○	80	×	53
14)	86	×	66	○	91	×	51
15)	16	×	39	○	21	×	19
16)	16	×	47	○	21	×	32
17)	91	×	40	○	96	×	30
18)	97	×	21	○	101	×	9
19)	91	×	67	○	93	×	61
20)	25	×	88	○	27	×	84

■ 답안지

	좌항		우항		좌항		우항
01)	2765	〈	2774	11)	608	〉	440
02)	4606	〉	3366	12)	1888	〉	1750
03)	6248	〉	5400	13)	4602	〉	4240
04)	4664	〉	4410	14)	5676	〉	4641
05)	665	〉	651	15)	624	〉	399
06)	1720	〉	1554	16)	752	〉	672
07)	637	〈	640	17)	3640	〉	2880
08)	3588	〉	3168	18)	2037	〉	909
09)	1305	〈	1501	19)	6097	〉	5673
10)	7315	〉	6200	20)	2200	〈	2268

:: 연습문제

■ 문제지

01)	26	×	33	○	28	×	27
02)	16	×	37	○	20	×	29
03)	26	×	67	○	29	×	55
04)	94	×	70	○	99	×	50
05)	48	×	25	○	53	×	5
06)	68	×	79	○	71	×	67
07)	84	×	77	○	88	×	69
08)	70	×	23	○	74	×	15
09)	95	×	75	○	98	×	69
10)	71	×	49	○	75	×	33
11)	40	×	43	○	45	×	33
12)	51	×	57	○	54	×	48
13)	28	×	51	○	30	×	43
14)	18	×	45	○	23	×	25
15)	29	×	79	○	31	×	71
16)	55	×	62	○	58	×	50
17)	92	×	65	○	95	×	59
18)	35	×	32	○	38	×	26
19)	82	×	76	○	87	×	61
20)	65	×	30	○	68	×	24

■ 답안지

	좌항		우항		좌항		우항
01)	858	〉	756	11)	1720	〉	1485
02)	592	〉	580	12)	2907	〉	2592
03)	1742	〉	1595	13)	1428	〉	1290
04)	6580	〉	4950	14)	810	〉	575
05)	1200	〉	265	15)	2291	〉	2201
06)	5372	〉	4757	16)	3410	〉	2900
07)	6468	〉	6072	17)	5980	〉	5605
08)	1610	〉	1110	18)	1120	〉	988
09)	7125	〉	6762	19)	6232	〉	5307
10)	3479	〉	2475	20)	1950	〉	1632

해당 자료의 저작권은 메가피셋 김은기 강사에게 있습니다.

2 사칙연산 요약 - 분수

Q 분수은 어떤 관점으로 봐야 하나요?

분수도 당연히 비교에 집중해야 한다.
높은 자릿수 위주로 집중하여 정확한 값을 도출하려 하기보단, 비교 자체에 목적을 두는 것이 매우 중요하다.

분수도 위에서 배운 곱셈과 유사하다.
분수와 '고정값'을 비교하는 형태에서도, 여러분이 분수의 결과 값을 짐작하는 능력이 자체가 없다면,
비교의 대상이 '고정값'의 형태로 주어졌다고 하여도, 비교의 결과를 생각하는 것이 결코 쉽지 않을 것이다.
따라서, 위에 주어진 숫자 암기를 매우 매우 열심히 해야 한다.

또한, 분수 역시도 비교라는 큰 틀을 따르기 위해서는 아래의 순서를 따라야 한다.
1) 비교를 위한 고정값의 유무를 판단하고, 고정값이 없다면 고정값을 만든다.
2) 고정값을 통해서 '비교'를 한다.

여기서 고정값을 만들기 위해서는 아래의 관점이 필요하다.
① 곱셈의 역 ② 여집합적 사고 ③ 플마 찢기

이중 플마 찢기는 고정값이 존재하는 경우와 비교하기 위한 매우 좋은 관점이므로,
고정값이 존재한다면, 플마 찢기를 통해서 접근해 보자.

Q 관점.1 (곱셈의 역과 여집합적 사고)

통상적으로 우리는 분수값을 읽어 낼 때,
$\frac{362}{858}$ 라는 분수값이 있다면, 362÷858은 얼마일까? 라는 형태로 생각하며 접근한다.

그러나, 자료해석에서는 우리가 곱셈을 역으로 생각하는 방식으로 접근하길 원한다.
즉, 우리가 접근할 방법은 858에다가 얼마쯤을 곱하면 362이라는 숫자가 나올 것 인가?라는 방식이다.
85에다가 4를 곱하면 대략 340이고, 5를 곱하면 425이니까.
362이라는 숫자는 40%보다 조금 큰 숫자이겠구나.라는 식으로 접근을 해야 한다.
곱셈의 값을 보면 ×2~×5까지에 대한 값만을 암기하도록 안내됐다.

그러나, $\frac{452}{683}$ 와 같은 분수가 있다면, 68×5 = 340이므로, 분수 값을 읽어 내는 것이 어렵게 된다.
이럴 때 사용되는 관점이 여집합적 사고이다.
683이라는 수를 '전체' 라고 생각하고, 452를 전체의 일부분이라고 생각하는 것이다.

그렇다면, 683 = 452(A) + 231(Ac) 이라고 생각할 수 있고, 이것을 분수꼴로 만들면, $\frac{452}{683} = \frac{683}{683} - \frac{231}{683}$ 이 된다.

즉, 100%에서 $\frac{231}{683}$ (30%~40%, 조금더 정밀하게는 30%에 가까운 값)가 빠진 값이라고 생각할 수 있다.

즉, $\frac{452}{683}$ = 60%~70%(조금 더 정밀하게는 70%에 가까운 값)이다.

연습하기 [분수]

■ 문제지

[※ 심심하시면, 분모의 영향을 이용하여 정밀한 분수값도 확인해 보세요. 단, 여러분의 멘탈을 책임지지 않습니다.]

	문제지		어디 사이 값인가?	어디에 가까운가?		문제지		어디 사이 값인가?	어디에 가까운가?
01)	$\dfrac{5164}{6639}$	=	70%~80%	80%에 가깝다.	16)	$\dfrac{335}{1369}$	=		
02)	$\dfrac{1318}{4720}$	=			17)	$\dfrac{4956}{7309}$	=		
03)	$\dfrac{7845}{8980}$	=			18)	$\dfrac{6379}{6519}$	=		
04)	$\dfrac{6182}{6733}$	=			19)	$\dfrac{976}{2700}$	=		
05)	$\dfrac{1568}{1676}$	=			20)	$\dfrac{5055}{7593}$	=		
06)	$\dfrac{2314}{6202}$	=			21)	$\dfrac{1695}{2715}$	=		
07)	$\dfrac{5929}{7218}$	=			22)	$\dfrac{1269}{5398}$	=		
08)	$\dfrac{6553}{8394}$	=			23)	$\dfrac{3275}{4377}$	=		
09)	$\dfrac{4941}{8508}$	=			24)	$\dfrac{3585}{8023}$	=		
10)	$\dfrac{553}{2985}$	=			25)	$\dfrac{1377}{2709}$	=		
11)	$\dfrac{3989}{7388}$	=			26)	$\dfrac{2093}{3031}$	=		
12)	$\dfrac{6949}{8155}$	=			27)	$\dfrac{6475}{8738}$	=		
13)	$\dfrac{4899}{5673}$	=			28)	$\dfrac{3876}{6401}$	=		
14)	$\dfrac{1673}{1778}$	=			29)	$\dfrac{2830}{5949}$	=		
15)	$\dfrac{1338}{6204}$	=			30)	$\dfrac{1627}{4035}$	=		

■ 답안지

01)	77.78%	11)	53.99%	21)	62.44%
02)	27.92%	12)	85.21%	22)	23.50%
03)	87.36%	13)	86.35%	23)	74.82%
04)	91.82%	14)	94.07%	24)	44.68%
05)	93.56%	15)	21.56%	25)	50.84%
06)	37.31%	16)	24.44%	26)	69.05%
07)	82.14%	17)	67.80%	27)	74.10%
08)	78.07%	18)	97.86%	28)	60.56%
09)	58.08%	19)	36.15%	29)	47.57%
10)	18.51%	20)	66.58%	30)	40.33%

해당 자료의 저작권은 메가피셋 김은기 강사에게 있습니다.

Q **관점.2 (플마 찢기)**

 플마 찢기란

주어진 분수를 $\dfrac{C+D}{A+B}$ 의 형태 또는 $\dfrac{C-D}{A-B}$ 의 형태 찢어서 생각하는 것이다.

$\dfrac{C+D}{A+B}$ 로 찢는 다는 것은 농도 $X(\dfrac{C}{A})$의 소금물에 농도 $Y(\dfrac{D}{B})$의 소금물을 추가한 것이다.

만약, $X(\dfrac{C}{A}) > Y(\dfrac{D}{B})$라면,

원래의 농도 X보다 낮은 농도의 Y가 추가된 것이므로, 농도는 내려간다.

→ 이해하기 어렵다면, 소금물에 물을 추가 했다고 생각하자.

만약, $X(\dfrac{C}{A}) < Y(\dfrac{D}{B})$라면,

원래의 농도 X보다 높은 농도의 Y가 추가된 것이므로, 농도는 올라간다.

→ 이해하기 어렵다면, 소금물에 소금을 추가했다고 생각하자.

$\dfrac{C-D}{A-B}$ 로 찢는 다는 것은 농도 $X(\dfrac{C}{A})$의 소금물에 농도 $Y(\dfrac{D}{B})$의 소금물을 빼낸 것이다.

만약, $X(\dfrac{C}{A}) > Y(\dfrac{D}{B})$라면,

원래의 농도 X보다 낮은 농도의 Y가 빠진된 것이므로, 농도는 올라간다.

→ 이해하기 어렵다면, 소금물에 물을 뺐다고 생각하자.

만약, $X(\dfrac{C}{A}) < Y(\dfrac{D}{B})$라면,

원래의 농도 X보다 높은 농도의 Y가 빠진된 것이므로, 농도는 내려간다.

→ 이해하기 어렵다면, 소금물에 소금을 뺐다고 생각하자.

	$\dfrac{C}{A} > \dfrac{D}{B}$	$\dfrac{C}{A} < \dfrac{D}{B}$
$\dfrac{C+D}{A+B}$	물을 추가하여 농도 내려감	소금을 추가하여 농도 올라감
$\dfrac{C-D}{A-B}$	물을 빼내서 농도 올라감	소금을 빼내서 농도 내려감

> ✱ 노래로 배우는 플마 찢기
>
> 플러스는 넣는 거~ 마이너슨 빼는 거~
> 작은 것은 물이야~ 큰 것은 솔트야~
> 물 넣으면 연해져~ 물 빼면 진해져~
> 솔트 넣으면 진해져~ 솔트 빼면 연해져~
> 이것이 바로~ 플마~찢기! 플마~찢기!

연습하기 [플마 찢기]

■ 문제지 (플마 찢기를 통해서 대소를 비교하세요.)

No	문제		%	No	문제		%	No	문제		%	No	문제		%
01)	$\frac{3251}{9573}$	○	35%	16)	$\frac{1232}{3101}$	○	40%	31)	$\frac{810}{○}$	○	15%	46)	$\frac{2352}{2776}$	○	85%
02)	$\frac{7970}{8959}$	○	90%	17)	$\frac{3309}{7528}$	○	45%	32)	$\frac{528}{○}$	○	10%	47)	$\frac{379}{2573}$	○	15%
03)	$\frac{2086}{2286}$	○	90%	18)	$\frac{4603}{8530}$	○	55%	33)	$\frac{2552}{○}$	○	70%	48)	$\frac{1783}{1987}$	○	90%
04)	$\frac{1848}{3928}$	○	45%	19)	$\frac{1866}{7789}$	○	25%	34)	$\frac{1591}{○}$	○	45%	49)	$\frac{3046}{3190}$	○	95%
05)	$\frac{214}{1257}$	○	15%	20)	$\frac{3796}{9198}$	○	40%	35)	$\frac{1964}{○}$	○	85%	50)	$\frac{1172}{4595}$	○	25%
06)	$\frac{1977}{3613}$	○	55%	21)	$\frac{1087}{2735}$	○	40%	36)	$\frac{7487}{○}$	○	85%	51)	$\frac{508}{1230}$	○	40%
07)	$\frac{944}{1425}$	○	65%	22)	$\frac{2698}{3320}$	○	80%	37)	$\frac{4401}{○}$	○	55%	52)	$\frac{8888}{9382}$	○	95%
08)	$\frac{2589}{5889}$	○	45%	23)	$\frac{3478}{7394}$	○	45%	38)	$\frac{277}{3090}$	○	10%	53)	$\frac{1639}{4206}$	○	40%
09)	$\frac{7133}{9902}$	○	70%	24)	$\frac{3740}{7295}$	○	50%	39)	$\frac{968}{2786}$	○	35%	54)	$\frac{542}{4810}$	○	10%
10)	$\frac{2461}{2598}$	○	95%	25)	$\frac{5980}{6364}$	○	95%	40)	$\frac{4615}{7628}$	○	60%	55)	$\frac{699}{1427}$	○	50%
11)	$\frac{5403}{8347}$	○	65%	26)	$\frac{1466}{2642}$	○	55%	41)	$\frac{5524}{6347}$	○	85%	56)	$\frac{880}{4640}$	○	20%
12)	$\frac{490}{3513}$	○	15%	27)	$\frac{2774}{8658}$	○	30%	42)	$\frac{1773}{3833}$	○	45%	57)	$\frac{2965}{5698}$	○	50%
13)	$\frac{3425}{7282}$	○	45%	28)	$\frac{2960}{3216}$	○	90%	43)	$\frac{1633}{6405}$	○	25%	58)	$\frac{2276}{3015}$	○	75%
14)	$\frac{2664}{5120}$	○	50%	29)	$\frac{2680}{3998}$	○	65%	44)	$\frac{4551}{4986}$	○	90%	59)	$\frac{827}{8502}$	○	10%
15)	$\frac{1857}{9794}$	○	20%	30)	$\frac{6168}{7086}$	○	85%	45)	$\frac{4088}{9140}$	○	45%	60)	$\frac{9125}{9914}$	○	90%

■ 답안지

No	답	No	답	No	답	No	답
01)	33.96%	16)	39.73%	31)	16.27%	46)	84.73%
02)	88.96%	17)	43.96%	32)	8.96%	47)	14.73%
03)	91.27%	18)	53.96%	33)	69.73%	48)	89.73%
04)	47.04%	19)	23.96%	34)	43.96%	49)	95.50%
05)	17.04%	20)	41.27%	35)	84.73%	50)	25.50%
06)	54.73%	21)	39.73%	36)	87.04%	51)	41.27%
07)	66.27%	22)	81.27%	37)	53.96%	52)	94.73%
08)	43.96%	23)	47.04%	38)	8.96%	53)	38.96%
09)	72.04%	24)	51.27%	39)	34.73%	54)	11.27%
10)	94.73%	25)	93.96%	40)	60.50%	55)	48.96%
11)	64.73%	26)	55.50%	41)	87.04%	56)	18.96%
12)	13.96%	27)	32.04%	42)	46.27%	57)	52.04%
13)	47.04%	28)	92.04%	43)	25.50%	58)	75.50%
14)	52.04%	29)	67.04%	44)	91.27%	59)	9.73%
15)	18.96%	30)	87.04%	45)	44.73%	60)	92.04%

해당 자료의 저작권은 메가피셋 김은기 강사에게 있습니다.

Q **곱셈의 역과 플마 찢기를 같이 이용하기**

 곱셈의 역을 통해서 숫자의 범위를 산출한 후에 조금 더 정밀한 값을 찾고 싶다면, 플마찢기를 추가하자.

예를 들어, $\frac{2691}{5863}$ 이라는 분수가 있다고 가정해 보자.

해당 $60 \times 4 = 240$ $60 \times 5 = 300$ 이므로, 분모의 269가 240에 가까운지 300에 가까운지 애매하다. 이럴 때, 플마찢기를 이용한다면 어디에 더 가까운지 명확하게 알아 낼 수 있다.

$\frac{2691}{5863} = \frac{2700 - 9}{6000 - 137}$, 물이 빠져나갔으므로, $\frac{2691}{5863}$ 는 45%보다 크다.

즉, $\frac{2691}{5863}$ 는 45~50%사이의 값이 된다.

플마찢기 암기표

분수 \ 분모	20	40	60	80	100
15%	$\frac{3}{20}$	$\frac{6}{40}$	$\frac{9}{60}$	$\frac{12}{80}$	$\frac{15}{100}$
25%	$\frac{5}{20}$	$\frac{10}{40}$	$\frac{15}{60}$	$\frac{20}{80}$	$\frac{25}{100}$
35%	$\frac{7}{20}$	$\frac{14}{40}$	$\frac{21}{60}$	$\frac{28}{80}$	$\frac{35}{100}$
45%	$\frac{9}{20}$	$\frac{18}{40}$	$\frac{27}{60}$	$\frac{36}{80}$	$\frac{45}{100}$
55%	$\frac{11}{20}$	$\frac{22}{40}$	$\frac{33}{60}$	$\frac{44}{80}$	$\frac{55}{100}$
65%	$\frac{13}{20}$	$\frac{26}{40}$	$\frac{39}{60}$	$\frac{52}{80}$	$\frac{65}{100}$
75%	$\frac{15}{20}$	$\frac{30}{40}$	$\frac{45}{60}$	$\frac{60}{80}$	$\frac{75}{100}$
85%	$\frac{17}{20}$	$\frac{34}{40}$	$\frac{51}{60}$	$\frac{68}{80}$	$\frac{85}{100}$

연습하기 [분수]

■ 문제지

[※ 심심하시면, 분모의 영향을 이용하여 정밀한 분수값도 확인해 보세요. 단, 여러분의 멘탈을 책임지지 않습니다.]

문제지	곱셈의 역	플마 찢기	문제지	곱셈의 역	플마 찢기
01) $\dfrac{252}{1471}$ =	10~20%	$\dfrac{150+102}{1000+471}$ → 5%~20%	16) $\dfrac{783}{1989}$ =		
02) $\dfrac{3358}{7756}$ =			17) $\dfrac{1636}{2177}$ =		
03) $\dfrac{2981}{3804}$ =			18) $\dfrac{2874}{6813}$ =		
04) $\dfrac{1153}{5869}$ =			19) $\dfrac{1578}{2524}$ =		
05) $\dfrac{1892}{6397}$ =			20) $\dfrac{1432}{3216}$ =		
06) $\dfrac{2220}{6989}$ =			21) $\dfrac{3849}{5002}$ =		
07) $\dfrac{2434}{7500}$ =			22) $\dfrac{4349}{6906}$ =		
08) $\dfrac{407}{3048}$ =			23) $\dfrac{1263}{3201}$ =		
09) $\dfrac{854}{1882}$ =			24) $\dfrac{3327}{6752}$ =		
10) $\dfrac{1240}{1703}$ =			25) $\dfrac{2100}{4528}$ =		
11) $\dfrac{5132}{6350}$ =			26) $\dfrac{7339}{8521}$ =		
12) $\dfrac{6121}{6801}$ =			27) $\dfrac{4768}{9573}$ =		
13) $\dfrac{3315}{6399}$ =			28) $\dfrac{2069}{3805}$ =		
14) $\dfrac{1729}{3881}$ =			29) $\dfrac{1881}{5797}$ =		
15) $\dfrac{2774}{4514}$ =			30) $\dfrac{1176}{6443}$ =		

■ 답안지

01)	17.10%	11)	80.82%	21)	76.94%
02)	43.29%	12)	90.00%	22)	62.97%
03)	78.37%	13)	51.81%	23)	39.46%
04)	19.64%	14)	44.54%	24)	49.27%
05)	29.58%	15)	61.46%	25)	46.37%
06)	31.76%	16)	39.36%	26)	86.13%
07)	32.45%	17)	75.15%	27)	49.81%
08)	13.36%	18)	42.18%	28)	54.38%
09)	45.39%	19)	62.51%	29)	32.44%
10)	72.83%	20)	44.54%	30)	18.26%

분수 요약 - 01. 배수 테크닉

Q 배수 테크닉은 언제 사용하나요?

분수의 배수 테크닉은 분수 비교테크닉 중 하나이므로
당연하게, 분수 비교처럼 아래와 같은 자료과 설명의 형태를 지닌 경우에 사용될 수 있다.

〈표〉 2008~2012년 '갑'사의 매출액과 영업이익

항목＼연도	08	09	10	11	12
매출액	418	634	800	805	964
영업이익	131	243	300	398	318

※ 영업이익률(%) = $\dfrac{\text{영업이익}}{\text{매출액}} \times 100$

---| 설명 |---

1. 영업이익률은 08년이 12년보다 크다.   (O, X)

2. 영업이익률은 11년이 08년의 1.5배 이상이다.   (O, X)

분수 비교와 동일하게 설명의 목적이 항목들의 분수로 구성된다.
추가적으로 분수들간의 배수 관계를 구할 때 유용하다.

Q 배수 테크닉에 대해 알려주세요.

배수 테크닉의 정의

1) $\dfrac{A}{B} \gt? \dfrac{C}{D} \rightarrow \dfrac{D}{B} \gt? \dfrac{C}{A}$ 2) $\dfrac{A}{B}$ VS $\dfrac{C}{D} \rightarrow \dfrac{C/A}{D/B} = n$

분수 구성하는 숫자를 이항하여 숫자 간의 배수 관계를 통하여 분수를 비교할 수 있다.

예를 들어 $\dfrac{277}{183}$ VS $\dfrac{553}{368}$ 을 비교한다면,

$\dfrac{277}{183}$ = 1.5↑이고, $\dfrac{553}{368}$도 1.5↑이므로 어림셈으로 비교하기가 쉽지 않다.

허나, 이항을 통해 277과 368의 위치를 바꾸면, $\dfrac{368}{183}$과 $\dfrac{553}{277}$으로 볼 수 있게 된다.

$\dfrac{368}{183}$는 2보다 크고, $\dfrac{553}{277}$는 2보다 작으므로, $\dfrac{277}{183}$가 $\dfrac{553}{368}$보다 크다고 판별할 수 있다.

또한, 이항할 때 하나의 항으로 모두 이항을 한다면, 두 분수간의 배수도 파악할 수 있다.

예를 들어 $\dfrac{40}{120} \rightarrow \dfrac{48}{60}$ 이라는 분수간의 배수 관계를 파악한다면,

40과 60을 이항하면, $\dfrac{48/40}{60/120}$으로 볼 수 있게 된다.

$\dfrac{48}{40}$은 1.2이고, $\dfrac{60}{120}$은 0.5이므로, $\dfrac{48/40}{60/120} = \dfrac{1.2}{0.5}$이므로 $40 \times 150 \rightarrow 60 \times 300$는 2.4배 관계이다.

Q 배수테크닉에 대한 예시를 조금 더 보여주세요.

 비교를 위한 배수 테크닉의 예시

$\dfrac{13}{38}$과 $\dfrac{24}{77}$, 77과 13을 이항하자. 이항을 하면 $\dfrac{77}{38}$과 $\dfrac{24}{13}$으로 볼 수 있게 된다.

$\dfrac{77}{38}$ = 2↑, $\dfrac{24}{13}$ = 2↓이므로, $\dfrac{13}{38}$이 $\dfrac{24}{77}$보다 크다고 판별할 수 있다.

이항을 진짜로 하면서 풀기에는 우리에게는 시간이 부족하다.

따라서 빠르게 사고하기 위해 나음과 같이 분사의 배수와 분모의 배수로 섭근하자.

분자: 13에서 24로 → 2배 ↓, 분모: 38에서 77으로 → 2배↑,

결론적으로, $\dfrac{1}{1}$과 $\dfrac{2↓}{2↑}$를 비교하는 것이므로, $\dfrac{13}{38}$이 더 크다.

배수관계를 파악하기 위한 배수 테크닉의 예시

$\dfrac{252}{302}$ → $\dfrac{506}{203}$ 몇 배인가?

분자와 분모를 이항하자. $\dfrac{506/252}{203/302}$로 볼 수 있게 된다.

506/252 = 2↑이고, 203/302 = 2/3↑이므로, $\dfrac{2↑}{2/3↑}$ = 3↑이다.

따라서, $\dfrac{252}{302}$ → $\dfrac{506}{203}$는 3배 이상이라고 판별할 수 있다.

이번에는 $\dfrac{482}{513}$ → $\dfrac{608}{556}$ 몇 배인가?

분자와 분모를 이항하자. $\dfrac{608/482}{556/513}$로 볼 수 있게 된다.

608/482 = 1.25↑이고, 556/513 = 1.1↓이므로, $\dfrac{1.25↑}{1.1↓}$이다.

따라서, $\dfrac{482}{513}$ → $\dfrac{608}{556}$는 $\dfrac{1.25↑}{1.1↓}$이라고 판별할 수 있다.

하지만, $\dfrac{1.25↑}{1.1↓}$의 값을 정확하게 읽어 내는 것은 쉽지 않았을 것이다.

그렇기에, 고정값을 항상 생각해야 한다.

1) 고정값이 있다면 → 주어진 분수를 고정값을 기준하여 플마찢기로 본다.

   예를들어 고정값이 1.1이라면, $\dfrac{1.1+0.15↑}{1.0+0.1↓}$이므로, 1.1배 이상이다.

2) 고정값이 없다면 → 어림셈으로 접근으로 접근해야 한다.

> ※ 분수의 배수테크닉의 어림셈 $\dfrac{1+x}{1+y}≒1+x-y$ (x와 y가 10%이하인 경우)

즉, 1+0.25-0.1이므로, 대략 15% 언저리가 아닐까? 라고 생각할 수 있다.

연습문제

■ 문제지

	좌		우			좌		우
01)	5555 / 5416	○	6305 / 6310		11)	7319 / 2156	○	8673 / 2404
02)	8571 / 4873	○	10671 / 6116		12)	5290 / 9372	○	6533 / 10918
03)	7774 / 9836	○	9990 / 12934		13)	4646 / 8353	○	6202 / 10567
04)	1407 / 2531	○	1653 / 3100		14)	9970 / 9841	○	11216 / 10579
05)	2212 / 1929	○	2312 / 2035		15)	3892 / 3481	○	4379 / 4090
06)	4677 / 2893	○	5870 / 3602		16)	3914 / 9308	○	4403 / 10006
07)	1326 / 3683	○	1624 / 4328		17)	1192 / 6708	○	1484 / 8419
08)	3466 / 3849	○	3726 / 4330		18)	3797 / 3060	○	4613 / 3626
09)	2738 / 2025	○	2943 / 2278		19)	8441 / 5739	○	9665 / 6629
10)	8499 / 1202	○	9136 / 1352		20)	3653 / 9980	○	3964 / 11128

■ 답안지

	좌항		우항		좌항		우항
01)	1.026	〉	0.999	11)	3.395	〈	3.608
02)	1.759	〉	1.745	12)	0.564	〈	0.598
03)	0.790	〉	0.772	13)	0.556	〈	0.587
04)	0.556	〉	0.533	14)	1.013	〈	1.060
05)	1.147	〉	1.136	15)	1.118	〉	1.070
06)	1.617	〈	1.630	16)	0.420	〈	0.440
07)	0.360	〈	0.375	17)	0.178	〉	0.176
08)	0.900	〉	0.860	18)	1.241	〈	1.272
09)	1.352	〉	1.292	19)	1.471	〉	1.458
10)	7.071	〉	6.756	20)	0.366	〉	0.356

❖ 연습문제

■ 문제지

01)	7274 / 2863	○	8911 / 3364	11)	1846 / 4976	○	2040 / 5449
02)	2323 / 4925	○	2404 / 5245	12)	4476 / 2905	○	5304 / 3239
03)	2539 / 4254	○	3390 / 5381	13)	1993 / 2345	○	2262 / 2732
04)	1347 / 3979	○	1381 / 4277	14)	1830 / 1639	○	2388 / 2123
05)	7407 / 5635	○	8333 / 6058	15)	4992 / 6717	○	6415 / 8833
06)	2723 / 1339	○	3227 / 1627	16)	7313 / 2328	○	8593 / 2852
07)	4821 / 2145	○	4990 / 2284	17)	3157 / 4007	○	3267 / 4267
08)	8696 / 1148	○	9435 / 1165	18)	8144 / 9165	○	9243 / 9761
09)	1226 / 2314	○	1539 / 2881	19)	9292 / 8685	○	11011 / 9684
10)	5450 / 7924	○	7058 / 10341	20)	6923 / 4581	○	8619 / 5749

■ 답안지

	좌항		우항		좌항		우항
01)	2.541	〈	2.649	11)	0.371	〈	0.374
02)	0.472	〉	0.458	12)	1.541	〈	1.638
03)	0.597	〈	0.630	13)	0.850	〉	0.828
04)	0.339	〉	0.323	14)	1.117	〈	1.125
05)	1.314	〈	1.376	15)	0.743	〉	0.726
06)	2.034	〉	1.983	16)	3.141	〉	3.013
07)	2.248	〉	2.184	17)	0.788	〉	0.766
08)	7.575	〈	8.097	18)	0.889	〈	0.947
09)	0.530	〈	0.534	19)	1.070	〈	1.137
10)	0.688	〉	0.683	20)	1.511	〉	1.499

해당 자료의 저작권은 메가피셋 김은기 강사에게 있습니다. **39**

분수 요약 - 02. 기울기 테크닉

Q 기울기 테크닉은 언제 사용하나요?

분수의 기울기 테크닉은 분수 비교테크닉 중 하나이므로
당연하게, 분수 비교처럼 아래와 같은 자료과 설명의 형태를 지닌 경우에 사용될 수 있다.

〈표〉 2008~2012년 '갑'사의 매출액과 영업이익

연도 항목	08	09	10	11	12
매출액	418	634	800	805	964
영업이익	131	243	300	398	318

※ 영업이익률(%) = $\dfrac{영업이익}{매출액}$ × 100

─────| 설명 |─────

1. 영업이익률은 08년이 12년보다 크다.

(O, X)

분수 비교와 동일하게 설명의 목적이 항목들의 분수로 구성된다.

Q 기울기 테크닉에 대해 알려주세요.

기울기 테크닉의 정의

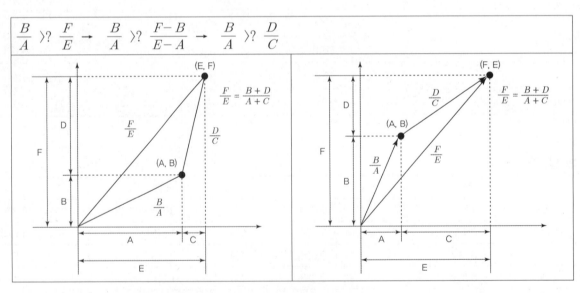

$\dfrac{B}{A}$와 $\dfrac{F}{E}$의 기울기를 비교할 때, $\dfrac{F}{E}$의 기울기는 $\dfrac{B}{A}$에서 추가로 $\dfrac{D}{C}$가 연결된 것으로 생각할 수 있다.

따라서, 추가로 연결된 $\dfrac{D}{C}$의 기울기에 따라 $\dfrac{B}{A}$와 $\dfrac{F}{E}$의 대소가 결정된다.

예를 들어 $\dfrac{2}{3}$와 $\dfrac{1}{2}$을 비교한다면 $\dfrac{2}{3}$는 $\dfrac{1}{2}$에서 가파른 $\dfrac{1}{1}$가 추가로 연결된 것이므로, $\dfrac{2}{3}$가 $\dfrac{1}{2}$보다 가파르다.

$\dfrac{7}{6}$와 $\dfrac{4}{3}$을 비교한다면 $\dfrac{7}{6}$는 $\dfrac{4}{3}$에서 완한만 $\dfrac{3}{3}$가 추가로 연결됐으므로 $\dfrac{7}{6}$가 $\dfrac{4}{3}$보다 완만하다.

Q 기울기 테크닉에 대한 예시를 조금 더 보여주세요.

 비교를 위한 배수 테크닉의 예시

$\dfrac{24}{50}$ 과 $\dfrac{13}{38}$, $\dfrac{24}{50}$ 는 $\dfrac{13}{38}$ 에서 $\dfrac{11}{12}$ 이 추가로 연결된 것이다.

$\dfrac{11}{12}$ 는 $\dfrac{13}{38}$ 보다 가파르므로, $\dfrac{13}{38}$ 에서 더 가파른 $\dfrac{11}{12}$ 이 추가로 연결된 $\dfrac{24}{50}$ 는 $\dfrac{13}{38}$ 보다 가파르다.

$\dfrac{24}{50} > \dfrac{13}{38}$

$\dfrac{82}{47}$ 과 $\dfrac{89}{53}$, $\dfrac{89}{53}$ 는 $\dfrac{82}{47}$ 에서 $\dfrac{7}{6}$ 이 추가로 연결된 것이다.

$\dfrac{7}{6}$ 는 $\dfrac{82}{47}$ 보다 완만하므로, $\dfrac{82}{47}$ 에서 더 완만한 $\dfrac{7}{6}$ 이 추가로 연결된 $\dfrac{89}{53}$ 는 $\dfrac{82}{47}$ 보다 완만하다.

$\dfrac{82}{47} > \dfrac{89}{53}$

$\dfrac{78}{82}$ 과 $\dfrac{109}{112}$, $\dfrac{109}{112}$ 는 $\dfrac{78}{82}$ 에서 $\dfrac{31}{30}$ 이 추가로 연결된 것이다.

$\dfrac{31}{30}$ 는 $\dfrac{78}{82}$ 보다 가파르므로, $\dfrac{78}{82}$ 에서 더 가파른 $\dfrac{31}{30}$ 이 추가로 연결된 $\dfrac{109}{112}$ 는 $\dfrac{82}{47}$ 보다 가파르다.

$\dfrac{78}{82} < \dfrac{109}{112}$

❋ 노래로 배우는 플마 찢기

큰 놈이 짱이야 큰 놈이 짱이야~

작은 놈과 빼버려 작은 놈과 빼버려!

남는 놈이 대신해 남는 놈이 대신해

남는 것과 비교해 작은 것과 비교해

해당 자료의 저작권은 메가피셋 김은기 강사에게 있습니다. **41**

연습문제

■ 문제지

	좌		우			좌		우
01)	$\dfrac{35}{67}$	○	$\dfrac{42}{74}$		11)	$\dfrac{19}{85}$	○	$\dfrac{24}{88}$
02)	$\dfrac{33}{24}$	○	$\dfrac{38}{29}$		12)	$\dfrac{45}{77}$	○	$\dfrac{54}{81}$
03)	$\dfrac{78}{76}$	○	$\dfrac{84}{79}$		13)	$\dfrac{97}{29}$	○	$\dfrac{106}{32}$
04)	$\dfrac{28}{33}$	○	$\dfrac{37}{38}$		14)	$\dfrac{76}{62}$	○	$\dfrac{78}{66}$
05)	$\dfrac{61}{30}$	○	$\dfrac{65}{33}$		15)	$\dfrac{54}{80}$	○	$\dfrac{63}{85}$
06)	$\dfrac{98}{14}$	○	$\dfrac{107}{19}$		16)	$\dfrac{85}{45}$	○	$\dfrac{87}{50}$
07)	$\dfrac{83}{94}$	○	$\dfrac{90}{99}$		17)	$\dfrac{18}{83}$	○	$\dfrac{22}{85}$
08)	$\dfrac{71}{99}$	○	$\dfrac{73}{108}$		18)	$\dfrac{85}{71}$	○	$\dfrac{89}{74}$
09)	$\dfrac{31}{90}$	○	$\dfrac{38}{96}$		19)	$\dfrac{36}{64}$	○	$\dfrac{41}{70}$
10)	$\dfrac{81}{64}$	○	$\dfrac{86}{71}$		20)	$\dfrac{82}{56}$	○	$\dfrac{91}{58}$

■ 답안지

	좌항		우항		좌항		우항
01)	0.522	〈	0.568	11)	0.224	〈	0.273
02)	1.375	〉	1.310	12)	0.584	〈	0.667
03)	1.026	〈	1.063	13)	3.345	〉	3.313
04)	0.848	〈	0.974	14)	1.226	〈	1.182
05)	2.033	〉	1.970	15)	0.675	〈	0.741
06)	7.000	〉	5.632	16)	1.889	〉	1.740
07)	0.883	〈	0.909	17)	0.217	〈	0.259
08)	0.717	〉	0.676	18)	1.197	〈	1.203
09)	0.344	〈	0.396	19)	0.563	〈	0.586
10)	1.266	〉	1.211	20)	1.464	〈	1.569

연습문제

■ 문제지

01)	$\dfrac{22}{63}$	○	$\dfrac{26}{67}$	11)	$\dfrac{27}{72}$	○	$\dfrac{32}{79}$
02)	$\dfrac{15}{54}$	○	$\dfrac{23}{56}$	12)	$\dfrac{60}{69}$	○	$\dfrac{62}{72}$
03)	$\dfrac{60}{65}$	○	$\dfrac{65}{72}$	13)	$\dfrac{59}{68}$	○	$\dfrac{67}{71}$
04)	$\dfrac{78}{25}$	○	$\dfrac{84}{29}$	14)	$\dfrac{88}{96}$	○	$\dfrac{94}{99}$
05)	$\dfrac{17}{31}$	○	$\dfrac{23}{33}$	15)	$\dfrac{82}{13}$	○	$\dfrac{84}{16}$
06)	$\dfrac{46}{40}$	○	$\dfrac{53}{47}$	16)	$\dfrac{63}{36}$	○	$\dfrac{69}{41}$
07)	$\dfrac{15}{32}$	○	$\dfrac{24}{35}$	17)	$\dfrac{93}{91}$	○	$\dfrac{100}{99}$
08)	$\dfrac{61}{21}$	○	$\dfrac{70}{30}$	18)	$\dfrac{98}{51}$	○	$\dfrac{106}{56}$
09)	$\dfrac{23}{82}$	○	$\dfrac{27}{87}$	19)	$\dfrac{33}{90}$	○	$\dfrac{41}{93}$
10)	$\dfrac{45}{61}$	○	$\dfrac{49}{67}$	20)	$\dfrac{25}{18}$	○	$\dfrac{33}{21}$

■ 답안지

	좌항		우항		좌항		우항
01)	0.349	$\langle$	0.388	11)	0.375	$\langle$	0.405
02)	0.278	$\langle$	0.411	12)	0.870	$\rangle$	0.861
03)	0.923	$\rangle$	0.903	13)	0.868	$\langle$	0.944
04)	3.120	$\rangle$	2.897	14)	0.917	$\langle$	0.949
05)	0.548	$\langle$	0.697	15)	6.308	$\rangle$	5.250
06)	1.150	$\rangle$	1.128	16)	1.750	$\rangle$	1.683
07)	0.469	$\langle$	0.686	17)	1.022	$\rangle$	1.010
08)	2.905	$\rangle$	2.333	18)	1.922	$\rangle$	1.893
09)	0.280	$\langle$	0.310	19)	0.367	$\langle$	0.441
10)	0.738	$\rangle$	0.731	20)	1.389	$\langle$	1.571

해당 자료의 저작권은 메가피셋 김은기 강사에게 있습니다. **43**

분수 요약 - 03. 뺄셈 테크닉

Q 뺄셈 테크닉은 언제 사용하나요?

〈표〉 2008~2012년 '갑'사의 매출액과 영업이익

항목 \ 연도	08	09	10	11	12
매출액	418	634	800	805	964
영업이익	131	243	300	398	318

※ 영업이익률(%) = $\dfrac{영업이익}{매출액}$ × 100

┤설명├
1. 영업이익률은 08년이 12년보다 크다.

(O, X)

Q 뺄셈 테크닉에 대해 알려주세요.

뺄셈 테크닉의 정의

$$\frac{B}{A} \rangle? \ \frac{D}{C} \ \rightarrow \ \frac{C}{D} \rangle? \ \frac{A}{B} \ \rightarrow \ \frac{C-nD}{D} \rangle? \ \frac{A-nB}{B} \ \rightarrow \ \frac{B}{A-nB} \rangle? \ \frac{D}{C-nD}$$

뺄셈 테크닉은 결론적으로, 분모에서 분자를 빼내서 비교하는 것이다.
그렇기에, 만약에, 분모에 분자가 포함된 형태라면, 뺄셈 테크닉을 이용하기 더욱 편해진다.

뺄셈 테크닉이 가장 유용하게 사용 될 수 있는 곳은 부분과 전체로 구성된 경우에서 비중을 물어보는 경우
이다.
부분과 전체 = $[U_A = A + A^C , \ U_B = B + B^C]$

$\dfrac{A}{U_A}$ 와 $\dfrac{B}{U_B}$ 를 비교한다면, $\dfrac{A}{A+A^C} \rangle? \ \dfrac{B}{B+B^C} \ \rightarrow \ \dfrac{A}{A^C} \rangle? \ \dfrac{B}{B^C}$

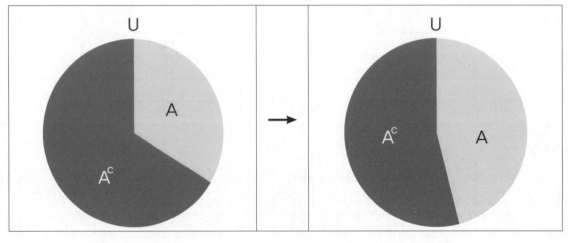

Q 뺄셈 테크닉에 대한 예시를 조금 더 보여주세요.

 비교를 위한 뺄셈 테크닉의 예시

$$\frac{31}{31+92} \text{ 과 } \frac{26}{26+71},$$

뺄셈 테크닉을 이용하지 않는다면, $\frac{31}{123}$ 과 $\frac{26}{97}$ 을 비교해야 하고, → $\frac{31}{123}$ ⟨ $\frac{26}{97}$

뺄셈 테크닉을 이용한다면, $\frac{31}{92}$ 과 $\frac{26}{71}$ 를 비교하면 된다. → $\frac{31}{92}$ ⟨ $\frac{26}{71}$

사람마다, 뺄셈 테크닉을 사용하기 전이 더 예뻐보일 수도, 사용한 후가 더 예뻐보일 수도 있으나, 자신이 볼 수 있는 방법의 양을 늘리는 것은 편한 길을 선택할 수 있는 선택지를 늘리는 것과 같다.

$$\frac{99}{99+60} \text{ 과 } \frac{70}{70+36},$$

뺄셈 테크닉을 이용하지 않는다면, $\frac{99}{159}$ 과 $\frac{70}{106}$ 을 비교해야 하고, → $\frac{99}{159}$ ⟨ $\frac{70}{106}$

뺄셈 테크닉을 이용한다면, $\frac{99}{60}$ 과 $\frac{70}{36}$ 를 비교하면 된다. → $\frac{99}{60}$ ⟨ $\frac{70}{36}$

이번에는 누구나 뺄셈 테크닉을 사용한 이유의 숫자가 더 쉽게 비교가 가능할 것이다.

마지막으로 고정값이 있는 경우에 뺄셈 테크닉을 적용해 보자.

$$\frac{478}{781} = \frac{478}{478+303} \text{ 와 } 60\% = \frac{60}{60+40}$$

뺄셈 테크닉을 이용하지 않는다면, $\frac{478}{781}$ 과 60%를 비교해야 하고, 따라서, $\frac{478}{781} = \frac{420+68}{700+81}$ 으로 쪼개고

뺄셈 테크닉을 이용한다면, $\frac{478}{303}$ 과 $\frac{60}{40}$ 을 비교해야 하고, 따라서, $\frac{478}{303}$ 이 1.5보다 크다. 라고 판별하면 된다.

❋ 노래로 배우는 플마 찢기
부분과 전체~ 부분과 전체~
전체는 부분과 여집합의 합~
부분과 여집합~ 부분과 여집합~

해당 자료의 저작권은 메가피셋 김은기 강사에게 있습니다. **45**

⁞⁝ 연습문제

■ 문제지

	좌		우			좌		우
01)	$\dfrac{39}{39+55}$	○	$\dfrac{17}{17+28}$	11)	$\dfrac{43}{43+40}$	○	$\dfrac{35}{35+35}$
02)	$\dfrac{48}{48+19}$	○	$\dfrac{55}{55+25}$	12)	$\dfrac{11}{11+88}$	○	$\dfrac{38}{38+325}$
03)	$\dfrac{42}{42+47}$	○	$\dfrac{44}{44+40}$	13)	$\dfrac{12}{12+81}$	○	$\dfrac{17}{17+106}$
04)	$\dfrac{26}{26+70}$	○	$\dfrac{16}{16+40}$	14)	$\dfrac{35}{35+61}$	○	$\dfrac{55}{55+83}$
05)	$\dfrac{22}{22+40}$	○	$\dfrac{48}{48+72}$	15)	$\dfrac{42}{42+52}$	○	$\dfrac{39}{39+56}$
06)	$\dfrac{48}{48+19}$	○	$\dfrac{45}{45+16}$	16)	$\dfrac{31}{31+98}$	○	$\dfrac{36}{36+133}$
07)	$\dfrac{29}{29+78}$	○	$\dfrac{55}{55+158}$	17)	$\dfrac{20}{20+56}$	○	$\dfrac{29}{29+71}$
08)	$\dfrac{12}{12+22}$	○	$\dfrac{47}{47+84}$	18)	$\dfrac{21}{21+82}$	○	$\dfrac{21}{21+75}$
09)	$\dfrac{41}{41+16}$	○	$\dfrac{45}{45+14}$	19)	$\dfrac{22}{22+18}$	○	$\dfrac{17}{17+11}$
10)	$\dfrac{19}{19+50}$	○	$\dfrac{33}{33+89}$	20)	$\dfrac{14}{14+29}$	○	$\dfrac{50}{50+90}$

■ 답안지

	좌항		우항		좌항		우항
01)	41.489%	〉	37.736%	11)	51.807%	〉	50.117%
02)	71.642%	〉	68.347%	12)	11.111%	〉	10.460%
03)	47.191%	〈	52.148%	13)	12.903%	〈	13.870%
04)	27.083%	〈	28.761%	14)	36.458%	〈	39.741%
05)	35.484%	〈	40.146%	15)	44.681%	〉	40.840%
06)	71.642%	〈	73.305%	16)	24.031%	〉	21.282%
07)	27.103%	〈	25.787%	17)	26.316%	〈	29.104%
08)	35.294%	〈	35.993%	18)	20.388%	〈	21.775%
09)	71.930%	〈	76.894%	19)	55.000%	〈	61.350%
10)	27.536%	〉	27.143%	20)	32.558%	〈	35.687%

연습문제

■ 문제지

01)	$\dfrac{640}{640 \ + \ 121}$	○	85%	11)	$\dfrac{822}{822 \ + \ 1557}$	○	35%
02)	$\dfrac{447}{447 \ + \ 907}$	○	30%	12)	$\dfrac{805}{805 \ + \ 700}$	○	50%
03)	$\dfrac{920}{920 \ + \ 267}$	○	75%	13)	$\dfrac{185}{185 \ + \ 113}$	○	60%
04)	$\dfrac{830}{830 \ + \ 805}$	○	50%	14)	$\dfrac{883}{883 \ + \ 1591}$	○	35%
05)	$\dfrac{931}{931 \ + \ 8547}$	○	10%	15)	$\dfrac{826}{826 \ + \ 843}$	○	50%
06)	$\dfrac{831}{831 \ + \ 1651}$	○	35%	16)	$\dfrac{332}{332 \ + \ 867}$	○	25%
07)	$\dfrac{312}{312 \ + \ 1627}$	○	15%	17)	$\dfrac{136}{136 \ + \ 51}$	○	70%
08)	$\dfrac{908}{908 \ + \ 2642}$	○	25%	18)	$\dfrac{832}{832 \ + \ 1883}$	○	30%
09)	$\dfrac{863}{863 \ + \ 650}$	○	55%	19)	$\dfrac{999}{999 \ + \ 869}$	○	50%
10)	$\dfrac{278}{278 \ + \ 52}$	○	85%	20)	$\dfrac{452}{452 \ + \ 1023}$	○	30%

■ 답안지

	뺄셈 테크닉 사용 전 좌항	뺄셈 테크닉 사용 후 좌항	뺄셈 테크닉 사용 후 우항		뺄셈 테크닉 사용 전 좌항	뺄셈 테크닉 사용 후 좌항	뺄셈 테크닉 사용 후 우항
01)	84.12%	529.60%	566.67%	11)	34.55%	52.79%	53.85%
02)	33.00%	49.26%	42.86%	12)	53.48%	114.94%	100.00%
03)	77.52%	344.83%	300.00%	13)	61.98%	163.04%	150.00%
04)	50.76%	103.09%	100.00%	14)	35.70%	55.51%	53.85%
05)	9.82%	10.89%	11.11%	15)	49.50%	98.04%	100.00%
06)	33.48%	50.32%	53.85%	16)	27.70%	38.31%	33.33%
07)	16.09%	19.18%	17.65%	17)	72.84%	268.20%	233.33%
08)	25.58%	34.36%	33.33%	18)	30.64%	44.18%	42.86%
09)	57.05%	132.85%	122.22%	19)	53.48%	114.94%	100.00%
10)	84.12%	529.60%	566.67%	20)	30.64%	44.18%	42.86%

3 세팅편과 풀이편 요약

Q 세팅편에서는 무엇을 배웠나요?

 세팅편에서 설명의 재구성을 통해서 '풀이를 최적화하기 위한 초석'을 만들었습니다.

자료를 통한 정보 확인 (지도 확인)	→	설명을 읽고 목적 잡기 (동선 만들기)	→	목적을 잡고 필요한 정보 찾기 (실제 이동하기)	→	정보를 찾아 정오의 판단 (정오 판단)

그리고 초석을 만들기 위해서 아래의 3가지를 익혔습니다.

1. 벽에 막히지 않기 위해 접근 순서를 교정하는 것
2. 실수가 발생하지 않도록 사고의 방식을 교정하는 것
3. 숫자를 암기하고, 활용법을 체화하여 숫자 감각을 만드는 것

Q 접근 순서를 교정하는 것은 무엇인가요?

 접근 순서를 교정 한다는 것은, 비효율적인 동선에서 효율적인 동선으로 바꾸는 과정을 말합니다.
비효율적인 동선은 무엇이고, 효율적인 동선이 무엇인지 알기위해서 같이 쇼핑을 한번 해봅시다.

쇼핑목록과 지도는 다음과 같습니다.

쇼핑 목록: 소고기, 카페라떼, 스킨로션, 닭고기			
집 (출발지, 도착지)	카페 (카페라떼)	정육점 (소고기, 닭고기)	로드샵 (스킨로션)

여러분은 아래의 3개의 동선 중 어떠한 동선을 선택 하시겠습니까?
① 집 → 정육점(소고기) → 카페(카페라떼) → 로드샵(스킨로션) → 정육점(닭고기) → 집
② 집 → 로드샵(스킨로션) → 정육점(소고기, 닭고기) → 카페(카페라떼) → 집
③ 집 → 카페(카페라떼) → 정육점(소고기, 닭고기) → 로드샵(스킨로션) → 집
당연히 ② 또는 ③처럼 효율적인 동선중 무엇을 선택해야 할지를 고민을 하실 겁니다.
그러나, 자료 해석을 풀때 ①처럼 비효율적인 동선을 선택하는 분들이 너무나도 많습니다.
그래서 이런 비효율적인 동선을 효율적인 동선으로 교정 해야만 합니다.
효율적인 동선을 만들기 위해서 아래의 2가지를 꼭 지켜야 합니다.

1) 주어진 자료의 먼저 가볍게 훑어봐야 한다. → 자료는 효율적인 동선을 만들기 위한 지도.
2) 설명을 풀때 재구성하여 접근해야 한다.   → 재구성은 효율적인 동선을 만드는 계획.

설명의 재구성이란, 설명을 ① 목적 파트 → ② 정보 파트 → ③ 정오 파트 순으로 재구성하는 것을 말합니다.
특히 ① 목적 파트를 통해 설명의 유형을 판단하고, 그에 맞는 식을 떠올리는 것이 가장 중요합니다.

◆ 목적 파트에 등장하는 요소들

1) 다양한 명사

정의: 자료(표나 그림)에 나오는 다양한 명사들이며, 크게 2가지로 나누어진다.

> 1) 주어진 자료에 이미 주어진 형태로 특별한 추론이 필요 없는 형태
> 2) 주어진 자료에 주어진 형태가 아니기에 추론이 필요한 형태
>   ex) 목적: GDP, 자료에 1인당 GDP와 인구가 나온다면? → GDP = 1인당 GDP × 인구

> ✽ 알아두기 이항
> • 덧셈과 뺄셈의 이항
> A+B = C → 만약 B를 이항하고 싶다면, 좌항에 B를 없애기 위해 양변 모두 B를 빼준다.
>   → A+B-B = C-B → A = C-B → 결과적으로 좌항에 B가 사라진다.
> A-B = C → 만약 B를 이항하고 싶다면, 좌항에 B를 없애기 위해 양변 모두 B를 더한다.
>   → A-B+B = C+B → A = C+B → 결과적으로 좌항에 B가 사라진다.
> (※ 앞에 사칙연산 기호가 없는 A나 C의 앞에는 +있다고 생각하자. 따라서 이항시에 빼줘야 한다.)
>
> • 곱셈과 나눗셈의 이항
> A×B = C → 만약 B를 이항하고 싶다면, 좌항에 B를 없애기 위해 양변에 모두 B로 나눠준다.
>   → A×B÷B = C÷B → A = C÷B → 결과적으로 좌항에 B가 사라진다.
> A÷B = C → 만약 B를 이항하고 싶다면, 좌항에 B를 없애기 위해 양변에 모두 B로 곱해준다.
>   → A÷B×B = C×B → A = C×B → 결과적으로 좌항에 B가 사라진다.
> (※ 앞에 사칙연산 기호가 없는 A나 C의 앞에는 ×있다고 생각하자. 따라서 이항시에 나눠줘야 한다.)

2) 분수구조 3형제

정의: $\dfrac{B}{A}$

> 1) A당 B = $\dfrac{B}{A}$ 2) A대비 B의 비율 = $\dfrac{B}{A}$ 3) A중 B의 비율 = $\dfrac{B}{A}$
> → 인구당 GDP   → 가성비   → 인구 중 남성비율

3) 폭폭폭 (과거값(t_1) → 현재값(t_2))

정의: 과거값과 현재값 사이의 차이

> 1) 증가폭   2) 감소폭   3) 변화(증감)폭
> = 현재값(t_2)-과거값(t_1)   = 과거값(t_1)-현재값(t_2)   = |현재값(t_2)-과거값(t_1)|
>
> [※ 단, 자료에서 등장하는 변화와 증감에서는 절대값을 의미하지 않는다.]

해당 자료의 저작권은 메가피셋 김은기 강사에게 있습니다. **49**

◆ 목적 파트에 등장하는 요소들

4) 율율율 (과거값(t_1) → 현재값(t_2))

정의: $\dfrac{\text{폭폭폭}}{\text{과거값}}$

1) 증가율	2) 감소율	3) 변화(증감)율
$= \dfrac{\text{증가폭}(t_2 - t_1)}{\text{과거값}(t_1)}$	$= \dfrac{\text{감소폭}(t_1 - t_2)}{\text{과거값}(t_1)}$	$= \dfrac{\text{변화폭}(\lvert t_2 - t_1 \rvert)}{\text{과거값}(t_1)}$

[※ 단, 자료에서 등장하는 변화와 증감에서는 절대 값을 의미하지 않는다.]

※ 알아두기 – % 증가/감소와 %p 증가/감소의 차이

%란, 단순히 단위를 의미한다. ex) $X\% = \dfrac{X}{100}$

따라서, 10% 증가했다는 것은, 과거에 비해서 $\times \dfrac{10}{100}$ 만큼이 추가로 커졌다는 것을 의미한다.

%p란, %값의 차이를 의미한다.

따라서, 5%p 증가했다는 것은, 과거에 비해서 $+ \dfrac{5}{100}$ 만큼이 추가로 커졌다는 것을 의미한다.

※ 알아두기 – 전년 대비의 정보 파트

1) 2013년 이후 매년 증가했다. → 필요한 정보: 2013년 이후 매년
2) 2013년 이후 전년대비 매년 증가했다. → 필요한 정보: 2012년 이후 매년

※ 2)의 경우 2013년에도 전년 대비 증가했는지에 대한 확인이 필요하다.

5) 비중/점유율

정의: $\dfrac{\text{부분}}{\text{전체}} = \dfrac{A}{U}$

※ 알아두기 – 부분과 전체

전체(U)는 여러 가지의 부분(A, B, C⋯)들로 구성된다. → U = A+B+C+⋯

$\dfrac{A}{U} = \dfrac{A}{A+B+C+\cdots}$

(※ 부분들은 상호 배타적인 관계이다. 상호 배타적이란, A∩B = 0)

6) 지수

정의: $\dfrac{\text{해당값}}{\text{기준값}}$

Q 풀이편에서는 무엇을 배웠나요?

 풀이편에서는 설명의 정오를 판단시 계산량을 줄이기 위한 4가지 관점에 대해서 배웠다.

관점.1 후보군
설명에서 해야 할 것은 오직 1가지, 정오판단이다. (반례확인)
정오를 판단하기 위해 정확한 값은 필요하지 않다.
오직 정오를 판단하기 위한 최적의 동선으로 접근하자.

관점.2 계산의 2단계
계산엔느 딘게가 존재한디.
1단계: 논리적 사고와 어림셈
2단계: 비교 테크닉과 정밀셈

관점.3 계산이 아닌 가공
해야할 것은 비교를 통한 정오판단이다.
비교를 통한 정오판단이 잘 보이지 않는다면,
논리적인 가곡을 통해 접근의 관점을 변화시켜 정오를 판단하자.
→ 대표적인 예시가 곱셈과 분수의 3가지 비교테크닉

관점.4 공통과 차이
비교에 영향을 주는 것은 오직 차이뿐이다.
공통부분과 차이부분을 찾고,
공통을 무시하고, 차이에 집중하자.

※ 자릿수에 따른 영향력

	최대 영향력 (최대 비중)			최소 영향력 (최소 비중)		
만의 자리	$\frac{90,000}{90,000}$	≒	100.00%	$\frac{10,000}{19,999}$	≒	50.00%
천의 자리	$\frac{9,000}{19,000}$	≒	47.37%	$\frac{1,000}{91,999}$	≒	1.09%
백의 자리	$\frac{900}{10,900}$	≒	8.23%	$\frac{100}{99,199}$	≒	0.10%
십의 자리	$\frac{90}{10,090}$	≒	0.89%	$\frac{10}{99,919}$	≒	0.01%
일의 자리	$\frac{9}{10,009}$	≒	0.09%	$\frac{1}{99,991}$	≒	0.00%

그렇게 높은 자릿수 기준 앞의 3개의 숫자만 인식한 후, 필요에 따라서 자릿수까지 생각해주면 된다.

Q 폭폭폭과 율율율 요약

 율율율 $= \dfrac{폭폭폭}{과거값}$

1) 배수비교법

증가율의 배수비교법 $= \dfrac{현재}{과거}$

감소율의 배수비교법 $= \dfrac{과거}{현재}$

2) 크기확인법

$1 \pm 율율율 = \dfrac{현재}{과거}$

3) 폭과 율사이의 관계

과거값 $= \dfrac{현재값}{1 \pm 율율율}$

폭폭폭 $= \dfrac{율율율}{1 \pm 율율율} \times 현재값$

Q 비중 요약

 비중은 부분과 전체의 구조에서 사용된다.
여기서 부분과 전체란, A+B+⋯ = U가 되는 구조를 말한다.

만약, 부분과 전체의 구조라는 것이 파악된다면,

$\dfrac{A}{U}(= \dfrac{A}{A+B+\cdots})$를 A의 비중이라고 생각하고, 그 외를 A의 여집합의 비중이라고 생각하면 된다.

A의 비중($\dfrac{A}{U}$) + A의 여집합의 비중($\dfrac{A^C}{U}$) = 100%이다.

따라서, 비중 그대로를 이용하거나, 여집합적 사고를 이용하여 비중에 대해서 해결하면 된다.
또한, 고정값이 주어져 있다면, 플마 찢기를 이용해서 해결하자.

추가적으로 분자(A) ∝ 분수(A의 비중)의 관계를 지니고 있다.

Q 총합과 평균 요약

평균이란, 넘치는 것이 부족한 것을 채워주는 것을 말한다.
만약 밑변의 크기가 서로서로 다르다면, 가중평균이고, 밑변의 크기가 모두 같다면, 산술평균이다.

또한, 평균과 총합은 동전의 양면과 같다.
총합을 구하기 위해 평균을 이용할 수 있고, 평균을 구하기 위해 총합을 이용할 수 있다.
당연히, 가중평균과 가중치 총합도 같은 관계이다.

Q 극단으로 요약

목적을 통해 구한 정보가 확정적인 정보의 형태가 아니라 범위를 지닌 값으로 나온다면 극단으로 생각해야
한다.

예를 들어, 설명: "X는 10이상이다."이고, 목적을 통해 구한 정보가 5<X<15라면,
5<X<10일 때는 옳지 않은 설명이고, 10≤X<15일때는 옳은 설명이 된다.
그러나. 설명에서 단 1개의 반례라도 존재한다면 옳지 않은 설명이기 때문에, 옳지 않다고 판단해야 한다.
따라서, 극단의 방향은 주어진 설명을 옳지 않게 만드는 방향으로 생각해야 한다.

설명: X는 n 이상이다. → X를 가장 작게 만들어도 n보다 클까?
설명: X는 n 이하이다. → X를 가장 크게 만들어도 n보다 작을까?

Q 체크리스트 요약

설명을 보기 전에 자료를 먼저 보고 체크해야 한다.
자료를 보며 자료를 이해하고 특징을 체크해야 한다.

특징의 대표적인 체크리스트로
제목, 단위, 지수, 비중, 시계열, 순위, 표의 구조, 각주, 가시성, 다중자료의 관계성 등이 존재하며,
이들은 설명을 푸는데 힌트적 요소로 또는 함정적 요소로 작용하므로 꼭, 꼭 미리 체크를 해야 한다.

II

일반형

PSAT은 객관식이므로 '답'만 확정시키면 된다.
절대적으로 '시간'이 부족하기에 '답'이 확정됐다면,
더 이상 다른 설명의 정오를 판단하지 말자.

한편, 우리는 '인간'이기에 한번 풀기 시작한 문제를
중간에 멈추는 것은 매우 어려운 행위이다.
따라서 해당 문제를 내가 풀 수 있는지에 대한 파악은 필수적이다.

1 일반형 총론

Q 일반형은 어떻게 구성되고 특징은 무엇이 있나요?

일반형 문제는 다음의 발문으로 구성된다.

1) 이에 대한 설명으로 (옳은/옳지 않은) 것은?

　→ ①~⑤형

2) 이에 대한 〈보기〉의 설명으로 (옳은/옳지 않은) 것만을 모두 고르면?

　→ ㄱ~ㄹ형

①~⑤형의 유형은 단 1개인 반면, ㄱ~ㄹ형은 총 3개의 유형으로 구분된다.

1) ㄱ~ㄹ 대칭형	: 선지에 주어진 보기의 개수가 모두 동일한 개수인 형태 ex) ① ㄱ,ㄴ ② ㄱ,ㄷ ③ ㄱ,ㄹ ④ ㄴ,ㄷ ⑤ ㄷ,ㄹ ① ㄱ,ㄴ,ㄷ ② ㄱ,ㄷ,ㄹ ③ ㄴ,ㄷ,ㄹ ④ ㄴ,ㄷ,ㅁ ⑤ ㄷ,ㄹ,ㅁ
2) ㄱ~ㄹ 비대칭형	: 선지에 주어진 보기의 개수가 동일하지 않은 형태 ex) ① ㄱ,ㄴ ② ㄱ,ㄷ ③ ㄴ,ㄷ ④ ㄴ,ㄹ ⑤ ㄱ,ㄴ,ㄹ ① ㄱ,ㄴ ② ㄱ,ㄹ ③ ㄴ,ㄹ ④ ㄱ,ㄴ,ㄷ ⑤ ㄱ,ㄷ,ㄹ
3) ㄱ~ㄹ 3보기형	: 주어진 보기가 3개뿐인 형태 ex) ① ㄱ ② ㄷ ③ ㄱ,ㄴ ④ ㄱ,ㄷ ⑤ ㄱ,ㄴ,ㄷ

일반형의 특징은 다음과 같다.

기본적으로 객관식이기 때문에 답을 찾기 위해서 모든 설명을 풀어야 할 필요가 없다.

예를 들어 ①~⑤ 5개로 구성된 설명 중에 ③을 제외한 모든 설명을 풀었을 때, 답이 나오지 않는다면 답은 ③이다.

또한 설명들간에 연계성이 존재하지 않는다.

ㄱ~ㄹ 비대칭형, ㄱ~ㄹ 3보기형의 경우 어려운 1개의 설명 때문에 문제를 못 푸는 경우도 존재한다.

Q 일반형에서 주의해야 할 것에는 어떤 것이 있나요?

일반형에서 주의해야 할 것은 크게 3가지이다.

1) 옳은 것을 찾는 것인지 옳지 않은 것을 찾는 것인지를 정확히 구분하지 않는 것

2) 내가 해당 문제를 풀 수 있는지 없는지에 대해 정확히 파악하지 않는 것

3) 설명이 주어진 순서대로 풀거나 답이 확정됐음에도 남은 설명을 푸는 것

Q **주의점을 해결하기 위한 행동 강령이 있을까요?**

주의점을 해결하기 위한 행동 강령은 다음과 같다.
이것을 이제 '풀이 순서도'라고 칭하겠다.

일반형의 풀이 순서도	
1) O/X 그리기	: 가장 먼저 할 것은 설명 옆에 눈에 띌 정도로 크게 O 또는 X를 그려 놓는 것이다. 옳은 옳지 않은 〇 〈보기〉 ㄱ. ㄴ. ㄷ. ㄹ. ✕ 〈보기〉 ㄱ. ㄴ. ㄷ. ㄹ.
2) 자료의 파악	: 다음으로 해야 할 것은 주어진 자료를 보고 이해하는 것이다. 주어진 자료를 보면서 체크리스트를 체크하며, 또한 일반적인 자료에서는 잘 보이지 않는 '차이점'에 집중한다. 만약 자료가 이해되지 않는다면, 해당 문제는 일단 뒤로 넘겨야 한다.
3) 풀이의 전략	: 일반형은 총 4개의 유형으로 구성된다. ①~⑤형, ㄱ~ㄹ 대칭형, ㄱ~ㄹ 비대칭형, ㄱ~ㄹ 3보기형 하지만 그 어떠한 유형이든 다음의 대원칙을 벗어 날 순 없다. 1) 해당 설명에 의해 '답'이 결정 되는 것이 아니라면 어려운 설명은 풀지 않는다. 2) 시간이 오래 걸릴 것으로 예상되는 설명도 어려운 설명이다.

해당 자료의 저작권은 메가피셋 김은기 강사에게 있습니다. **57**

2 ①~⑤형

Q 일반형(①~⑤형)은 어떻게 구성과 특징에 대해서 설명해 주세요.

 일반형(①~⑤형)은 다음의 발문으로 구성된 형태를 말한다.
"이에 대한 설명으로 (옳은/옳지 않은) 것은?"

일반형(①~⑤형)은 특징은 다음과 같다.
①~⑤로 총 5개의 설명을 주며 이중 4개만 풀면 답을 확정시킬 수 있다.

Q 일반형(①~⑤형)에서 주의해야 할 것에는 어떤 것이 있나요?

 일반형(①~⑤형)에서 사람들이 대표적으로 하는 고민들은 다음과 같다.

1) 설명을 풀다가 답을 찾았는데 더 이상 안 풀어도 될까요?
2) ①~④까지 풀었는데 답이 없다면 ⑤를 답으로 체크해도 될까요?
3) 중간에 어려운 설명이 있는데 이거 넘어가도 될까요? 어려운 설명이 답이면 어떻게 하죠?

사실 위의 고민들은 우리가 '인간'이기 때문에 발생하는 고민이다.
인간은 스스로 불확실하다고 생각되면 '불안감'을 느끼기 마련이다.
그러나 '불안감'은 아무것도 해결해주지 않는다.
여러분이 불안감을 느낀다면 해야할 것은 지금 당장 풀이편으로 돌아가서 자신의 정확도를 높여야 한다.
절대로 다른 설명을 푸는 것으로는 불안감을 해소하는 방식으로 진행해서는 안된다.

1)과 2)고민은 사실상 동일한 이유에 따른 고민이기에 1) 고민에 대해서 이야기해 보자.
정답은 ③으로 나왔으나 '불안'하기 때문에 ④와 ⑤설명도 확인한다고 가정해 보자.
이에 따른 경우의 수는 2가지로 나누어진다.
1) ④와 ⑤가 정답이 아닌 경우 2) ④와 ⑤중에 정답이 있는 경우 (⑤라고 가정하자)
1)의 경우는 굳이 사용하지 않아도 될 시간을 사용 했으므로 단순히 시간을 낭비한 것이다.
그렇다면 2)의 경우는 우리에게 이득을 준것일까? 아니다.
우리는 ③과 ⑤중 무엇이 정답인지 알 수 없다.
두 개의 설명을 다시 풀면 자신이 실수한 것이 무엇인지 다시 발견 할 수 있을까? 결코 쉽지 않을 것이다.
운이 좋게 자신의 실수를 찾아 낸다면 그것은 이득일까?
시간이 부족한 시험이기에 실수를 찾아내면서 사용한 시간때문에 이득을 보는 것은 쉽지 않다.
그렇다면 어떻게 해야 할까? 답을 찾았음에도 '불안감'에 사로잡힌다면,
해야 할 것은 일단 자신이 찾은 답을 일단 체크하고 시험지 위쪽 귀퉁이를 접고 넘어가라.
그리고 마지막 문제까지 모두 푼 다음에 돌아와서 다시 확인하라.

3)고민에 대해서 이야기해 보자.
위 고민을 하는 이유는 크게 2가지이다.
1) 다른 설명도 어려울지도 모르니까 2) 다른 설명을 푸는 것으로 답을 낸다면 시간의 손해가 생길까봐
고민의 이유가 1)때문이라면, 풀이편으로 돌아가라. 당신은 아직 '전략'을 생각해서는 안된다.
고민의 이유가 2)때문이라면, 어렵다고 느낀 설명을 틀리지 않고 풀 자신이 있는지 생각해보자.
틀리지 않을 자신이 없을 것이다. 문제를 풀 때 우리가 최우선 할 것은 정확도이다.
또한, 자신이 설명 4개를 2분 30초 안에 풀 실력만 있다면,
1개를 푸는 것보다는 느릴지 몰라도, 전체적으로는 손해를 보지 않게 된다.
만약 시간적인 손해가 너무나도 두렵다면, 이 역시도 일단 답을 체크하고 시험지 위쪽 귀퉁이를 접고 넘어가라.

자신이 불안감이 생긴다면 첫 번째로 해야할 것은 시험지의 위쪽 귀퉁이를 접는 것이다.

Q 일반형(①~⑤형)의 풀이 순서도는 어떻게 되나요?

'풀이 순서도'는 다음과 같다.

일반형(①~⑤형)의 풀이 순서도	
1) O/X 그리기	: 가장 먼저 할 것은 설명 옆에 눈에 띌 정도로 크게 O 또는 X를 그려 놓는 것이다. **옳은 / 옳지 않은** 〈보기〉 ㄱ. ㄴ. ㄷ. ㄹ.
2) 자료의 파악	: 다음으로 해야할 것은 주어진 자료를 보고 이해하는 것이다. 주어진 자료를 보면서 체크리스트를 체크하며, 또한 일반적인 자료에서는 잘 보이지 않는 '차이점'에 집중한다. 만약 자료가 이해가지 않는다면, 해당 문제는 일단 뒤로 넘겨야 한다.
3) 풀이의 전략	: 1) 답을 찾았으면 더 이상 풀지 마라 2) ①~⑤형은 4개의 설명만 풀면 답이 나온다. 1개의 설명은 풀지 마라. 　(1장의 슈퍼패스, 어려운 설명은 풀지 않는다.) 3) '불안감'에 사로 잡혔다면 종이의 귀퉁이를 접고 나중에 돌아온다.

해당 자료의 저작권은 메가피셋 김은기 강사에게 있습니다.

일반형(①~⑤형)-01 [5급 14-28]

다음 〈표〉는 2011 ~ 2012년 5개 비철금속의 품목별 목표재고일수와 수입수요량에 대한 자료이다. 이에 대한 설명으로 옳은 것은?

〈표〉 품목별 목표재고일수와 수입수요량
(단위: 일, 톤)

품 목	목표 재고일수	수입수요량	
		2011년	2012년
알루미늄	40	89,000	92,000
구리	80	39,000	34,000
납	40	1,400	4,400
아연	60	9,400	8,400
니켈	60	18,200	22,200

※ 1) 목표재고량(톤) = $\dfrac{\text{전년도 수입수요량}}{365일}$ × 목표재고일수

　2) 별도의 가정이 없으면, 품목별 목표재고일수는 매년 동일함.

① 2013년 5개 품목 목표재고량의 합계는 2012년보다 증가한다.
② 2013년 목표재고량이 전년보다 감소한 품목의 수는 3개이다.
③ 2013년 목표재고량이 가장 큰 품목은 구리이다.
④ 납의 2013년 목표재고일수가 10일로 줄어들면, 같은 해 납의 목표재고량은 전년보다 증가한다.
⑤ 2012년 목표재고량은 구리가 납의 50배 이하이다.

✓ 자료

✓ 설명별 난이도 판단

① 목적:
　난이도: (상 / 중 / 하)
　유형: 가중치 총합
② 목적:
　난이도: (상 / 중 / 하)
　유형: 단순 확인
③ 목적:
　난이도: (상 / 중 / 하)
　유형: 곱셈 비교
④ 목적:
　난이도: (상 / 중 / 하)
　유형: 곱셈 비교 (가정형 설명)
⑤ 목적:
　난이도: (상 / 중 / 하)
　유형: 곱셈 비교

관점 적용하기

① (O) 목적: 목표재고량의 합계 = Σ전년도 수입수요량 × 목표재고일수의 비교
(목표재고일수는 변화하지 않으므로 '가중치'라고 생각)
2012년과 2013년 목표재고량을 구하는 공식에서 변화되는 부분은 수입수요량뿐.
공통과 차이에 의하여 변화되는 수입수요량에 집중하자.
알루미늄: +3000×40 구리: −5000×80 납: +3000×40, 아연: −1000×60, 니켈: +4000×60
= 6000×40 + 3000×60 − 5000×80 = (6000 + 3000×1.5 − 5000×2)×40으로 0보다 크다.
따라서 2013년에 증가한다.

② (X) 목적: 목표재고량 = 전년도 수입수요량 × 목표재고일수 (변화하는 부분은 오직 수입수요량뿐)
수입수요량이 감소한 품목은 구리, 아연으로 2개이다.

③ (X) 목적: 목표재고량 = 전년도 수입수요량 × 목표재고일수
2013년 구리의 목표재고량: 80×34000,
구리보다 더 클 수 있는 품목은 오직 알루미늄(80×92000)뿐이다. 따라서, 알루미늄과 배수 테크닉을 이용해 보면,
40→80 = 2배, 34000→92000 = 2배↑이므로, 구리: 2×1, 알루미늄: 1×2↑
따라서, 알루미늄의 목표재고량이 더 크다.

④ (X) 목적: 2013년 납의 목표재고량 (단, 목표재고일수가 10일로 줄어든다.
2012년 납의 목표재고량: 40×14, 2013년 납의 목표재고량: 10×44
배수테크닉으로 생각해 보면 10→14 = 1.4배 40→44 = 1.1배이므로,
2012년: 1×1.4 2013년: 1.1×1으로 2012년이 더 크다.

⑤ (X) 목적: 목표재고량 = 전년도 수입수요량 × 목표재고일수
2012 구리: 80×39000, 2012년 납: 40×1400
배수테크닉을 이용해 보면, 40→80 = 2배 , 1400→39000 = 25배↑
따라서, 납: 1×1, 구리: 2×25↑이므로, 구리가 납의 50배 이상이다.

답 ①

일반형(①~⑤형)-02 [5급 12-35]

다음 〈표〉는 미국의 942개 기업의 임원 9,950명에 대해 조사한 자료이다. 이에 대한 설명으로 옳지 않은 것은?

〈표 1〉 기업 내 여성임원 수에 따른 기업 수 분포

기업 내 여성임원 수(명)	기업 수(개)	비율(%)
0	450	( )
1	276	29.30
2	148	15.71
3	44	4.67
4	12	1.27
5	6	0.64
6	4	0.42
7	1	0.11
8	1	0.11
계	942	100.00

〈표 2〉 기업의 성별 임원 근무 현황

구분		평균	최솟값	최댓값
남성	연령(세)	51.07	26	91
	회사근속기간(년)	10.70	0	72
	현직위 근무기간(년)	3.45	0	53
	기업당 임원 수(명)	9.69	2	50
여성	연령(세)	46.70	29	78
	회사근속기간(년)	8.08	0	46
	현직위 근무기간(년)	2.62	0	17
	기업당 임원 수(명)	0.87	0	8

〈표 3〉 임원직급별 인원 수 현황

임원 직급	직급별 인원 수(명)			임원의 직급별 비중(%)	
	전체	남성	여성	남성	여성
1	1,119	1,112	7	12.18	0.85
2	424	417	7	4.57	0.85
3	2,955	2,766	189	30.30	23.02
4	3,385	3,032	353	33.21	43.00
5	1,719	1,499	220	16.42	26.80
6	326	287	39	3.14	4.75
7	22	16	6	0.18	0.73
계	9,950	9,129	821	100.00	100.00

※ 임원직급은 '1'이 최상위직급이며, '7'이 최하위직급임.

✓ 자료

✓ 설명별 난이도 판단

① 목적:
난이도: (상 / 중 / 하)
유형: 단순 확인
② 목적:
난이도: (상 / 중 / 하)
유형: 극단으로
③ 목적:
난이도: (상 / 중 / 하)
유형: 단순 확인
④ 목적:
난이도: (상 / 중 / 하)
유형: 분수 비교
⑤ 목적:
난이도: (상 / 중 / 하)
유형: 단순 확인

① 여성임원이 없는 기업 수는 조사대상 기업 수의 절반 이하이다.
② 조사대상 기업 중 임원 수가 가장 적은 기업은 임원이 2명이다.
③ 조사대상 임원 중에서 가장 연령이 낮은 임원은 남성이지만, 평균 연령은 남성임원이 여성임원보다 높다.
④ 각 직급에서 직급별 전체임원 수 대비 여성임원 수 비율이 가장 높은 직급은 7급이며, 가장 낮은 직급은 1급이다.
⑤ 임원의 직급별 비중은 남녀 모두 4급이 가장 크다.

💡 **관점 적용하기**

① (O) 목적: 전체에서 여성임원 없는 기업의 비율
여성임원이 없는 기업은 〈표 1〉에 의해 450개, 전체 기업은 942개이다.
따라서, $\frac{450}{942}$ 〈 50%이므로, 절반 이하이다.

② (X) 목적: 임원수가 가장 적은 기업의 임원 수, 임원 수: 남성임원 + 여성임원
〈표 2〉에 의하면 남성임원과 여성임원의 최솟값이 각각 2명과 0명으로 주어져 있다.
하지만, 2명과 0명이 같은 회사라는 보장이 없는, 즉 범위성 정보이다.
따라서, 최솟값은 2명이지만, 최댓값이 2명이라는 보장이 없기에, 임원이 2명인지는 알 수 없다.

③ (O) 목적: 연령이 가장 낮은 임원의 성별, 평균연령의 비교
〈표 2〉에 의하면, 연령이 가장 낮은 임원은 26세로 남성이고,
남성의 평균연령은 51.07세, 여성의 평균연령은 46.70세로 여성이 더 낮다.

④ (O) 목적: 직급별 여성임원수의 비율(= $\frac{여성}{전체}$ = $\frac{여성}{남성+여성}$, 뺄셈테크닉을 이용하면 $\frac{여성}{남성}$)
(〈표3〉의 인원수를 이용해도 좋고, 직급별비중을 이용해도 좋다. 풀이편의 외적구성 비중 분수비교 case.4)
인원수와, 직급별 비중을 둘다 이용해보자.
여성임원수의 비율이 가장 낮은 직급은 1급(인원: $\frac{7}{1112}$, 비중: $\frac{0.85}{12.18}$)이고,
여성임원수의 비율이 가장 높은 비율은 7급(인원: $\frac{6}{16}$, 비중: $\frac{0.73}{0.18}$)이다.

⑤ (O) 목적: 직급별 비중
〈표 3〉을 살펴보면 직급별 비중은 모두 4급이 가장 높다.

답 ②

일반형(①~⑤형)-03 [5급 13-28]

다음 〈표〉와 〈그림〉은 '갑'국 스마트폰 단말기의 시장점유율과 스마트폰 사용자의 단말기 교체 현황을 나타낸 자료이다. 이에 대한 설명으로 옳지 않은 것은?

〈표〉 2011년 1월 스마트폰 단말기의 시장점유율

(단위: %)

스마트폰 단말기	A	B	C
시장점유율	51	30	19

※ 1) 특정 스마트폰 단말기 시장점유율(%) = $\dfrac{\text{특정 스마트폰 단말기 사용자 수}}{\text{전체 스마트폰 단말기 사용자 수}} \times 100$

2) 스마트폰 단말기는 A, B, C만 있음.

〈그림〉 2011년 1 ~ 7월 동안 스마트폰 사용자의 단말기 교체 현황

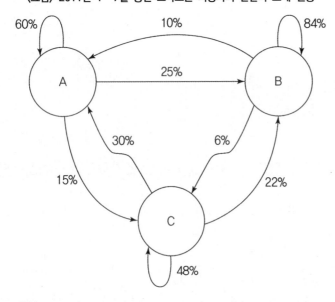

※ 1) (X% 가) : '가' 사용자 중 X%가 '가'를 그대로 사용하는 것을 나타냄.

2) (가 —X%→ 나) : '가' 사용자 중 X%가 '나'로 교체하는 것을 나타냄.

3) 2011년 1 ~ 7월 동안 스마트폰 단말기 신규 사용자나 사용 중지자는 없음.

4) 모든 사용자는 동시에 두 개 이상의 스마트폰 단말기를 사용할 수 없으며 최대 1회만 교체 가능함.

✓ 자료

✓ 설명별 난이도 판단

① 목적:
  난이도: (상 / 중 / 하)
  유형: 곱셈 비교
② 목적:
  난이도: (상 / 중 / 하)
  유형: 곱셈 비교(가중평균)
③ 목적:
  난이도: (상 / 중 / 하)
  유형: 곱셈 비교
④ 목적:
  난이도: (상 / 중 / 하)
  유형: 곱셈 비교
⑤ 목적:
  난이도: (상 / 중 / 하)
  유형: 가중평균

① 2011년 1월 '갑'국 스마트폰 단말기 사용자가 150만 명이라면 2011년 1월 C스마트폰 단말기 사용자는 30만 명 이하이다.

② 2011년 7월 B스마트폰 단말기 사용자는 2011년 1월보다 증가하였다.

③ 2011년 1~7월 동안 C스마트폰 단말기에서 A로 교체한 사용자 수보다 A스마트폰 단말기에서 C로 교체한 사용자 수가 많았다.

④ 2011년 1월 '갑'국 스마트폰 단말기 사용자가 150만 명이라면 2011년 1~7월 동안 B스마트폰 단말기에서 A로 교체한 사용자는 4만 5천 명이다.

⑤ 2011년 1~7월 동안 스마트폰 단말기 전체 사용자의 40% 이상이 다른 스마트폰 단말기로 교체하였다.

💡 **관점 적용하기**

① (O) 목적: 2011년 1월 C의 사용자수 = 전체 사용자 × C의 비중
전체사용자 = 150만, C의 비중 = 19%이다. 따라서, 30만 명 이하이다.
(※ 30은 150의 20%이다.)

② (O) 목적: B스마트폰의 7월과 1월의 점유율 비교
1→7이 됨에 따라 변화된 스마트폰의 점유율을 살펴보면 다음과 같다.

유입	A에서 25% = 51%×25%	C에서 22% = 19%×22%	= 51%×25% + 19%×22%
유출	A로 10% = 30%×10%	C로 6% = 30%×6%	= 30%×10% + 30%×6%

각각 유입과 유출의 양을 비교해 보면, A에서의 유입하나가 전체의 유출보다 더 큰 것을 확인할 수 있다. 따라서, 7월에 1월보다 증가하였다.

③ (O) 목적: C에서 A로 교체와 A에서 C의 교체의 비교
C에서 A로 교체: 19×30, A에서 C로 교체: 51×15
배수테크닉을 이용해서 살펴보면, 15→30: 2배, 19→51 = 2배↑
따라서, C에서 A로 교체: 1×2, A에서 C로 교체: 2↑×1이므로, A에서 C로 교체가 더 많다.

④ (O) 목적: B에서 A로 교체한 사용자 = 전체 사용자 × B의 비중 × B에서 A로 교체한 비율
150만 × 30% × 10% = 150만 × 3% = 4만 5천 명이다.

⑤ (X) 목적: 단말기 교체의 비율
각 스마트폰별 단말기 교체 비율을 살펴보면 다음과 같다.

A = 25+15 = 40%	B = 10+6 = 16%	C = 30+22 = 52%

가중평균적으로 생각해보면, B는 부족하고, C는 넘친다. B의 부족한 넓이: 24×30, C의 넘치는 넓이: 12×19
부족한 넓이가 더 크기 때문에, 40% 이하만이 단말기를 교체하였다.

답 ⑤

일반형(①~⑤형)-04 [5급 15-32]

다음 〈표〉는 일제강점기 어느 해의 부별, 국적별 인구분포를 나타낸 자료이다. 이에 대한 설명으로 옳은 것은?

〈표〉 일제강점기 부별, 국적별 인구분포

(단위: 명, %)

지역	부	전체	조선인	외국인								조선인 비중	일본인 비중
				일본	중국	영국	미국	소련	프랑스	독일	기타		
북부지역	평양부	140,703	116,899	20,073	3,534	14	176	6	0	0	1	83.1	14.3
	원산부	42,760	32,241	9,260	1,218	2	16	1	1	16	5	75.4	21.7
	함흥부	43,851	34,191	8,984	667	7	0	0	0	1	1	78.0	20.5
	청진부	35,925	25,639	8,873	1,402	0	0	8	1	2	0	71.4	24.7
	신의주부	48,047	31,445	7,526	9,071	0	5	0	0	0	0	65.4	15.7
	진남포부	38,296	32,073	5,333	887	0	3	0	0	0	0	83.8	13.9
중부지역	경성부	394,234	279,865	105,639	8,275	98	175	113	27	9	33	71.0	26.8
	인천부	68,126	52,971	11,758	3,372	1	7	2	6	9	0	77.8	17.3
	개성부	49,520	47,722	1,531	242	0	25	0	0	0	0	96.4	3.1
남부지역	부산부	146,092	97,558	47,761	737	9	4	15	0	3	5	66.8	32.7
	대구부	93,314	73,060	19,426	792	5	17	1	10	0	3	78.3	20.8
	군산부	26,320	16,894	8,707	718	0	0	1	0	0	0	64.2	33.1
	목포부	34,688	26,335	7,922	416	0	13	2	0	0	0	75.9	22.8
	마산부	27,885	22,189	5,587	102	6	0	0	1	0	0	79.6	20.0
합계		1,189,761	889,082	268,380	31,433	142	441	149	46	40	48	–	–

※ 복수국적자 및 무국적자는 없음.

① 각 부에서 조선인과 일본인을 합한 인구는 해당 부 전체 인구의 90%를 넘는다.
② 외국인 수가 세 번째로 많은 부는 대구부이다.
③ 함흥부와 청진부는 외국인 국적 종류 수가 같다.
④ 각 부의 전체 인구에서 일본인을 제외한 외국인이 차지하는 비중이 가장 큰 부는 일본인 수가 가장 적은 부이다.
⑤ 지역별로 보면, 가장 많은 수의 중국인이 거주하는 지역은 북부지역이고, 가장 많은 수의 일본인이 거주하는 지역은 남부지역이다.

✓ 자료

✓ 설명별 난이도 판단

① 목적:
　난이도: (상 / 중 / 하)
　유형: 덧셈 비교
② 목적:
　난이도: (상 / 중 / 하)
　유형: 뺄셈 비교
③ 목적:
　난이도: (상 / 중 / 하)
　유형: 딘순 확인(극단으로)
④ 목적:
　난이도: (상 / 중 / 하)
　유형: 단순 확인
⑤ 목적:
　난이도: (상 / 중 / 하)
　유형: 총합

답 ③

해당 자료의 저작권은 메가피셋 김은기 강사에게 있습니다. **67**

관점 적용하기

① (X) 목적: 조선인과 일본인비중의 합과 90%의 비교
신의주부는 65.4+15.7 〈 90%이므로, 90% 이하이다.

② (X) 목적: 외국인수 = 전체 – 조산인
대구부의 외국인수: 933-730 = 203, 대구부가 세 번째로 많다고 하였으므로, 203보다 많은 부가 2개인지 확인하자.
1) 평안부, 2) 경성부, 3) 부산부, 대구부보다 많은 부가 3개이므로, 대구부는 세 번째로 많을 수 없다.

③ (O) 목적: 외국인 국적 종류 수
함흥부: 일본, 중국, 영국, 독일, 기타로 5종, 청진부: 일본, 중국, 소련, 프랑스, 독일으로 5종
함흥부와 청진부는 동일하다.
(※ 함흥부의 기타의 인원이 만약 2 이상이였다면, 범위성 정보가 된다. 따라서 '극단으로' 생각해야 한다.)

④ (X) 목적: 일본인을 제외한 외국인이 차지하는 비중 = 100% – 조선인 비중 - 일본인 비중
일본인을 제외한 외국인이 차지하는 비중이 가장 큰 부 = 조선인과 일본인의 비중의 합이 가장 작은 부 = 신의주부
신의주부의 일본인은 7526명으로 가장 적지 않다.

⑤ (X) 목적: 중국인이 가장 많이 거주하는 지역, 일본인이 가장 많이 거주하는 지역
경성부만 생각해도, 일본인이 가장 많이 거주하는 지역은 중부 지역이다.

일반형(①~⑤형)-05 [5급 20-28]

다음 〈표〉는 산림경영인의 산림경영지원제도 인지도에 대한 설문조사 결과이다. 이에 대한 설명으로 옳지 않은 것은?

〈표〉 산림경영인의 산림경영지원제도 인지도 (단위: 명, %, 점)

구분	항목	응답자 수	인지도 점수별 응답자 비율					인지도 평균 점수
			1점	2점	3점	4점	5점	
경영 주체	독림가	173	2.9	17.3	22.0	39.3	18.5	3.53
	임업후계자	292	4.5	27.1	20.9	33.9	13.7	3.25
	일반산주	353	11.0	60.9	10.5	16.4	1.1	2.36
거주지 권역	경기	57	12.3	40.4	3.5	36.8	7.0	2.86
	강원	112	6.3	20.5	11.6	43.8	17.9	3.46
	충청	193	7.8	35.2	20.2	25.9	10.9	2.97
	전라	232	6.9	44.0	20.7	20.3	8.2	2.79
	경상	224	5.4	48.2	15.2	25.9	5.4	2.78
소유 면적	2 ha 미만	157	8.9	63.7	11.5	14.0	1.9	2.36
	2 ha 이상 6 ha 미만	166	9.0	43.4	16.9	22.9	7.8	2.77
	6 ha 이상 11 ha 미만	156	7.7	35.3	16.7	32.7	7.7	2.97
	11 ha 이상 50 ha 미만	232	4.3	30.6	17.2	36.2	11.6	3.20
	50 ha 이상	107	5.6	24.3	22.4	28.0	19.6	3.32
소재지 거주 여부	소재산주	669	5.8	41.0	15.7	28.4	9.1	2.94
	부재산주	149	12.1	33.6	20.8	23.5	10.1	2.86

※ 인지도 점수별 응답자 비율(인지도 평균점수)은 소수점 아래 둘째(셋째)자리에서 반올림한 값임.

① 소유면적별 인지도 평균점수는 '50 ha 이상'이 '2 ha 미만'의 1.4배 이상이다.
② 거주지 권역별 인지도 평균점수는 '강원'이 '경기'보다 높다.
③ 인지도 점수를 2점 이하로 부여한 응답자 대비 4점 이상으로 부여한 응답자의 비율이 가장 높은 거주지 권역은 '충청'이다.
④ 인지도 점수를 1점으로 부여한 '소재산주'는 5점으로 부여한 '부재산주'의 2배 이상이다.
⑤ 인지도 점수를 3점 이상으로 부여한 응답자가 가장 많은 경영주체는 '임업후계자'이다.

✓ 자료

✓ 설명별 난이도 판단

① 목적:
   난이도: (상 / 중 / 하)
   유형: 분수 비교
② 목적:
   난이도: (상 / 중 / 하)
   유형: 단순 확인
③ 목적:
   난이도: (상 / 중 / 하)
   유형: 분수 비교(단순 확인)
④ 목적:
   난이도: (상 / 중 / 하)
   유형: 곱셈 비교
⑤ 목적:
   난이도: (상 / 중 / 하)
   유형: 곱셈 비교

🔎 관점 적용하기

① (O) 목적: 50ha 이상과 2ha 미만의 평균점수의 비교

$\dfrac{3.32}{2.36} = \dfrac{3.50-0.18}{2.50-0.14}$ 이므로. 1.4배 이상이다.

② (O) 목적: 인지도 평균점수 강원과 경기의 비교

강원: 3.46, 경기: 2.86, 강원이 더 높다.

③ (X) 목적: 2점 이하 대비 4점 이상의 비율

충청 $\dfrac{25.9+10.9}{35.2+7.8}$ 보다는 강원 $\dfrac{43.8+17.9}{6.3+20.5}$ 이 높다.

(※ 4점 이상의 비율이 높다는 것은 인지도 평균점수가 어떻게 된다는 것을 의미할까?)

④ (O) 목적: 점수 부여 응답자수의 비교, 점수부여 응답자수 = 응답자수 × 응답비율

소재산주 1점: 669×5.8, 부재산주 5점: 149×10.1

배수테크닉을 이용해서 살펴보면, 5.8→10.1=2배↓, 149→669=4배↑이다.

소재산주 1점: 4↑×1, 부재산주 5점: 1×2↓이므로, 소재산주 1점이 2배 이상이다.

⑤ (O) 목적: 점수 부여 응답자수의 비교, 점수부여 응답자수 = 응답자수 × 응답비율

임업후계자: 292×(100-4.5-27.1) = 292×68.4, 독립가: 173×(100-2.9-17.3) = 173×78.9

합차테크닉을 이용해서 생각해 보자. 임업후계자 = 292×684, 독립가: 173×789

입업후계자가 합도 크고, 차도 작기 때문에, 당연히 임업후계자가 크다.

답 ③

해당 자료의 저작권은 메가피셋 김은기 강사에게 있습니다.

일반형(①~⑤형)-06 [5급 15-24]

다음 〈그림〉은 2003년과 2013년 대학 전체 학과수 대비 계열별 학과수 비율과 대학 전체 입학정원 대비 계열별 입학정원 비율을 나타낸 자료이다. 이에 대한 설명으로 옳은 것은?

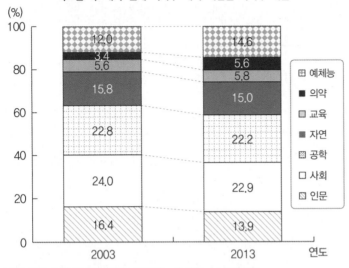

〈그림 1〉 대학 전체 학과수 대비 계열별 학과수 비율

※ 대학 전체 학과수는 2003년 9,500개, 2013년 11,000개임.

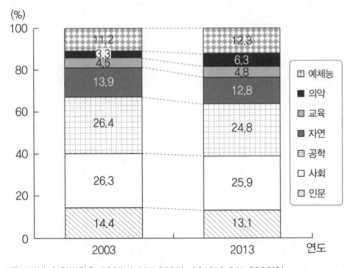

〈그림 2〉 대학 전체 입학정원 대비 계열별 입학정원 비율

※ 대학 전체 입학정원은 2003년 327,000명, 2013년 341,000명임.

① 2013년 인문계열의 입학정원은 2003년 대비 5% 이상 감소하였다.
② 계열별 입학정원 순위는 2003년과 2013년에 동일하다.
③ 2003년 대비 2013년 학과수의 증가율이 가장 높은 계열은 예체능이다.
④ 2013년 예체능, 의약, 교육 계열 학과수는 2003년에 비해 각각 증가하였으나 나머지 계열의 학과수의 합계는 감소하였다.
⑤ 2003년과 2013년을 비교할 때, 계열별 학과수 비율의 증감방향과 계열별 입학정원 비율의 증감방향은 일치하지 않는다.

✓ 자료

✓ 설명별 난이도 판단

① 목적:
  난이도: (상 / 중 / 하)
  유형: 율율율
② 목적:
  난이도: (상 / 중 / 하)
  유형: 단순 확인
③ 목적:
  난이도: (상 / 중 / 하)
  유형: 율율율
④ 목적:
  난이도: (상 / 중 / 하)
  유형: 곱셈 비교
⑤ 목적:
  난이도: (상 / 중 / 하)
  유형: 단순 확인

💡 관점 적용하기

① (O) 목적: 입학정원의 율율율, 입학정원 = 전체 입학정원 × 비율

$\dfrac{341 \times 131}{327 \times 144}$, $\dfrac{131}{144}$ 에만 배수테크닉을 적용시키면,

$\dfrac{341 \times 131}{327 \times 144} = \dfrac{341 \times 1}{327 \times 1.1} = \dfrac{190 + 151}{200 + 159.7} < 0.95$이므로, 5% 이상 감소하였다.

② (X) 목적: 입학정원 순위의 비교

의약과 교육을 보면 03년에는 의약이 더 작았으나, 13년에는 의약이 더 크다. 따라서 순위가 동일하지 않다.

③ (X) 목적: 학과수의 율율율

배수비교법에 의하여, $\dfrac{현재}{과거}$, 예체능: $\dfrac{14.6}{12.0} \fallingdotseq 1.2$인 반면, 의약: $\dfrac{5.6}{3.4} = 1.5\uparrow$이다.

따라서, 예체능이 가장 크지 않다.

④ (X) 목적: 학과수 = 전체학과수 × 비율

03→13 전체학과수 증가했다. 또한, 예체능, 의약, 교육은 비율이 증가하였으나, 나머지 계열의 비율은 감소하였다.
나머지 계열의 학과수의 합계가 감소했는지 물어봤으므로, 나머지 계열의 합계 비율을 확인하자.
03년의 비율: 100-12.0-3.4-5.6 = 79%, 13년의 비율: 100-14.6-5.6-5.8 = 74%
즉, 나머지 계열의 학과수는 03년: 9500×79%, 13년: 11000×74%
배수테크닉으로 보면 학과수는 9500→11000, 1.1배↑이고, 74%→79%, 1.1배↓이다.
따라서, 13년에 증가하였다.

⑤ (X) 목적: 학과수비율의 증감과 입학정원 비율의 증감

학과와 입학정원 모두 예체능, 의약, 교육은 증가하였고, 자연, 공학, 사회, 인문은 감소하였다.
따라서, 일치한다.

답 ①

해당 자료의 저작권은 메가피셋 김은기 강사에게 있습니다. **71**

일반형(①~⑤형)-07 (5급 21-13)

다음 〈표〉는 A, B 지역의 2020년 6 ~ 10월 돼지열병 발생 현황에 관한 자료이다. 이에 대한 설명으로 옳은 것은?

〈표 1〉 A 지역의 돼지열병 발생 현황

(단위: 두, %, ‰)

구분 \ 월	6	7	8	9	10	전체
발병	( )	( )	1,600	2,400	3,000	( )
폐사	20	20	100	80	180	400
폐사율	10.0	2.5	6.3	3.3	6.0	( )
발병률	1.0	( )	( )	( )	15.0	( )

〈표 2〉 B 지역의 돼지열병 발생 현황

(단위: 두, %, ‰)

구분 \ 월	6	7	8	9	10	전체
발병	600	800	2,400	1,400	600	5,800
폐사	( )	50	( )	20	40	( )
폐사율	5.0	6.3	2.5	1.4	6.7	( )
발병률	6.0	( )	( )	( )	6.0	( )

※ 1) (해당월) 폐사율(%) = $\dfrac{\text{(해당월) 폐사 두수}}{\text{(해당월) 발병 두수}} \times 100$

2) (해당월) 발병률(‰) = $\dfrac{\text{(해당월) 발병 두수}}{\text{사육 두수}} \times 1,000$

3) 사육 두수는 2020년 6월 두수임.

① 사육 두수는 B 지역이 A 지역보다 많다.

② 전체 폐사 두수는 A 지역이 B 지역의 3배 이상이다.

③ 전체 폐사율은 B 지역이 A 지역보다 높다.

④ B 지역의 폐사 두수가 가장 적은 월에 A 지역의 발병 두수는 전월 대비 40% 증가했다.

⑤ 전월 대비 11월 발병 두수가 A 지역은 100%, B 지역은 400% 증가 하면, A, B 지역의 11월 발병률은 같다.

✔ 자료

✔ 설명별 난이도 판단

① 목적:
난이도: (상 / 중 / 하)
유형: 분수 비교
② 목적:
난이도: (상 / 중 / 하)
유형: 덧셈비교(계산의 2단계)
③ 목적:
난이도: (상 / 중 / 하)
유형: 가중 평균
④ 목적:
난이도: (상 / 중 / 하)
유형: 율율율
⑤ 목적:
난이도: (상 / 중 / 하)
유형: 분수비교(가정형설명)

관점 적용하기

① (X) 목적: 사육두수 = $\dfrac{\text{발병두수}}{\text{발병률}}$, (사육두수의 기준은 2020년 6월)

A지역: 발병두수가 없으므로 발병두수(= $\dfrac{\text{폐사두수}}{\text{폐사율}}$)부터 구하자.

발병두수 = 200두, 사육두수 = $\dfrac{200}{1.0}$ (정확한 값은 단위가 천분율이므로, 20만마리이다.)

B지역: $\dfrac{600}{6.0}$ (정확한 값은 단위가 천분율이므로, 10만마리이다.)

따라서, A지역이 B지역보다 많다.

② (X) 목적: 전체 폐사 두수 = Σ 폐사율 × 발병 두수

A지역은 폐사두수(400두)가 주어져있으나, B지역은 주어져 있지 않다.

A지역이 B지역의 3배 이상이라는 것은 B지역의 폐사두수가 약 133두 이하이라는 것이다.

B지역의 6월 폐사는 30두이므로, 8월의 값을 구하지 않아도, 당연히 B지역은 133두를 초과한다.

③ (X) 목적: 전체폐사율 = 가중평균

B지역은 발병(밑변)과 폐사율(높이)이 모두 주어져 있으므로, 전체 폐사율의 크기를 가중평균을 통해 구할 수 있다.

B지역은 폐사율이 낮은 8, 9월이 폐사율이 높은 6, 7, 10월에 비해 밑변이 더 크다.

따라서, 전체 폐사율은 8, 9월 쪽에 가까울 것이다.

반면, A지역은 폐사율이 낮은 7, 9월보다 폐사율이 높은 6, 8, 10월의 밑변이 더 크다.

따라서, A지역 폐사율이 B지역보다 높다.

④ (X) 목적: B지역 폐사두수 가장 적은 월, A지역 발병두수 40% 증가.

A지역에서 발병두수가 40%가 증가한 적이 없으므로, 해당 설명은 옳지 않다.

⑤ (O) 목적: 발병률 = $\dfrac{\text{발병두수}}{\text{사육두수}}$

A지역: 발병두수(6000두), 사육두수(20만마리), B지역: 발병두수(3000두), 사육두수(10만마리)

이므로, A지역과 B지역의 발병률은 같다.

답 ⑤

일반형(①~⑤형)-08 [5급 18-37]

다음 〈표〉는 18세기 조선의 직업별 연봉 및 품목별 가격에 관한 자료이다. 이에 대한 설명으로 옳지 않은 것은?

〈표 1〉 18세기 조선의 직업별 연봉

구분		곡물(섬)		면포(필)	현재 원화가치(원)
		쌀	콩		
관료	정1품	25	3	-	5,854,400
	정5품	17	1	-	3,684,800
	종9품	7	1	-	1,684,800
궁녀	상궁	11	1	-	( )
	나인	5	1	-	1,284,800
군인	기병	7	2	9	( )
	보병	3	-	9	1,500,000

〈표 2〉 18세기 조선의 품목별 가격

품목	곡물(1섬)		면포 (1필)	소고기 (1근)	집(1칸)	
	쌀	콩			기와집	초가집
가격	5냥	7냥 1전 2푼	2냥 5전	7전	21냥 6전 5푼	9냥 5전 5푼

※ 1냥 = 10전 = 100푼

① 18세기 조선의 1푼의 가치는 현재 원화가치로 환산할 경우 400원과 같다.

② '기병' 연봉은 '종9품' 연봉보다 많고 '정5품' 연봉보다 적다.

③ '정1품' 관료의 12년치 연봉은 100칸의 기와집 가격보다 적다.

④ '상궁' 연봉은 '보병' 연봉의 2배 이상이다.

⑤ '나인'의 1년치 연봉으로 살 수 있는 소고기는 40근 이상이다.

✓ 설명별 난이도 판단

① 목적:
　난이도: (상 / 중 / 하)
　유형: 공통과 차이
② 목적:
　난이도: (상 / 중 / 하)
　유형: 공통과 차이
③ 목적:
　난이도: (상 / 중 / 하)
　유형: 공통과 차이
④ 목적:
　난이도: (상 / 중 / 하)
　유형: 공통과 차이
⑤ 목적:
　난이도: (상 / 중 / 하)
　유형: 공통과 차이

🔍 관점 적용하기

① (O) 목적: 조선의 1푼의 가치
　　종9품과 나인의 차이를 확인해 보면, 쌀 2섬 = 원화 40만원이다.
　　쌀 1섬은 5냥이므로 쌀 2섬은 10냥이다. 10냥 = 1000푼이다. 따라서 1000푼 = 40만원, 1푼 = 400원이다.

② (O) 목적: 연봉 비교
　　기병과 종9품, 기병이 종 9품보다 콩도 많이 받고, 면포도 많이 받으므로 당연히 기병이 높다.
　　기병과 정5품, 정5품이 쌀 10섬을 더 받고, 기병은 콩 1섬과 면포 9필을 더 받는다.
　　콩 1섬과 면포 9필을 가중평균 했을 때 가치가 쌀 1섬(5냥)의 가치 보다 낮은지 확인해 보자.
　　넘치는 것은 콩 1섬뿐이고, 부족한 것은 면포 9필이므로, 가중평균의 가치는 5냥보다 낮다.
　　따라서 기병은 정5품보다 낮은 연봉을 받는다.

③ (O) 목적: 관료 12년치 연봉 VS 기와집 100칸의 가격
　　①에서 1푼의 가치를 알게 됐으므로, 기와집 100칸을 원화가치로 환산해 보자.
　　기와집 100칸: 2165냥 → 약 8800만원, 관료 정1품의 12년 연봉 = 대략 7200만원,
　　따라서 정1품의 12년치 연봉이 더 적다.

④ (X) 목적: 상궁 VS 보병의 연봉비교
　　보병 연봉이 원화가치로 150만원이므로, 상궁 연봉이 원화가치로 300만원인지 확인해 보자.
　　상궁 연봉은 나인 연봉의 2배보다 작다. (나인 연봉의 2배 = 약 260만원)
　　따라서 상궁연봉은 보병연봉의 2배 이하이다.

⑤ (O) 목적: 나인 1년치 연봉 VS 소고기 40근
　　나인 연봉이 이미 주어져있으므로, 소고기 40근의 가격을 원화로 환산해 보자.
　　소고기 1근 = 7전이므로, 40근 = 28냥이다. 1냥 = 4만원이므로, 소고기 40근은 112만원이다.
　　따라서 나인 1년치 연봉으로 소고기 40근 이상을 구매할 수 있다.

답 ④

해당 자료의 저작권은 메가피셋 김은기 강사에게 있습니다. **75**

일반형(①~⑤형)-09 [5급 13-09]

다음 〈그림〉은 서로 다른 4개 물질 A~D에 대하여 4개의 실험기관이 각각 농도를 측정한 결과이다. 이에 대한 설명으로 옳지 않은 것은?

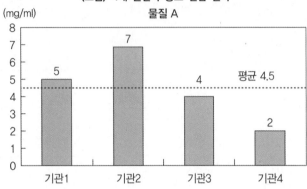

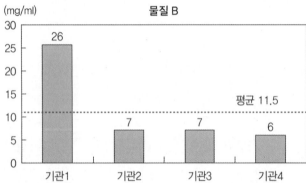

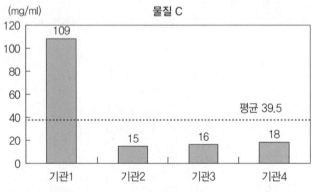

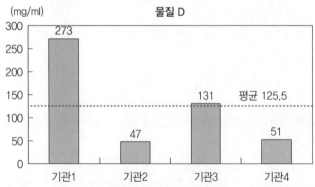

〈그림〉 4개 물질의 농도 실험 결과

※ 1) 유효농도: 각 실험기관에서 측정한 농도의 평균
2) 실험오차 = |실험결과 − 유효농도|
3) 실험오차율(%) = $\dfrac{실험오차}{유효농도} \times 100$

✔ 자료

✔ 설명별 주관적 난이도 판단

① 목적:
   난이도: (상 / 중 / 하)
   유형: 자료 이해
② 목적:
   난이도: (상 / 중 / 하)
   유형: 자료 이해
③ 목적:
   난이도: (상 / 중 / 하)
   유형: 가시성
④ 목적:
   난이도: (상 / 중 / 하)
   유형: 자료 이해
⑤ 목적:
   난이도: (상 / 중 / 하)
   유형: 자료 이해

① 물질A에 대한 기관2와 기관4의 실험오차율은 동일하다.

② 물질C에 대한 실험오차율은 기관1이 가장 크다.

③ 물질A에 대한 기관2의 실험오차율은 물질B에 대한 기관1의 실험오차율보다 작다.

④ 물질B에 대한 기관1의 실험오차율은 물질B에 대한 기관2, 3, 4의 실험오차율 합보다 크다.

⑤ 기관1의 실험 결과를 제외하면, 4개 물질의 유효농도 값은 제외하기 이전보다 모두 작아진다.

💡 관점 적용하기

유효농도 = 평균을 의미, 실험오차 = 편차를 의미, 실험오차율은 평균대비 편차의 비율을 의미한다.

① (O) 목적: 실험오차율의 비교

　　동일한 물질이므로, 분모는 동일하다. 따라서, 편차만 확인하면 된다.

　　기관2와 기관4의 편차는 2.5로 동일하므로, 실험오차율도 당연히 동일하다.

② (O) 목적: 실험오차율의 비교

　　동일한 물질이므로, 분모는 동일하다. 따라서, 편차만 확인하면 된다.

　　기관1의 편차가 가장 크므로 실험오차율도 가장 크다.

③ (O) 목적: 실험오차율의 비교

　　물질A의 기관2 = $\dfrac{2.5}{4.5}$, 물질 B의 기관1 = $\dfrac{14.5}{11.5}$ 이므로, 물질 A의 기관2가 작다.

④ (X) 목적: 실험오차율의 비교

　　동일한 물질이므로, 분모는 동일하다. 따라서, 편차만 확인하면 된다.

　　실험오차는 편차이므로, 물질B에서 기관1의 실험오차와 나머지 기관의 실험오차와 동일하다.

　　따라서, 실험오차율의 합은 당연히 기관1과 동일해야 한다.

⑤ (O) 목적: 유효농도(평균)

　　기관1은 모든 물질에서 넘치는 역할을 담당하고 있다. 따라서, 기관1이 없어진다면,

　　평균(유효농도)는 당연히 낮아진다.

답 ④

해당 자료의 저작권은 메가피셋 김은기 강사에게 있습니다.

일반형(①~⑤형)-10 [5급 21-38]

다음 〈표〉는 영재학생 역량에 대한 과학교사와 인문교사 두 집단의 인식에 대한 자료이다. 이에 대한 설명으로 옳은 것은?

〈표 1〉 영재학생 역량별 요구수준 및 현재수준
(단위: 점)

집단 / 역량 · 구분	과학교사			인문교사		
	요구수준	현재수준	부족수준	요구수준	현재수준	부족수준
문해력	4.30	3.30	1.00	4.50	3.26	1.24
수리적 소양	4.37	4.00	0.37	4.43	3.88	0.55
과학적 소양	4.52	4.03	0.49	4.63	4.00	0.63
ICT 소양	4.33	3.59	0.74	4.52	3.68	0.84
경제적 소양	3.85	2.84	1.01	4.01	2.87	1.14
문화적 소양	4.26	2.84	1.42	4.46	3.04	1.42
비판적 사고	4.71	3.53	1.18	4.73	3.70	1.03
창의성	4.64	3.43	1.21	4.84	3.67	1.17
의사소통능력	4.68	3.42	1.26	4.71	3.65	1.06
협업능력	( )	3.56	( )	4.72	3.66	1.06
호기심	4.64	3.50	1.14	4.64	3.63	1.01
주도성	4.39	3.46	0.93	4.47	3.43	1.04
끈기	4.48	3.30	1.18	4.60	3.35	1.25
적응력	4.31	3.34	0.97	4.41	3.43	0.98
리더십	4.24	3.34	0.90	4.34	3.49	0.85
사회인식	4.32	3.05	1.27	4.48	3.24	1.24

※ 1) 부족수준 = 요구수준 − 현재수준
　2) 점수가 높을수록 해당 역량의 요구(현재, 부족)수준이 높음.

〈표 2〉 교사집단별 영재학생 역량 우선지수 순위

집단 / 순위 · 구분	과학교사		인문교사	
	역량	우선지수	역량	우선지수
1	문화적 소양	6.05	문화적 소양	6.33
2	( )	( )	( )	( )
3	( )	( )	창의성	5.66
4	비판적 사고	5.56	문해력	5.58
5	사회인식	5.49	사회인식	5.56
6	호기심	5.29	( )	( )
7	끈기	5.29	의사소통능력	4.99
8	협업능력	5.24	비판적 사고	4.87
9	문해력	4.30	호기심	4.69
10	적응력	4.18	주도성	4.65
11	주도성	4.08	경제적 소양	4.57
12	( )	( )	( )	( )
13	리더십	3.82	( )	( )
14	( )	( )	리더십	3.69
15	( )	( )	( )	( )
16	( )	( )	( )	( )

※ 우선지수 = 요구수준 × 부족수준

✓ 자료

✓ 설명별 주관적 난이도 판단

① 목적:
　난이도: (상 / 중 / 하)
　유형: 곱셈 비교
② 목적:
　난이도: (상 / 중 / 하)
　유형: 곱셈 비교
③ 목적:
　난이도: (상 / 중 / 하)
　유형: 뺄셈 비교
④ 목적:
　난이도: (상 / 중 / 하)
　유형: 곱셈 비교
⑤ 목적:
　난이도: (상 / 중 / 하)
　유형: 단순 확인

① '끈기'에 대한 우선지수는 과학교사 집단이 인문교사 집단보다 높다.
② 각 교사집단에서 우선지수가 가장 낮은 역량은 모두 '수리적 소양'이다.
③ 두 교사집단 간 부족수준의 차이가 가장 큰 역량은 '경제적 소양'이다.
④ 각 교사집단이 인식하는 요구수준 상위 5개에 속한 역량은 다르다.
⑤ 각 교사집단이 인식하는 요구수준 하위 3개에 속한 역량은 같다.

💡 관점 적용하기

① (X) 목적: 우선지수 = 요구수준 × 부족수준
　　　과학교사의 끈기: 4.48×1.18, 인문교사의 끈기: 4.60×1.25 → 인문교사 집단이 더 높다.

② (O) 목적: 우선지수 = 요구수준 × 부족수준
　　　과학교사의 수리적소양: 4.37×0.37, 인문교사의 수리적소양: 4.43×0.55으로 둘 다 가장 낮다.

③ (X) 목적: 부족수준간의 차이
　　　경제적 소양의 차이: 1.14-1.01 = 0.13
　　　문해력의 차이: 1.24-1.00 = 0.24이므로, 경제적 소양의 차이가 가장 크지 않다.

④ (X) 목적: 요구수준 상위 5개
　　　과학교사에는 빈칸이 존재하므로, 인문교사를 통해서 후보를 잡자.
　　　인문교사의 상위 5개는 창의성, 비판적사고, 협업능력, 의사소통능력, 호기심이다.
　　　과학교사도 협업능력을 제외하고는 모두 상위 5개 안에 포함된다.
　　　만약, 협업능력의 요구수준이 4.52보다만 높다면 협업능력도 상위 5개 안에 포함된다.
　　　협업능력의 우선지수가 5.24인 것을 이용하여 생각해 본다면,
　　　4.52×(4.52-3.56) = 5.24↓이므로, 협업능력도 상위 5개 안에 포함된다.
　　　따라서, 과학교사와 인문교사의 요구수준 상위 5개에 속학 역량은 동일하다.

⑤ (X) 목적: 요구수준 하위 3개
　　　과학교사: 경제적 소양, 문화적 소양, 리더쉽　　　인문교사: 경제적 소양, 리더십, 적응력으로 동일하지 않다.

답 ②

3 ㄱ~ㄹ 대칭형

Q 일반형(ㄱ~ㄹ 대칭형)은 어떻게 구성과 특징에 대해서 설명해주세요.

 일반형(ㄱ~ㄹ 대칭형)은 다음의 발문으로 구성 됐으며, 선지에 주어진 보기의 개수가 동일한 형태를 말한다.
"이에 대한 〈보기〉의 설명으로 (옳은/옳지 않은) 것만을 모두 고르면?"
"① ㄱ,ㄴ ② ㄱ,ㄷ ③ ㄱ,ㄹ ④ ㄴ,ㄷ ⑤ ㄷ,ㄹ"
"① ㄱ,ㄴ,ㄷ ② ㄱ,ㄷ,ㄹ ③ ㄴ,ㄷ,ㄹ ④ ㄴ,ㄷ,ㅁ ⑤ ㄷ,ㄹ,ㅁ"

일반형(ㄱ~ㄹ 대칭형)은 특징은 다음과 같다.
ㄱ~ㄹ로 총 4~5개의 설명을 주며 이중 3개 만 풀면 답을 확정시킬 수 있다.

Q 일반형(ㄱ~ㄹ 대칭형)에서 주의해야 할 것에는 어떤 것이 있나요?

 일반형(ㄱ~ㄹ 대칭형)에서 사람들이 대표적으로 하는 고민은 ①~⑤형과 결이 같다.

1) 선지를 소거해서 답을 찾았는데 불안해요
2) 중간에 어려운 설명을 넘어가도 될까요? 어려운 설명이 빠른 길이면 어떻게 하죠?

위의 고민은 앞에서 말한 것처럼 불확실하다고 생각해서 발생하는 '불안감'이다.
당연히 여러분이 불안감이 느껴진다면 지금 당장 풀이편으로 돌아가서 자신의 정확도를 높여야 한다.
불안감을 해소하기 위해서 더 많은 설명을 푸는 방식으로 접근해서는 안된다.
만약 시험을 보는 도중 불안감이 생긴다면 첫 번째로 해야 할 것은 시험지의 위쪽 귀퉁이를 접는 것이다.

ㄱ~ㄹ 대칭형과 ①~⑤형에서의 가장 큰 차이점은
ㄱ~ㄹ 대칭형은 주어진 선지까지 같이 이용하면서 문제를 풀어야 한다는 것이다.
만약 주어진 발문과 선지가 다음과 같고 ㄱ이 옳다고 가정해 보자.
발문: 이에 대한 〈보기〉의 설명으로 옳은 것만을 모두 고르면?
선지: ① ㄱ,ㄷ ② ㄱ,ㄹ ③ ㄴ,ㄷ ④ ㄴ,ㄹ ⑤ ㄷ,ㄹ
주어진 선지 중에 답이 될 수 있는 선지는 ①과 ②뿐이므로 절대로 ㄴ을 풀어서는 안된다는 것이다.

Q 일반형(ㄱ~ㄹ 대칭형)의 풀이 순서도는 어떻게 되나요?

'풀이 순서도'는 다음과 같다.

일반형(ㄱ~ㄹ 대칭형)의 풀이 순서도	
1) O/X 그리기	: 가장 먼저 할 것은 설명 옆에 눈에 띌 정도로 크게 O 또는 X를 그려 놓는 것이다. 옳은 · · · 옳지 않은 〈보기〉 ㄱ. ㄴ. ㄷ. ㄹ. 〈보기〉 ㄱ. ㄴ. ㄷ. ㄹ.
2) 자료의 파악	: 다음으로 해야 할 것은 주어진 자료를 보고 이해하는 것이다. 주어진 자료를 보면서 체크리스트를 체크하며, 또한 일반적인 자료에서는 잘 보이지 않는 '차이점'에 집중한다. 만약 자료가 이해가지 않는다면, 해당 문제는 일단 뒤로 넘겨야 한다.
3) 풀이의 전략	: 1) 선지를 철저하게 이용하여 풀어야하는 설명의 양을 줄이자. 2) ㄱ~ㄹ형은 3개의 설명만 풀면 답이 나온다. 따라서 모든 설명을 풀 필요는 없다. (주어진 슈퍼패스를 이용하여 어려운 설명은 풀지 않는다.) 3) '불안감'에 사로 잡혔다면 종이의 귀퉁이를 접고 나중에 돌아온다.

해당 자료의 저작권은 메가피셋 김은기 강사에게 있습니다.

일반형(ㄱ~ㄹ 대칭형)-01 [5급 12-18]

다음 〈표〉는 5종류 작물(A ~ E)의 재배 특성에 대한 자료이다. 이에 근거한 〈보기〉의 설명 중 옳은 것을 모두 고르면?

〈표〉 작물별 재배 특성

작물 \ 재배특성	1m²당 파종 씨앗 수(개)	발아율 (%)	1m²당 연간 수확물(개)	수확물 개당무게(g)
A	60	25	40	20
B	80	25	100	15
C	50	20	30	30
D	25	20	10	60
E	50	16	20	50

※ 1) 모든 재배 결과는 항상 〈표〉의 특성을 따른다고 가정함.

2) 발아율(%) = $\dfrac{\text{발아한 씨앗 수}}{\text{파종 씨앗 수}} \times 100$

3) 연간 수확물(개) = 1m²당 연간 수확물(개) × 재배면적(m²)

─┤보기├─

ㄱ. 20m²의 밭에 C의 씨앗을 파종할 때, 발아한 씨앗 수는 200개이다.

ㄴ. 100m²의 밭 전체면적을 1/5씩 나누어 서로 다른 작물의 씨앗을 각각 파종하면, 밭 전체 연간 수확물의 총무게는 94kg 이하이다.

ㄷ. 5종류의 작물을 각각 연간 3kg씩 수확하기 위해 필요한 밭의 총면적은 16m²보다 작다.

ㄹ. 100m²의 밭 전체면적 절반에 E의 씨앗을 파종하고 남은 면적을 1/4씩 나누어 나머지 작물의 씨앗을 각각 파종하면, 밭 전체 연간 수확물의 총무게는 96kg 이상이다.

① ㄱ, ㄷ   ② ㄱ, ㄹ
③ ㄴ, ㄷ   ④ ㄴ, ㄹ
⑤ ㄷ, ㄹ

자료

설명별 난이도 판단

ㄱ 목적:
난이도: (상 / 중 / 하)
유형: 곱셈 비교

ㄴ 목적:
난이도: (상 / 중 / 하)
유형: 가중평균

ㄷ 목적:
난이도: (상 / 중 / 하)
유형: 총합과 평균

ㄹ 목적:
난이도: (상 / 중 / 하)
유형: 가중평균

💡 **관점 적용하기**

ㄱ (O) 목적: 발아한 씨앗의 수 = 파종씨앗수 × 발아율
20㎡의 밭에 C씨앗: 20 × 50 × 20% = 200개이다.

ㄴ (X) 목적: 수확물의 총 무게 = Σ 연간수확물개수 × 개당 무게
각각 작물을 20㎡씩 파종하였으므로, 각각의 가중치가 동일하다. 따라서 산술 평균처럼 생각할 수 있다.
100㎡의 총합이 94 이하라면, 평균(1㎡)는 0.94 이하이다. 따라서, A~E의 평균이 0.94 이하인지 확인하자.
A = 0.8, B = 1.5 C = 0.9 D = 0.6 E = 1.0, A~E의 평균은 0.96이므로, 0.94 이하가 아니다.

ㄷ (X) 목적: 작물 3kg을 수확하기 위해 필요한 밭 면적
각 작물은 1㎡당 A = 0.8, B = 1.5 C = 0.9 D = 0.6 E = 1.0을 수확한다.
따라서, A = 3.75㎡ B = 2㎡ C = 3.33㎡ D = 5㎡ E = 3㎡이므로, 이들의 합은 16㎡ 이상이다.
(※ 모두 정밀하게 구하려 하지 말고, 큰 면적이 필요한 친구들부터 생각하자)
(※ 또는 평균의 논리인 넘치는 넓이, 부족한 넓이라는 관점으로 생각하면 더욱 좋다.)

ㄹ (O) 목적: 수확물의 총 무게 = Σ 연간수확물개수 × 개당 무게
각 작물은 1㎡당 A = 0.8, B = 1.5 C = 0.9 D = 0.6 E = 1.0을 수확한다.
또한 이들의 평균값은 0.96이다. 이중 E의 수확물이 차지하는 비율이 늘어난다면, 당연히 더 커지게 된다.

답 ②

일반형(ㄱ~ㄹ 대칭형)-02 [5급 18-40]

다음 〈표〉는 A 업체에서 판매한 전체 주류와 주세에 관한 자료이다. 이에 대한 〈보기〉의 설명 중 옳은 것만을 모두 고르면?

〈표 1〉 주류별 판매량과 판매가격

(단위: 천 병, 원)

구분＼주류	탁주	청주	과실주
판매량	1,500	1,000	1,600
병당 판매가격	1,500	1,750	1,000

〈표 2〉 주세 계산시 주류별 공제금액과 세율

(단위: 백만원, %)

구분＼주류	탁주	청주	과실주
공제금액	450	350	400
세율	10	20	15

※ 주류별 세율(%) = $\dfrac{\text{주류별 주세}}{\text{주류별 판매액 − 주류별 공제금액}}$ × 100

─| 보기 |─

ㄱ. 탁주, 청주는 판매량과 병당 판매가격이 각각 10% 증가하고 과실주는 변화가 없다면, A업체의 주류별 판매액 합은 15% 증가한다.
ㄴ. 탁주의 주세는 과실주의 주세보다 크다.
ㄷ. 각 주류의 판매량과 공제금액이 각각 10% 증가할 경우, A업체의 주류별 주세 합은 708백만원이다.
ㄹ. 각 주류의 판매량은 각각 10% 증가하고 각 주류의 병당 판매가격은 각각 10% 하락한 경우, A업체의 주류별 판매액 합은 5,544백만원이다.

① ㄱ, ㄴ　　　　　② ㄱ, ㄷ
③ ㄱ, ㄹ　　　　　④ ㄴ, ㄷ
⑤ ㄷ, ㄹ

✓ 자료

✓ 설명별 난이도 판단

ㄱ 목적:
　난이도: (상 / 중 / 하)
　유형: 가중평균
ㄴ 목적:
　난이도: (상 / 중 / 하)
　유형: 곱셈 비교
ㄷ 목적:
　난이도: (상 / 중 / 하)
　유형: 총합과 평균
ㄹ 목적:
　난이도: (상 / 중 / 하)
　유형: 가중평균

관점 적용하기

ㄱ (O) 목적: 주류별 판매액 합의 증가율, 주류 판매액 = 판매량 × 병당 판매가격
탁주, 청주, 과실주의 판매액은 다음과 같다.

탁주	청주	과실주
1500×1500 = 2250백만원	1000×1750 = 1750백만원	1600×1000 = 1600백만원

가정에 따르면, 탁주와 청주의 주류 판매액은, 판매량 10%, 병당 판매가격 10%가 증가하여 21% 증가하고,
과실주는 그대로이다.
(※ 연속적 율율율에 의하여 1.1×1.1 = 1.21 이므로 21%)
15%를 기준으로 탁주 + 청주(21%)와, 과실주(0%)을 가중 평균하면,
넘치는 넓이(탁주+청주) = 4000×6% 부족한 넓이(과실주) = 1600×15%
넘치는 넓이와 부족한 넓이가 동일하므로, 15%가 증가했다.

ㄴ (X) 목적: 주세 = 세율 × (판매액 - 공제금액)
탁주: 10% × (2250-450) = 180 과실주: 15% × (1600-400) = 180
탁주와 과실주는 같다.

ㄷ (X) 목적: 주세의 합 = Σ 세율 × (판매액 - 공제금액)
판매액과 공제금액이 각각 10% 증가하였으므로, 주세의 합 = 1.1 × [Σ 세율 × (판매액 - 공제금액)]으로 구성된다.
10% 증가한 값이 708백만원이라면, 증가전의 값은 $\frac{708}{1.1}$ 이다. $\frac{708}{1.1}$의 값은 무한소수이므로, 불가능한 설명이다.
(※ 청주 주세: 20% × (1750-350) = 280, 따라서 주세의 합 = 640, 10% 증가하면 704이다.)

ㄹ (O) 목적: 판매액의 합 = Σ 판매량 × 병당 판매가격
판매량은 10% 증가하고, 판매가격은 10% 하락하였으므로, 판매액의 합 = 0.99 × [Σ 판매량 × 병당 판매가격]
1% 감소한 값이 5544백만원이라면, 감소전의 값은 $\frac{5544}{0.99}$=5600백만원이다.
탁주, 청주, 과실주의 판매액을 더해보면 2250+1750+1600 = 5600백만원이므로 옳다.

답 ③

일반형(ㄱ~ㄹ 대칭형)-03 [5급 15-31]

다음 〈그림〉은 우리나라 광역지자체 간 산업연관성을 나타낸 자료이다.
이에 대한 〈보기〉의 설명 중 옳은 것만을 모두 고르면?

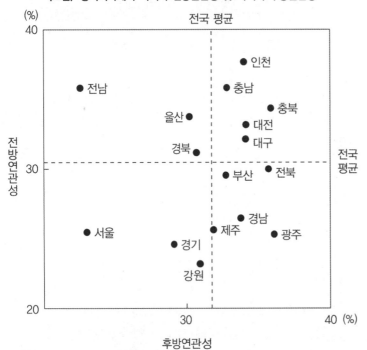

〈그림〉 광역지자체의 타지역 전방연관성 및 타지역 후방연관성

※ 1) 타지역(자기지역) 전방연관성은 한 지역의 생산이 타지역(자기지역) 생산에 의해 어느 정도 유발되는지를, 타지역(자기지역) 후방 연관성은 한 지역의 생산이 타지역(자기지역) 생산을 어느 정도 유발시키는지를 의미함.
 2) 자기지역 전방연관성 + 타지역 전방연관성 = 100%
 3) 자기지역 후방연관성 + 타지역 후방연관성 = 100%

┤보기├
ㄱ. 타지역 전방연관성이 가장 큰 지역은 인천이다.
ㄴ. 자기지역 전방연관성과 자기지역 후방연관성이 각각의 전국 평균보다 큰 지역은 인천, 충남, 충북, 대전, 대구이다.
ㄷ. 경남의 자기지역 전방연관성은 강원의 자기지역 후방연관성보다 작다.
ㄹ. 인천, 부산, 대구, 대전, 광주, 울산은 각각 자기지역 전방연관성이 타지역 전방연관성보다 크다.

① ㄱ, ㄴ ② ㄱ, ㄷ
③ ㄱ, ㄹ ④ ㄴ, ㄷ
⑤ ㄷ, ㄹ

✓ 자료

✓ 설명별 난이도 판단

ㄱ 목적:
　난이도: (상 / 중 / 하)
　유형: 자료 이해
ㄴ 목적:
　난이도: (상 / 중 / 하)
　유형: 부분과 전체
ㄷ 목적:
　난이도: (상 / 중 / 하)
　유형: 부분과 전체
ㄹ 목적:
　난이도: (상 / 중 / 하)
　유형: 부분과 전체

관점 적용하기

연관성이란, 자기지역과 타지역의 부분과 전체의 구조로 구성되며, 주어진 자료는 '타지역' 연관성임.
따라서, 목적이 자기지역 연관성에 대한 것이라면 여집합적 사고를 해야 함.

ㄱ (O) 목적: 타지역 전방연관성 = y값
　　　y값이 가장 큰 것은 인천이므로, 옳다.

ㄴ (X) 목적: 자기지역 전방, 후방연관성 → 여집합적 사고
　　　자기지역이 평균보다 크다면, 타지역은 평균보다 작다.
　　　따라서, 타지역 전방연관성과 타지역 후방연광성이 모두 평균보다 작은 지역을 찾으면, 서울, 경기, 강원이다.

ㄷ (X) 목적: 자기지역 → 여집합적 사고
　　　경남의 자기지역 전방연관성 = 100 - (20~30) = 70~80
　　　강원의 자기지역 후방연관성 = 100 - (30~40) = 60~70
　　　경남이 더 크다.

ㄹ (O) 목적: 자기지역과 타지역의 전방연관성의 비교
　　　자기지역과 타지역은 서로 부분과 전체의 관계이므로 50%를 기준으로 살펴본다.
　　　타지역은 모두 50% 보다 작으므로, 자기지역은 50% 보다 크다.
　　　따라서, 모든 지역에서 자기지역이 더 크다.

답 ③

해당 자료의 저작권은 메가피셋 김은기 강사에게 있습니다.

일반형(ㄱ~ㄹ 대칭형)-04 (5급 21-01)

다음 〈그림〉과 〈표〉는 지역별 고령인구 및 고령인구 비율에 대한 자료이다. 이에 대한 〈보기〉의 설명 중 옳은 것만을 고르면?

〈그림〉 2019년 지역별 고령인구 및 고령인구 비율 현황

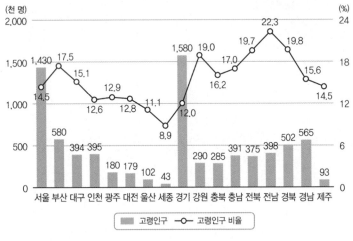

※ 고령인구 비율(%) = $\dfrac{\text{고령인구}}{\text{인구}} \times 100$

〈표〉 지역별 고령인구 및 고령인구 비율 전망　(단위: 천 명, %)

연도 구분 지역	2025		2035		2045	
	고령인구	고령인구 비율	고령인구	고령인구 비율	고령인구	고령인구 비율
서울	1,862	19.9	2,540	28.4	2,980	35.3
부산	784	24.4	1,004	33.4	1,089	39.7
대구	494	21.1	691	31.2	784	38.4
인천	550	18.4	867	28.4	1,080	36.3
광주	261	18.0	377	27.3	452	35.2
대전	270	18.4	392	27.7	471	35.0
울산	193	17.3	302	28.2	352	35.6
세종	49	11.6	97	18.3	153	26.0
경기	2,379	17.0	3,792	26.2	4,783	33.8
강원	387	25.6	546	35.9	649	43.6
충북	357	21.6	529	31.4	646	39.1
충남	488	21.5	714	30.4	897	38.4
전북	441	25.2	587	34.7	683	42.5
전남	475	27.4	630	37.1	740	45.3
경북	673	25.7	922	36.1	1,064	43.9
경남	716	21.4	1,039	31.7	1,230	39.8
제주	132	18.5	208	26.9	275	34.9
전국	10,511	20.3	15,237	29.5	18,328	37.0

✓ 자료

✓ 설명별 주관적 난이도 판단

ㄱ 목적:
　난이도: (상 / 중 / 하)
　유형: 율율율
ㄴ 목적:
　난이도: (상 / 중 / 하)
　유형: 단순 확인
ㄷ 목적:
　난이도: (상 / 중 / 하)
　유형: 단순 확인
ㄹ 목적:
　난이도: (상 / 중 / 하)
　유형: 분수 비교

┤보기├

ㄱ. 2019년 고령인구 비율이 가장 낮은 지역은 2025년 대비 2045년 고령인구 증가율도 가장 낮다.

ㄴ. 2045년 고령인구 비율이 40% 이상인 지역은 4곳이다.

ㄷ. 2025년, 2035년, 2045년 고령인구 상위 세 개 지역은 모두 동일하다.

ㄹ. 2045년 충북 인구는 전남 인구보다 많다.

① ㄱ, ㄴ   ② ㄱ, ㄷ

③ ㄴ, ㄷ   ④ ㄴ, ㄹ

⑤ ㄷ, ㄹ

💡 **관점 적용하기**

ㄱ (X) 목적: 고령인구비율과 인구 증가율($= \frac{현재}{과거}$)

19년 고령인구비율은 〈그림〉에 의해서 가장 낮은 지역은 세종이다.

세종의 25년 대비 45년 고령인구 증가율은 $\frac{153}{49} \fallingdotseq 3$으로 가장 크다.

(※ 고령인구 비율의 서로의 전체값이 다르므로 증가율에서 사용 할 수 없다.)

ㄴ (O) 목적: 고령인구 비율 40% 이상인 지역

45년의 고령인구 비율이 40% 이상인 지역은 강원, 전북, 전남, 경북으로 4곳이다.

따라서, 타지역 전방연관성과 타지역 후방연광성이 모두 평균보다 작은 지역을 찾으면, 서울 ,경기, 강원이다.

ㄷ (X) 목적: 고령인구 상위 3개 지역

25년: 서울, 경기, 부산 35년: 서울, 경기, 경남 일치 하지 않는다.

ㄹ (O) 목적: 인구 $= \frac{고령인구}{고령인구\ 비율}$

45년 충북: $\frac{646}{39.1}$, 45년 전남: $\frac{740}{45.3}$ → 배수가 쉽게 보이지 않으므로 기울기 테크닉을 이용하면,

$\frac{740-646}{453-391} = \frac{94}{62} \fallingdotseq 1.5$ $\frac{646}{391} \fallingdotseq 1.6$이므로, 45년 충북이 더 크다.

답 ④

일반형(ㄱ~ㄹ 대칭형)-05 (5급 20-10)

다음 〈표〉는 '갑'국의 국가기술자격 등급별 시험 시행 결과이다. 이에 대한 〈보기〉의 설명 중 옳은 것을 고르면?

〈표〉 국가기술자격 등급별 시험 시행 결과

(단위: 명, %)

구분 등급	필기			실기		
	응시자	합격자	합격률	응시자	합격자	합격률
기술사	19,327	2,056	10.6	3,173	1,919	60.5
기능장	21,651	9,903	( )	16,390	4,862	29.7
기사	345,833	135,170	39.1	210,000	89,380	42.6
산업기사	210,814	78,209	37.1	101,949	49,993	( )
기능사	916,224	423,269	46.2	752,202	380,198	50.5
전체	1,513,849	648,607	42.8	1,083,714	526,352	48.6

※ 합격률(%) = $\dfrac{합격자}{응시자} \times 100$

┤보기├

ㄱ. '기능장'과 '기사' 필기 합격률은 각각의 실기 합격률보다 낮다.
ㄴ. 필기 응시자가 가장 많은 등급은 필기 합격률도 가장 높다.
ㄷ. 실기 합격률이 필기 합격률보다 높은 등급은 3개이다.
ㄹ. 필기 응시자가 많은 등급일수록 실기 응시자도 많다.

① ㄱ, ㄴ   ② ㄱ, ㄹ
③ ㄴ, ㄷ   ④ ㄴ, ㄹ
⑤ ㄷ, ㄹ

✔ 자료

✔ 설명별 난이도 판단

ㄱ 목적:
　난이도: (상 / 중 / 하)
　유형: 분수 비교
ㄴ 목적:
　난이도: (상 / 중 / 하)
　유형: 분수 비교
ㄷ 목적:
　난이도: (상 / 중 / 하)
　유형: 분수 비교
ㄹ 목적:
　난이도: (상 / 중 / 하)
　유형: 단순 확인

🔎 관점 적용하기

ㄱ (X) 목적: 필기와 실기의 합격률 비교

기능장 실기: 29.7%, 기능장 필기: $\dfrac{9903}{21651}$ = 29.7%↑

필기가 실기보다 낮지 않다.

ㄴ (O) 목적: 필기 응시자, 필기 합격률
필기 응시자가 가장 많은 등급은 기능사,
기능사의 필기 합격률 = 46.2%,

기능장의 필기 합격률 = $\dfrac{9903}{21651}$ = $\dfrac{9240+663}{20000+1651}$ = 46.2%↓이므로, 기능사의 필기합격률이 가장 높다.

ㄷ (X) 목적: 필기와 실기의 합격률 비교
실기가 높은 등급은 기술사, 기사, 산업기사, 기능사로 4개이다.

ㄹ (O) 목적: 필기 응시자, 실기 응시자의 순위 비교
필기 응시자가 많을수록 실기 응시자도 많다.

답 ④

해당 자료의 저작권은 메가피셋 김은기 강사에게 있습니다. **91**

일반형(ㄱ~ㄹ 대칭형)-06 (5급 21-11)

다음 〈표〉는 2024년 예상 매출액 상위 10개 제약사의 2018년, 2024년 매출액에 관한 자료이다. 이에 대한 〈보기〉의 설명 중 옳은 것만을 고르면?

〈표〉 2024년 매출액 상위 10개 제약사의 2018년, 2024년 매출액

(단위: 억 달러)

2024년 기준 매출액 순위	기업명	2024년	2018년	2018년 대비 2024년 매출액 순위변화
1	Pfizer	512	453	변화없음
2	Novartis	498	435	1단계 상승
3	Roche	467	446	1단계 하락
4	J&J	458	388	변화없음
5	Merck	425	374	변화없음
6	Sanofi	407	351	변화없음
7	GSK	387	306	5단계 상승
8	AbbVie	350	321	2단계 상승
9	Takeda	323	174	7단계 상승
10	AstraZeneca	322	207	4단계 상승
매출액 소계		4,149	3,455	
전체 제약사 총매출액		11,809	8,277	

※ 2024년 매출액은 예상 매출액임.

┤보기├

ㄱ. 2018년 매출액 상위 10개 제약사의 2018년 매출액 합은 3,700억 달러 이상이다.
ㄴ. 2024년 매출액 상위 10개 제약사 중, 2018년 대비 2024년 매출액이 가장 많이 증가한 기업은 Takeda이고 가장 적게 증가한 기업은 Roche이다.
ㄷ. 2024년 매출액 상위 10개 제약사의 매출액 합이 전체 제약사 총매출액에서 차지하는 비중은 2024년이 2018년보다 크다.
ㄹ. 2024년 매출액 상위 10개 제약사 중, 2018년 대비 2024년 매출액 증가율이 60% 이상인 기업은 2개이다.

① ㄱ, ㄴ
② ㄱ, ㄷ
③ ㄱ, ㄹ
④ ㄴ, ㄷ
⑤ ㄴ, ㄹ

자료

설명별 난이도 판단

ㄱ 목적:
   난이도: (상 / 중 / 하)
   유형: 극단으로
ㄴ 목적:
   난이도: (상 / 중 / 하)
   유형: 자료 이해
ㄷ 목적:
   난이도: (상 / 중 / 하)
   유형: 비중
ㄹ 목적:
   난이도: (상 / 중 / 하)
   유형: 자료 이해

관점 적용하기

ㄱ (O) 목적: 2018년 상위 10개 제약사의 매출액 합

주어진 자료는 2024년 기준 상위 10개 제약사의 매출액이다.

따라서, 2018년의 순위는 2018년 대비 2024년 순위변화를 통해서 추론해야 한다.

2018년에 10위 밖으로 벗어난 기업은 GSK, Takeda, AstraZeneca 총 3개 기업이고,

Abbvie는 2018년에 10위가 된다.

따라서, 7, 8, 9위 기업의 매출액은 321 ~ 351의 사이의 범위성 정보가 되며, 최솟값인 321으로 가정하여 더해보면,

3731억달러이므로 3700억 달러 이상이다.

ㄴ (O) 목적: 매출액 증가폭 = 24년 − 18년

Takeda의 증가폭: 323-174 = 149, Roche의 증가폭: 467-446 = 21

(※ 증가폭이 크다면, 순위는 어떻게 돼야할까? 증가폭이 작다면, 순위는 어떻게 되어야 할까?)

ㄷ (X) 목적: 전체 매출액 대비 2024년 상위 10개사의 매출액 비율

24년: $\frac{4149}{11809}$ = 40%↓, 18년 $\frac{3455}{8277}$ = 40%↑이므로, 24년이 더 작다.

ㄹ (X) 목적: 매출액 증가율 60% 이상: $\frac{현재}{과거}$ = 1.6↑

Takeda만 $\frac{323}{174}$ = 1.6↑이다.

(※ 증가율이 높으려면 순위가 어떻게 되어야 할까?)

답 ①

일반형(ㄱ~ㄹ 대칭형)-07 (5급 21-11)

다음 〈표〉와 〈그림〉은 A 국 게임시장에 관한 자료이다. 이에 대한 〈보기〉의 설명 중 옳은 것만을 고르면?

〈표〉 2017 ~ 2020년 A 국의 플랫폼별 게임시장 규모
(단위: 억 원)

플랫폼 ＼ 연도	2017	2018	2019	2020
PC	149	165	173	( )
모바일	221	244	256	301
태블릿	56	63	66	58
콘솔	86	95	78	77
기타	51	55	40	28

〈그림〉 2020년 A 국의 플랫폼별 게임시장 점유율

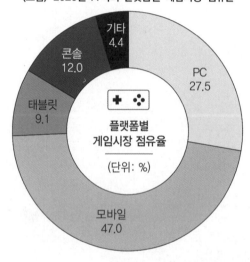

※ 플랫폼별 게임시장 점유율(%) = $\dfrac{\text{A 국 해당 플랫폼의 게임시장 규모}}{\text{A 국 게임시장 전체 규모}} \times 100$

─┤보기├─

ㄱ. A 국 게임시장 전체 규모는 매년 증가하였다.
ㄴ. 2020년 PC, 태블릿, 콘솔의 게임시장 규모의 합은 A 국 게임시장 전체 규모의 50% 미만이다.
ㄷ. PC의 게임시장 점유율은 2020년이 2019년보다 높다.
ㄹ. 기타를 제외하고 2017년 대비 2018년 게임시장 규모 증가율이 가장 높은 플랫폼은 태블릿이다.

① ㄱ, ㄴ 　　　② ㄱ, ㄹ
③ ㄴ, ㄷ 　　　④ ㄴ, ㄹ
⑤ ㄷ, ㄹ

✓ 자료

✓ 설명별 주관적 난이도 판단

ㄱ 목적:
　난이도: (상 / 중 / 하)
　유형: 분수 비교
ㄴ 목적:
　난이도: (상 / 중 / 하)
　유형: 분수 비교
ㄷ 목적:
　난이도: (상 / 중 / 하)
　유형: 분수 비교
ㄹ 목적:
　난이도: (상 / 중 / 하)
　유형: 단순 확인

💡 관점 적용하기

ㄱ (X) 목적: A국 게임시장 전체규모 = PC~기타까지의 합

17→18은 각각 모두 증가하였으므로, 감소할 수 없다.

18→19은 PC, 모바일, 태블릿은 증가 (8+12+3), 콘솔과 기타는 감소 (17+15), 증가폭보다 감소폭이 더 크므로,
매년 증가하지 않았다.

ㄴ (O) 목적: 2020년 PC, 태블릿, 콘솔의 비중

27.5+12.0+9.1 = 50↓이므로, 옳다.

ㄷ (X) 목적: PC 게임 시장 점유율 20년과 19년 비교

20년 = 27.5%

19년 = $\dfrac{173}{173+256+66+78+40}$ = $\dfrac{173}{613}$ = 27.5%↑이므로, 2020년이 2019년 보다 더 작다.

(27.5% = 25%×1.1이라는 것을 생각할 수 있다면, 조금 더 쉽게 풀 수 있다.)

ㄹ (O) 목적: 17→18 증가율비교

태블릿의 증가율 $\dfrac{63}{56}$ = $\dfrac{9}{8}$ = 1.125 → 증가율 12.5%

PC, 모바일, 콘솔은 모두 10%에 매우 근접했으므로, 증가율 12.5% 보다 크지 않다.

따라서, 증가율이 가장 큰 것은 태블릿이다.

답 ④

일반형(ㄱ~ㄹ 대칭형)-08 (5급 19-30)

다음 〈표〉와 〈그림〉은 '갑'요리대회 참가자의 종합점수 및 항목별 득점기
여도 산정 방법과 항목별 득점 결과이다. 이에 대한 〈보기〉의 설명 중 옳
은 것만을 모두 고르면?

〈표〉 참가자의 종합점수 및 항목별 득점기여도 산정 방법

- 종합점수 = (항목별 득점 × 항목별 가중치)의 합계
- 항목별 득점기여도 = $\dfrac{\text{항목별 득점} \times \text{항목별 가중치}}{\text{종합점수}}$

항목	가중치
맛	6
향	4
색상	4
식감	3
장식	3

〈그림〉 전체 참가자의 항목별 득점 결과

(단위: 점)

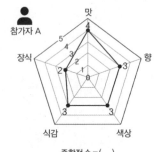

종합점수=(   )

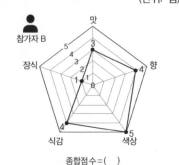

종합점수=(   )

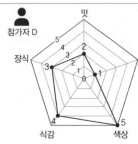

종합점수=(   )

종합점수=(   )

※ 종합점수가 클수록 순위가 높음.

────┤보기├────

ㄱ. 참가자 A의 '색상' 점수와 참가자 D의 '장식' 점수가 각각 1점씩 상승하여
   도 전체 순위에는 변화가 없다.
ㄴ. 참가자 B의 '향' 항목 득점기여도는 참가자 A의 '색상' 항목 득점기여도보
   다 높다.
ㄷ. 참가자 C는 모든 항목에서 1점씩 더 득점하더라도 가장 높은 순위가 될
   수 없다.
ㄹ. 순위가 높은 참가자일수록 '맛' 항목 득점기여도가 높다.

① ㄱ, ㄴ   ② ㄱ, ㄷ
③ ㄱ, ㄹ   ④ ㄴ, ㄷ
⑤ ㄴ, ㄹ

✓ 자료

✓ 설명별 주관적 난이도 판단

ㄱ 목적:
   난이도: (상 / 중 / 하)
   유형: 자료 이해
ㄴ 목적:
   난이도: (상 / 중 / 하)
   유형: 분수 비교
ㄷ 목적:
   난이도: (상 / 중 / 하)
   유형: 자료 이해
ㄹ 목적:
   난이도: (상 / 중 / 하)
   유형: 분수 비교

관점 적용하기

각 참가자들의 득점 결과는 다음과 같다.

참가자 A	참가자 B	참가자 C	참가자 D
63	69	51	57

ㄱ (O) 목적: 가정에 따른 순위 변화

    가정을 적용하면, 참가자 A는 4점, 참가자 D는 3점이 상승된다.

    그래도 순위의 변화는 없다.

ㄴ (O) 목적: 득점기여도

    B의 향 항목 득점기여도: $\dfrac{4 \times 4}{69} = 20\%\uparrow$, A의 색상 항목 득점 기여도: $\dfrac{4 \times 3}{63} = 20\%\downarrow$

    B의 향 항목 득점기여도가 더 높다.

ㄷ (X) 목적: 가정에 따른 C의 순위 변화

    C가 모두 1점씩 더 득점한다면, 총 20점을 더 득점하게 된다. C가 20점을 더 득점하면 1등이 된다.

ㄹ (X) 목적: 점수와 맛항목 기여도 순위 비교

    점수 순위는 B, A, D, C순이고, 맛 항목의 점수를 보면 A가 B보다 높다.

    분자는 A가 더 큰데, 분모는 B가 더 크므로, 기여도는 당연히 A가 더 크다.

    따라서, 순위가 같을 수 없다.

답 ①

일반형(ㄱ~ㄹ 대칭형)-09 (5급 19-28)

다음 〈표〉는 '갑'국의 가사노동 부담형태에 대한 설문조사 결과이다. 이에 대한 〈보고서〉의 내용 중 옳은 것만을 모두 고르면?

〈표〉 가사노동 부담형태에 대한 설문조사 결과

(단위: %)

구분	부담형태	부인 전담	부부 공동분담	남편 전담	가사 도우미 활용
성별	남성	87.9	8.0	3.2	0.9
	여성	89.9	7.0	2.1	1.0
연령대	20대	75.6	19.4	4.1	0.9
	30대	86.4	10.4	2.5	0.7
	40대	90.7	6.4	1.9	1.0
	50대	91.1	5.9	2.6	0.4
	60대 이상	88.4	6.7	3.5	1.4
경제활동 상태	취업자	90.1	6.7	2.3	0.9
	미취업자	87.4	8.6	3.0	1.0

※ '갑'국 20세 이상 기혼자 100,000명(남성 45,000명, 여성 55,000명)을 대상으로 동일시점에 조사하였으며 무응답과 중복응답은 없음.

┤보고서├

- 성별
  - 가사도우미를 활용한다고 응답한 남성의 비율은 0.9%로 가사도우미를 활용한다고 응답한 여성의 비율 1.0%와 비슷한 수준임.
  - ㉠ 가사노동을 부인이 전담한다고 응답한 남성과 여성의 응답자 수 차이는 8,500명 이상임.
- 연령대
  - 가사노동을 부부가 공동으로 분담한다고 응답한 비율은 20대가 다른 연령대에 비해 높음.
  - ㉡ 연령대가 높을수록 가사노동을 부부가 공동으로 분담한다고 응답한 비율이 낮음.
- 경제활동상태
  - ㉢ 가사노동 부담형태별로 살펴보면, 취업자와 미취업자가 응답한 비율의 차이는 '부인전담'에서 가장 크고, 다음으로 '부부 공동분담', '남편전담', '가사도우미 활용'의 순으로 나타남.
  - ㉣ 가사노동을 '부인전담' 또는 '남편전담'으로 응답한 비율의 합은 취업자가 미취업자에 비해 낮음.

① ㄱ, ㄴ   ② ㄱ, ㄷ
③ ㄱ, ㄹ   ④ ㄴ, ㄷ
⑤ ㄷ, ㄹ

✔ **자료**

✔ **설명별 주관적 난이도 판단**

ㄱ 목적:
  난이도: (상 / 중 / 하)
  유형: 곱셈비교 – 사각테크닉
ㄴ 목적:
  난이도: (상 / 중 / 하)
  유형: 단순 확인
ㄷ 목적:
  난이도: (상 / 중 / 하)
  유형: 뺄셈 비교
ㄹ 목적:
  난이도: (상 / 중 / 하)
  유형: 단순 확인

해당 자료의 저작권은 메가피셋 김은기 강사에게 있습니다.

💡 관점 적용하기

설명이 보고서를 통해 주어졌다.
보고서로 주어진 경우에는 보고서의 특징을 생각해보면, 설명의 정보 파트를 미리 유추할 수 있다.

ㄱ (O) 목적: 부인전담 응답자수의 차이 = 전체 응답자 × 부인전담비율
　　여성: $55000 \times 89.9\%$, 남성: $45000 \times 87.9\%$
　　→ 사각테크닉에 의하여 $10000 \times 89.9\% + 45000 \times 2\%$이므로 8500명 이상이다.

ㄴ (X) 목적: 부부 공동 부담비율
　　50대: 5.9%인데, 60대 이상은 6.7%이다. 따라서 연령대가 높아질수록 응답한 비율이 낮아지지 않는다.

ㄷ (O) 목적: 취업자와 미취업자의 응답자 비율 차이
　　부인전담: $90.1-87.4 = 2.7\%$, 부부공동: $8.6-6.7 = 1.9\%$, 남편전담: $3.0-2.3 = 0.7$, 가사도우미: $1.0-0.9 = 0.1$
　　부인전담, 부부공동, 남편전담, 가사도우미 순이다.

ㄹ (X) 목적: 부인전담 또는 남편전담 비율의 합의 비교
　　취업자: $90.1+2.3$, 미취업자: $87.4+3.0$
　　취업자가 더 높다.

답 ②

일반형(ㄱ~ㄹ 대칭형)-10 [5급 15-25]

다음 〈표〉와 〈그림〉은 15~19세기 조선시대 문과급제자의 급제시기와 당시 거주지를 조사한 자료이다. 이를 바탕으로 작성한 〈보고서〉의 내용으로 옳지 않은 것은?

〈표 1〉 조선시대 문과급제자의 시기별 규모

(단위: 명)

구분	15세기	16세기		17세기		18세기		19세기		전체
		전반	후반	전반	후반	전반	후반	전반	후반	
문과 급제자 수	950	910	938	1,307	1,460	1,832	1,673	1,552	2,170	12,792

〈표 2〉 조선시대 문과급제자의 시도별, 지역단위별 거주지 분포

(단위: 명, %)

시도 / 지역단위	서울	경기	충청	경상	전라	황해	강원	함경	평안	합
경	5,502	–	–	–	–	–	–	–	–	5,502
부	–	406	–	64	104	–	–	123	230	927
대도호부	–	–	–	236	–	–	126	21	56	439
목	–	213	551	366	242	67	102	21	396	1,958
도호부	–	195	–	335	256	67	73	104	176	1,206
군	–	138	351	389	183	44	3	–	169	1,277
현	–	198	426	360	295	2	25	–	177	1,483
계	5,502	1,150	1,328	1,750	1,080	180	329	269	1,204	12,792
(비율)	(43.0)	(9.0)	(10.4)	(13.7)	(8.4)	(1.4)	(2.6)	(2.1)	(9.4)	(100.0)

〈그림〉 조선시대 문과급제자의 시기별 서울 거주자 비율

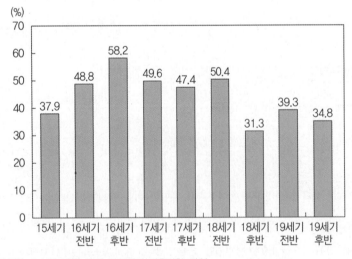

※ 비율은 소수점 아래 둘째 자리에서 반올림한 값임.

✓ 자료

✓ 설명별 주관적 난이도 판단

ㄱ 목적:
  난이도: (상 / 중 / 하)
  유형: 덧셈 비교
ㄴ 목적:
  난이도: (상 / 중 / 하)
  유형: 단순 확인
ㄷ 목적:
  난이도: (상 / 중 / 하)
  유형: 곱셈 비교
ㄹ 목적:
  난이도: (상 / 중 / 하)
  유형: 비중
ㅁ 목적:
  난이도: (상 / 중 / 하)
  유형: 단순 확인

┤보기서├

조선시대 관료지배층의 성격을 이해하기 위하여 문과급제자의 시기별, 지역별 거주지에 대하여 조사하였다. 우선 시기별로 문과급제자 전체의 규모를 살펴보면 ㉠ 15 ~ 19세기 조선시대 문과급제자 수는 매 세기마다 증가하였다. 이는 조선사회가 안정되어 갈수록 관료지배층이 점차 두터워지고 있음을 보여준다. 특히, 16세기에는 직전 세기에 비하여 문과급제자가 2배 가까이 되었다.

조선 문과급제자 거주지를 분석한 결과, 일부 지역의 집중현상이 나타났다. ㉡ 하삼도(충청, 경상, 전라) 중 충청, 경상이 각각 전국 문과급제자 중 10% 이상을 차지한 반면, 전라는 평안보다 적었다. 지역 집중현상은 서울에서 특히 두드러지는데 전체 문과급제자 12,792명 중 서울 거주자는 5,502명에 달했으며, ㉢ 18세기에는 서울 거주 문과급제자 수가 15세기의 3.5배 이상이었다.

한편 시역단위별로도 문과급제자 수의 차이가 발생하였는데, 이는 조선시대에는 지역단위에 따라 향교의 교생 수가 결정되었던 것에 기인한다. ㉣ 목 단위에 거주하는 문과급제자 수는 전체의 15% 이상이었으며, 도호부, 군, 현에 거주하는 문과급제자 수는 각각 전체의 10%를 하회한다. ㉤ 목 – 도호부 – 군의 순으로 문과급제자 수가 작아지는 시도는 총 3개이다.

① ㄱ ② ㄴ
③ ㄷ ④ ㄹ
⑤ ㅁ

💡 **관점 적용하기**

ㄱ (O) 목적: 문과급제자 수

15세기(950)→16세기(910+938)→17세기(1307+1460)→18세기(1832+1673=3505)→19세기(1552+2170=3722)
매 세기마다 증가하였다.

ㄴ (O) 목적: 전체에서 부분이 차지하는 비율

충청(10.4%), 경상(13.7%)으로 10% 이상, 전라(8.4%)는 평안(9.4%)보다 적다.

ㄷ (O) 목적: 서울 거주 문과급제자의 비교

15세기: $950 \times 37.9\%$, 18세기: $1832 \times 50.4\%$(전반) $+ 1673 \times 31.3\%$(후반)
18세기 전반: $1832 \times 50.4 \rightarrow 1832 \times 45.0 \times 1.1 \rightarrow 2000 \times 45.0$이므로 15세기의 2배 이상이다.
18세기 후반: $1673 \times 31.3 \rightarrow 1400 \times 1.2 \times 31.3 \rightarrow 1400 \times 37.6$이므로 15세기의 약 1.5배 이상이다.
따라서 3.5배 이상이다.

ㄹ (X) 목적: 전체에서 부분이 차지하는 비율

목: $\dfrac{1958}{12792} = \dfrac{1800+158}{12000+792}$ 이므로 15% 이상이다.

도호부, 군, 현중 도호부가 가장 작은 도호부만 확인하면 된다. $\dfrac{1206}{12792}$ 이므로 10% 이하이다.

ㅁ (X) 목적: 목 – 도호부 – 군 순으로 작아지는 시도

경기, 강원, 평안으로 3개이다.

답 ④

4 ㄱ~ㄹ 비대칭형

Q 일반형(ㄱ~ㄹ 비대칭형)은 어떻게 구성과 특징에 대해서 설명해 주세요.

 일반형(ㄱ~ㄹ 비대칭형)은 다음의 발문으로 구성 됐으며, 선지에 주어진 보기의 개수가 같지 않은 형태를 말한다.
"이에 대한 〈보기〉의 설명으로 (옳은/옳지 않은) 것만을 모두 고르면?"
"① ㄱ,ㄴ ② ㄱ,ㄷ ③ ㄴ,ㄷ ④ ㄷ,ㄹ ⑤ ㄱ,ㄴ,ㄹ"

일반형(ㄱ~ㄹ 비대칭형)은 특징은 다음과 같다.
주어진 설명 중 기피 불가능한 설명이 존재한다.

Q 일반형(ㄱ~ㄹ 비대칭형)에서 주의해야 할 것에는 어떤 것이 있나요?

 일반형(ㄱ~ㄹ 비대칭형)에서 사람들이 대표적으로 하는 고민은 다음과 같다.

1) 열심히 풀다가 보면 어려운 설명이 존재하는데, 이 설명을 안 풀면 답이 안 나올때는 어떻게 해야 하죠?
   거기다가 이미 시간을 많이 사용했는데 이럴땐 어떻게 해야 하나요?

위의 고민은 선지의 구성이 다음과 같을 때, 정답이 ① 또는 ⑤인 경우에 발생한다.
① ㄱ,ㄴ ② ㄱ,ㄷ ③ ㄴ,ㄷ ④ ㄷ,ㄹ ⑤ ㄱ,ㄴ,ㄹ
ㄱ을 가장 먼저 풀고 ③과 ④를 소거 → ㄴ또는 ㄷ을 푼 후에 ②를 소거
그리고 남은 선지가 ①과 ⑤, 답을 확정하기 위해서 무조건 ㄹ설명을 풀어야만 한다.
그러나 ㄹ설명의 난이도가 높다면, 고민이 발생하는 것이다.
앞에서 ㄱ과 ㄴ or ㄷ을 푸는데 이미 많은 시간을 사용 했기 때문에 버리기는 쉽지 않고,
그렇다기에 ㄹ설명을 풀자니 난이도가 높아서 쉽지 않을 것이라고 느껴지니 진퇴양난 상태가 되는 것이다.
이러한 고민은 일반형 (ㄱ~ㄹ 비대칭형)의 선지 구성에 따른 특성에 의해 발생한다.
ㄱ~ㄹ 비대칭형은 설명들끼리 모두 동일한 힘을 지니고 있지 않다.
예를 들어, 선지의 구성이 위와 같다면 ①~④까지는 모두 대칭적으로 2개이지만 ⑤는 혼자 3개를 가지고 있다.
즉, ⑤에 의해서 힘의 비대칭이 발생하게 되는 것이다.
그렇기에 힘의 비대칭이 발생하게 된 선지로부터 시작하여 더 큰 힘을 가진 설명을 찾아보자.
⑤ ㄱ,ㄴ,ㄹ의 안에는 사실 ①이 이미 포함된 형태를 가지고 있다.
즉, ⑤ = ① + ㄹ이라고 볼 수 있다. 이것을 일반화 하면 Y = X + @ 라고 표기할 수 있다.
여기서 @가 바로 다른 설명보다 더 큰 힘을 가지고 있는 설명이며, 우리의 고민을 만들어 내는 설명이다.
이처럼 더 큰 힘을 가지고 있는 설명을 기피 불가능한 설명이라고 명명하겠다.
위의 고민을 해결하기 위해서는 '기피 불가능한 설명'부터 풀어야만 한다.

만약 기피 불가능한 설명이 2개 이상이라면 어떻게 해야 할까?
① ㄱ,ㄷ ② ㄴ,ㄹ ③ ㄷ,ㄹ ④ ㄱ,ㄴ,ㄷ ⑤ ㄱ,ㄴ,ㄹ
기피 불가능한 설명은 ①-④에 의하여 ㄴ, ②-⑤에 의하여 ㄱ으로 나타난다.
이런식으로 기피 불가능한 설명이 다수 등장한다면 통계적 감각을 이용하자.
감각적으로 ①-④와 ②-⑤중 어떤 것이 더 답에 가까울 것 같은가?
왠지 모르겠지만 ①-④에 답이 있을 것 같다고 느낄 것이다.
기피 불가능 설명은 기본적으로 선지에서의 ㄱ의 개수와 연관이 깊다.
만약 선지에서의 ㄱ의 개수가 3개 이상이라면 ㄱ과 관련이 있는 기피 불가능한 설명을 먼저 선택푼다.
Ex) ① ㄱ,ㄷ ② ㄴ,ㄹ ③ ㄷ,ㄹ ④ ㄱ,ㄴ,ㄷ ⑤ ㄱ,ㄴ,ㄹ → ㄴ
만약 선지에서의 ㄱ의 개수가 2개 이하라면 ㄱ과 관련이 없는 기피 불가능한 설명을 먼저 선택하자.
Ex) ① ㄱ,ㄷ ② ㄴ,ㄷ ③ ㄴ,ㄹ ④ ㄱ,ㄴ,ㄷ ⑤ ㄴ,ㄷ,ㄹ → ㄷ or ㄹ 중 택 1

Q 기피 불가능한 설명에 대해서 더 깊게 알려주세요.

여러 가지의 선지 구성에 따른 설명 풀이 순서는 방법은 다음과 같다.
※ 옳은 것만을 찾는다고 가정하자.

Case.1 ① ㄱ,ㄴ ② ㄱ,ㄷ ③ ㄴ,ㄹ ④ ㄷ,ㄹ ⑤ ㄱ,ㄴ,ㄹ → 기피 불가능 설명 = ㄹ	
ㄹ이 옳다면	: 기피 불가능 설명이 시작된 이유인 ①-⑤를 확인하기 위해 ㄱ을 푼다.
ㄹ이 옳지 않은 경우	: ㄴ과 ㄷ중 자신이 풀고 싶은 것을 푼다.

Case.2 ① ㄱ,ㄷ ② ㄴ,ㄹ ③ ㄷ,ㄹ ④ ㄱ,ㄴ,ㄷ ⑤ ㄱ,ㄴ,ㄹ → 기피 불가능 설명 = ㄴ	
ㄴ이 옳나변	: 기피 불가능 설명이 시작된 이유인 ①-④를 확인하기 위해서 ㄱ을 푼다.
ㄴ이 옳지 않은 경우	: ㄱ과 ㄹ중 자신이 풀고 싶은 것을 푼다.

Case.3 ① ㄱ,ㄴ ② ㄱ,ㄷ ③ ㄷ,ㄹ ④ ㄱ,ㄴ,ㄹ ⑤ ㄴ,ㄷ,ㄹ → 기피 불가능 설명 = ㄹ	
ㄹ이 옳다면	: 기피 불가능 설명이 시작된 이유인 ①-④를 확인하기 위해서 ㄱ을 푼다.
ㄹ이 옳지 않은 경우	: ㄴ과 ㄷ중 자신이 풀고 싶은 것을 푼다.

Case.4 ① ㄱ,ㄴ ② ㄴ,ㄷ ③ ㄴ,ㄹ ④ ㄱ,ㄷ,ㄹ ⑤ ㄴ,ㄷ,ㄹ → 기피 불가능 설명 = ㄷ,ㄹ → 이 경우 기피 불가능한 설명중 더 어려운 설명을 푼다.	
ㄷ이 옳다면	: 기피 불가능 설명이 시작된 이유인 ③-⑤를 확인하기 위해서 ㄹ을 푼다.
ㄷ이 옳지 않은 경우	: ㄱ과 ㄹ중 자신이 풀고 싶은 것을 푼다.
ㄹ이 옳다면	: 기피 불가능 설명이 시작된 이유인 ②-⑤를 확인하기 위해서 ㄷ을 푼다.
ㄹ이 옳지 않은 경우	: ㄱ과 ㄷ중 자신이 풀고 싶은 것을 푼다.

Q 일반형(ㄱ~ㄹ 비대칭형)의 풀이 순서도는 어떻게 되나요?

'풀이 순서도'는 다음과 같다.

일반형의 풀이 순서도	
1) O/X 그리기	: 가장 먼저 할 것은 설명 옆에 눈에 띌 정도로 크게 O 또는 X를 그려 놓는 것이다. 옳은 / 옳지 않은 (O 그림) 〈보기〉 ㄱ. ㄴ. ㄷ. ㄹ. (X 그림) 〈보기〉 ㄱ. ㄴ. ㄷ. ㄹ.
2) 자료의 파악	: 다음으로 해야할 것은 주어진 자료를 보고 이해하는 것이다. 주어진 자료를 보면서 체크리스트를 체크하며, 또한 일반적인 자료에서는 잘 보이지 않는 '차이점'에 집중한다. 만약 자료가 이해가지 않는다면, 해당 문제는 일단 뒤로 넘겨야 한다.
3) 풀이의 전략	: 1) 기피 불가능한 설명을 찾고, 그것부터 풀어내자. 2) 만약 기피 불가능한 설명이 '다수'라면 통계적 감각을 이용하자. 3) '불안감'에 사로 잡혔다면 종이의 귀퉁이를 접고 나중에 풀도록 하자.

일반형(ㄱ~ㄹ 비대칭형)-01 [5급 17-07]

다음 〈표〉는 2012년 34개국의 국가별 1인당 GDP와 학생들의 수학성취도 자료이고, 〈그림〉은 〈표〉의 자료를 그래프로 나타낸 것이다. 이에 대한 〈보기〉의 설명 중 옳은 것만을 모두 고르면?

〈표〉 국가별 1인당 GDP와 수학성취도

(단위: 천달러, 점)

국가	1인당 GDP	수학성취도
룩셈부르크	85	490
카타르	77	( )
싱가포르	58	573
미국	47	481
노르웨이	45	489
네덜란드	42	523
아일랜드	41	501
호주	41	504
덴마크	41	500
캐나다	40	518
스웨덴	39	478
독일	38	514
핀란드	36	519
일본	35	536
프랑스	34	495
이탈리아	32	485
스페인	32	484
한국	29	554
이스라엘	27	466
포르투갈	26	487
체코	25	499
헝가리	21	477
폴란드	20	518
러시아	20	482
칠레	17	423
아르헨티나	16	388
터키	16	448
멕시코	15	413
말레이시아	15	421
불가리아	14	439
브라질	13	391
태국	10	427
인도네시아	5	( )
베트남	4	511

✓ 자료

✓ 설명별 주관적 난이도 판단

ㄱ 목적:
　난이도: (상 / 중 / 하)
　유형: 자료이해
ㄴ 목적:
　난이도: (상 / 중 / 하)
　유형: 가시성
ㄷ 목적:
　난이도: (상 / 중 / 하)
　유형: 가시성
ㄹ 목적:
　난이도: (상 / 중 / 하)
　유형: 가시성

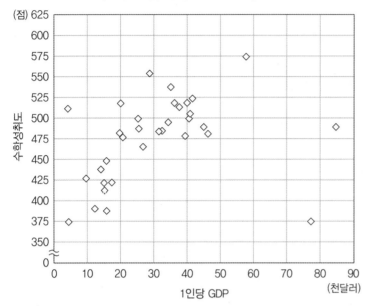

〈그림〉국가별 1인당 GDP와 수학성취도

※ 국가별 학생 수는 동일하지 않고, 각 국가의 수학성취도는 해당국 학생 전체의 수학성취도 평균이며, 34개국 학생 전체의 수학성취도 평균은 500점임.

┤ 보기 ├

ㄱ. 1인당 GDP가 체코보다 높은 국가 중에서 수학성취도가 체코보다 높은 국가의 수와 낮은 국가의 수는 같다.
ㄴ. 수학성취도 하위 7개 국가의 1인당 GDP는 모두 2만 달러 이하이다.
ㄷ. 1인당 GDP 상위 5개 국가 중에서 수학성취도가 34개국 학생 전체의 평균보다 높은 국가는 1개이다.
ㄹ. 수학성취도 상위 2개 국가의 1인당 GDP 차이는 수학성취도 하위 2개 국가의 1인당 GDP 차이보다 크다.

① ㄱ, ㄴ   ② ㄱ, ㄷ
③ ㄴ, ㄷ   ④ ㄴ, ㄹ
⑤ ㄱ, ㄷ, ㄹ

💡 **관점 적용하기**

ㄱ (O) 목적: 1인당 GDP가 체코보다 높은 국가 중 수학성취도가 낮은 국가와 높은 국가
체코보다 높은 국가: 싱가포르, 네덜란드, 아일랜드, 호주, 덴마크, 캐나다, 독일, 핀란드, 일본, 한국
체코보다 낮은 국가: 룩셈부르크, 카타르, 미국, 노르웨이, 스웨덴, 프랑스, 이탈리아, 스페인, 이스라엘, 포르투칼
높은 국가와 낮은 국가 모두 10개국으로 같다.

ㄴ (X) 목적: 수학성취도 하위 7개국의 GDP
수학성취도 하위 7개국 중 한 개인 카타르의 GDP는 2만달러 이상이므로, 옳지 않다.

ㄷ (O) 목적: 1인당 GDP 상위 5개국의 수학성취도
1인당 GDP 상위 5개국 중 500점을 넘는 국가는 싱가포르 뿐이므로 옳다.

ㄹ (X) 목적: 수학성취도 상위 2개국, 하위 2개국의 1인당 GDP 차이
상위 2개국의 차이는 3만가량, 하위 2개국은 7만가량으므로, 하위 2개국의 차이가 더 크다.

탑 ②

일반형(ㄱ~ㄹ 비대칭형)-02 [5급 20-17]

다음 〈표〉는 유통업체 '가' ~ '바'의 비정규직 간접고용 현황에 대한 자료이다. 이에 대한 〈보기〉의 설명 중 옳은 것만을 모두 고르면?

〈표〉 유통업체 '가' ~ '바'의 비정규직 간접고용 현황 (단위: 명, %)

유통업체	사업장	업종	비정규직 간접고용 인원	비정규직 간접고용 비율
가	A	백화점	3,408	74.9
나	B	백화점	209	31.3
다	C	백화점	2,149	36.6
	D	백화점	231	39.9
	E	마트	8,603	19.6
라	F	백화점	146	34.3
	G	마트	682	34.4
마	H	마트	1,553	90.4
바	I	마트	1,612	48.7
	J	마트	2,168	33.6
전체			20,761	29.9

※ 비정규직 간접고용 비율(%) = $\dfrac{\text{비정규직 간접고용 인원}}{\text{비정규직 간접고용 인원 + 비정규직 직접고용 인원}} \times 100$

┤ 보기 ├

ㄱ. 업종별 비정규직 간접고용 총인원은 마트가 백화점의 2배 이상이다.

ㄴ. 비정규직 직접고용 인원은 A가 H의 10배 이상이다.

ㄷ. 비정규직 간접고용 비율이 가장 낮은 사업장의 비정규직 직접고용 인원은 다른 9개 사업장의 비정규직 직접고용 인원의 합보다 많다.

ㄹ. 유통업체별 비정규직 간접고용 비율은 '다'가 '라'보다 높다.

① ㄱ, ㄷ　　　　　　② ㄴ, ㄹ

③ ㄷ, ㄹ　　　　　　④ ㄱ, ㄴ, ㄷ

⑤ ㄱ, ㄴ, ㄹ

✔ 자료

✔ 선지별 난이도 판단

ㄱ 목적:
　난이도: (상 / 중 / 하)
　유형: 총합
ㄴ 목적:
　난이도: (상 / 중 / 하)
　유형: 부분과 전체
ㄷ 목적:
　난이도: (상 / 중 / 하)
　유형: 부분과 전체
ㄹ 목적:
　난이도: (상 / 중 / 하)
　유형: 가중 평균

✔ 어떤 선지부터 풀었는가?

💡 관점 적용하기

ㄱ (O) 목적: 간접고용 총인원 마트와 백화점의 비교

마트는 E, G, H, I, J으로 합의 크기는 86+6+15+16+21 = 144↑이다.

전체가 20700이므로, 마트가 14400↑이라면, 마트는 전체의 2/3 이상을 차지한다.

따라서, 마트가 백화점의 2배 이상이다.

ㄴ (X) 목적: 비정규직 직접고용 인원 비교

비정규직 간접고용비율 식을 보면 간접고용과 직접고용이 부분과 전체의 형태이다.

따라서, 간접고용비율의 여집합을 이용하면 직접고용을 구할 수 있다.

A: 간접고용이 차지하는 비율이 74.9%으로 3408명이다. 직접고용은 차지하는 비율이 25.1% 이므로 약 1130명이다.

H: 간접고용이 차지하는 비율이 90.4%으로 1553명이다. 직접고용은 차지하는 비율이 9.6% 이므로 약 170명이다.

따라서, A는 H의 10배 이상이 아니다.

ㄷ (O) 목적: 비정규직 직접고용 인원 비교

비정규직 간접고용비율 식을 보면 간접고용과 직접고용이 부분과 전체의 형태이다.

따라서, 간접고용비율의 여집합을 이용하면 직접고용을 구할 수 있다.

비정규직 간접고용 비율이 가장 낮은 사업장은 E이다.

E: 간접고용이 차지하는 비율이 19.6%으로 8,603명이다.

　　직접고용은 차지하는 비율이 80.4% 이므로 약 3.4만 명이다.

전체: 간접고용이 차지하는 비율이 29.9%으로 20,761명이다.

　　　간접고용은 차지하는 비율이 70.1% 이므로 약 5만 명이다.

전체가 5만 명이므로, E+나머지 = 5만이다. 따라서, 나머지는 약 1.6만이므로, E가 나머지의 인원의 합보다 크다.

ㄹ (X) 목적: 간접고용비율의 비교

부분의 간접고용비율이 모여서 전체의 간접고용비율을 이루므로, 가중평균이다.

높이: 간접고용비율, 밑변: 비정규직 간접 + 비정규직 직접

$$(= 비정규직\ 간접고용\ 인원 \times \frac{비정규직\ 간접고용\ 비율}{100})$$

다의 높이를 보면 C, D의 높이는 비슷한 반면 E의 높이는 다르다.

라의 높이를 보면 F, G의 높이가 비슷하다. 따라서, 라를 이용하여 고정값을 만들자.

라의 높이= 34.3 〈 고정값

다의 높이 구하기.

34.3을 기준으로 생각해보자. 넘치는 역할은 C와 D, 부족한 역할은 E

E가 높이의 차이도 크고, 심지어 밑변은 C와 D에 비해 훨씬 크므로, 부족한 것이 훨씬 크다.

따라서, '다'의 높이가 '라'의 높이 보다 낮다.

답 ①

해당 자료의 저작권은 메가피셋 김은기 강사에게 있습니다.

일반형(ㄱ~ㄹ 비대칭형)-03 [5급 20-35]

다음 〈표〉는 감염자와 비감염자로 구성된 유증상자 1,000명을 대상으로 인공지능 시스템 A~E의 정확도를 측정한 결과이다. 〈표〉에 근거한 〈보기〉의 설명 중 옳은 것만을 모두 고르면?

〈표〉 인공지능 시스템 A~E의 정확도

(단위: 명, %)

시스템 판정 / 실제 감염 여부 / 시스템	양성		음성		음성 정답률	양성 검출률	정확도
	감염자	비 감염자	감염자	비 감염자			
A	0	1	8	991	( )	0.0	99.1
B	8	0	0	992	( )	100.0	100.0
C	6	4	2	988	99.8	75.0	99.4
D	8	2	0	990	100.0	( )	99.8
E	0	0	8	992	99.2	( )	99.2

※ 1) 정확도(%) = $\dfrac{\text{'양성' 판정된 감염자 + '음성' 판정된 비감염자}}{\text{유증상자}} \times 100$

2) '양성(음성)' 정답률(%) = $\dfrac{\text{'양성(음성)' 판정된 감염(비감염)자}}{\text{'양성(음성)' 판정된 유증상자}} \times 100$

3) '양성(음성)' 검출률(%) = $\dfrac{\text{'양성(음성)' 판정된 감염(비감염)자}}{\text{감염(비감염)자}} \times 100$

┤보기├

ㄱ. 모든 유증상자를 '음성'으로 판정한 시스템의 정확도는 A보다 높다.
ㄴ. B, D는 '음성' 정답률과 '양성' 검출률 모두 100%이다.
ㄷ. B의 '양성' 정답률과 '음성' 정답률은 같다.
ㄹ. '양성' 검출률이 0%인 시스템의 '음성' 정답률은 100%이다.

① ㄱ, ㄴ
② ㄱ, ㄷ
③ ㄱ, ㄹ
④ ㄴ, ㄹ
⑤ ㄱ, ㄴ, ㄷ

✓ **자료**

✓ **선지별 난이도 판단**

ㄱ 목적:
  난이도: (상 / 중 / 하)
  유형: 자료 이해
ㄴ 목적:
  난이도: (상 / 중 / 하)
  유형: 가중 평균
ㄷ 목적:
  난이도: (상 / 중 / 하)
  유형: 가중 평균
ㄹ 목적:
  난이도: (상 / 중 / 하)
  유형: 자료 이해

✓ **어떤 선지부터 풀었는가?**

관점 적용하기

각 각주의 정의에 대한 설명

정확도: 유증상자(전체)중에 양성 감염자(부분)와 음성 비감염자(부분)를 맞춘 비율

정답률: 양성(전체) 중에 감염자(부분)을 맞춘 비율, 음성(전체)중에 비감염자(부분)를 맞춘 비율

검출률: 감염(전체) 중에 양성(부분)이 나온 비율, 비감염(전체)중에 음성(부분)이 나온 비율

→ 시스템 B의 경우 정확도가 100%이다.

   즉, 완벽하게 맞췄다는 의미이므로, 유증상자 중 8명은 감염자이고, 992명은 비감염자이다.

ㄱ (O) 목적: 시스템 정확도의 비교

   모든 유증상자를 음성으로 판단한 시스템의 정확도: $\dfrac{992}{1000}$ = 99.2%, A의 시스템 정확도: 99.1%이므로 옳다.

ㄴ (O) 목적: 음성 정답률과 양성 검출률

   B는 정확도는 100%이므로, 당연히 음성 정답률과 양성 검출률은 100%이다.

   D의 음성 정답률은 $\dfrac{990}{990}$ = 100%, 양성검출률 = $\dfrac{8}{8}$ = 100%이므로, 둘 다 100%이다.

ㄷ (O) 목적: 양성 정답률과 음성 정답률

   B는 정확도는 100%이므로, 당연히 양성 정답률과 음성 정답률은 100%이다.

ㄹ (X) 목적: 양성 검출률과 음성 정답률의 관계

   양성 검출률은 감염자 중에 양성의 비율이고, 음성 정답률은 음성 중에 비감염자 비율이므로, 서로 독립적인 관계이다.
   따라서, 알 수 없다.

답 ⑤

일반형(ㄱ~ㄹ 비대칭형)-04 [5급 20-31]

다음 〈그림〉은 옥외광고 시장 규모 및 구성비에 대한 자료이다. 이를 바탕으로 작성한 〈보고서〉의 내용 중 옳은 것만을 모두 고르면?

〈그림 1〉 옥외광고 시장 규모 추이

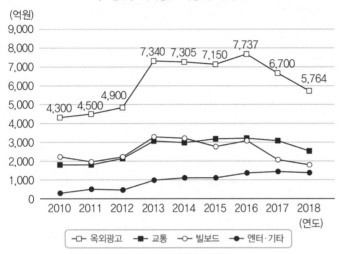

※ 옥외광고는 교통, 빌보드, 엔터·기타의 3개 분야로 구성됨.

〈그림 2〉 2018년 옥외광고 3개 분야 및 세부분야 시장 구성비

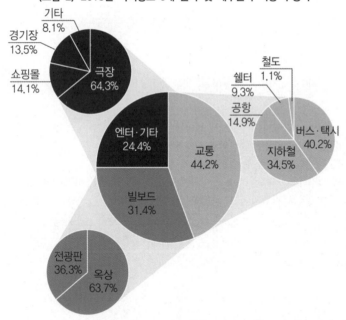

✔ 자료

✔ 설명별 주관적 난이도 판단

ㄱ 목적:
  난이도: (상 / 중 / 하)
  유형: 율율율

ㄴ 목적:
  난이도: (상 / 중 / 하)
  유형: 곱셈 비교

ㄷ 목적:
  난이도: (상 / 중 / 하)
  유형: 곱셈 비교

ㄹ 목적:
  난이도: (상 / 중 / 하)
  유형: 곱셈 비교

┤보기서├

　2010년부터 2018년까지의 옥외광고 시장 규모 추이를 살펴보면, 2010년 4,300억 원 규모였던 옥외광고 시장은 2016년 7,737억 원 규모까지 성장하였다. ㉠ 2018년 옥외광고 시장 규모는 2016년에 비해 30% 이상 감소하였다. 2018년 옥외광고 시장 규모를 분야별로 살펴보면, ㉡ 2018년 '교통' 분야 시장 규모는 2,500억 원 이상으로 옥외광고 시장에서 가장 큰 비중을 차지하고 있다. ㉢ 2018년 옥외광고 세부분야별 시장 규모는 '옥상'이 가장 크고, 그 다음으로 '버스·택시', '극장', '지하철' 순이다. ㉣ 2018년 '엔터·기타' 분야의 시장 규모를 살펴보면 '극장', '쇼핑몰', '경기장'을 제외한 시장 규모는 120억 원 이상이다.

① ㄱ, ㄷ
② ㄴ, ㄷ
③ ㄴ, ㄹ
④ ㄱ, ㄴ, ㄹ
⑤ ㄱ, ㄷ, ㄹ

✓ 어떤 선지부터 풀었는가?

💡 관점 적용하기

ㄱ (X) 목적: 옥외시장규모의 감소율

$$\frac{2018년}{2016년} : \frac{5764}{7737} = \frac{4900+864}{7000+737}$$ 이므로 30% 이하 감소했다.

ㄴ (O) 목적: 교통의 시장규모 = 전체 × 교통 비율

$5764 \times 44.2\%$이 $2500(= 5000 \times 50.0\%)$ 이상인가?

비교테크닉을 이용하면, $5000 \to 5764 = 1.15\uparrow$배　$44.2 \to 50.0 = 1.15\downarrow$배

따라서, 교통의 시장규모는 2500억원 이상이다.

ㄷ (O) 목적: 시장규모(= 전체 ×비율)의 순서.

전체는 모두 동일하므로, 비율만을 이용하여 비교한다.

옥상: $31.4\% \times 63.7\% = 20.0\%$　버스택시: $44.2\% \times 40.2\% = 17.7\%$

극장: $24.4\% \times 64.3\% = 15.7\%$　지하철: $44.2\% \times 34.5\% = 15.2\%$

옥상, 버스택시, 극장, 지하철 순이다.

ㄹ (X) 목적: 시장규모 = 전체 × 비율

엔터기타에서 극장, 쇼핑몰, 경기장을 제외하면 남는 것은 기타뿐이다.

따라서, 기타의 시장 규모: $5764 \times 24.4\% \times 8.1\%$이 $120(6000 \times 2)$ 이상인가?

$24.4\% \times 8.1\% = 2\%\downarrow$이므로, $5764 \times 24.4\% \times 8.1\% = 5764 \times 2\%\downarrow$이다.

따라서, 기타의 시장규모는 120억원 이하이다.

답 ②

해당 자료의 저작권은 메가피셋 김은기 강사에게 있습니다.

일반형(ㄱ~ㄹ 비대칭형)-05 [5급 13-06]

다음 〈표〉와 〈그림〉은 2010년 성별·장애등급별 등록 장애인 현황을 나타낸 것이다. 이에 대한 〈보기〉의 설명 중 옳은 것을 모두 고르면?

〈표〉 2010년 성별 등록 장애인 수

(단위: 명, %)

구분 \ 성별	여성	남성	전체
등록 장애인 수	1,048,979	1,468,333	2,517,312
전년대비 증가율	0.50	5.50	( )

〈그림〉 2010년 성별·장애등급별 등록 장애인 수

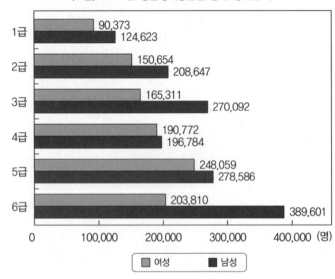

※ 장애등급은 1~6급으로만 구분되며, 미등록 장애인은 없음.

┤보기├

ㄱ. 2010년 전체 등록 장애인 수의 전년대비 증가율은 4% 미만이다.
ㄴ. 전년대비 2010년 등록 장애인 수가 가장 많이 증가한 장애등급은 6급이다.
ㄷ. 장애등급 5급과 6급의 등록 장애인 수의 합은 전체 등록 장애인 수의 50% 이상이다.
ㄹ. 등록 장애인 수가 가장 많은 장애등급의 남성 장애인 수는 등록 장애인 수가 가장 적은 장애등급의 남성 장애인 수의 3배 이상이다.
ㅁ. 성별 등록 장애인 수 차이가 가장 작은 장애등급과 가장 큰 장애등급의 여성 장애인 수의 합은 여성 전체 등록 장애인 수의 40% 미만이다.

① ㄱ, ㄴ
② ㄱ, ㄹ
③ ㄱ, ㄹ, ㅁ
④ ㄴ, ㄷ, ㅁ
⑤ ㄷ, ㄹ, ㅁ

✓ 자료

✓ 설명별 난이도 판단

ㄱ 목적:
   난이도: (상 / 중 / 하)
   유형: 가중 평균
ㄴ 목적:
   난이도: (상 / 중 / 하)
   유형: 자료 이해
ㄷ 목적:
   난이도: (상 / 중 / 하)
   유형: 비중
ㄹ 목적:
   난이도: (상 / 중 / 하)
   유형: 분수 비교
ㅁ 목적:
   난이도: (상 / 중 / 하)
   유형: 비중

✓ 어떤 선지부터 풀었는가?

🔎 관점 적용하기

ㄱ (O) 목적: 전체의 증가율

남성과 여성의 증가율이 주어져있으므로, 가중평균을 이용하자.

증가율 = $\dfrac{증가폭}{과거값}$ 이므로, 높이 = 증가율, 밑변 = 과거값이다.

4%를 기준으로, 부족한 역할 = 여성, 넘치는 역할 = 남성
부족한 넓이 = 3.5×105↓ (105는 0.5% 만큼 증가한 값)
넘치는 넓이 = 1.5×147↓↓ (147는 5.5% 만큼 증가한 값이므로, 105보다 상대적으로 더 많이 커진 값)
부족한 넓이가 넘치는 넓이보다 더 크므로, 4%미만이다.

ㄴ (X) 목적: 전년대비 증가폭 = 현재값 − 과거값

2010년에 대한 등급별 현재값을 주어졌으나, 과거값은 존재하지 않는다. 따라서 알 수 없다.

ㄷ (X) 목적: 5급과 6급이 차지하는 비율

전체 = 251.7만이고, 5급과 6급의 합은 24.8+27.8+20.3+38.9 = 111.8만, $\dfrac{111.8}{251.7}$ 이므로, 50% 이하이다.

ㄹ (O) 목적: 남성 장애인 수의 비교

등록 장애인이 가장 많은 장애등급 = 6급, 등록장애인이 가장 적은 장애등급 = 1급

6급의 등록 남성 장애인 = 38.9만, 1급의 등록 남성 장애인 = 12.4만, $\dfrac{38.9}{12.4}$ 이므로, 3배 이상이다.

ㅁ (O) 목적: 여성 장애인 수가 차지하는 비율

성별 등록 장애인 수 차이가 가장 작은 장애등급 = 4급, 차이가 가장 많은 장애등급 = 6급

4급과 6급의 여성 장애인의 합 = 39.3만, 전체 여성 등록 장애인 수 = 104.8만, $\dfrac{39.3}{104.8}$ 이므로, 40% 미만이다.

답 ③

일반형(ㄱ~ㄹ 비대칭형)-06 [5급 21-36]

다음 〈그림〉은 2020년 A 기관의 조직 및 운영에 관한 자료이다. 이에 대한 〈보기〉의 설명 중 옳은 것만을 모두 고르면?

〈그림〉 2020년 A 기관의 조직 및 운영 현황

관리운영비 비중
3.4%

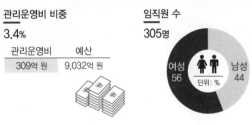

임직원 수
305명

위원회 구성

중앙회
단위: %

상임위원회 18명

분과실행위원회 85명

지회
단위: %

운영위원회 212명

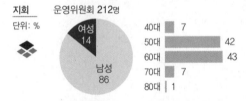

분과실행위원회 391명

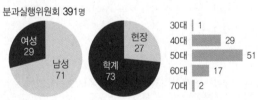

※ 중앙회는 상임위원회와 분과실행위원회로만 구성되고, 지회는 운영위원회와 분과실행위원회로만 구성됨.

┤ 보기 ├

ㄱ. 2020년 임직원당 관리운영비는 1억 원 이상이다.
ㄴ. 분과실행위원회의 현장 위원 수는 중앙회가 지회보다 많다.
ㄷ. 중앙회 상임위원회의 모든 여성 위원이 동시에 중앙회 분과실행위원회 위원이라면, 중앙회 여성 위원 수는 총 32명이다.
ㄹ. 지회 분과실행위원회의 50대 학계 위원은 80명 이상이다.

① ㄱ, ㄴ
② ㄱ, ㄹ
③ ㄴ, ㄷ
④ ㄴ, ㄹ
⑤ ㄱ, ㄷ, ㄹ

✓ 자료

✓ 선지별 난이도 판단

ㄱ 목적:
　난이도: (상 / 중 / 하)
　유형: 분수 비교
ㄴ 목적:
　난이도: (상 / 중 / 하)
　유형: 곱셈 비교
ㄷ 목적:
　난이도: (상 / 중 / 하)
　유형: 곱셈 비교
ㄹ 목적:
　난이도: (상 / 중 / 하)
　유형: 극단으로

✓ 어떤 선지부터 풀었는가?

💡 관점 적용하기

ㄱ (O) 목적: 임직원당 관리운영비 $= \dfrac{\text{관리운영비}}{\text{임직원 수}}$

임직원당 관리운영비 $= \dfrac{309}{305}$ 1억원 이상이다.

ㄴ (X) 목적: 현장 위원 수 = 전체 위원수 × 현장 위원 비율
　　중앙회: $85 \times 71\%$, 지회: $391 \times 27\%$
　　배수테크닉을 이용해서 보면, $85 \rightarrow 391 = 3$배↑, $27 \rightarrow 71 = 3$배↓
　　따라서, 중앙회: $1 \times 3\downarrow$, 지회: $3\uparrow \times 1$ 이므로, 지회가 더 크다.

ㄷ (O) 목적: 중앙회 여성 위원수 = 전체 위원수 × 여성 비율
　　중앙회는 상임위원회와 분과실행위원회 2가지로 구성된다.
　　가정에 따르면, 상임위원회 여성위원은 모두 분과실행위원회 여성위원이라고 하므로,
　　분과실행위원회의 여성위원수만 구하면 된다.
　　$85 \times 38\% = 85\% \times (40-2) = 34-1.7 = 32.3$명이므로, 32명이다.

ㄹ (O) 목적: 지회 분과실위원회 50대 학계 위원
　　지회 분과실 위원회에 50대이면서 학계의 최소 교집합은 $73+51-100 = 24\%$이다.
　　따라서, 50대 이면서 학계위원은 $391 \times 24\% = 80\uparrow$이다.

답 ⑤

해당 자료의 저작권은 메가피셋 김은기 강사에게 있습니다. **115**

일반형(ㄱ~ㄹ 비대칭형)-07 (5급 20-40)

다음 〈표〉는 '갑'국의 친환경 농작물 생산 현황에 대한 자료이다. 이에 대한 〈보기〉의 설명 중 옳은 것만을 모두 고르면?

〈표 1〉 연도별 친환경 농작물 재배농가, 재배면적, 생산량

(단위: 천 호, 천 ha, 천 톤)

구분＼연도	2016	2017	2018	2019
재배농가	53	135	195	221
재배면적	53	106	174	205
생산량	798	1,786	2,188	2,258

〈표 2〉 연도별 친환경 농작물 생산방법별 재배면적

(단위: 천 ha)

생산방법＼연도	2016	2017	2018	2019
유기농	9	11	13	17
무농약	14	37	42	69
저농약	30	58	119	119

※ 친환경 농작물 생산방법은 유기농, 무농약, 저농약으로 구성됨.

〈표 3〉 2019년 친환경 농작물별 생산량의 생산방법별 구성비

(단위: %)

생산방법＼친환경 농작물	곡류	과실류	채소류
유기농	11	27	18
무농약	17	67	28
저농약	72	6	54
합계	100	100	100

※ 친환경 농작물은 곡류, 과실류, 채소류로 구성됨.

┤ 보기 ├

ㄱ. 재배농가당 재배면적은 매년 감소한다.
ㄴ. 친환경 농작물 재배면적 중 '무농약'의 비중은 매년 증가한다.
ㄷ. 2019년 친환경 농작물 생산방법별 재배면적당 생산량은 '유기농'이 '저농약'보다 많다.
ㄹ. 2019년 친환경 농작물별 생산량 비(곡류 : 과실류 : 채소류)가 1 : 2 : 3이라면, 친환경 농작물 생산방법 중 '저농약'의 생산량이 가장 많다.

① ㄱ
② ㄹ
③ ㄱ, ㄴ
④ ㄴ, ㄷ
⑤ ㄷ, ㄹ

✓ 자료

✓ 선지별 난이도 판단

ㄱ 목적:
　난이도: (상 / 중 / 하)
　유형: 분수 비교
ㄴ 목적:
　난이도: (상 / 중 / 하)
　유형: 분수 비교
ㄷ 목적:
　난이도: (상 / 중 / 하)
　유형: 극단으로
ㄹ 목적:
　난이도: (상 / 중 / 하)
　유형: 가중치 총합

✓ 어떤 선지부터 풀었는가?

관점 적용하기

ㄱ (X) 목적: 재배농가당 재배면적 = $\dfrac{재배면적}{재배농가}$

2017년: $\dfrac{106}{135}$ = 80%↓, 2019년: $\dfrac{205}{221}$ = 90%↑ 매년 감소하지 않는다.

ㄴ (X) 목적: 전체 면적중 무농약 면적 = $\dfrac{무농약면적}{재배면적}$

2017년: $\dfrac{37}{106}$ = 30%↑, 2018년: $\dfrac{42}{174}$ = 30%↓ 매년 증가하지 않는다.

ㄷ (O) 목적: 재배면적당 생산량의 비교 = $\dfrac{생산량}{재배면적}$

곡류, 과실류, 채소류의 전체생산량을 X, Y, Z라고 가정하자. (X, Y, Z는 범위성 정보)
유기농 생산량 = 11%×X + 27%×Y + 18%×Z, 저농약 생산량 = 72%×X + 6%×Y + 54%×Z이다.
해당 설명에서는 유기농이 저농약보다 많다. 라고 하였으므로,
유기농은 가장 적게, 저농약은 가장 크게 극단적으로 생각하자.
곡류(X)가 다른 것들에 비해 매우매우 크다고 가정하면, 유기농은 가장 작아지고, 저농약은 가장 커진다.

따라서, 각각의 재배면적당 생산량은 유기농: $\dfrac{11}{17}$, 저농약: $\dfrac{72}{119}$ 으로 생각할 수 있다.

저농약은 대략 60%이고, 유기농은 대략 64%이므로, 유기농이 더 크다. (※ $\dfrac{1}{17}$ ≒5.88)

ㄹ (O) 목적: 생산량의 비교
곡류, 과실류, 채소류의 전체생산량을 X, Y, Z일 때, X= 1 Y= 2 Z= 3이라고 가정을 통해 제공하였다.
저농약이 가중치가 가장 큰 채소류에서 가장 큰 값을 지니고 있으나, 과실류는 매우 작으므로,
저농약과 비교를 해야 할 만한 생산방법은 과실류의 가중치를 매우 크게 가지고 있는 무농약이다.
저농약의 생산량 = 72%×1 + 6%×2 + 54%×3
무농약의 생산량 = 17%×1 + 67%×2 + 28%×3
저농약을 기준으로 차이값을 생각하면, 55%×1 − 61%×2 + 26%×3 = 55 − 122 + 78 = 11이다.
따라서, 저농약이 가장 크다.

답 ⑤

해당 자료의 저작권은 메가피셋 김은기 강사에게 있습니다.

일반형(ㄱ~ㄹ 비대칭형)-08 (5급 18-09)

다음 〈표〉는 서울시 10개구의 대기 중 오염물질 농도 및 오염물질별 대기환경지수 계산식에 관한 것이다. 이에 대한 〈보기〉의 설명 중 옳은 것만을 모두 고르면?

〈표 1〉 대기 중 오염물질 농도

지역 \ 오염물질	미세먼지 (μg/㎥)	초미세먼지 (μg/㎥)	이산화질소 (ppm)
종로구	46	36	0.018
중구	44	31	0.019
용산구	49	35	0.034
성동구	67	23	0.029
광진구	46	10	0.051
동대문구	57	25	0.037
중랑구	48	22	0.041
성북구	56	21	0.037
강북구	44	23	0.042
도봉구	53	14	0.022
평균	51	24	0.033

〈표 2〉 오염물질별 대기환경지수 계산식

오염물질 \ 계산식	조건	계산식
미세먼지 (μg/㎥)	농도가 51 이하일 때	0.9 × 농도
	농도가 51 초과일 때	1.0 × 농도
초미세먼지 (μg/㎥)	농도가 25 이하일 때	2.0 × 농도
	농도가 25 초과일 때	1.5 × (농도 − 25) + 51
이산화질소 (ppm)	농도가 0.04 이하일 때	1,200 × 농도
	농도가 0.04 초과일 때	800 × (농도 − 0.04) + 51

※ 통합대기환경지수는 오염물질별 대기환경지수 중 최댓값임.

┤보기├

ㄱ. 용산구의 통합대기환경지수는 성동구의 통합대기환경지수보다 작다.
ㄴ. 강북구의 미세먼지 농도와 초미세먼지 농도는 각각의 평균보다 낮고, 이산화질소 농도는 평균보다 높다.
ㄷ. 중랑구의 통합대기환경지수는 미세먼지의 대기환경지수와 같다.
ㄹ. 세 가지 오염물질 농도가 각각의 평균보다 모두 높은 구는 2개 이상이다.

① ㄱ, ㄴ
② ㄱ, ㄷ
③ ㄷ, ㄹ
④ ㄱ, ㄴ, ㄹ
⑤ ㄴ, ㄷ, ㄹ

✔ 자료

✔ 선지별 난이도 판단

ㄱ 목적:
  난이도: (상 / 중 / 하)
  유형: 자료이해
ㄴ 목적:
  난이도: (상 / 중 / 하)
  유형: 단순 확인
ㄷ 목적:
  난이도: (상 / 중 / 하)
  유형: 자료 이해
ㄹ 목적:
  난이도: (상 / 중 / 하)
  유형: 단순 확인

✔ 어떤 선지부터 풀었는가?

관점 적용하기

〈표 2〉의 계산식을 보면, 조건이 2개로 나누어져 있다.
위쪽 조건과 아래쪽 조건의 계산식을 잘 살펴보면, 아래쪽 계산식을 만족하는 경우에는 계산식의 값이 51점을 넘어가고, 그러지 않은 경우에는 51점보다 낮은 점수를 받게 된다.

ㄱ (O) 목적: 통합대기환경지수 비교
　　　용산수: 초미세먼지만 아래쪽 조건에 만족한다. 따라서, $1.5 \times (35-25) + 51 = 66$
　　　성동구: 미세먼지만 아래쪽 조건에 만족한다. 따라서, $1.0 \times (67) = 67$
　　　용산수가 작다.

ㄴ (O) 목적: 평균농도와의 비교
　　　강북구는 미세먼지와 초미세먼지는 평균보다 낮고, 이산화질소는 평균보다 높다.

ㄷ (X) 목적: 통합대기환경지수와 대기환경지수의 비교
　　　종랑구: 이산화질소만 아래쪽 조건을 만족한다.
　　　따라서, 중랑구의 통합대기환경지수의 점수는 이산화질소의 점수와 같다.

ㄹ (X) 목적: 평균농도와의 비교
　　　세가지 오염물질 농도가 평균보다 높은 구는 동대문구 1개 뿐이다.

답 ①

해당 자료의 저작권은 메가피셋 김은기 강사에게 있습니다.

일반형(ㄱ~ㄹ 비대칭형)-09 (5급 22-26)

다음 〈표〉는 2021년 A 시 자녀장려금 수급자의 특성별 수급횟수를 조사한 자료이다. 이에 대한 〈보기〉의 설명 중 옳은 것만을 모두 고르면?

〈표〉 자녀장려금 수급자 특성별 수급횟수 비중

(단위: 명, %)

수급자 특성		수급자 수	수급횟수			
대분류	소분류		1회	2회	3회	4회 이상
연령대	20대 이하	8	37.5	25.0	0.0	37.5
	30대	583	37.2	30.2	19.0	13.6
	40대	347	34.9	27.7	23.9	13.5
	50대 이상	62	29.0	30.6	35.5	4.8
자녀수	1명	466	42.3	28.1	19.7	9.9
	2명	459	31.2	31.8	22.2	14.8
	3명	66	27.3	22.7	27.3	22.7
	4명 이상	9	11.1	11.1	44.4	33.3
주택보유 여부	무주택	732	35.0	29.5	22.0	13.5
	유주택	268	38.4	28.7	20.5	12.3
전체		1,000	35.9	29.3	21.6	13.2

┤보기├

ㄱ. 자녀장려금 수급자의 전체 수급횟수는 2,000회 이상이다.
ㄴ. 자녀장려금을 1회 수령한 수급자 수는 30대가 40대의 1.5배 이상이다.
ㄷ. 자녀수가 2명인 수급자의 자녀장려금 전체 수급횟수는 자녀수가 1명인 수급자의 자녀장려금 전체 수급횟수보다 많다.
ㄹ. 자녀장려금을 2회 이상 수령한 수급자 수는 무주택 수급자가 유주택 수급자의 2.5배 이상이다.

① ㄱ
② ㄷ, ㄹ
③ ㄱ, ㄴ, ㄷ
④ ㄱ, ㄴ, ㄹ
⑤ ㄴ, ㄷ, ㄹ

자료

선지별 난이도 판단

ㄱ 목적:
　난이도: (상 / 중 / 하)
　유형: 가중평균
ㄴ 목적:
　난이도: (상 / 중 / 하)
　유형: 곱셈 비교
ㄷ 목적:
　난이도: (상 / 중 / 하)
　유형: 극단으로
ㄹ 목적:
　난이도: (상 / 중 / 하)
　유형: 곱셈 비교

어떤 선지부터 풀었는가?

관점 적용하기

ㄱ (O) 목적: 전체 수급횟수

전체 수급횟수가 2000회 이상이냐고 물어봤는데, 전체 수급자수가 1,000명이므로,
평균으로 생각하면 평균이 2보다 큰지 물어보는 것과 같다.(총합과 평균)
또한, 비율의 합이 100%인 형태이므로, 가중평균으로 생각하자.
1회 = 35.9%, 2회 = 29.3% 3회 = 21.6% 4회 이상 = 13.2%
(극단적으로 생각하기 위해 4회 이상은 4회로 생각하자.)
넘치는 역할 = 3,4회, 부족한 역할 = 1회
넘치는 넓이 = $1 \times 21.6\% + 2 \times 13.2\%$ = 48.0%, 부족한 넓이 = $1 \times 35.9\%$ = 35.9%
넘치는 넓이가 더 크므로, 2,000회 이상이다.

ㄴ (O) 목적: 1회 수령 수급자 수 = 수급자 수 × 수급횟수 비율

30대: $583 \times 37.2\%$, 40대: $347 \times 34.9\%$
배수테크닉을 둘 다 쓰기에는 347→583의 배수가 잘 보이지 않는다.
따라서, 34.9→37.2에 대한 배수만 파악하자. 대략 1.05배
따라서, 30대: 583×1.05, 40대: $347 \times 1 \to 347$의 1.5배는 대략 530 가량이다.
따라서, 뒤에 1.05를 생각하지 않아도 이미 1.5배 이상이다.
(※ 583이 347의 1.5배 이상인게 처음부터 보이면 가장 좋다.)

ㄷ (X) 목적: 전체 수급횟수의 비교

2명인 수급자가 1명인 수급자보다 많다고 하였으나, 4회 이상이라는 계구간이 있다.
따라서, 극단적으로 생각한다면, 1명이 더 커질 수 있다.

ㄹ (O) 목적: 2회 이상 수령 수급자수 = 수급자 수 × 수급횟수 비율

무주택: $732 \times 65.0\%$, 유주택: $268 \times 61.6\%$
배수테크닉을 둘 다 쓰기에는 268→732의 배수가 잘 보이지 않는다.
따라서, 61.6→65.0에 대한 배수만 파악하자. 대략 1.05배

무주택: 732×1.05, 유주택: $268 \times 1 \to$ 무주택: 768, 유주택: $268 \to \dfrac{768}{268} = \dfrac{500+268}{200+68}$ 이므로 2.5배 이상이다.
(※ 732가 268의 2.5배 이상인게 처음부터 보이면 가장 좋다.)

답 ④

해당 자료의 저작권은 메가피셋 김은기 강사에게 있습니다.

일반형(ㄱ~ㄹ 비대칭형)-10 (5급 20-12)

다음 〈표〉는 6개 지목으로 구성된 A 지구의 토지수용 보상비 산출을 위한 자료이다. 이에 대한 〈보기〉의 설명 중 옳은 것만을 모두 고르면?

〈표〉 지목별 토지수용 면적, 면적당 지가 및 보상 배율

(단위: m², 만원/m²)

지목	면적	면적당 지가	보상 배율	
			감정가 기준	실거래가 기준
전	50	150	1.8	3.2
답	50	100	1.8	3.0
대지	100	200	1.6	4.8
임야	100	50	2.5	6.1
공장	100	150	1.6	4.8
창고	50	100	1.6	4.8

※ 1) 총보상비는 모든 지목별 보상비의 합임.
  2) 보상비 = 용지 구입비 + 지장물 보상비
  3) 용지 구입비 = 면적 × 면적당 지가 × 보상 배율
  4) 지장물 보상비는 해당 지목 용지 구입비의 20%임.

─┤ 보기 ├─

ㄱ. 모든 지목의 보상 배율을 감정가 기준에서 실거래가 기준으로 변경하는 경우, 총보상비는 변경 전의 2배 이상이다.
ㄴ. 보상 배율을 감정가 기준에서 실거래가 기준으로 변경하는 경우, 보상비가 가장 많이 증가하는 지목은 '대지'이다.
ㄷ. 보상 배율이 실거래가 기준인 경우, 지목별 보상비에서 용지 구입비가 차지하는 비율은 '임야'가 '창고'보다 크다.
ㄹ. '공장'의 감정가 기준 보상비와 '전'의 실거래가 기준 보상비는 같다.

① ㄱ, ㄷ
② ㄱ, ㄹ
③ ㄴ, ㄷ
④ ㄴ, ㄹ
⑤ ㄱ, ㄴ, ㄹ

✓ 자료

✓ 설명별 주관적 난이도 판단

ㄱ 목적:
  난이도: (상 / 중 / 하)
  유형: 가중평균
ㄴ 목적:
  난이도: (상 / 중 / 하)
  유형: 곱셈 비교
ㄷ 목적:
  난이도: (상 / 중 / 하)
  유형: 자료 이해
ㄹ 목적:
  난이도: (상 / 중 / 하)
  유형: 곱셈 비교

✓ 어떤 선지부터 풀었는가?

💡 관점 적용하기

보상비 = 용지 구입비 + 지장물 보상비 = 용지 구입비 + 0.2×용지 구입비 = 1.2 × 용지 구입비

ㄱ (O) 목적: 총보상비 = Σ 면적 × 면적당 지가 × 보상배율 × 1.2
　　　 가정에 따르면 보상배율이 감정가 → 실거래가로 기준이 변경됐다.
　　　 면적과 면적당지가는 그대로이므로, 감정가 → 실거래가의 배율만 생각하자.
　　　 전, 답은 2배보다 작고, 대지, 임야, 공장, 창고는 2배보다 크다
　　　 따라서, 전, 답을 대지, 임야, 공장 ,창고가 채워줄 수 있는지 생각하자.
　　　 전은 공장으로 채우기 충분하고, 답은 창고로 채우기 충분하다. 따라서, 2배 이상이다.

ㄴ (O) 목적: 보상배율 변화에 따른 보상비 증가 = 면적 × 면적당 지가 × (실거래가 - 감정가)
　　　 대지: 100×200×3.2이므로, 당연히 가장 크다.

ㄷ (X) 목적: 보상비에서 용지 구입비가 차지하는 비율

　　　 보상비 = 1.2×용지구입비이므로, 용지구입비가 차지하는 비율은 $\frac{1.0}{1.2}$ = 83.33%으로 일정하다.

　　　 따라서, 임야와 창고는 같다.

ㄹ (O) 목적: 보상비의 비교
　　　 공장(감정가): 100×150×1.6　　　 전(실거래가): 50×150×3.2 = 100×150×1.6
　　　 공장과 전은 동일하다.

답 ⑤

일반형(ㄱ~ㄹ 비대칭형)-11 (5급 21-29)

다음 〈표〉는 2015 ～ 2019년 A 국의 보유세 추이에 관한 자료이다. 이에 대한 〈보기〉의 설명 중 옳은 것만을 모두 고르면?

〈표〉 A 국의 보유세 추이

(단위: 십억 원)

구분 \ 연도	2015	2016	2017	2018	2019
보유세	5,030	6,838	9,196	9,856	8,722
재산세	2,588	3,123	3,755	4,411	4,423
도시계획세	1,352	1,602	1,883	2,183	2,259
공동시설세	446	516	543	588	591
종합부동산세	441	1,328	2,414	2,130	1,207
농어촌특별세	203	269	601	544	242

※ 보유세는 재산세, 도시계획세, 공동시설세, 종합부동산세, 농어촌특별세로만 구성됨.

┤ 보기 ├

ㄱ. '보유세'는 2017년이 2015년의 1.8배 이상이다.
ㄴ. '보유세' 중 재산세 비중은 2017년까지는 매년 감소하다가 2018년부터는 매년 증가하였다.
ㄷ. 농어촌특별세는 '보유세'에서 차지하는 비중이 매년 가장 작다.
ㄹ. 재산세 대비 종합부동산세 비는 가장 큰 연도가 가장 작은 연도의 4배 이상이다.

① ㄱ, ㄴ
② ㄱ, ㄷ
③ ㄷ, ㄹ
④ ㄱ, ㄴ, ㄹ
⑤ ㄴ, ㄷ, ㄹ

✓ 자료

✓ 설명별 주관적 난이도 판단

ㄱ 목적:
  난이도: (상 / 중 / 하)
  유형: 분수 비교
ㄴ 목적:
  난이도: (상 / 중 / 하)
  유형: 비중
ㄷ 목적:
  난이도: (상 / 중 / 하)
  유형: 비중
ㄹ 목적:
  난이도: (상 / 중 / 하)
  유형: 분수 비교(배수테크닉)

✓ 어떤 선지부터 풀었는가?

관점 적용하기

ㄱ (O) 목적: 보유세의 비교

$\dfrac{2017년\ 보유세}{2015년\ 보유세} = \dfrac{9196}{5030} = \dfrac{9000+196}{5000+30}$ 이므로 1.8배 이상이다.

ㄴ (O) 목적: 보유세 중 재산세의 비율 $= \dfrac{재산세}{보유세}$

15년$\left(\dfrac{2588}{5030}\right) \fallingdotseq 50\%$, 16년$\left(\dfrac{3123}{6838}\right) \fallingdotseq 45\%$ 17년$\left(\dfrac{3755}{9196}\right) \fallingdotseq 40\%$ 18년$\left(\dfrac{4411}{9856}\right) \fallingdotseq 45\%$ 19년$\left(\dfrac{4423}{8722}\right) \fallingdotseq 50\%$

따라서, 17년까지는 매년 감소하다가 18년 이후부터 증가하였다.

(※ 잘 보이지 않는다면 비교테크닉을 이용하자.)

ㄷ (X) 목적: 보유세에서 각 세금이 차지하는 비율 $= \dfrac{각\ 세금}{보유세}$

분모(보유세)는 동일하므로, 분자(세금)과 비율은 비례한다.

매년 농어촌이 차지하는 비율이 가장 작기 위해서는 농어촌특별세가 매년 가장 작아야 한다.

17년은 농어촌특별세보다 공동시설세가 더 작으므로 옳지 않다.

ㄹ (X) 목적: 재산세 대비 종합부동산세 $= \dfrac{종합부동산세}{재산세}$

가장 큰 연도가 가장 작은 연도간의 관계가 4배가 가능한 경우가 있을까?라는 관점으로 정보를 확인하자.

그나마 가능할 것으로 생각되는 연도는 15년과 17년이다.

$\dfrac{441}{2588}$ 과 $\dfrac{2414}{3755}$ 가 4배인지 배수테크닉을 이용해 보자.

분자는 6배↓이고, 분자도 1.5배↓이므로 배수테크닉도 쉽지 않다.

$\dfrac{441}{2588} = \dfrac{1764}{10352}$ 이므로, 대략 17%이다. 만약, $\dfrac{2414}{3755}$ 이 68%보다 크다면, 4배 이상이다.

$\dfrac{2414}{3755} = \dfrac{2040+374}{3000+755} \langle$ 68%이므로, 가장 큰 연도는 가장 작은 연도의 4배 이하이다.

답 ①

해당 자료의 저작권은 메가피셋 김은기 강사에게 있습니다.

5 ㄱ~ㄹ 3보기형

Q 일반형(ㄱ~ㄹ 3보기형)은 어떻게 구성과 특징에 대해서 설명해 주세요.

일반형(ㄱ~ㄹ 3보기형)은 다음의 발문으로 구성 됐으며, 보기가 오직 3개뿐인 형태를 말한다.
"이에 대한 〈보기〉의 설명으로 (옳은/옳지 않은) 것만을 모두 고르면?"
"① ㄱ ② ㄷ ③ ㄱ,ㄴ ④ ㄴ,ㄷ ⑤ ㄱ,ㄴ,ㄷ"

일반형(ㄱ~ㄹ 3보기형)은 특징은 다음과 같다.
모든 설명이 기피 불가능한 설명이다.

Q 일반형(ㄱ~ㄹ 3보기형)에서 주의해야 할 것에는 어떤 것이 있나요?

일반형(ㄱ~ㄹ 3보기형)에서의 주의사항은 단 1가지이다.
3보기형의 특징은 모든 설명이 기피 불가능한 설명이기 때문에 패스가 가능한 설명이 존재하지 않는다는
것이다.
따라서, 문제를 풀기전에 주어진 ㄱ,ㄴ,ㄷ 3개의 설명 모두의 목적을 잡아서
내가 풀 수 있는 문제인지를 정확히 판단하고 문제를 풀기 시작해야 한다.
만약 단 하나의 설명이라도 목적이 잡히지 않거나 혹은 어렵다.
라고 판단된다면 쿨하게 다음 문제로 넘어가야만 한다.

Q <u>일반형(ㄱ~ㄹ 3보기형)의 풀이 순서도는 어떻게 되나요?</u>

 '풀이 순서도'는 다음과 같다.

일반형(ㄱ~ㄹ 3보기형)의 풀이 순서도	
1) O/X 그리기	: 가장 먼저 할 것은 설명 옆에 눈에 띌 정도로 크게 O 또는 X를 그려 놓는 것이다. 옳은 / 옳지 않은 〈보기〉 ㄱ. ㄴ. ㄷ. ㄹ.
2) 자료의 파악	: 다음으로 해야할 것은 주어진 자료를 보고 이해하는 것이다. 주어진 자료를 보면서 체크리스트를 체크하며, 또한 일반적인 자료에서는 잘 보이지 않는 '차이점'에 집중한다. 만약 자료가 이해가지 않는다면, 해당 문제는 일단 뒤로 넘겨야 한다.
3) 풀이의 전략	: 1) 모든 설명의 목적을 잡고, 풀 수 있는지 파악하자. 2) 만약 단 하나의 설명이라도 푸는 것이 어렵다. 라고 판단되면 바로 넘어가자.

해당 자료의 저작권은 메가피셋 김은기 강사에게 있습니다. **127**

일반형(ㄱ~ㄹ 3보기형)-01 [5급 15-02]

다음 〈표〉는 18세기 부여 지역의 토지 소유 및 벼 추수 기록을 나타낸 자료이다. 이에 대한 〈보기〉의 설명 중 옳은 것만을 모두 고르면?

〈표〉 18세기 부여 지역의 토지 소유 및 벼 추수 기록

위치	소유주	작인	면적(두락)	계약량		수취량	
도장동	송득매	주서방	8	4석		4석	
도장동	자근노음	검금	7	4석		4석	
불근보	이풍덕	막산	5	2석	5두	1석	3두
소삼	이풍덕	동이	12	7석	10두	6석	
율포	송치선	주적	7	4석		1석	10두
부야	홍서방	주적	6	3석	5두	2석	10두
잠방평	쾌득	명이	7	4석		2석	1두
석을고지	양서방	수양	10	7석		4석	10두
계			62	36석	5두	26석	4두

※ 작인: 실제로 토지를 경작한 사람

┤보기├
ㄱ. '석'을 '두'로 환산하면 1석은 15두이다.
ㄴ. 계약량 대비 수취량의 비율이 가장 높은 토지의 위치는 '도장동', 가장 낮은 토지의 위치는 '불근보'이다.
ㄷ. 작인이 '동이', '명이', '수양'인 토지 중 두락당 계약량이 가장 큰 토지의 작인은 '수양'이고, 가장 작은 토지의 작인은 '동이'이다.

① ㄱ
② ㄴ
③ ㄱ, ㄷ
④ ㄴ, ㄷ
⑤ ㄱ, ㄴ, ㄷ

✓ 자료

✓ 설명별 주관적 난이도 판단

ㄱ 목적:
난이도: (상 / 중 / 하)
유형: 자료 이해
ㄴ 목적:
난이도: (상 / 중 / 하)
유형: 분수 비교
ㄷ 목적:
난이도: (상 / 중 / 하)
유형: 분수 비교

관점 적용하기

ㄱ (O) 목적: 석과 두의 단위 환산

각각의 계약량을 더해서 주어진 계약량의 계와 비교하자.

각각의 계약량의 합 = 35석 20두, 계 = 36석 5두 → 따라서 15두 = 1석이다.

ㄴ (X) 목적: 계약량 대비 수취량의 비율 = $\dfrac{수취량}{계약량}$

도장동: $\dfrac{4}{4}$ = 1, 불근보: $\dfrac{1석\ 3두}{2석\ 5두}$ = $\dfrac{1석 + 3두}{2석 + 5두}$, 따라서 50~60% 사이 (분모의 크기에 따라 50%에 가까움)

계약량 대비 수취량 중 1 보다 큰 지역이 없으므로 도장동이 가장 크다.

율포의 계약량 대비 수취량은 50% 보다 작으므로, 불근보가 가장 작지 않다.

ㄷ (X) 목적: 두락당 계약량 = $\dfrac{계약량}{두락}$

동이: $\dfrac{7석\ 10두}{12}$ 은 석과 두가 같이 있어 계산이 어려우나, 명이 ($\dfrac{4}{7}$ = 57.14%)와 수양($\dfrac{7}{10}$ = 70%)는 계산이 쉽다.

주어진 설명에 따르면 동이가 가장 작다고 하였으므로, 동이가 명이보다 작은지만 확인하면 된다.

$\dfrac{7}{12}$ = 58.33%이므로, 동이는 명이보다 크다. 따라서 가장 작은 것은 명이다.

답 ①

일반형(ㄱ~ㄹ 3보기형)-02 (5급 18-13)

다음 〈표〉는 대학 평판도와 A~H대학의 평판도 지표점수를 나타낸 자료이다. 이에 대한 〈보기〉의 설명 중 옳은 것만을 모두 고르면?

〈표 1〉 대학 평판도 지표별 가중치

지표	지표 설명	가중치
가	향후 발전가능성이 높은 대학	10
나	학생 교육이 우수한 대학	5
다	입학을 추천하고 싶은 대학	10
라	기부하고 싶은 대학	5
마	기업의 채용선호도가 높은 대학	10
바	국가사회 전반에 기여가 큰 대학	5
사	지역 사회에 기여가 큰 대학	5
	가중치 합	50

〈표 2〉 A~H 대학의 평판도 지표점수 및 대학 평판도 총점 (단위: 점)

지표＼대학	A	B	C	D	E	F	G	H
가	9	8	7	3	6	4	5	8
나	6	8	5	8	7	7	8	8
다	10	9	10	9	( )	9	10	9
라	4	6	6	6	( )	( )	( )	6
마	4	6	6	6	( )	( )	8	6
바	10	9	10	3	6	4	5	9
사	8	6	4	( )	7	8	9	5
대학 평판도 총점	( )	( )	( )	( )	410	365	375	( )

※ 1) 지표점수는 여론조사 결과를 바탕으로 각 지표별로 0~10 사이의 점수를 1점 단위로 부여함.
2) 지표환산점수(점) = 지표별 가중치 × 지표점수
3) 대학 평판도 총점은 해당 대학 지표환산점수의 총합임.

─── 보기 ───

ㄱ. E 대학은 지표 '다', '라', '마'의 지표점수가 동일하다.
ㄴ. 지표 '라'의 지표점수는 F 대학이 G 대학보다 높다.
ㄷ. H 대학은 지표 '나'의 지표환산점수가 지표 '마'의 지표환산점수보다 대학 평판도 총점에서 더 큰 비중을 차지한다.

① ㄴ
② ㄱ, ㄴ
③ ㄱ, ㄷ
④ ㄴ, ㄷ
⑤ ㄱ, ㄴ, ㄷ

✓ 자료

✓ 설명별 주관적 난이도 판단

ㄱ 목적:
　난이도: (상 / 중 / 하)
　유형: 가중치 총합
ㄴ 목적:
　난이도: (상 / 중 / 하)
　유형: 극단으로
ㄷ 목적:
　난이도: (상 / 중 / 하)
　유형: 분수 비교

💡 관점 적용하기

ㄱ (O) 목적: 다, 라, 마의 지표점수

E 대학의 평판도 총점 = 410점이고, 빈칸(다, 라, 마)를 제외한 점수의 합은 60+35+30+35 = 160점이다.

따라서, 다+라+마 = 250점이므로, 다, 라, 마의 지표점수는 모두 10점으로 동일하다.

(※ 다, 라, 마 점수가 동일 할 수 있는 경우의 수는 무엇이 있을까?)

ㄴ (O) 목적: 라 지표점수의 비교

F대학과 G대학의 라 지표점수를 비교하자.

F대학은 빈칸이 라와 마이므로, 범위성 점수이고, G대학은 빈칸이 라뿐이므로 확정적 정보이다.

G대학의 라: 총점이 375점이고 빈칸을 제외한 점수의 합은 50+40+100+80+25+45 = 340점이므로,

라의 지표점수는 7점이다.

따라서, F대학의 라 지표점수가 7점 이하가 가능한지 생각해 보자.

F대학의 라 = 7점, 마 = 10점이라고 가정하면, F대학의 평판도 총점 = 40+35+90+35+100+20+40 = 360점이다.

따라서, F대학의 라 지표점수는 적어도 8점 이상이다.

ㄷ (X) 목적: 전체 점수에서 각 지표점수가 차지하는 비율 = $\dfrac{\text{해당 지표환산점수}}{\text{대학 평판도 총점}}$

H대학에서 '나' 지표환산점수가 차지하는 비율과 '마' 지표환산점수가 차지하는 비율을 비교한다.

대학 평판도 총점이 동일하므로, 분자만 생각하면 된다.

'나' 지표환산점수: 8×5 = 40 '마' 지표환산점수: 6×10 = 60

→ 따라서 '마' 지표환산점수가 차지하는 비율이 더 높다.

답 ②

일반형(ㄱ~ㄹ 3보기형)-03 (5급 18-19)

다음 〈표〉는 소프트웨어 A~E의 제공 기능 및 가격과 사용자별 필요 기능 및 보유 소프트웨어에 관한 자료이다. 이에 대한 〈보기〉의 설명 중 옳은 것만을 모두 고르면?

〈표 1〉 소프트웨어별 제공 기능 및 가격

(단위: 원)

구분 소프트 웨어	기능										가격
	1	2	3	4	5	6	7	8	9	10	
A	○		○		○		○	○		○	79,000
B		○	○	○		○			○	○	62,000
C	○	○	○	○	○	○		○	○		58,000
D		○				○	○		○		54,000
E	○		○	○	○	○	○	○			68,000

※ 1) ○: 소프트웨어가 해당 번호의 기능을 제공함을 뜻함.
2) 각 기능의 가격은 해당 기능을 제공하는 모든 소프트웨어에서 동일하며, 소프트웨어의 가격은 제공 기능 가격의 합임.

〈표 2〉 사용자별 필요 기능 및 보유 소프트웨어

구분 사용자	기능										보유 소프트웨어
	1	2	3	4	5	6	7	8	9	10	
갑			○		○		○	○			A
을		○	○	○		○			○	○	B
병	○		○					○			( )

※ 1) ○: 사용자가 해당 번호의 기능이 필요함을 뜻함.
2) 각 사용자는 소프트웨어 A~E 중 필요 기능을 모두 제공하는 1개의 소프트웨어를 보유함.
3) 각 소프트웨어는 여러 명의 사용자가 동시에 보유할 수 있음.

┤보기├

ㄱ. '갑'의 필요 기능을 모두 제공하는 소프트웨어 중 가격이 가장 낮은 것은 E이다.
ㄴ. 기능 1, 5, 8의 가격 합과 기능 10의 가격 차이는 3,000원 이상이다.
ㄷ. '을'의 보유 소프트웨어와 '병'의 보유 소프트웨어로 기능 1~10을 모두 제공하려면, '병'이 보유할 수 있는 소프트웨어는 E뿐이다.

① ㄱ
② ㄱ, ㄴ
③ ㄱ, ㄷ
④ ㄴ, ㄷ
⑤ ㄱ, ㄴ, ㄷ

✓ 자료

✓ 설명별 주관적 난이도 판단

ㄱ 목적:
난이도: (상 / 중 / 하)
유형: 자료 이해
ㄴ 목적:
난이도: (상 / 중 / 하)
유형: 자료 이해
ㄷ 목적:
난이도: (상 / 중 / 하)
유형: 자료 이해

💡 **관점 적용하기**

ㄱ (O) 목적: 조건을 만족하는 소프트웨어의 가격
　　'갑'의 필요기능은 3, 5, 7, 8이다.
　　3, 5, 7, 8의 기능을 만족하는 소프트웨어는 A, E뿐이다. 따라서 E가 가장 저렴하다.

ㄴ (O) 목적: 기능 간의 가격차이
　　통상적으로는 식의 개수와 미지수의 개수가 안맞기 때문에, 부정적 방정식으로 값을 구할 수 없지만,
　　주어진 자료에서 1, 5, 8은 있으나 10은 없고, 10은 있으나 1, 5, 8은 없는 소프트웨어 2개가 있다면, 비교가 가능하다.
　　B의 경우 1, 5, 8은 없으나 10은 있고, C는 1, 5, 8은 있으나 10은 없다.
　　B와 C를 보면 1, 5, 8, 10을 제외한 기능은 모두 동일하므로 두 개의 차이가 기능간의 가격차이가 된다.
　　따라서 기능간의 가격차이는 4,000원이다.

ㄷ (X) 목적: 조건을 만족하는 소프트 웨어
　　을의 보유 소프트웨어는 B이다. B는 1, 5, 7, 8기능을 제외한 나머지 기능이 존재한다.
　　따라서, 1, 5, 7, 8기능이 있는 소프트웨어라면 1~10의 기능을 모두 제공 할 수 있다.
　　1, 5, 7, 8의 기능을 가진 소프트웨어는 A와 E로 2개가 존재하므로, E뿐이라는 것은 옳지 않다.

답 ②

일반형(ㄱ~ㄹ 3보기형)-04 (7급 22-19)

다음 〈표〉와 〈그림〉은 '갑'국 8개 어종의 2020년 어획량에 관한 자료이다. 이에 대한 〈보기〉의 설명 중 옳은 것만을 모두 고르면?

〈표〉 8개 어종의 2020년 어획량

(단위: 톤)

어종	갈치	고등어	광어	멸치	오징어	전갱이	조기	참다랑어
어획량	20,666	64,609	5,453	26,473	23,703	19,769	23,696	482

〈그림〉 8개 어종 2020년 어획량의 전년비 및 평년비

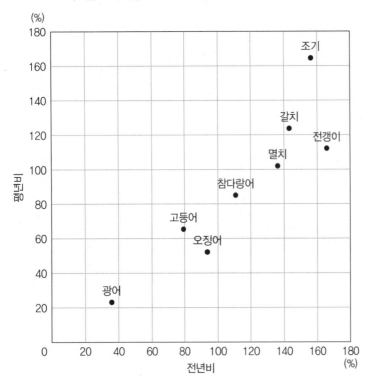

※ 1) 전년비(%) = $\dfrac{2020년\ 어획량}{2019년\ 어획량} \times 100$

　2) 평년비(%) = $\dfrac{2020년\ 어획량}{2011\sim2020년\ 연도별\ 어획량의\ 평균} \times 100$

─────│보기│─────

ㄱ. 8개 어종 중 2019년 어획량이 가장 많은 어종은 고등어이다.

ㄴ. 8개 어종 각각의 2019년 어획량은 해당 어종의 2011~2020년 연도별 어획량의 평균보다 적다.

ㄷ. 2021년 갈치 어획량이 2020년과 동일하다면, 갈치의 2011~2021년 연도별 어획량의 평균은 2011~2020년 연도별 어획량의 평균보다 크다.

① ㄱ
② ㄴ
③ ㄱ, ㄷ
④ ㄴ, ㄷ
⑤ ㄱ, ㄴ, ㄷ

✓ 자료

✓ 설명별 주관적 난이도 판단

ㄱ 목적:
　난이도: (상 / 중 / 하)
　유형: 분수 비교
ㄴ 목적:
　난이도: (상 / 중 / 하)
　유형: 가시성
ㄷ 목적:
　난이도: (상 / 중 / 하)
　유형: 가중 평균

관점 적용하기

ㄱ (O) 목적: 2019년 어획량 = $\dfrac{2020년\ 어획량}{전년비}$

고등어: $\dfrac{64609}{80}$, 고등어의 값보다 더 크기 위해서는 2020년 어획량이 더 많든가, 전년비가 더 작아야 한다.

2020년 어획량이 더 큰 어종은 없다. 전년비가 더 작은 광어($\dfrac{5453}{40}$)와 비교해보면 고등어가 가장 크다.

ㄴ (X) 목적: 2019년 어획량 대비 2011~2020년 어획량 $\dfrac{2011 \sim 2020년\ 어획량}{2019년\ 어획량} = \dfrac{y}{x} = 기울기$
조기의 기울기는 1보다 크므로 모든 어종이 적진 않다.

ㄷ (O) 목적: 갈치의 2011~2021년 평균과 2011~2020년 평균의 비교
주어진 가정에 의하면 2021년 어획량과 2020년 어획량이 동일하다고 하였으므로,
2020년 어획량과 2011~2020년 평균 어획량을 비교해 보자.
갈치의 경우 평년비가 100%보다 크므로, 2020년 어획량이 2011~2020년 어획량보다 많다.
따라서, 2021년이 추가적으로 포함된다면, 가중평균적으로 생각했을 때, 평균값은 커지게 된다.
즉, 2011~2021년 평균 어획량이 2011~2020년 평균 어획량보다 크다.

답 ③

일반형(ㄱ~ㄹ 3보기형)-05 (7급 21-08)

다음 〈표〉는 2021 ~ 2027년 시스템반도체 중 인공지능반도체의 세계 시장규모 전망이다. 이에 대한 〈보기〉의 설명 중 옳은 것만을 모두 고르면?

〈표〉 시스템반도체 중 인공지능반도체의 세계 시장규모 전망

(단위: 억 달러, %)

구분＼연도	2021	2022	2023	2024	2025	2026	2027
시스템반도체	2,500	2,310	2,686	2,832	( )	3,525	( )
인공지능반도체	70	185	325	439	657	927	1,179
비중	2.8	8.0	( )	15.5	19.9	26.3	31.3

┤보기├

ㄱ. 인공지능반도체 비중은 매년 증가한다.
ㄴ. 2027년 시스템반도체 시장규모는 2021년보다 1,000억 달러 이상 증가한다.
ㄷ. 2022년 대비 2025년의 시장규모 증가율은 인공지능반도체가 시스템반도체의 5배 이상이다.

① ㄷ
② ㄱ, ㄴ
③ ㄱ, ㄷ
④ ㄴ, ㄷ
⑤ ㄱ, ㄴ, ㄷ

✓ 자료

✓ 설명별 주관적 난이도 판단

ㄱ 목적:
　난이도: (상 / 중 / 하)
　유형: 분수 비교
ㄴ 목적:
　난이도: (상 / 중 / 하)
　유형: 분수 비교
ㄷ 목적:
　난이도: (상 / 중 / 하)
　유형: 분수 비교

관점 적용하기

ㄱ (O) 목적: 비중 = $\dfrac{\text{인공지능}}{\text{시스템}}$

2023년($= \dfrac{325}{2686}$)은 8%보다 크고 15.5%보다 작으므로 매년 증가했다.

ㄴ (O) 목적: 2027년과 2021년 시스템반도체 시장규모 비교

2021년 시스템반도체 시장규모가 주어져 있으므로, 2027년 시스템반도체 시장규모가 3500보다 큰지만 확인하자.

$\dfrac{1179}{3500\uparrow} = 31.3\% \rightarrow \dfrac{1179}{3130} = \dfrac{700+479}{2000+1130} = 35\%\uparrow$ 이므로, 2027년은 3500억원 이상이다.

ㄷ (O) 목적: 22년 → 25년 증가율 비교

2025년 시스템반도체는 $\dfrac{657}{19.9\%} \fallingdotseq 3300$이다.

인공지능: $\dfrac{657-185}{185} = 250\%\uparrow$ 시스템반도체: $\dfrac{3300-2310}{2310} = 50\%\downarrow$

따라서, 5배 이상이다.

답 ⑤

일반형(ㄱ~ㄹ 3보기형)-06 (7급 21-12)

다음 〈그림〉은 개발원조위원회 29개 회원국 중 공적개발원조액 상위 15개국과 국민총소득 대비 공적개발원조액 비율 상위 15개국 자료이다. 이에 대한 〈보기〉의 설명 중 옳은 것만을 모두 고르면?

✓ 자료

〈그림 1〉 공적개발원조액 상위 15개 회원국

✓ 설명별 주관적 난이도 판단

ㄱ 목적:
　난이도: (상 / 중 / 하)
　유형: 덧셈 비교
ㄴ 목적:
　난이도: (상 / 중 / 하)
　유형: 극단으로
ㄷ 목적:
　난이도: (상 / 중 / 하)
　유형: 비중

〈그림 2〉 국민총소득 대비 공적개발원조액 비율 상위 15개 회원국

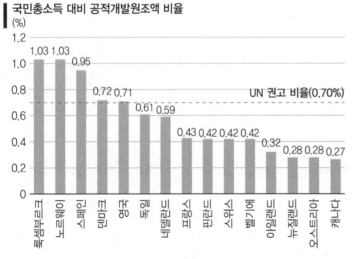

┤ 보기 ├

ㄱ. 국민총소득 대비 공적개발원조액 비율이 UN 권고 비율보다 큰 국가의 공적개발원조액 합은 250억 달러 이상이다.
ㄴ. 공적개발원조액 상위 5개국의 공적개발원조액 합은 개발원조위원회 29개 회원국 공적개발원조액 합의 50% 이상이다.
ㄷ. 독일이 공적개발원조액만 30억 달러 증액하면 독일의 국민총소득 대비 공적개발원조액 비율은 UN 권고 비율 이상이 된다.

① ㄱ
② ㄷ
③ ㄱ, ㄴ
④ ㄴ, ㄷ
⑤ ㄱ, ㄴ, ㄷ

💡 관점 적용하기

ㄱ (O) 목적: 비중 = 공적개발원조액의 합

UN권고 비율보다 큰 국가: 룩셈부르크(0~2.5), 노르웨이(4.3), 스페인(2.7), 덴마크(2.5), 영국(19.4)

5개국의 공적개발원조액의 합 = 28.9~31.4(십억달러)이므로, 250억 달러 이상이다.

(※ 공적개발원조액이 큰 국가부터 생각하자.)

ㄴ (O) 목적: 전체 대비 공적개발원조액 상위5개의 비율

개발원조위원회는 총 29개국으로 구성됐으나 주어진 자료에는 15개국 뿐이다.

따라서 나머지 14개국은 범위성 정보를 지녔다.

주어진 설명에 따르면 상위 5개국이 50%이상이라고 하였으므로, 극단적 사고가 필요하다.

전체: 상위 15개국의 합 + 하위 14개국의 합 = 137.5 + 2.5×14 = 137.5+35 = 172.5

상위 5개국: 33.0+24.1+19.4+12.0+11.7 = 100.2

$\frac{100.2}{172.5}$ 이므로 50% 이상이다.

ㄷ (X) 목적: 독일의 총소득 대비 공적개발원조액 비율

독일의 공적개발원조액이 24.1(십억원)일 때 총소득 대비 공적개발원조액의 비율은 0.61%이다.

가정에 따라 3(십억원)이 추가되면, 27.1(십억원)이 된다.

27.1은 24.1에서 대략 12.5%($=\frac{1}{8}$)이 증가했으므로, 0.61에서 12.5%를 증가시키자.

0.61 + 0.07~0.08 = 0.68~0.69이므로, UN의 권고 비율인 0.7%를 넘지 못한다.

답 ③

일반형(ㄱ~ㄹ 3보기형)-07 (5급 15-33)

다음 〈그림〉과 〈표〉는 '갑' 도시 지하철의 역간 거리와 출발역에서 도착역까지의 소요시간에 관한 자료이다. 이에 대한 〈보기〉의 설명 중 옳은 것만을 모두 고르면?

〈그림〉 인접한 두 지하철역 간 거리

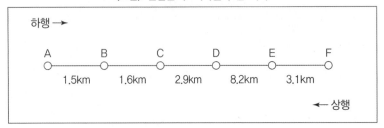

〈표〉 출발역에서 도착역까지의 소요시간

도착역＼출발역	A	B	C	D	E	F
A		1분 52초	4분 6초	7분 6초	13분 41초	16분 51초
B	1분 44초		1분 49초	4분 49초	11분 24초	14분 34초
C	3분 55초	1분 46초		2분 35초	9분 10초	12분 20초
D	6분 55초	4분 46초	2분 35초		6분 10초	9분 20초
E	13분 30초	11분 21초	9분 10초	6분 10초		2분 45초
F	16분 49초	14분 40초	12분 29초	9분 29초	2분 54초	

※ 1) 지하철은 모든 역에서 정차함.
2) 두 역 사이의 소요시간에는 출발역과 도착역을 제외하고 중간에 경유하는 모든 역에서의 정차시간이 포함되어 있음. 예를 들어, 〈표〉에서 B열과 D행이 만나는 4분 46초는 B역에서 출발하여 C역까지의 소요시간 1분 46초, C역에서의 정차시간, C역에서 D역까지의 소요시간 2분 35초가 더해진 것임.

〈보기〉
ㄱ. 하행의 경우 B역에서의 정차시간은 25초이다.
ㄴ. 인접한 두 역간 거리가 짧을수록 두 역간 하행의 소요시간도 짧다.
ㄷ. 인접한 두 역간 상행과 하행의 소요시간이 동일한 구간은 C↔D 구간뿐이다.

① ㄱ
② ㄴ
③ ㄱ, ㄴ
④ ㄴ, ㄷ
⑤ ㄱ, ㄴ, ㄷ

관점 적용하기

ㄱ (O) 목적: 정차시간

　　하행 A→C의 소요시간 = A→B 소요시간 + B→C 소요시간 + B의 정차시간으로 구성된다.

　　따라서, 4분 6초 = 1분 52초 + 1분 49초 + B의 정차시간 → B의 정차시간 ≒ 25초이다.

ㄴ (O) 목적: 역간거리 순위와 하행소요시간 순위

　　역의 거리가 짧은 순서대로 나열하면 다음과 같다.

　　A→B(1분 44초), B→C(1분 46초), C→D(2분 35초), E→F(2분 54초), D→E(6분 10초)

　　거리가 짧을수록 시간도 짧다. 따라서 옳다.

ㄷ (X) 목적: 상행과 하행의 소요시간이 동일한 구간

　　C↔D 뿐만 아니라 D↔E도 소요시간이 동일한 구간이다.

답 ③

⠿ 일반형(ㄱ~ㄹ 3보기형)-08 (5급 21-20)

다음 〈표〉는 2020년 1~4월 애니메이션을 등록한 회사의 애니메이션 등록 현황에 관한 자료이다. 이에 대한 〈보기〉의 설명 중 옳은 것만을 모두 고르면?

〈표 1〉 월별 애니메이션 등록 회사와 유형별 애니메이션 등록 현황

(단위: 개사, 편)

월 \ 유형 \ 회사	국내단독	국내합작	해외합작	전체
1	13	6	6	2	14
2	6	4	0	2	6
3	( )	6	4	1	11
4	7	3	5	0	8

※ 애니메이션 1편당 등록 회사는 1개사임.

〈표 2〉 1~4월 동안 2편 이상의 애니메이션을 등록한 회사의 월별 애니메이션 등록 현황

(단위: 편)

회사	유형	1	2	3	4
아트팩토리	국내단독	0	1	1	0
꼬꼬지	국내단독	1	1	0	0
코닉스	국내단독	0	0	1	1
제이와이제이	국내합작	1	0	0	1
유이락	국내단독	2	0	3	1
한스튜디오	국내합작	1	0	1	2

┤ 보기 ├

ㄱ. 1~4월 동안 1편의 애니메이션만 등록한 회사는 20개사 이상이다.
ㄴ. 1월에 국내단독 유형인 애니메이션을 등록한 회사는 5개사이다.
ㄷ. 3월에 애니메이션을 등록한 회사는 9개사이다.

① ㄱ   ② ㄴ
③ ㄱ, ㄴ   ④ ㄴ, ㄷ
⑤ ㄱ, ㄴ, ㄷ

✓ 자료

✓ 설명별 주관적 난이도 판단

ㄱ 목적:
   난이도: (상 / 중 / 하)
   유형: 자료 이해
ㄴ 목적:
   난이도: (상 / 중 / 하)
   유형: 자료 이해
ㄷ 목적:
   난이도: (상 / 중 / 하)
   유형: 자료 이해

💡 관점 적용하기

ㄱ (O) 목적: 1편의 애니메이션만 등록한 회사 수

    1편만 등록했다는 것은 〈표 2〉에 있는 회사를 제외하면 된다.

    또한, 1편만 등록했다는 것은 등록편수 = 회사수를 의미한다.

    따라서, 〈표 1〉의 전체 등록 편수(=14+6+11+8)에서 〈표 2〉에 등록된 편수를 제외하면 된다.

    전체 등록 편수〈표 1〉 = 39편, 2편 이상 등록한 회사의 등록편수〈표 2〉 = 18편

    따라서, 1편만 등록한 회사들이 등록한 애니메이션은 총 21편이므로, 회사수도 총 21개사이다.

ㄴ (O) 목적: 1월에 국내단독 애니메이션을 등록한 회사 수

    〈표 1〉에 의해 총 6편이 등록됐고, 〈표 2〉에 의하면 유이락이 1월에 국내단독으로 2편을 등록했으므로, 총 5개사이다.

ㄷ (O) 목적: 3월에 애니메이션을 등록한 회사 수

    〈표 1〉에 의하면 3월에 총 11편이 등록됐고, 〈표 2〉에 의하면 유이락이 3월에 총 3편을 등록했으므로, 총 9개사이다.

답 ⑤

해당 자료의 저작권은 메가피셋 김은기 강사에게 있습니다.

일반형(ㄱ~ㄹ 3보기형)-09 (7급 모-14)

다음 〈표〉는 '갑'국의 2020년 3월 1 ~ 15일 기상상황과 드론 비행 및 촬영 허가신청 결과에 관한 자료이다. 〈표〉와 〈조건〉에 근거한 〈보기〉의 설명으로 옳은 것만을 모두 고르면?

〈표〉 기상상황과 드론 비행 및 촬영 허가신청 결과

구분 날짜 \ 항목	기상상황			허가신청 결과	
	지자기지수	풍속(m/s)	날씨	비행	촬영
3월 1일	1	3	비구름	불허	불허
3월 2일	2	2	맑음	불허	불허
3월 3일	3	3	구름	허가	허가
3월 4일	4	1	비구름	허가	허가
3월 5일	5	7	구름	허가	허가
3월 6일	5	12	구름	허가	허가
3월 7일	5	5	맑음	허가	허가
3월 8일	4	3	맑음	허가	허가
3월 9일	6	6	맑음	허가	허가
3월 10일	3	4	구름	허가	불허
3월 11일	4	3	구름	허가	불허
3월 12일	2	2	맑음	허가	허가
3월 13일	2	13	맑음	허가	허가
3월 14일	3	5	비구름	허가	허가
3월 15일	1	3	맑음	허가	허가

─ 조건 ─

• 기상상황 항목별 드론 비행 및 촬영 기준

항목 \ 구분	비행	촬영
지자기지수	5 미만	10 미만
풍속(m/s)	10 미만	5 미만
날씨	☀ 또는 ☁	☀ 또는 ☁

• 기상상황 항목별 비행 기준을 모두 충족하고 비행 허가신청 결과가 '허가'일 때, 비행에 적합함.
• 기상상황 항목별 촬영 기준을 모두 충족하고 촬영 허가신청 결과가 '허가'일 때, 촬영에 적합함.
• 기상상황 항목별 비행 및 촬영 기준을 모두 충족하고 비행 및 촬영 허가신청 결과가 모두 '허가'일 때, 항공촬영에 적합함.

─ 보기 ─

ㄱ. 비행에 적합한 날은 총 6일이다.
ㄴ. 촬영에 적합한 날은 총 5일이다.
ㄷ. 항공촬영에 적합한 날은 총 4일이다.

① ㄱ ② ㄷ
③ ㄱ, ㄴ ④ ㄱ, ㄷ
⑤ ㄴ, ㄷ

✓ 자료

✓ 설명별 주관적 난이도 판단

ㄱ 목적:
  난이도: (상 / 중 / 하)
  유형: 단순 확인
ㄴ 목적:
  난이도: (상 / 중 / 하)
  유형: 단순 확인
ㄷ 목적:
  난이도: (상 / 중 / 하)
  유형: 단순 확인

관점 적용하기

ㄱ (O) 목적: 비행에 적합한 날

비행에 적합한 날의 조건은 다음과 같다.

지자기지수	풍속	날씨	허가신청
4 이하	9 이하	☀ 또는 ☁	비행 허가

만족하는 날은 3일, 8일, 10일, 11일, 12일, 15일으로 총 6일이다.

ㄴ (X) 목적: 촬영에 적합한 날

촬영에 적합한 날의 조건은 다음과 같다.

지자기지수	풍속	날씨	허가신청
9 이하	4 이하	☀ 또는 ☁	촬영 허가

만족하는 날은 3일, 8일, 12일, 15일으로 총 4일이다.

ㄷ (O) 목적: 항공촬영에 적합한 날

비행에 적합하면서 촬영도 적합한 날의 조건은 다음과 같다.

지자기지수	풍속	날씨	허가신청
4 이하	4 이하	☀ 또는 ☁	비행, 촬영 허가

만족하는 날은 3일, 8일, 12일, 15일으로 총 4일이다.

답 ④

II

일반형

**간단
요약**

단순히 읽는 것만으로 이해가 안 될 수 있다.
그럴 때 이해를 확장 시키는 가장 좋은 방법은 일단 한번 해 보는 것이다.
단, 너무 오랜 시간동안 시도 하지 말자.
길어도 30초, 30초 동안 일단 해보고 진짜로 버릴 문제인지 판단하자.

1 일반형 고난도 총론

Q 일반형 고난도는 무엇인가요? 그리고 어떻게 풀어야 하나요?

 전략에 따라서 풀기 어렵다. 라고 판단된 문제들이 있을 것이다.
그런 문제들을 고난도 문제라고 칭한다.

풀만한 문제를 모두 다 풀고 난후에 남은 고난도 문제들을 풀어야 할 시간이 올 것이다.

이때 우리가 해야할 것은 다음과 같다.
1) 모든 설명을 다 읽는다.
2) 설명 간의 연관성을 파악해본다. → 이를 통해서 설명간의 선후 관계를 만들자.
3) 파악한 선후관계 중 가장 먼저 풀어야할 설명을 풀자. 가장 쉽다고 생각되는 설명일수록 가장 좋다.
   어렵다고 느꼈기에 넘어간 문제이기에 난이도가 있을 확률이 높다.
   그렇기에 설명을 푼다는 행위 자체에 집중해야 한다.
   식을 정리하는 것이 힘들다면 굳이 정리를 하려 노력하지 말자.
   일단 자료를 해석하며 문제를 푸는 행위자체가 자료의 이해를 확장시킨다.
   → 단, 제한 시간은 30초이다.
4) 만약에 가장 쉽다고 생각한 설명도 해결 하는 것이 어렵다면, 풀 수 없는 문제를 아예 버린다.

> **연관성이란?**
>
> 연관성은 논리적 연관성과 정보적 연관성 2가지로 나뉜다.
> 1) 논리적 연관성:
>   주어진 설명들끼리 풀이의 논리가 동일한 설명의 경우 논리적 연관성이 있다.
>   예를들어, 복잡한 X라는 각주가 있을 때 복잡한 각주 X에 대해서 물어보는 2개의 설명은 연관성이 있다.
> 2) 정보적 연관성 :
>   주어진 설명들끼리 요구하는 정보가 요구하는 정보가 동일한 대상인 경우,
>   예를 들어 'A나 갑'처럼 같은 대상에 대해 묻는 경우 2개의 설명은 연관성이 있다.

특히나 주어진 자료에 긴 글이 등장하는 경우에 많은 어려움을 겪는 경우가 많다.
만약 긴 글이 등장한다면 우선 첫 번째로 해야 할 것은 글의 종류를 나누는 것이다.
해당 글의 결론이 있는지, 혹은 결론이 없는지,
만약 결론이 있다면, 확정형, 결론이 없다면 설명형이라고 생각하면 된다.

> 1) 확정형: 글에 결론이 있는 경우, 예를 들어 최종적으로 A가 선정된다 등의 결론이 있는 경우
> 2) 설명형: 글에 결론이 없는 경우, 예를 들어 단순한 내용의 설명으로 끝내는 경우

확정형과 설명형에 대해서는 이후에 추가적으로 더 깊게 설명할 예정이니,
우선적으로 긴 글이 등장할 때는 항상 결론의 여부에 힘을 쓴다는 것만 기억하자.

Q 고난도의 풀이 순서도는 어떻게 되나요?

 '풀이 순서도'는 다음과 같다.

일반형(고난도형)의 풀이 순서도	
1) O/X 그리기	: 가장 먼저 할 것은 설명 옆에 눈에 띌 정도로 크게 O 또는 X를 그려 놓는 것이다. 옳은 / 옳지 않은
2) 자료의 파악	: 다음으로 해야할 것은 주어진 자료를 보고 이해하는 것이다. 주어진 자료를 보면서 체크리스트를 체크하며, 또한 일반적인 자료에서는 잘 보이지 않는 '차이점'에 집중한다. 만약 자료가 이해가지 않는다면, 해당 문제는 일단 뒤로 넘겨야 한다.

3) 풀이의 전략	: 1) 모든 설명을 다 읽는다.
	2) 설명 간의 연계성을 파악하며 설명의 선후 관계를 만들자.
	3) 선후관계상 가장 먼저 있는 설명을 풀자. (가장 쉬운 설명을 택하는 것이 좋다.)
	   어렵다고 느낀 문제이기에 쉽게 풀리지 않을 수 있다.
	   그러니 푼다. 라는 행위자체에 집중하자. 단, 제한 시간은 30초이다.
	4) 만약 가장 먼저 풀어야 할 설명도 잘 풀리지 않는다면, 아예 버린다.

해당 자료의 저작권은 메가피셋 김은기 강사에게 있습니다. **149**

일반형(그외)-01 [5급 19-16]

다음 〈표〉와 〈그림〉은 우리나라의 에너지 유형별 1차에너지 생산과 최종에너지 소비에 관한 자료이다. 이에 대한 〈보기〉의 설명으로 옳지 않은 것은?

〈표 1〉 2008 ~ 2012년 1차에너지의 유형별 생산량 (단위: 천 TOE)

연도\유형	석탄	수력	신재생	원자력	천연가스	합
2008	1,289	1,196	5,198	32,456	236	40,375
2009	1,171	1,213	5,480	31,771	498	40,133
2010	969	1,391	6,064	31,948	539	40,911
2011	969	1,684	6,618	33,265	451	42,987
2012	942	1,615	8,036	31,719	436	42,748

※ 국내에서 생산하는 1차에너지 유형은 제시된 5가지로만 구성됨.

〈그림〉 2012년 1차에너지의 지역별 생산량 비중(TOE 기준)

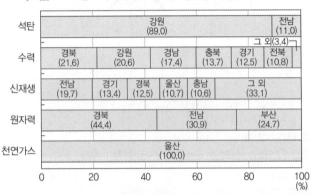

〈표 2〉 유형별 최종에너지 소비 추이(2008 ~ 2012년)와 지역별 최종에너지 소비(2012년)

(단위: 천 TOE)

연도\지역\유형	석탄	석유제품	천연 및 도시가스	전력	열	신재생	합
2008	26,219	97,217	19,765	33,116	1,512	4,747	182,576
2009	23,895	98,370	19,459	33,925	1,551	4,867	182,067
2010	29,164	100,381	21,640	37,338	1,718	5,346	195,587
2011	33,544	101,976	23,672	39,136	1,702	5,833	205,863
2012	31,964	101,710	25,445	40,127	1,751	7,124	208,121
서울	118	5,863	4,793	4,062	514	218	15,568
부산	62	3,141	1,385	1,777	–	104	6,469
대구	301	1,583	970	1,286	80	214	4,434
인천	54	6,798	1,610	1,948	–	288	10,698
광주	34	993	630	699	–	47	2,403
대전	47	945	682	788	–	51	2,513
울산	451	19,357	2,860	2,525	–	336	25,529
경기	335	10,139	5,143	8,625	1,058	847	26,147
강원	1,843	1,875	312	1,368	–	644	6,042
충북	1,275	2,044	752	1,837	59	471	6,438
충남	5,812	17,184	1,454	3,826	5	143	28,424
전북	27	2,177	846	1,846	–	337	5,233
전남	11,675	21,539	975	2,450	–	2,251	38,890
경북	9,646	3,476	1,505	3,853	–	879	19,359
경남	284	3,873	1,515	2,839	35	266	8,812
제주	–	721	13	332	–	28	1,094
기타	–	2	–	66	–	–	68

※ 국내에서 소비하는 최종에너지 유형은 제시된 6가지로만 구성됨.

✔ 자료

✔ 설명별 난이도 판단

① 목적:
난이도: (상 / 중 / 하)
유형: 율율율
② 목적:
난이도: (상 / 중 / 하)
유형: 곱셈 비교
③ 목적:
난이도: (상 / 중 / 하)
유형: 곱셈 비교
④ 목적:
난이도: (상 / 중 / 하)
유형: 곱셈 비교
⑤ 목적:
난이도: (상 / 중 / 하)
유형: 율율율

① 2008년 대비 2012년의 생산량 증가율이 가장 큰 1차에너지 유형은 천연가스이다.

② 2012년 1차에너지를 가장 많이 생산한 지역에서는 같은 해 최종에너지 중 석유제품을 가장 많이 소비하였다.

③ 2012년 석탄 1차에너지 생산량은 2012년 경기 지역의 신재생 1차에너지 생산량보다 적다.

④ 2012년에 1차에너지 생산량이 최종에너지 소비량의 합보다 많은 지역이 존재한다.

⑤ 2008년 대비 2012년의 소비량 증가율이 가장 큰 최종에너지 유형은 신재생이다.

🔔 간단 퀴즈

Q 연관성이 있는 설명이 있는가?
있다면, 어떤 설명인가?
+본인이 느끼기에 가장 쉬운 설명은 무엇인가?

A 연관성 = ②, ④

💡 관점 적용하기

① (O) 목적: 08년 대비 12년 생산량 증가율

천연가스를 보면 배수비교법으로 보기 좋은 형태이다. 따라서 천연가스: $\frac{436}{236} = \frac{350+86}{200+36} = 1.75\uparrow$이므로 가장 크다.

(분수값이 잘 보이지 않는다면, 신재생과 비교테크닉을 통해서 비교하자.)

② (X) 목적: 에너지를 가장 많이 생산한 지역, 석유제품 가장 많이 소비

에너지의 생산량을 보면 원자력이 다른 에너지에 비해 압도적으로 많은 생산량을 지녔다.
따라서, 원자력 생산량 비중이 가장 높은 지역이 에너지를 가장 많이 생산했을 것으로 예상할 수 있다.
원자력은 경북이 가장 많이 생산했으며, 전남과 14%p 가량 차이난다. 3만의 14%는 대략 4천가량이다.
따라서, 만약에 전남에서 신재생 에너지를 거의 다 생산했다면 1등이 변화할 수도 있다.
그러나, 전남은 신재생 에너지의 20%밖에 생산하지 않았으므로 에너지를 가장 많이 생산한 지역은 경북이다.
경북은 최종에너지 중 석탄을 가장 많이 소비했다. 따라서 옳지 않다.

③ (O) 목적: 석탄의 에너지 생산량과 경기의 신재생 비교

석탄 = 942, 경기의 신재생 = 8036×13.4%이므로, 경기가 석탄보다 당연히 크다.
(※ 960 = 8000×12%)

④ (O) 목적: 생산량이 소비량보다 많은 지역이 있다.

생산량이 소비량보다 많기 위해선, 소비량이 적거나, 생산량이 많아야 한다.
생산량이 많은 지역 = 경북, 전남, 부산 (원자력 비중이 높은 3지역) 이중 소비량이 적은 지역은 부산이다.
부산의 생산량은 원자력만 생각해도 31719×24.7 = 7500↑이므로, 생산량이 소비량보다 많다.
소비량이 적은 지역 = 제주, 광주, 대전, 전북 → 이중 생산량이 많은 지역은 없다.

⑤ (O) 목적: 08년 대비 12년 소비량 증가율

신재생을 보면 배수비교법으로 보기 좋은 형태이다. 따라서 신재생: $\frac{7124}{4747} = \frac{6000+1124}{4000+747} = 1.5\uparrow$
다른 유형 중 1.5 근처를 가는 넘는 유형도 없다.

답 ②

일반형(그외)-02 [5급 19-19]

다음 〈표〉는 2019년 2월에 '갑'국 국민 중 표본을 추출하여 2017년, 2018년 고용형태와 소득분위의 변화를 조사한 자료이다. '갑'국 표본의 2017년 고용형태에서 사업가와 피고용자가 각각 5,000명일 때, 이에 대한 〈보기〉의 설명으로 옳은 것만을 모두 고르면?

〈표 1〉 2017년에서 2018년 표본의 고용형태 변화비율

(단위: %)

구분		2018년		합계
		사업가	피고용자	
2017년	사업가	80	20	100
	피고용자	30	70	100

※ 고용형태는 사업가와 피고용자로만 나누어지며 실업자는 없음.

〈표 2〉 고용형태 변화 유형별 표본의 소득분위 변화

(단위: %)

Ⅰ. 사업가(2017년) → 사업가(2018년)

2018년 \ 2017년	1분위	2분위	3분위	4분위	5분위	합계
1분위	40.0	35.0	10.0	10.0	5.0	100.0
2분위	10.0	55.0	25.0	5.0	5.0	100.0
3분위	5.0	15.0	45.0	25.0	10.0	100.0
4분위	5.0	5.0	20.0	45.0	25.0	100.0
5분위	0.0	0.0	5.0	15.0	80.0	100.0

Ⅱ. 사업가(2017년) → 피고용자(2018년)

2018년 \ 2017년	1분위	2분위	3분위	4분위	5분위	합계
1분위	70.0	30.0	0.0	0.0	0.0	100.0
2분위	25.0	55.0	15.0	5.0	0.0	100.0
3분위	5.0	25.0	50.0	15.0	5.0	100.0
4분위	5.0	10.0	20.0	50.0	15.0	100.0
5분위	0.0	5.0	5.0	15.0	75.0	100.0

Ⅲ. 피고용자(2017년) → 피고용자(2018년)

2018년 \ 2017년	1분위	2분위	3분위	4분위	5분위	합계
1분위	85.0	10.0	5.0	0.0	0.0	100.0
2분위	15.0	65.0	15.0	5.0	0.0	100.0
3분위	5.0	20.0	60.0	15.0	0.0	100.0
4분위	0.0	5.0	15.0	65.0	15.0	100.0
5분위	0.0	5.0	5.0	15.0	75.0	100.0

Ⅳ. 피고용자(2017년) → 사업가(2018년)

2018년 \ 2017년	1분위	2분위	3분위	4분위	5분위	합계
1분위	50.0	40.0	5.0	5.0	0.0	100.0
2분위	10.0	60.0	20.0	5.0	5.0	100.0
3분위	5.0	20.0	50.0	20.0	5.0	100.0
4분위	0.0	10.0	20.0	50.0	20.0	100.0
5분위	0.0	0.0	5.0	35.0	60.0	100.0

※ 1) '가(2017년) → 나(2018년)'는 고용형태 변화 유형을 나타내며, 2017년 고용형태 '가'에서 2018년 고용형태 '나'로 변화된 것을 의미함.
　2) 소득분위는 1 ~ 5분위로 구분하며, 숫자가 클수록 분위가 높음.
　3) 각 고용형태 변화 유형 내에서 2017년 소득분위별 인원은 동일함.

✓ 자료

✓ 설명별 난이도 판단

ㄱ 목적:
　난이도: (상 / 중 / 하)
　유형: 자료 이해
ㄴ 목적:
　난이도: (상 / 중 / 하)
　유형: 자료 이해
ㄷ 목적:
　난이도: (상 / 중 / 하)
　유형: 자료 이해
ㄹ 목적:
　난이도: (상 / 중 / 하)
　유형: 자료 이해

🔺 간단 퀴즈

Q 연관성이 있는 설명이 있는가?
　있다면, 어떤 설명인가?
　+본인이 느끼기에 가장 쉬운 설명은 무엇인가?

A 연관성 = ㄱ, ㄷ & ㄴ, ㄹ

┤보기├

ㄱ. 2017년 사업가에서 2018년 피고용자로 고용형태가 변화된 사람 중에서 2018년에 소득 1분위에 속하는 사람은 모두 210명이다.
ㄴ. 2018년 고용형태가 사업가인 사람은 6,000명이다.
ㄷ. 2017년 피고용자에서 2018년 사업가로 고용형태가 변화된 사람 중에서 2017년 소득 2분위에서 2018년 소득분위가 높아진 사람은 모두 90명이다.
ㄹ. 동일한 표본에 대해, 2017년에서 2018년 고용형태 변화비율과 같은 비율로 2018년에서 2019년 고용형태가 변화된다면 2019년 피고용자의 수는 2018년에 비해 감소한다.

① ㄱ, ㄴ   ② ㄷ, ㄹ
③ ㄱ, ㄴ, ㄷ   ④ ㄱ, ㄷ, ㄹ
⑤ ㄴ, ㄷ, ㄹ

💡 **관점 적용하기**

ㄱ (O) 목적: 사업가(17년) → 피고용자(18년), 1분위에 속하는 인원
    사업가(17년) → 피고용자(18년)의 인원은 5,000명 × 20% = 1000명이다.
    이중 1분위에 속하는 비율은 〈표 2〉의 Ⅱ를 통해서 구해야 한다.
    〈표 2〉의 각주 3)을 보면 각 소득분위별 인원은 동일하다고 하였으므로, 각 200명이라고 생각할 수 있다.
    200명 × (70% + 25% + 5% + 5%) = 210명이다.

ㄴ (X) 목적: 2018년 사업가의 수
    2018년 사업가의 수 = 사업가(17년) → 사업가(18년) + 피고용자(17년) → 사업가(18년)
    = 5000명 × 80% + 5000명 × 30% = 5,500명이다. 따라서 옳지 않다.

ㄷ (O) 목적: 피고용자(17년) → 사업가(18년), 2분위에서 분위가 높아진 인원 (분위가 높아졌다는 건 숫자가 커졌다는 것)
    사업가(17년) → 피고용자(18년)의 인원은 5,000명 × 30% = 1500명이다.
    〈표 2〉의 각주 3)을 보면 각 소득분위별 인원은 동일하다고 하였으므로, 각 300명이라고 생각할 수 있다.
    2분위에서 분위가 높아진 비율은 20% + 5 % + 5%로 총 30%이다. 따라서, 300×30% = 90명이다.

ㄹ (O) 목적: 2019년과 2018년의 피고용자 비교
    18년과 19년의 차이에 집중해보자.
    사업가에서 피고용자가 되는 비율은 20%이고, 피고용자에서 사업가가 되는 비율은 30%이다.
    즉, 늘어나는 피고용자는 사업가의 20%이고, 줄어드는 피고용자는 피고용자의 30%이다.
    늘어나는 피고용자 = 5500×20%, 줄어드는 피고용자 = 4500×30%
    줄어드는 피고용자가 더 크므로, 2019년에 피고용자는 2018년에 비해 감소한다.

답 ④

일반형(그외)-03 [5급 14-39]

다음 〈표〉는 A회사의 직급별 1인당 해외 여비지급 기준액과 해외 출장계획을 나타낸 자료이다. 이에 대한 〈보기〉의 설명 중 옳지 않은 것만을 모두 고르면?

✔ 자료

〈표 1〉 직급별 1인당 해외 여비지급 기준액

직급	숙박비($/박)	일비($/일)
부장 이상	80	90
과장 이하	40	70

〈표 2〉 해외 출장계획

구분	내용
출장팀	부장 2인, 과장 3인
출장기간	3박 4일
예산한도	$4,000

※ 1) 해외 출장비 = 숙박비 + 일비 + 항공비
　 2) 출장기간이 3박 4일이면 숙박비는 3박, 일비는 4일을 기준으로 지급함.
　 3) 항공비는 직급에 관계없이 왕복기준 1인당 $200을 지급함.

┤보기├

ㄱ. 1인당 항공비를 50% 더 지급하면 출장팀의 해외 출장비는 예산한도를 초과한다.
ㄴ. 직급별 1인당 일비 기준액을 $10씩 증액하면 출장팀의 해외 출장비가 $200 늘어난다.
ㄷ. 출장기간을 4박 5일로 늘려도 출장팀의 해외 출장비는 예산한도를 초과하지 않는다.
ㄹ. 부장 이상 1인당 숙박비, 일비 기준액을 각 $10씩 줄이면, 부장 1명을 출장팀에 추가해도 출장팀의 해외 출장비는 예산한도를 초과하지 않는다.

① ㄱ, ㄷ
② ㄱ, ㄹ
③ ㄴ, ㄷ
④ ㄴ, ㄹ
⑤ ㄱ, ㄷ, ㄹ

✔ 설명별 난이도 판단

ㄱ 목적:
　난이도: (상 / 중 / 하)
　유형: 자료 이해
ㄴ 목적:
　난이도: (상 / 중 / 하)
　유형: 자료 이해
ㄷ 목적:
　난이도: (상 / 중 / 하)
　유형: 자료 이해
ㄹ 목적:
　난이도: (상 / 중 / 하)
　유형: 자료 이해

◆ 간단 퀴즈

Q 연관성이 있는 설명이 있는가?
　있다면, 어떤 설명인가?
　+본인이 느끼기에 가장 쉬운 설명은 무엇인가?

　　A 연관성 = ㄱ, ㄷ, ㄹ & ㄴ, ㄹ

관점 적용하기

직급	총 숙박비	총 일비	항공비	총 비용
부장 1인	80×3 = 240	90×4 = 360	200	800
과장 1인	40×3 = 120	70×4 = 280	200	600

부장은 2인, 과장은 3인이므로, 총 예산은 1600+1800 = 3400이다.

ㄱ (X) 목적: 가정에 따른 해외출장비
    가정전의 총 예산은 1600+1800 = 3400이다.
    여기에 1인당 항공비를 50% 추가한다면, 1인당 100씩 추가 되므로 총 3900이다.
    따라서, 예산한도를 초과하지 않는다.

ㄴ (O) 목적: 가정에 따른 해외 출장비
    일비가 10씩 증가한다면, 총 일수는 4일, 인원은 5명이므로 총 200이 증가한다.

ㄷ (X) 목적: 가정에 따른 해외 출장비
    가정에 따르면 1박과 1일이 증가한다.
    1박에 따른 증가 → 부장: 80×2인, 과장: 40×3인 → 160+120 = 280
    1일에 따른 증가 → 부장: 90×2인, 과장: 70×3인 → 180+210 = 390
    따라서 670이 증가하므로 예산한도를 초과한다.

ㄹ (O) 목적: 가정에 따른 해외 출장비
    가정에 따르면 숙박비와 일비를 10씩 줄고 부장을 1명 추가한다.
    부장이 1명 추가되면, 총 비용은 3400+800 = 4200이다.
    부장의 일비가 10씩 감소한다면, 총 일수는 4일, 인원은 3명이므로 총 120이 감소한다.
    부장의 숙박비가 10씩 감소한다면, 총 박수는 3박, 인원은 3명이므로 총 90이 감소한다.
    즉, 210이 감소한다. 따라서, 4200-210이므로 예산한도를 초과하지 않는다.

답 ①

해당 자료의 저작권은 메가피셋 김은기 강사에게 있습니다. **155**

일반형(그외)-04 [5급 20-20]

다음 〈표〉는 '갑'국의 A 지역 어린이집 현황에 대한 자료이다. 이에 대한 〈보기〉의 설명 중 옳은 것만을 모두 고르면?

〈표 1〉 A 지역 어린이집 현재 원아수 및 정원

(단위: 명)

구분 / 어린이집	현재 원아수						정원
	만 1세 이하	만 2세 이하	만 3세 이하	만 4세 이하	만 5세 이하	만 5세 초과	
예그리나	9	29	71	116	176	62	239
이든샘	9	49	91	136	176	39	215
아이온	9	29	57	86	117	33	160
윤빛	9	29	50	101	141	40	186
올고운	6	26	54	104	146	56	210
전체	42	162	323	543	756	230	–

※ 각 어린이집의 원아수는 정원을 초과할 수 없음.

〈표 2〉 원아 연령대별 보육교사 1인당 최대 보육가능 원아수

(단위: 명)

구분 / 연령대	만 1세 이하	만 1세 초과 만 2세 이하	만 2세 초과 만 3세 이하	만 3세 초과 만 4세 이하	만 4세 초과
보육교사 1인당 최대 보육가능 원아수	3	5	7	15	20

※ 1) 어린이집은 최소인원의 보육교사를 고용함.
  2) 보육교사 1인은 1개의 연령대만을 보육함.

┤보기├

ㄱ. '만 1세 초과 만 2세 이하'인 원아의 33% 이상은 '이든샘' 어린이집 원아이다.
ㄴ. '올고운' 어린이집의 현재 보육교사수는 18명이다.
ㄷ. 정원 대비 현재 원아수의 비율이 가장 낮은 어린이집은 '아이온'이다.
ㄹ. '윤빛' 어린이집은 보육교사를 추가로 고용하지 않고도 '만 3세 초과 만 4세 이하'인 원아를 최대 5명까지 더 충원할 수 있다.

① ㄱ, ㄴ
② ㄱ, ㄷ
③ ㄴ, ㄹ
④ ㄱ, ㄷ, ㄹ
⑤ ㄴ, ㄷ, ㄹ

✓ 자료

✓ 설명별 난이도 판단

ㄱ 목적:
  난이도: (상 / 중 / 하)
  유형: 비중 (누적 자료)
ㄴ 목적:
  난이도: (상 / 중 / 하)
  유형: 자료 이해
ㄷ 목적:
  난이도: (상 / 중 / 하)
  유형: 분수 비교
ㄹ 목적:
  난이도: (상 / 중 / 하)
  유형: 자료 이해

🔺 간단 퀴즈

Q 연관성이 있는 설명이 있는가? 있다면, 어떤 설명인가?
  +본인이 느끼기에 가장 쉬운 설명은 무엇인가?

A 연관성 = ㄴ과 ㄹ

관점 적용하기

ㄱ (O) 목적: 만 1세 초과 만 2세 이하 원아 중 이든샘이 차지하는 비중

만 1세 초과 만 2세 이하의 원아 수 = 만 2세 이하 - 만 1세 이하로 구성된다.

전체 = 162-42 = 120, 이든샘 = 49-9 = 40, 따라서, $\frac{40}{120}$ 이므로, 33% 이상이다.

ㄴ (X) 목적: 보육교사수

올고운의 원아수를 살펴보면 다음과 같다.

만 1세 이하	만 1세 초과 만 2세 이하	만 2세 초과 만 3세 이하	만 3세 초과 만 4세 이하	만 4세 초과
6	20	28	50	42+56 = 98

원아수는 각각 최대보육가능 원아수로 나누어주면 다음과 같다.

만 1세 이하	만 1세 초과 만 2세 이하	만 2세 초과 만 3세 이하	만 3세 초과 만 4세 이하	만 4세 초과
6/3 = 2	20/5 = 4	28/7 = 4	50/15 = 3.XX	98/20 = 4.XX

뒤에 소수점이 발생하는 경우에는 추가적인 고용을 해야하기 때문에 총 보육교사수는 2+4+4+4+5 = 19명이다.

ㄷ (O) 목적: 정원 대비 원아 수 (※ 원아수 = 만 5세 이하 + 만 5세 초과)

아이온: $\frac{150}{160}$ = 93.75%이다. 93.75% 보다 더 낮은 어린이 집은 없다. 따라서, 아이온이 가장 낮다.

ㄹ (O) 목적: 윤빛 어린이집에서 충원가능한 원아수

충원가능한 원아의 제한은 2가지로 결정된다.

1) 정원 2) 보육교사의 최대 보육가능 원아수

정원을 기준으로 보면 윤빛은 5명까지 충원이 가능하다.

보육교사를 기준으로 보면 만 3세까지는 충원이 불가능하다.

반면에 만3~4세의 원아수는 51명이다. 이 경우 보육교사는 4명을 고용해야 하기 때문에 9명을 충원 가능하다.

허나, 정원의 제한 때문에 9명까지의 충원은 불가능하며 최대 5명까지만 충원이 가능하다.

따라서 최대 5명까지만 충원이 가능하다.

답 ④

해당 자료의 저작권은 메가피셋 김은기 강사에게 있습니다.

일반형(그외)-05 [5급 22-32]

다음 〈그림〉과 〈표〉는 2021년 '갑'국 생물 갈치와 냉동 갈치의 유통구조 및 물량 현황에 관한 자료이다. 이에 대한 〈보기〉의 설명 중 옳은 것만을 모두 고르면?

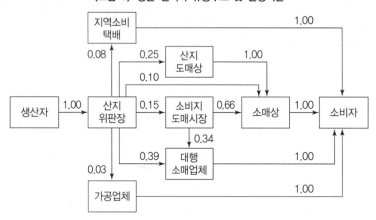

〈그림 1〉 생물 갈치의 유통구조 및 물량비율

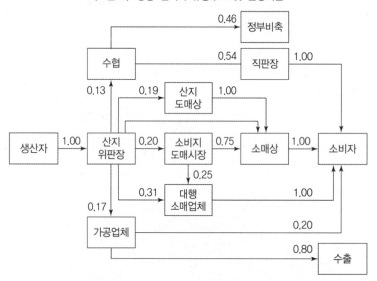

〈그림 2〉 냉동 갈치의 유통구조 및 물량비율

※ 유통구조 내 수치는 물량비율$\left(=\dfrac{\text{다음 유통경로에 전달되는 유통물량}}{\text{해당 유통경로에 투입되는 유통물량}}\right)$을 의미함. 예를 들어, $\boxed{\text{가}} \xrightarrow{0.20} \boxed{\text{나}}$ 는 해당 유통경로 '가'에 100톤의 유통물량이 투입되면 이 중 20톤(= 100톤 × 0.20)의 유통물량이 다음 유통경로 '나'에 전달되어 투입됨을 의미함.

〈표〉 생산자가 공급한 생물 갈치와 냉동 갈치의 물량
(단위: 톤)

구분	생물 갈치	냉동 갈치
물량	42,100	7,843

---

158 자료통역사의 통하는 자료해석 ③권 전략편

✔ 자료

✔ 설명별 난이도 판단

ㄱ 목적:
  난이도: (상 / 중 / 하)
  유형: 곱셈 비교 (자료 이해)
ㄴ 목적:
  난이도: (상 / 중 / 하)
  유형: 곱셈 비교 (자료 이해)
ㄷ 목적:
  난이도: (상 / 중 / 하)
  유형: 곱셈 비교 (자료 이해)
ㄹ 목적:
  난이도: (상 / 중 / 하)
  유형: 곱셈 비교 (자료 이해)

💬 간단 퀴즈

Q 연관성이 있는 설명이 있는가?
  있다면, 어떤 설명인가?
  +본인이 느끼기에 가장 쉬운 설명은 무엇인가?

A 연관성이 없다.

┤보기├

ㄱ. '생산자'가 공급한 냉동 갈치 물량의 85% 이상이 유통구조를 거쳐 '소비자'에게 전달되었다.
ㄴ. '소매상'을 통해 유통된 물량은 생물 갈치가 냉동 갈치의 6배 이상이다.
ㄷ. '대형소매업체'를 통해 유통된 생물 갈치와 냉동 갈치 물량의 합은 20,000톤 미만이다.
ㄹ. 2022년 냉동 갈치 '수출' 물량이 2021년보다 60% 증가한다면, 2022년 냉동 갈치 '수출' 물량은 2021년 '소비지 도매시장'을 통해 유통된 냉동 갈치 물량보다 많다.

① ㄱ, ㄴ　　　　　　　　② ㄱ, ㄷ
③ ㄴ, ㄹ　　　　　　　　④ ㄷ, ㄹ
⑤ ㄴ, ㄷ, ㄹ

💡 관점 적용하기

ㄱ (X) 목적: 냉동갈치 중 소비자에게 전달되는 비율
　　냉동갈치의 유동은 정부비축, 소비자, 수출 총 3가지 중 한 가지로 전달된다.
　　이중 소비자는 매우 복잡한 구조를 가졌기에 정부비축과 수출만 따져보자.
　　정부비축: 13% × 46%, 수출: 17% × 80% 정부 비축과 수출의 합은 당연히 15%가 넘는다.
　　(※ 13%×46% = 13%×15%×3↑ = 39%×15%, 15%×39% + 17%×80% > 15%)
　　따라서, 소비자에게 85%미만으로 전달된다. 따라서 옳지 않다.

ㄴ (O) 목적: 소매상, 생물과 냉동의 비교
　　소매상유통 갈치 = 전체 물량 × 소매상비율
　　생물갈치의 소매상으로 오는 것은 산지도매상, 소비지 도매시장, 산지위판장에서 온다.
　　산지도매장 경로 = 25%×100%, 소비지도매시장 경로 = 15%×66%, 산지위판장 경로 = 10%
　　→ 25%+10%+10= 45%
　　냉동갈치의 소매상으로 오는 것은 산지도매장과 소비지 도매시장뿐이다.
　　산지도매장 경로 = 19%×100%, 소비지도매시장 경로 = 20%×75% → 19%+15% = 34%
　　생물갈치 = 42,100×45% 냉동갈치 = 7843×34%,
　　배수테크닉을 이용하면, 전체 물량은 5배↑이고, 비율은 대략 1.2배↑이므로, 전체는 5×1.2으로, 6배 이상이다.

ㄷ (X) 목적: 대형소매업체를 통해 유동된 갈치 물량
　　생물갈치, 대형 소매업체로 오는 비율은 39% + 15%×34% = 39%+10% = 49%
　　냉동갈치, 대형 소매업체로 오는 비율은 31% + 20%×25% = 31%+5% = 36%
　　생물갈치 = 42100×49%, 냉동갈치 = 7843×36%
　　생물 갈치만 생각해도 20000을 넘는다. 따라서 옳지 않다.

ㄹ (O) 목적: 냉동갈치 22년 수출과 21년 소비지도매시장의 비교
　　21년 소비지 도매시장: 20%
　　22년 수출은 21년 수출에서 60%가 증가했다. 따라서, 21년 수출부터 구해보자.
　　21년 수출: 17%×80%, 22년 수출: 17%×80%×1.6 = 17%×120%↑ = 20%↑
　　22년 수출이 21년 소비지도매시장보다 크다.

답 ③

2 확정형

Q 일반형 고난도 – 확정형은 무엇인가요? 그리고 어떻게 풀어야 하나요?

 총론에서 설명한 것처럼 확정형이란, 긴글이 등장하고 글에 결론이 있는 형태를 의미한다.

> 확정형: 글에 결론이 있는 경우, 예를 들어 최종적으로 A가 선정된다 등의 결론이 있는 경우

만약 자료에 대해서 이해가 된 확정형이라면, 우리가 해야할 것은 다음과 같다.
1) 결론이 무엇인지 확인하는 것이다.
2) 예외조항이 있다면 예외조항을 체크한다. (예외조항을 준다는 것은 예외조항이 사용된다는 것을 의미함.)
3) 다음의 순서대로 설명을 해결한다.
　① 결론을 물어보지 않는 설명 → ② 결론과 관련있는 가정형 설명 → ③ 결론에 대한 설명

만약 자료에 대해서 이해를 못한 확정형이라면, 해야 할 것은 다음과 같다.
1) 결론이 무엇인지 확인하는 것이다.
2) 예외조항이 있다면 예외조항을 체크한다. (예외조항을 준다는 것은 예외조항이 사용된다는 것을 의미함.)
3) 다음의 순서대로 설명을 해결한다.
　① 결론과 관련있는 가정형 설명 → ② 결론을 물어보지 않는 설명 → ③ 결론에 대한 설명

여기서 결론과 관련있는 가정형 설명을 푸는 것이 어렵다면, 해당 문제는 아예 버려야 한다.

Q 고난도의 풀이 순서도는 어떻게 되나요?

'풀이 순서도'는 다음과 같다.

일반형(확정형)의 풀이 순서도	
1) O/X 그리기	: 가장 먼저 할 것은 설명 옆에 눈에 띌 정도로 크게 O 또는 X를 그려 놓는 것이다. **옳은** / **옳지 않은** <보기> ㄱ. ㄴ. ㄷ. ㄹ.
2) 자료의 파악	: 다음으로 해야할 것은 주어진 자료를 보고 이해하는 것이다. 주어진 자료를 보면서 체크리스트를 체크하며, 또한 일반적인 자료에서는 잘 보이지 않는 '차이점'에 집중한다. 만약 자료가 이해가지 않는다면, 해당 문제는 일단 뒤로 넘겨야 한다.

3) 풀이의 전략	: 1) 모든 설명을 다 읽는다.
	2) 자료의 이해 여부에 따라 다음 순서를 따라간다.
	
	만약 자료에 대해서 이해가 된 확정형이라면, 우리가 해야할 것은 다음과 같다.
	1) 결론이 무엇인지 확인하는 것이다.
	2) 예외조항이 있다면 예외조항을 체크한다.
	3) 다음의 순서대로 설명을 해결한다.
	  ① 결론을 물어보지 않는 설명
	  ② 결론과 관련있는 가정형 설명
	  ③ 결론에 대한 설명
	
	만약 자료에 대해서 이해를 못한 확정형이라면, 해야 할 것은 다음과 같다.
	1) 결론이 무엇인지 확인하는 것이다.
	2) 예외조항이 있다면 예외조항을 체크한다.
	3) 다음의 순서대로 설명을 해결한다.
	  ① 결론과 관련있는 가정형 설명
	  ② 결론을 물어보지 않는 설명
	  ③ 결론에 대한 설명
	4) 결론과 관련있는 가정형 설명을 푸는 것이 어렵다면, 문제를 아예 버린다..

일반형(확정형)-01 [5급 18-36]

다음 〈표〉와 〈선정절차〉는 '갑'사업에 지원한 A ~ E 유치원 현황과 사업 선정절차에 대한 자료이다. 이에 대한 〈보기〉의 설명 중 옳은 것만을 모두 고르면?

〈표〉 A ~ E 유치원 현황

유치원	원아수 (명)	교직원수(명)			교사 평균 경력 (년)	시설현황				통학 차량 대수 (대)
		교사		사무 직원		교실		놀이터 면적 (m²)	유치원 총면적 (m²)	
		정교사	준교사			수 (개)	총면적 (m²)			
A	132	10	2	1	2.1	5	450	2,400	3,800	3
B	160	5	0	1	4.5	7	420	200	1,300	2
C	120	4	3	0	3.1	5	420	440	1,000	1
D	170	2	10	2	4.0	7	550	300	1,500	2
E	135	4	5	1	2.9	6	550	1,000	2,500	2

※ 여유면적 = 유치원 총면적 – 교실 총면적 – 놀이터 면적

┤선정절차├

- 1단계: 아래 4개 조건을 모두 충족하는 유치원을 예비 선정한다.
  - 교실조건: 교실 1개당 원아수가 25명 이하여야 한다.
  - 교사조건: 교사 1인당 원아수가 15명 이하여야 한다.
  - 차량조건: 통학 차량 1대당 원아수가 100명 이하여야 한다.
  - 여유면적조건: 여유면적이 650m² 이상이어야 한다.
- 2단계: 예비 선정된 유치원 중 교사평균경력이 가장 긴 유치원을 최종 선정한다.

┤보기├

ㄱ. A 유치원은 교사조건, 차량조건, 여유면적조건을 충족한다.
ㄴ. '갑'사업에 최종 선정되는 유치원은 D이다.
ㄷ. C 유치원은 원아수를 15% 줄이면 차량조건을 충족하게 된다.
ㄹ. B 유치원이 교사경력 4.0년 이상인 준교사 6명을 증원한다면 B 유치원이 '갑'사업에 최종 선정된다.

① ㄱ, ㄴ
② ㄱ, ㄷ
③ ㄷ, ㄹ
④ ㄱ, ㄴ, ㄹ
⑤ ㄴ, ㄷ, ㄹ

✔ 자료

✔ 설명별 난이도 판단

ㄱ 목적:
　난이도: (상 / 중 / 하)
　유형: 분수 비교
ㄴ 목적:
　난이도: (상 / 중 / 하)
　유형: 자료 이해
ㄷ 목적:
　난이도: (상 / 중 / 하)
　유형: 분수 비교
ㄹ 목적:
　난이도: (상 / 중 / 하)
　유형: 자료 이해

🔔 간단 퀴즈

Q 결론과 관련 있는 설명이 있는가? 있다면, 어떤 설명인가?

A ㄴ, ㄹ(가정형)

관점 적용하기

ㄱ (O) 목적: 여러 가지 조건의 만족여부

A의 교사조건: $\frac{132}{12} < 15$, A의 차량조건: $\frac{132}{3} < 100$, A의 여유면적 조건: $3800-2400-450 > 650$

모두 만족한다. 따라서 옳다.

ㄴ (O) 목적: 최종선정되는 유치원

유치원	교실조건 (25 이하)	교사조건 (15 이하)	차량조건 (100 이하)	여유면적조건 (650 이상)
A	$\frac{132}{5}$, 불만족	$\frac{132}{12}$, 만족	$\frac{132}{3}$, 만족	3800-2400-450, 만족
B	$\frac{160}{7}$, 만족	$\frac{160}{5}$, 불만족	$\frac{160}{2}$, 만족	1300-420-200, 만족
C	$\frac{120}{5}$, 만족	$\frac{120}{7}$, 불만족	$\frac{120}{1}$, 불만족	1000-420-440, 불만족
D	$\frac{170}{7}$, 만족	$\frac{170}{12}$, 만족	$\frac{170}{2}$, 만족	1500-550-300, 만족
E	$\frac{135}{6}$, 만족	$\frac{135}{9}$, 만족	$\frac{135}{2}$, 만족	2500-550-1000, 만족

모든 조건을 만족하는 유치원이 D뿐이다. 따라서 최종 선정되는 유치원은 D이다. 따라서 옳다.

ㄷ (X) 목적: 차량 조건

C유치원의 원아가 15% 줄면 120 → 102이다. 따라서, $\frac{102}{1}$이므로, 조건을 충족하지 못한다.

ㄹ (O) 목적: B유치원의 최종선정여부

B유치원의 준교사를 6명 증원하면, 교사조건이 $\frac{160}{11}$으로 만족하게 된다.

그리고 B유치원을 살펴보면 교사평균경력이 가장 길다.
따라서, 다른 유치원에서 다른 조건을 만족한다고 하여도 무조건 최종 선정 될 수밖에 없다.

답 ④

일반형(확정형)-02 [5급 17-02]

다음 〈표〉는 미국이 환율조작국을 지정하기 위해 만든 요건별 판단기준과 '가' ~ '카'국의 2015년 자료이다. 이에 대한 〈보기〉의 설명 중 옳은 것만을 모두 고르면?

〈표 1〉 요건별 판단기준

요건	A	B	C
	현저한 대미무역수지 흑자	상당한 경상수지 흑자	지속적 환율시장 개입
판단 기준	대미무역수지 200억 달러 초과	GDP 대비 경상수지 비중 3% 초과	GDP 대비 외화자산 순매수액 비중 2% 초과

※ 1) 요건 중 세 가지를 모두 충족하면 환율조작국으로 지정됨.
　 2) 요건 중 두 가지만을 충족하면 관찰대상국으로 지정됨.

〈표 2〉 환율조작국 지정 관련 자료(2015년)

(단위: 10억 달러, %)

항목\국가	대미무역수지	GDP 대비 경상수지 비중	GDP 대비 외화자산 순매수액 비중
가	365.7	3.1	-3.9
나	74.2	8.5	0.0
다	68.6	3.3	2.1
라	58.4	-2.8	-1.8
마	28.3	7.7	0.2
바	27.8	2.2	1.1
사	23.2	-1.1	1.8
아	17.6	-0.2	0.2
자	14.9	-3.3	0.0
차	14.9	14.6	2.4
카	-4.3	-3.3	0.1

──────│ 보기 │──────
ㄱ. 환율조작국으로 지정되는 국가는 없다.
ㄴ. '나'국은 A요건과 B요건을 충족한다.
ㄷ. 관찰대상국으로 지정되는 국가는 모두 4개이다.
ㄹ. A요건의 판단기준을 '대미무역수지 200억 달러 초과'에서 '대미무역수지 150억 달러 초과'로 변경하여도 관찰대상국 및 환율조작국으로 지정되는 국가들은 동일하다.

① ㄱ, ㄴ
② ㄱ, ㄷ
③ ㄴ, ㄹ
④ ㄷ, ㄹ
⑤ ㄴ, ㄷ, ㄹ

✓ 자료

✓ 설명별 난이도 판단

ㄱ 목적:
　난이도: (상 / 중 / 하)
　유형: 자료 이해
ㄴ 목적:
　난이도: (상 / 중 / 하)
　유형: 단순 확인
ㄷ 목적:
　난이도: (상 / 중 / 하)
　유형: 자료 이해
ㄹ 목적:
　난이도: (상 / 중 / 하)
　유형: 자료 이해

🔎 간단 퀴즈

Q 결론과 관련 있는 설명이 있는가? 있다면, 어떤 설명인가?

　　　A ㄱ, ㄷ, ㄹ(가정형)

각요건을 충족하기 위한 기준은
A요건은 대미무역수지가 20(10억달러) 이상,
B요건은 GDP 대비 경상수지 비중 3% 초과,
C요건은 GDP 대비 외화자산 순매액 비중 2% 초과

ㄱ (X) 목적: 환율 조작국 = 세 가지 요건을 모두 충족
　　　 '다'국의 경우 3가지 요건을 모두 충족한다. 따라서 환율조작국으로 지정되는 국가는 존재한다.

ㄴ (O) 목적: 요건 충족 여부
　　　 '나'국은 A요건과 B요건을 충족한다. 따라서 옳다.

ㄷ (O) 목적: 관찰 대상국 = 두 가지 요건만 충족 (세 가지 충족하면 안됨.)
　　　 '가'국(A요건, B요건), '나'국(A요건, B요건), '마'국(A요건, B요건), '차'국(B요건, C요건)으로 4개국이다.

ㄹ (O) 목적: 관찰대상국과 환율조작국의 변화
　　　 가정에 따르면 A요건이 대미무역수지가 20(10억달러) 이상에서 15(10억달러) 이상으로 변화한다.
　　　 가정에 따라 충족여부가 변화되는 국가는 오직 '아'국의 A요건뿐이다.
　　　 그러나 '아'국은 A요건을 제외하고는 충족하는 요건이 없으므로 변화되는 것은 없다.

답 ⑤

해당 자료의 저작권은 메가피셋 김은기 강사에게 있습니다. **165**

일반형(확정형)-03 [5급 17-13]

다음 〈표〉는 6개 광종의 위험도와 경제성 점수에 관한 자료이다. 〈표〉와 〈분류기준〉을 이용하여 광종을 분류할 때, 〈보기〉의 설명 중 옳은 것만을 모두 고르면?

〈표〉 6개 광종의 위험도와 경제성 점수

(단위: 점)

항목 \ 광종	금광	은광	동광	연광	아연광	철광
위험도	2.5	4.0	2.5	2.7	3.0	3.5
경제성	3.0	3.5	2.5	2.7	3.5	4.0

┤분류기준├

위험도와 경제성 점수가 모두 3.0점을 초과하는 경우에는 '비축필요광종'으로 분류하고, 위험도와 경제성 점수 중 하나는 3.0점 초과, 다른 하나는 2.5점 초과 3.0점 이하인 경우에는 '주시광종'으로 분류하며, 그 외는 '비축제외광종'으로 분류한다.

┤보기├

ㄱ. '주시광종'으로 분류되는 광종은 1종류이다.
ㄴ. '비축필요광종'으로 분류되는 광종은 '은광', '아연광', '철광'이다.
ㄷ. 모든 광종의 위험도와 경제성 점수가 현재보다 각각 20% 증가하면, '비축필요광종'으로 분류되는 광종은 4종류가 된다.
ㄹ. '주시광종' 분류기준을 '위험도와 경제성 점수 중 하나는 3.0점 초과, 다른 하나는 2.5점 이상 3.0점 이하'로 변경한다면, '금광'과 '아연광'은 '주시광종'으로 분류된다.

① ㄱ, ㄷ
② ㄱ, ㄹ
③ ㄷ, ㄹ
④ ㄱ, ㄴ, ㄷ
⑤ ㄴ, ㄷ, ㄹ

✔ 자료

✔ 설명별 난이도 판단

ㄱ 목적:
　난이도: (상 / 중 / 하)
　유형: 자료 이해
ㄴ 목적:
　난이도: (상 / 중 / 하)
　유형: 자료 이해
ㄷ 목적:
　난이도: (상 / 중 / 하)
　유형: 자료 이해
ㄹ 목적:
　난이도: (상 / 중 / 하)
　유형: 자료 이해

📣 간단 퀴즈

Q 결론과 관련 있는 설명이 있는가?
　있다면, 어떤 설명인가?
　　A ㄱ, ㄴ, ㄷ(가정형), ㄹ(가정형)

답 ①

💡 **관점 적용하기**

ㄱ (O) 목적: 주시광종, 하나는 3점 초과, 하나는 2.5점 초과 3점 이하
 아연광은 위험도는 2점 초과 3점 이하이고, 경제성은 3점을 초과한다.
 따라서 아연광만 주시광종이므로 1종류이다.

ㄴ (X) 목적: 비축필요광종, 둘 다 3점을 초과한다.
 둘 다 3점을 초과하는 것은 은광과 철광뿐이다. 따라서 옳지 않다.

ㄷ (O) 목적: 비축필요광종, 둘 다 3점을 초과한다.
 20%가 증가하여 3점을 초과한다는 것은, $\dfrac{3.0}{1.2}$ = 2.5이므로, 둘 다 2.5를 초과한다는 것이다.
 둘 다 2.5를 초과하는 것은 은광, 연광, 아연광, 철광으로 총 4개이다.

ㄹ (X) 목적: 주시광종, 하나는 3점 초과, 하나는 2.5점 이상 3점 이하
 금광의 경우 3점을 초과하는 항목이 없으므로 주시광종이 될 수 없다.

일반형(확정형)-04 [5급 21-40]

다음 〈조건〉, 〈그림〉과 〈표〉는 2015 ~ 2019년 '갑'지역의 작물재배와 생산, 판매가격에 대한 자료이다. 이에 대한 설명으로 옳지 않은 것은?

┤조건├

- '갑'지역의 전체 농민은 '가', '나', '다' 3명뿐이다.
- 각 농민은 1,000m² 규모의 경작지 2곳만을 가지고 있다.
- 한 경작지에는 한 해에 하나의 작물만 재배한다.
- 각 작물의 '경작지당 연간 최대 생산량'은 A는 100kg, B는 200kg, C는 100kg, D는 200kg, E는 50kg이다.
- 생산된 작물은 해당 연도에 모두 판매된다.
- 각 작물의 판매가격은 해당 연도의 '갑'지역 작물별 연간 총생산량에 따라 결정된다.

〈그림〉 A ~ E 작물별 '갑'지역 연간 총생산량에 따른 판매가격

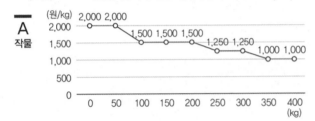

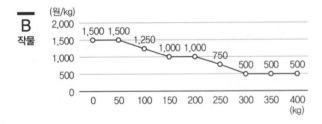

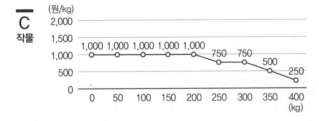

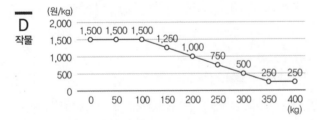

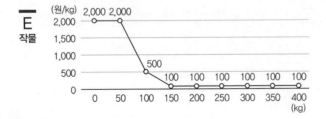

✓ 자료

✓ 설명별 난이도 판단

① 목적:
  난이도: (상 / 중 / 하)
  유형: 단순 확인
② 목적:
  난이도: (상 / 중 / 하)
  유형: 자료 이해
③ 목적:
  난이도: (상 / 중 / 하)
  유형: 단순 확인
④ 목적:
  난이도: (상 / 중 / 하)
  유형: 단순 확인
⑤ 목적:
  난이도: (상 / 중 / 하)
  유형: 자료 이해

<表> 2015 ~ 2019년 경작지별 재배작물 종류 및 생산량 (단위: kg)

연도		2015		2016		2017		2018		2019	
구분 농민	경작지	작물	생산량	작물	생산량	작물	생산량	작물	생산량	작물	생산량
가	경작지1	A	100	A	50	A	25	B	100	A	100
	경작지2	A	100	B	100	D	200	B	100	B	50
나	경작지3	B	100	B	50	C	100	C	50	D	200
	경작지4	C	100	A	100	D	200	E	50	E	50
다	경작지5	D	200	D	200	C	50	D	200	D	200
	경작지6	E	50	E	50	E	50	E	50	E	50

① 동일 경작지에서 동일 작물을 다년간 연속 재배하였을 때, 전년 대비 생산량 감소를 보인 작물은 A, B, C이다.

② 2016년 농민 '가'의 작물 총판매액은 225,000원이다.

③ E 작물은 동일 경작지에서 다년간 연속 재배해도 생산량이 감소하지 않았다.

④ 동일 경작지에서 A 작물을 3개년 연속 재배하고 B 작물을 재배한 후 다시 A 작물을 재배한 해에는 A 작물이 '경작지당 연간 최대 생산량' 만큼 생산되었다.

⑤ 2016년과 2019년의 작물 판매가격 차이는 D 작물이 E 작물보다 작다.

🔔 간단 퀴즈

Q 결론과 관련 있는 설명이 있는가? 있다면, 어떤 설명인가?

A ②, ⑤

💡 관점 적용하기

① (O) 목적: 생산량이 전년대비 감소한 작물
경작지1을 보면 A의 생산량은 전년대비 감소한다. 경작지2을 보면 B의 생산량은 전년대비 감소한다.
경작지3을 보면 C의 생산량은 전년대비 감소한다. 따라서, 옳다.

② (X) 목적: 총 판매액
판매액은 생산량 × 판매가격으로 결정되며, 여기서 판매가격은 해당 작물의 총 생산량에 따라 결정된다.
16년에 '가'는 A와 B를 경작하였다.
A의 총 생산량: 50 + 100 = 150 → 판매가격: 1,500원 → 판매액 = 50×1500 = 75000원
B의 총 생산량: 100 + 50 = 150 → 판매가격: 1,000원 → 판매액 = 100×1000 = 100000원
총 판매액은 175000원이므로 옳지 않다.

③ (O) 목적: E작물은 생산량이 감소하지 않는가?
경작지6을 보면 생산량은 전년대비 감소하지 않는다. 따라서, 옳다.

④ (O) 목적: 가정에 따른 A작물의 생산량
가정에 만족하는 경작지를 찾아보면 경작지 1이다. 경작지 1의 2019년 생산량을 보면 최대 생산량과 같다.

⑤ (O) 목적: 작물 판매가격차이
D작물의 총 생산량 16년: 200 → 판매가격: 1000원, 19년: 400 → 판매가격: 250 → 차이 750
E작물의 총 생산량 16년: 50 → 판매가격: 2000원, 19년: 100 → 판매가격: 500 → 차이 1500
D작물이 E작물보다 작다.

답 ②

일반형(확정형)-05 [5급 21-15]

다음 〈표〉는 어느 학술지의 우수논문 선정대상 논문 I ~ V에 대한 심사자 '갑', '을', '병'의 선호순위를 나열한 것이다. 〈표〉와 〈규칙〉에 근거한 〈보기〉의 설명 중 옳은 것만을 모두 고르면?

〈표〉 심사자별 논문 선호순위

심사자＼논문	I	II	III	IV	V
갑	1	2	3	4	5
을	1	4	2	5	3
병	5	3	1	4	2

※ 선호순위는 1 ~ 5의 숫자로 나타내며 숫자가 낮을수록 선호가 더 높음.

──────────┤규칙├──────────

- 평가점수 산정방식
  - 가. [(선호순위가 1인 심사자 수 × 2) + (선호순위가 2인 심사자 수 × 1)]의 값이 가장 큰 논문은 1점, 그 외의 논문은 2점의 평가점수를 부여한다.
  - 나. 논문별 선호순위의 중앙값이 가장 작은 논문은 1점, 그 외의 논문은 2점의 평가점수를 부여한다.
  - 다. 논문별 선호순위의 합이 가장 작은 논문은 1점, 그 외의 논문은 2점의 평가점수를 부여한다.
- 우수논문 선정방식
  - A. 평가점수 산정방식 가, 나, 다 중 한 가지만을 활용하여 평가점수가 가장 낮은 논문을 우수논문으로 선정한다. 단, 각 산정방식이 활용될 확률은 동일하다.
  - B. 평가점수 산정방식 가, 나, 다에서 도출된 평가점수의 합이 가장 낮은 논문을 우수논문으로 선정한다.
  - C. 평가점수 산정방식 가, 나, 다에서 도출된 평가점수에 가중치를 각각 $\frac{1}{6}$, $\frac{1}{3}$, $\frac{1}{2}$을 적용한 점수의 합이 가장 낮은 논문을 우수논문으로 선정한다.

※ 1) 중앙값은 모든 관측치를 크기 순서로 나열하였을 때, 중앙에 오는 값을 의미함. 예를 들어, 선호순위가 2, 3, 4인 경우 3이 중앙값이며, 선호순위가 2, 2, 4인 경우 2가 중앙값임.
2) 점수의 합이 가장 낮은 논문이 2편 이상이면, 심사자 '병'의 선호가 더 높은 논문을 우수논문으로 선정함.

──────────┤보기├──────────

ㄱ. 선정방식 A에 따르면 우수논문으로 선정될 확률이 가장 높은 논문은 I 이다.
ㄴ. 선정방식 B에 따르면 우수논문은 II 이다.
ㄷ. 선정방식 C에 따르면 우수논문은 III 이다.

① ㄴ
② ㄱ, ㄴ
③ ㄱ, ㄷ
④ ㄴ, ㄷ
⑤ ㄱ, ㄴ, ㄷ

✓ 자료

✓ 설명별 난이도 판단

ㄱ 목적:
  난이도: (상 / 중 / 하)
  유형: 자료 이해
ㄴ 목적:
  난이도: (상 / 중 / 하)
  유형: 자료 이해
ㄷ 목적:
  난이도: (상 / 중 / 하)
  유형: 자료 이해

간단 퀴즈

Q 결론과 관련 있는 설명이 있는가?
  있다면, 어떤 설명인가?
  예외조항은 무엇인가?

A ㄱ, ㄴ, ㄷ 예외조항
  = 동점시 '병'의 선호

관점 적용하기

평가방식에 따른 배점

	I	II	III	IV	V
가.	2+2=4 → 1점	1=1 → 2점	1+2=3 → 2점	0=0 → 2점	1=1 → 2점
나.	중앙값 = 1 → 1점	중앙값 = 3 → 2점	중앙값 = 2 → 2점	중앙값 = 4 → 2점	중앙값 = 3 → 2점
다.	순위 합 = 7 → 2점	순위 합 = 9 → 2점	순위 합 = 6 → 1점	순위 합 = 14 → 2점	순위 합 = 10 → 2점

ㄱ (O) 목적: A방식으로 선정

    A방식에 따르면 가, 나, 다 산정방식 중 1개를 동일한 확률로 선택한 후 점수가 가장 낮은 논문을 고른다.
    가와 나는 점수가 가장 낮은 논문이 I으로 동일하므로, I의 선정확률이 가장 높다.

ㄴ (X) 목적: B방식으로 선정

    B방식에 따르면, 가, 나, 다의 점수를 합해서 합이 가장 낮은 논문을 선정한다.
    논문 I의 합이 4점으로 가장 낮다. 따라서 우수논문은 I이다. 따라서 옳지 않다.

ㄷ (O) 목적: C방식으로 선정

    C방식에 따르면 가, 나, 다에 각각 다른 가중치를 부여하여 우수논문을 선정한다.
    논문 I과 III을 제외하고는 모두 점수가 2점이므로 우수논문이 될 수 없다.
    따라서 I과 III만 고려 해보자. 가중치가 분수꼴 상태면 어렵기에 모두 6을 곱해주자.
    I : $1 \times 1 + 1 \times 2 + 2 \times 3 = 9$, III $2 \times 1 + 2 \times 2 + 1 \times 3 = 9$으로 둘의 점수가 같다.
    〈규칙〉의 각주 2)에 따르면 병의 선호가 높은 논문이 우수 논문이라고 가정 됐으므로,
    III이 우수논문으로 선정된다.

답 ③

해당 자료의 저작권은 메가피셋 김은기 강사에게 있습니다.

일반형(확정형)-06 [5급 17-25]

다음 〈표〉는 학생 '갑' ~ '정'의 시험 성적에 관한 자료이다. 〈표〉와 〈순위산정방식〉을 이용하여 순위를 산정할 때, 〈보기〉의 설명 중 옳은 것만을 모두 고르면?

〈표〉 '갑' ~ '정'의 시험 성적

(단위: 점)

학생\과목	국어	영어	수학	과학
갑	75	85	90	97
을	82	83	79	81
병	95	75	75	85
정	89	70	91	90

┤ 순위산정방식 ├

- A방식: 4개 과목의 총점이 높은 학생부터 순서대로 1, 2, 3, 4위로 하되, 4개 과목의 총점이 동일한 학생의 경우 국어 성적이 높은 학생을 높은 순위로 함.
- B방식: 과목별 등수의 합이 작은 학생부터 순서대로 1, 2, 3, 4위로 하되, 과목별 등수의 합이 동일한 학생의 경우 A방식에 따라 산정한 순위가 높은 학생을 높은 순위로 함.
- C방식: 80점 이상인 과목의 수가 많은 학생부터 순서대로 1, 2, 3, 4위로 하되, 80점 이상인 과목의 수가 동일한 학생의 경우 A방식에 따라 산정한 순위가 높은 학생을 높은 순위로 함.

┤ 보기 ├

- ㄱ. A방식과 B방식으로 산정한 '병'의 순위는 동일하다.
- ㄴ. C방식으로 산정한 '정'의 순위는 2위이다.
- ㄷ. '정'의 과학점수만 95점으로 변경된다면, B방식으로 산정한 '갑'의 순위는 2위가 된다.

① ㄱ
② ㄴ
③ ㄷ
④ ㄱ, ㄴ
⑤ ㄱ, ㄴ, ㄷ

✓ 자료

✓ 설명별 난이도 판단

ㄱ 목적:
 난이도: (상 / 중 / 하)
 유형: 자료 이해
ㄴ 목적:
 난이도: (상 / 중 / 하)
 유형: 자료 이해
ㄷ 목적:
 난이도: (상 / 중 / 하)
 유형: 자료 이해

🔹 간단 퀴즈

Q 결론과 관련 있는 설명이 있는가?
 있다면, 어떤 설명인가?
 예외조항은 무엇인가?

A ㄱ, ㄴ, ㄷ(가정형) 예외조항
= 동점시 A방식

🔘 관점 적용하기

순위 산정방식에 따르면 C방식의 경우 80점을 기준으로 본다. 따라서 모든 점수를 80점씩 소거하자.
괄호안의 값은 순위를 의미한다.

학생＼과목	국어	영어	수학	과학	점수 합계	순위 합계	양수 개수
갑	−5(4)	5(1)	10(2)	17(1)	27	8	3개
을	2(3)	3(2)	−1(3)	1(4)	5	12	3개
병	15(1)	−5(3)	−5(4)	5(3)	10	11	2개
정	9(2)	−10(4)	11(1)	10(2)	20	9	3개

ㄱ (O) 목적: A방식과 B방식의 병의 순위

　　A방식에서 병의 순위는 3등이고, B방식에서 병의 순위도 3등이다.

ㄴ (O) 목적: C방식으로 순위 선정

　　C방식은 양수의 개수를 따지는 것이다.

　　그런데, 갑, 을, 정이 모두 같다. 이 경우에는 A방식으로 순위를 결정한다고 하였으므로 정의 순위는 2위이다.

ㄷ (X) 목적: B방식의 갑의 순위

　　B방식의 경우 각 과목별 등수의 합으로 순위를 선정한다.

　　'정'의 과학 점수가 90에서 95점으로 변화한다고 하여도 순위에 대한 변화는 존재하지 않으므로,

　　'갑'의 순위는 1등을 유지한다.

🔲 답 ④

3 설명형

Q 일반형 고난도 - 설명형은 무엇인가요? 그리고 어떻게 풀어야 하나요?

 총론에서 설명한 것처럼 설명형이란, 긴글이 등장하고 글에 결론이 없는 형태를 의미한다.

> 설명형: 글에 결론이 있는 경우, 예를 들어 최종적으로 A가 선정된다 등의 결론이 없는 경우

만약 자료에 대해서 이해가 된 설명형이라면, 우리가 해야할 것은 다음과 같다.
1) 글을 정리한 것을 그대로 이용하면서 문제를 푼다.
2) 앞에서 배운 유형을 그대로 적용하면서 문제를 푼다.
  ①~⑤형, ㄱ~ㄹ 대칭형 = 1개의 슈퍼패스 / ㄱ~ㄹ 비대칭형 = 기피 불가능한 설명부터
  ㄱ~ㄹ 3보기형 = 모든 설명 확인하기.

만약 자료에 대해서 이해를 못한 확정형이라면, 해야 할 것은 다음과 같다.
1) 모든 설명을 다 읽는다.
2) 설명 간의 연관성을 파악한다. → 이를 통해서 설명간의 선후관계를 만들자.
3) 선후 관계를 이용해서 먼저 풀 설명을 선택하자. 선택의 기준은 쉬운 설명이다.
  만약에 선후 관계가 존재하는 설명이 어려운 설명이라면, 다른 설명 중에서 쉬운 설명을 선택하자.
  어렵다고 느꼈기에 넘어간 문제이기에 난이도가 있을 확률이 높다.
  그렇기에 설명을 푼다는 행위 자체에 집중해야 한다.
  식을 정리하는 것이 힘들다면 굳이 정리를 하려 노력하지 말자.
  일단 자료를 해석하며 문제를 푸는 행위자체가 자료의 이해를 확장시킨다.
  → 단, 제한 시간은 30초이다.

> 연관성이란?
>
> 연관성은 논리적 연관성과 정보적 연관성 2가지로 나뉜다.
> 1) 논리적 연관성:
>   주어진 설명들끼리 풀이의 논리가 동일한 설명의 경우 논리적 연관성이 있다.
>   예를들어, 복잡한 X라는 각주가 있을 때 복잡한 각주 X에 대해서 물어보는 2개의 설명은 연관성이 있다.
> 2) 정보적 연관성 :
>   주어진 설명들끼리 요구하는 정보가 요구하는 정보가 동일한 대상인 경우,
>   예를들어 'A나 갑'처럼 같은 대상에 대해 묻는 경우 2개의 설명은 연관성이 있다.

Q **고난도의 풀이 순서도는 어떻게 되나요?**

'풀이 순서도'는 다음과 같다.

일반형(확정형)의 풀이 순서도	
1) O/X 그리기	: 가장 먼저 할 것은 설명 옆에 눈에 띌 정도로 크게 O 또는 X를 그려 놓는 것이다.
2) 자료의 파악	: 다음으로 해야할 것은 주어진 자료를 보고 이해하는 것이다. 주어진 자료를 보면서 체크리스트를 체크하며, 또한 일반적인 자료에서는 잘 보이지 않는 '차이점'에 집중한다. 만약 자료가 이해가지 않는다면, 해당 문제는 일단 뒤로 넘겨야 한다.
3) 풀이의 전략	: 1) 자료의 이해 여부에 따라 다음 순서를 따라간다. 만약 자료에 대해서 이해가 된 설명형이라면, 우리가 해야할 것은 다음과 같다. 2) 글을 정리한 것을 그대로 이용하면서 문제를 푼다. 3) 앞에서 배운 유형을 그대로 적용하면서 문제를 푼다. 　①~⑤형, ㄱ~ㄹ 대칭형 = 1개의 슈퍼패스 　ㄱ~ㄹ 비대칭형 = 기피 불가능한 설명부터 　ㄱ~ㄹ 3보기형 = 모든 설명 확인하기. 만약 자료에 대해서 이해를 못한 확정형이라면, 해야 할 것은 다음과 같다. 2) 1) 모든 설명을 다 읽는다. 3) 설명 간의 연관성을 파악한다. → 이를 통해서 설명간의 선후관계를 만들자. 4) 선후관계를 통해서 먼저 풀 설명을 선택하자. 선택의 기준은 쉬운 설명이다. 　(단, 선후 관계가 존재하는 설명도 어려운 설명이라면, 가장 쉬운 설명을 택한다.) 어렵다고 느꼈기에 넘어간 문제이기에 난이도가 있을 확률이 높다. 그렇기에 설명을 푼다는 행위 자체에 집중해야한다. 식을 정리하는 것이 힘들다면 굳이 정리를 하려 노력하지 말자. 일단 자료를 해석하며 문제를 푸는 행위자체가 자료의 이해를 확장시킨다. → 단, 제한 시간은 30초이다.

해당 자료의 저작권은 메가피셋 김은기 강사에게 있습니다.

일반형(설명형)-01 [5급 17-13]

다음 〈그림〉은 '갑'소독제 소독실험에서 소독제 누적주입량에 따른 병원성미생물 개체수의 변화를 나타낸 것이다. 〈그림〉과 〈실험정보〉에 근거한 〈보기〉의 설명 중 옳은 것만을 모두 고르면?

〈그림〉 소독제 누적주입량에 따른 병원성미생물 개체수 변화

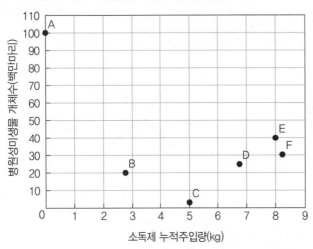

┤ 실험정보 ├

- 이 실험은 1회 시행한 단일 실험임.
- 실험 시작시점(A)에서 측정한 값과, 이후 5시간 동안 소독제를 주입하면서 매 1시간이 경과하는 시점을 순서대로 B, C, D, E, F라고 하고 각 시점에서 측정한 값을 표시하였음.
- 소독효율(마리/kg) =

$$\frac{\text{시작시점(A) 병원성미생물 개체수 - 측정시점 병원성미생물 개체수}}{\text{측정시점의 소독제 누적주입량}}$$

- 구간 소독속도(마리/시간) =

$$\frac{\text{구간의 시작시점 병원성미생물 개체수 - 구간의 종료시점 병원성미생물 개체수}}{\text{두 측정시점 사이의 시간}}$$

┤ 보기 ├

ㄱ. 실험시작 후 2시간이 경과한 시점의 소독효율이 가장 높다.
ㄴ. 소독효율은 F가 D보다 낮다.
ㄷ. 구간 소독속도는 B ~ C 구간이 E ~ F 구간보다 낮다.

① ㄱ
② ㄴ
③ ㄷ
④ ㄴ, ㄷ
⑤ ㄱ, ㄴ, ㄷ

✓ 자료

✓ 설명별 난이도 판단

ㄱ 목적:
   난이도: (상 / 중 / 하)
   유형: 분수 비교
ㄴ 목적:
   난이도: (상 / 중 / 하)
   유형: 분수 비교
ㄷ 목적:
   난이도: (상 / 중 / 하)
   유형: 분수 비교

◢ 간단 퀴즈

Q 연관성이 있는 설명이 있는가?
   있다면, 어떤 설명인가?
   +본인이 느끼기에 가장 쉬운 설명은 무엇인가?

                    A 연관성 = ㄱ, ㄴ

🔆 관점 적용하기

ㄱ (X) 목적: 소독효율 = $\dfrac{100-y\text{의 크기}}{x\text{의 크기}}$

실험시작 후 2시간이 경과됐다면, 시점 C이다.

C의 소독효율 = $\dfrac{100-10\downarrow}{5}$ = 18↑

C보다 더 크기 위해서는 분모가 더 작거나 분자가 더 커야한다. 이것에 만족하는 시점은 B뿐이다.

B의 소독효율 = $\dfrac{80}{3\downarrow}$ = 26↑

B의 소독효율이 C의 소독효율보다 높으므로, 가장 높은 시점은 1시간이 지난 시점이다.
(※ 소독효율을 A점을 원점으로 생각하는 기울기로 생각 할 수 있다면 가장 좋다.)

ㄴ (O) 목적: 소독효율 = $\dfrac{100-y\text{의 크기}}{x\text{의 크기}}$

F가 D에 비해 분모는 크고, 분자는 작으므로, F가 당연히 더 낮다. (※ F = $\dfrac{70}{8\uparrow}$, D= $\dfrac{70\uparrow}{7\downarrow}$)

ㄷ (X) 목적: 구간 소독속도 = $\dfrac{y\text{값의 차이}}{\text{시점간의 시간차이}}$

B~C의 구간 소독속도 = $\dfrac{20-10\downarrow}{1\text{시간}}$, E~F의 구간 소독속도 = $\dfrac{40-30}{1\text{시간}}$

분모의 크기는 동일하나, 분자의 크기가 B~C가 더 크므로 B~C의 구간 소독속도가 더 크다.

답 ②

해당 자료의 저작권은 메가피셋 김은기 강사에게 있습니다.

일반형(설명형)-02 [5급 18-17]

다음 〈그림〉과 〈규칙〉은 아마추어 야구대회에 참가한 A ~ E팀이 현재까지 치른 경기의 중간 결과와 대회 규칙을 나타낸 것이다. 이에 대한 〈보기〉의 설명 중 옳은 것만을 모두 고르면?

✔ 자료

〈그림〉 아마추어 야구대회 중간 결과

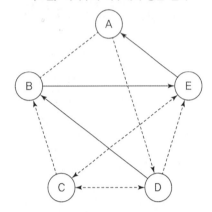

가 — 나	'가'팀과 '나'팀이 아직 경기를 치르지 않았음
가 ----▶ 나	'가'팀이 '나'팀에 1승을 거둠
가 ◀---- 나	'가'팀과 '나'팀 간 상대전적은 1승 1패임
가 ——▶ 나	'가'팀이 '나'팀에 2승을 거둠

──| 규칙 |──

• 야구대회 기간 동안 A ~ E팀은 자신을 제외한 모든 팀과 두 번씩 경기를 하며, 각 경기에 무승부는 없다.
• 최종 승수는 모든 경기를 치른 후 팀별로 집계한다.

──| 보기 |──

ㄱ. 현재까지 치러지지 않은 경기는 모두 여섯 경기이다.
ㄴ. 현재까지 가장 많은 경기를 치른 팀은 B팀이다.
ㄷ. A팀이 남은 경기를 모두 승리한다면, 다른 팀들의 남은 경기 결과에 관계없이 A팀의 최종 승수가 가장 많다.
ㄹ. A팀이 남은 경기를 모두 승리하고 E팀이 남은 경기를 모두 패배한다면, D팀의 최종 승수는 4승이다.

① ㄱ, ㄴ
② ㄱ, ㄷ
③ ㄴ, ㄹ
④ ㄱ, ㄷ, ㄹ
⑤ ㄴ, ㄷ, ㄹ

✔ 설명별 난이도 판단

ㄱ 목적:
　난이도: (상 / 중 / 하)
　유형: 자료 이해
ㄴ 목적:
　난이도: (상 / 중 / 하)
　유형: 자료 이해
ㄷ 목적:
　난이도: (상 / 중 / 하)
　유형: 자료 이해
ㄹ 목적:
　난이도: (상 / 중 / 하)
　유형: 자료 이해

🔷 간단 퀴즈

Q 연관성이 있는 설명이 있는가?
　있다면, 어떤 설명인가?
　+본인이 느끼기에 가장 쉬운 설명은 무엇인가?

　　　　　　A 연관성 = ㄷ, ㄹ

관점 적용하기

ㄱ (O) 목적: 안 뤄진 경기 수

	A↔B	A↔C	A↔D	A↔E	B↔C	B↔D	B↔E	C↔D	C↔E	D↔E
치러진 경기수	1	0	1	2	1	2	2	2	2	1
안치룬 경기수	1	2	1	0	1	0	0	0	0	1

안 치러진 경기수는 총 6 경기이다.

ㄴ (X) 목적: 가장 많은 경기를 치른 팀

B는 A와 1경기 C와 1경기 D와 2경기 E와 2경기로 총 6경기를 치뤘고 2경기를 아직 치루지 않았다.

즉, B보다 더 많은 경기를 치루기 위해서는 안치룬 경기가 0경기 또는 1경기여야 한다.

E가 안 치룬경기는 오직 D와 1경기 뿐이므로 가장 많은 경기를 치룬 팀은 E이다.

ㄷ (O) 목적: 최종 승수가 가장 많은 팀

A의 경우 현재 2승을 하였고, 가정에 따르면 4승이 추가된다. 따라서 총 6승이다.

2패보다 덜 패한 팀이 있는지 확인해 보자. → B, C, D팀은 A에게 2패를 하였으므로 E팀만 확인해 보자.

E팀은 4패를 하였으므로 최종 승수가 가장 많은 팀은 A이다.

ㄹ (X) 목적: D팀의 최종 승수

D팀은 현재 승수가 4승이다. 그런데 가정에 따라면 E팀이 모두 패배한다고 하였으므로, D팀의 승수는 증가하게 된다.

따라서 D팀의 최종 승수는 4승이 아니다.

답 ②

해당 자료의 저작권은 메가피셋 김은기 강사에게 있습니다. **179**

일반형(설명형)-03 [5급 17-23]

다음 〈표〉는 질병진단키트 A~D의 임상실험 결과 자료이다. 〈표〉와 〈정의〉에 근거하여 〈보기〉의 설명 중 옳은 것만을 모두 고르면?

〈표〉 질병진단키트 A~D의 임상실험 결과

(단위: 명)

A		
판정＼질병	있음	없음
양성	100	20
음성	20	100

B		
판정＼질병	있음	없음
양성	80	40
음성	40	80

C		
판정＼질병	있음	없음
양성	80	30
음성	30	100

D		
판정＼질병	있음	없음
양성	80	20
음성	20	120

※ 질병진단키트 당 피실험자 240명을 대상으로 임상실험한 결과임.

─┤정의├─

- 민감도: 질병이 있는 피실험자 중 임상실험 결과에서 양성 판정된 피실험자의 비율
- 특이도: 질병이 없는 피실험자 중 임상실험 결과에서 음성 판정된 피실험자의 비율
- 양성 예측도: 임상실험 결과 양성 판정된 피실험자 중 질병이 있는 피실험자의 비율
- 음성 예측도: 임상실험 결과 음성 판정된 피실험자 중 질병이 없는 피실험자의 비율

─┤보기├─

ㄱ. 민감도가 가장 높은 질병진단키트는 A이다.
ㄴ. 특이도가 가장 높은 질병진단키트는 B이다.
ㄷ. 질병진단키트 C의 민감도와 양성 예측도는 동일하다.
ㄹ. 질병진단키트 D의 양성 예측도와 음성 예측도는 동일하다.

① ㄱ, ㄴ
② ㄱ, ㄷ
③ ㄴ, ㄷ
④ ㄱ, ㄷ, ㄹ
⑤ ㄴ, ㄷ, ㄹ

✓ **자료**

✓ **설명별 난이도 판단**

ㄱ 목적:
　난이도: (상 / 중 / 하)
　유형: 자료 이해
ㄴ 목적:
　난이도: (상 / 중 / 하)
　유형: 자료 이해
ㄷ 목적:
　난이도: (상 / 중 / 하)
　유형: 자료 이해
ㄹ 목적:
　난이도: (상 / 중 / 하)
　유형: 자료 이해

🔍 **간단 퀴즈**

Q 연관성이 있는 설명이 있는가?
　있다면, 어떤 설명인가?
　+본인이 느끼기에 가장 쉬운 설명은 무엇인가?

　　A 연관성 = ㄱ, ㄷ

관점 적용하기

판정＼질병	있음	없음
양성	a	c
음성	b	d

→

민감도	$= \dfrac{a}{a+b}$
특이도	$= \dfrac{d}{c+d}$
양성예측도	$= \dfrac{a}{a+c}$
음성예측도	$= \dfrac{d}{b+d}$

ㄱ (O) 목적: 민감도 $= \dfrac{a}{a+b} \rightarrow \dfrac{a}{b}$ (※ 뺄셈 테크닉)

A의 민감도: $\dfrac{100}{20} = 5$, $\dfrac{a}{b}$가 5보다 높은 키트는 없다.

ㄴ (X) 목적: 특이도 $= \dfrac{d}{c+d} \rightarrow \dfrac{d}{c}$ (※ 뺄셈 테크닉)

B의 특이도: $\dfrac{80}{40} = 2$, D는 $\dfrac{120}{20} = 6$으로 B보다 크다. 따라서 B가 가장 높지 않다.

ㄷ (O) 목적: 민감도($= \dfrac{a}{a+b}$)와 양성 예측도($= \dfrac{a}{a+c}$)

민감도와 양성 예측도의 식에서 다른 부분은 b와 c뿐이다. 따라서 b와 c가 같다면 둘의 값은 같아진다.
C의 경우 b와 c의 값이 모두 30으로 동일하다. 따라서 민감도와 양성 예측도가 동일하다.

ㄹ (X) 목적: 양성 예측도($= \dfrac{a}{a+c}$)와 음성 예측도($= \dfrac{d}{b+d}$)

D의 양성 예측도 $= \dfrac{80}{80+20}$, 음성 예측도 $= \dfrac{120}{20+120}$으로 같지 않다.

답 ②

⠿ 일반형(설명형)-04 [5급 16-17]

다음 〈표〉와 〈조건〉은 고객기관 유형별 기관수와 고객기관 유형별 공공데이터 자체활용 및 제공 현황이고, 〈그림〉은 공공데이터의 제공 경로를 나타낸다. 이에 대한 〈보기〉의 설명 중 옳은 것만을 모두 고르면?

〈표〉 고객기관 유형별 기관수
(단위: 개)

유형	기관수
1차 고객기관	600
2차 고객기관	300

┤ 조건 ├

• 모든 1차 고객기관은 공공데이터 원천기관으로부터 제공받은 공공데이터를 보유하고 있으며, 1차 고객기관은 공공데이터를 자체활용만 하는 기관과 자체활용 없이 개인고객 또는 2차 고객기관에게 공공데이터를 제공하는 기관으로 구분된다.
• 1차 고객기관 중 25%는 공공데이터를 자체활용만 한다.
• 1차 고객기관 중 50%는 2차 고객기관에게 공공데이터를 제공하고, 1차 고객기관 중 60%는 개인고객에게 공공데이터를 제공한다.
• 2차 고객기관 중 30%는 공공데이터를 자체활용만 하고, 70%는 개인고객에게 공공데이터를 제공한다.
• 1차 고객기관으로부터 공공데이터를 제공받지 않는 2차 고객기관은 없다.

〈그림〉 공공데이터의 제공 경로

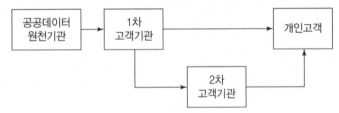

┤ 보기 ├

ㄱ. 개인고객에게 공공데이터를 제공하는 기관의 수는 1차 고객기관이 2차 고객기관보다 크다.
ㄴ. 공공데이터를 자체활용만 하는 기관의 수는 1차 고객기관이 2차 고객기관보다 크다.
ㄷ. 1차 고객기관 중 개인고객에게만 공공데이터를 제공하는 기관의 수는 1차 고객기관의 25%이다.
ㄹ. 1차 고객기관 중 개인고객에게만 공공데이터를 제공하는 기관의 수는 1차 고객기관 중 2차 고객기관에게만 공공데이터를 제공하는 기관의 수에 비해 70% 이상 더 크다.

① ㄱ, ㄴ　　　　　　　② ㄱ, ㄷ
③ ㄴ, ㄹ　　　　　　　④ ㄱ, ㄴ, ㄷ
⑤ ㄱ, ㄴ, ㄹ

☑ 자료

☑ 설명별 난이도 판단

ㄱ 목적:
　난이도: (상 / 중 / 하)
　유형: 자료 이해
ㄴ 목적:
　난이도: (상 / 중 / 하)
　유형: 자료 이해
ㄷ 목적:
　난이도: (상 / 중 / 하)
　유형: 자료 이해
ㄹ 목적:
　난이도: (상 / 중 / 하)
　유형: 자료 이해

🔊 간단 퀴즈

Q 연관성이 있는 설명이 있는가?
　있다면, 어떤 설명인가?
　+본인이 느끼기에 가장 쉬운 설명은 무엇인가?

A 연관성 = ㄷ, ㄹ

관점 적용하기

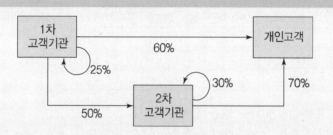

ㄱ (O) 목적: 개인고객에게 제공하는 기관수의 비교

    1차 고객기관 = 전체 × 60% 2차 고객기관 = 전체 × 50% × 70%

    1차 고객기관이 2차 고객기관보다 크다.

ㄴ (O) 목적: 자체활용만 하는 기관수 비교

    1차 고객기관 = 전체 × 25% 2차 고객기관 = 전체 × 50% × 30%

    1차 고객기관이 2차 고객기관보다 크다.

ㄷ (O) 목적: 1차 고객기관중 개인고객에게만 제공하는 기관수

    1차 고객기관은 전체 100% 중에 25%는 오직 자체활용만하고 나머지 75%는 2차 기관과 개인고객에게 제공된다.

    그러나 2차 고객기관과 개인고객의 합은 75%보다 크므로, 둘의 교집합이 존재한다는 것을 의미한다.

자체활용	2차 기관	2차 기관 ∩ 개인고객	개인고객
25%	15%	35%	25%

    즉, 개인고객에게만 제공되는 것은 25%이다.

ㄹ (X) 목적: "1차 기관 중 개인고객에게만"과 "1차 기관 중 2차 기관에게만"의 비교

    ㄷ에서 구한 것처럼 1차 기관 중 개인고객에게만 = 25%, 1차 기관 중 2차 기관에게만은 15%이다.

    $\dfrac{25}{15} = \dfrac{17+8}{10+5}$ ⟨ 1.7이므로, 70% 이상 더 크지 않다.

답 ④

해당 자료의 저작권은 메가피셋 김은기 강사에게 있습니다.

일반형(설명형)-05 [5급 15-04]

다음 〈표〉는 2014년 정부3.0 우수사례 경진대회에 참가한 총 5개 부처에 대한 심사결과 자료이다. 〈조건〉을 적용하여 최종심사점수를 계산할 때 다음 설명 중 옳은 것은?

〈표〉 부처별 정부3.0 우수사례 경진대회 심사결과

구분 ＼ 부처	A	B	C	D	E
서면심사점수(점)	73	79	83	67	70
현장평가단 득표수(표)	176	182	172	145	137
최종심사점수(점)	( )	( )	90	( )	55

※ 현장평가단 총 인원수는 200명임.

┤조건├

• 최종심사점수 = (서면심사 최종반영점수) + (현장평가단 최종반영점수)
• 서면심사 최종반영점수

점수순위	1위	2위	3위	4위	5위
최종반영점수(점)	50	45	40	35	30

※ 점수순위는 서면심사점수가 높은 순서임.
• 현장평가단 최종반영점수

득표율	90% 이상	80% 이상 90% 미만	70% 이상 80% 미만	60% 이상 70% 미만	60% 미만
최종반영점수(점)	50	40	30	20	10

※ 득표율(%) = $\dfrac{\text{현장평가단 득표수}}{\text{현장평가단 총 인원수}} \times 100$

① 현장평가단 최종반영점수에서 30점을 받은 부처는 E이다.
② E만 현장평가단으로부터 3표를 더 받는다면 최종심사점수의 순위가 바뀌게 된다.
③ A만 서면심사점수를 5점 더 받는다면 최종심사점수의 순위가 바뀌게 된다.
④ 서면심사점수가 가장 낮은 부처는 최종심사점수도 가장 낮다.
⑤ 서면심사 최종반영점수와 현장평가단 최종반영점수간의 차이가 가장 큰 부처는 C이다.

✓ 자료

✓ 설명별 난이도 판단

① 목적:
　난이도: (상 / 중 / 하)
　유형: 자료 이해
② 목적:
　난이도: (상 / 중 / 하)
　유형: 자료 이해
③ 목적:
　난이도: (상 / 중 / 하)
　유형: 자료 이해
④ 목적:
　난이도: (상 / 중 / 하)
　유형: 자료 이해
⑤ 목적:
　난이도: (상 / 중 / 하)
　유형: 자료 이해

🔷 간단 퀴즈

Q 연관성이 있는 설명이 있는가?
　있다면, 어떤 설명인가?
　+본인이 느끼기에 가장 쉬운 설명은 무엇인가?

　　　　　A 연관성 = ①, ②

💡 관점 적용하기

① (X) 목적: 현장평가단 점수 30점 받은 부처
   현장 평가단 점수 = 득표율에 의해 결정된다.
   30점은 70~80% → 140~160표, 따라서 D부처이다.

② (O) 목적: 최종심사의 순위
   E가 3표를 더 받는다면 E의 현장평가단 점수는 20점에서 30점으로 10점 증가된다.
   즉, 55점에서 65점이 된다. 만약, 현재 점수가 60점인 부처가 있다면, 순위의 변화가 생긴다.
   A와 B는 C와 점수가 유사할 확률이 높으므로 D부터 확인하자.
   D의 서면심사 점수 = 5위 이므로 30점, 현장 평가단 득표율은 140~160이므로 30점 → 60점이다.
   따라서 순위가 변화하게 된다.

③ (X) 목적: 최종심사의 순위
   A가 서면심사에서 5점을 더 받아도 A의 서면심사 최종반영점수에는 변화가 없다.
   따라서 순위는 바뀌지 않는다.

④ (X) 목적: 서면심사 점수와 최종심사점수
   서면심사 점수를 가장 낮게 받은 부처는 D이나, D의 최종심사점수는 60점으로 꼴등이 아니다.

⑤ (X) 목적: 서면심사와 현장평가단 점수의 차이
   부처C의 점수 차이는 서면심사 = 50점, 현장평가단 = 40점으로 10점이다.
   그러나 E의 경우 서면심사 = 35점 현장평가단 = 20점으로 15점이 차이가 난다.
   따라서 점수 차이가 가장 큰 부처는 C가 아니다.

답 ②

해당 자료의 저작권은 메가피셋 김은기 강사에게 있습니다. **185**

일반형(설명형)-06 [5급 12-37]

₩다음 〈표〉는 '가'야구단 선수 중 9명(A ~ I)의 성적 및 연봉에 대한 자료이다. '가'야구단이 아래 〈연봉산정공식〉을 적용하여 개별 선수의 연봉을 산정한다고 할 때, 이에 대한 〈보기〉의 설명 중 옳은 것을 모두 고르면?

〈표〉 '가'야구단 9명 선수의 성적 및 연봉 (연봉단위: 만달러)

선수	타석	득점	홈런	타점	볼넷	삼진	타율	OPS	조정 전 연봉	조정 계수	최종 연봉
A	600	115	40	125	74	159	0.320	0.990	1,065.5	2.5	2,663.8
B	224	34	0	10	10	30	0.300	0.685	352.8	0.5	176.4
C	480	67	10	62	58	103	0.290	0.790	657.5	1.5	986.3
D	450	50	3	45	25	40	0.275	0.660	598.5	1.0	598.5
E	260	24	5	46	21	35	0.275	0.740	480.5	1.0	480.5
F	84	10	2	11	14	16	0.270	0.770	281.5	0.5	140.8
G	200	20	4	26	25	50	0.252	0.725	( )	( )	( )
H	200	32	4	26	26	50	0.252	0.710	( )	( )	( )
I	310	30	16	47	22	71	0.230	0.717	476.6	1.0	476.6

┤ 연봉산정공식 ├

- 최종연봉 = 조정 전 연봉 × 조정계수
- 조정 전 연봉 = 타석 × 0.5 + 득점 × 2 + 홈런 × 4 + 타점 × 3 + 볼넷 − 삼진 × 2 + 타율 × 300 + OPS × 150
- 조정계수는 다음 〈표〉의 조건에 따라 5개 등급으로 구분되며, 선수 성적이 각 등급의 5개 조건 중 3개 이상 충족하는 가장 큰 조정계수를 적용한다.

〈표〉 조정계수 결정 조건

등급	조 건	조정 계수
1	500타석 이상, 100득점 이상, 30홈런 이상, 100타점 이상, 타율 0.300 이상	2.5
2	400타석 이상, 75득점 이상, 20홈런 이상, 75타점 이상, 타율 0.290 이상	2.0
3	300타석 이상, 50득점 이상, 15홈런 이상, 60타점 이상, 타율 0.280 이상	1.5
4	250타석 이상, 40득점 이상, 10홈런 이상, 40타점 이상, 타율 0.270 이상	1.0
5	250타석 미만, 40득점 미만, 10홈런 미만, 40타점 미만, 타율 0.270 미만	0.5

✓ 자료

✓ 설명별 난이도 판단

ㄱ 목적:
  난이도: (상 / 중 / 하)
  유형: 자료 이해
ㄴ 목적:
  난이도: (상 / 중 / 하)
  유형: 자료 이해
ㄷ 목적:
  난이도: (상 / 중 / 하)
  유형: 자료 이해
ㄹ 목적:
  난이도: (상 / 중 / 하)
  유형: 자료 이해

┌─── 보기 ───┐

ㄱ. '가'야구단 9명 선수 중 A의 최종연봉이 가장 높다.
ㄴ. H의 최종연봉이 G의 최종연봉보다 15만달러 이상 높다.
ㄷ. '가'야구단 9명 선수의 최종연봉 합계와 조정 전 연봉 합계의 차이는 1,000만달러 이상이다.
ㄹ. C의 득점과 타점이 모두 20점씩 늘고 다른 성적은 변동이 없다면, C의 최종연봉은 현재 최종연봉(986.3만달러)보다 500만달러 이상 증가한다.

① ㄱ, ㄴ   ② ㄱ, ㄷ
③ ㄴ, ㄹ   ④ ㄱ, ㄷ, ㄹ
⑤ ㄴ, ㄷ, ㄹ

간단 퀴즈

Q 연관성이 있는 설명이 있는가?
있다면, 어떤 설명인가?
+본인이 느끼기에 가장 쉬운 설명은 무엇인가?

A 연관성 = 없음

관점 적용하기

ㄱ (O) 목적: 최종연봉 비교
A의 최종연봉 = 2,663.8, 삼진을 제외하고 나머지 요소들은 연봉을 높게 만드는 요소이다.
또한, 조정계수가 높을수록 연봉은 당연히 높아진다.
A의 조정계수는 2.5이므로, 혹시 다른 선수들 중 조정계수가 2.5이상을 받을 수 있는 지 살펴보자.→ 없다.
따라서 A가 가장 높다.

ㄴ (X) 목적: H와 G의 최종연봉 비교
H와 G가 차이가 나는 요소는 득점, 볼넷 OPS뿐이다.
따라서 둘의 조정 전 연봉의 차이는 G를 기준으로 H가 $+12\times2 + 1\times1 - 0.015\times150 = 25 - 2.25 = 22.75$
둘의 조정계수가 0.5만 아니라면 H의 최종연봉은 G의 최종연봉보다 15만달러 이상 높다.
그러나 조건 4도 만족하지 못하므로, 둘의 연봉차이는 22.75/2 = 11.375만 달러가 차이난다.
따라서, 15만달러 이상 높지 않다.

ㄷ (O) 목적: 조정전과 조정후의 연봉차이
조정전보다 조정후의 연봉이 높아지기 위해서는 등급이 3등급이상. 즉 조정계수가 1.5 이상이여야 하고,
반면에 연봉이 낮아진다는 것은 조정계수가 0.5라는 것을 의미한다.
조정계수가 1.5이상인 선수는 A와 C이고, 조정계수가 0.5인 선수는 B, F, G, H이다.
A와 C가 조정 후 상승된 연봉은 약 1600 + 300으로 약 1900이다.
조정 후 감소된 연봉이 900보다 작다면 조정전과 조정후의 차이는 1000만달러 이상이다.
G와 H의 조정 전 연봉은 당연히 I보다 작을 것이므로, B, H, G, H의 조정 전 연봉의 합계는 1800만 달러보다 작다.
따라서 조정 후에 감소되는 연봉은 900보다 작다. 따라서, 조정전과 조정후의 차이는 1000만달러 이상이다.

ㄹ (O) 목적: C의 연봉 변화
가정에 따라서 연봉이 500만 달러 이상 증가하려면 C의 조정 계수가 변화하는지 부터 확인해야 한다.
가정에 따라 득점과 타점이 20씩 늘어난다면 C의 조정 계수는 2.0이 된다.
따라서 증가되는 연봉은, 조정계수변화와 득점과 타점 2가지를 모두 고려해야 한다.
1) 조정계수로 인한 증가 657.5×0.5 ≒ 330   2) 득점과 타점으로 인한 증가 (20×2+30×2)×2 = 200
따라서, 500만 달러이상 증가한다.

답 ④

일반형(설명형)-07 [5급 15-40]

아래 〈그림〉은 마을 A ~ E 간의 가능 이동로를 보여주며, 〈표〉는 주어진 〈조건〉에 따라 '갑'이 매 회차 이동 후 각 마을에 숨어있을 확률을 구한 자료이다. 이에 대한 〈보기〉의 설명 중 옳은 것만을 모두 고르면?

〈그림〉 마을 A ~ E 간 가능 이동로

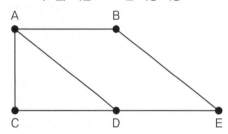

┤ 조건 ├

- 1회차 이동 후 '갑'이 각 마을(A ~ E)에 숨어있을 확률은 각각 $\frac{1}{5}$로 동일하다.
- '갑'은 2회차부터 매 회차, 숨어있던 마을에서 인접한 마을로 반드시 이동하며, 이 때 인접한 마을이란 다른 마을을 경유하지 않고 가능 이동로만으로 이동할 수 있는 마을을 의미한다. 예를 들어 B와 인접한 마을은 A, E이다.
- '갑'이 인접한 마을로 이동시 각 마을로 이동할 확률은 동일하다.

〈표〉 매 회차 이동 후 '갑'이 각 마을에 숨어있을 확률

이동차수＼마을	A	B	C	D	E
1회차	$\frac{1}{5}$	$\frac{1}{5}$	$\frac{1}{5}$	$\frac{1}{5}$	$\frac{1}{5}$
2회차	$\frac{4}{15}$	$\frac{1}{6}$	$\frac{2}{15}$	$\frac{4}{15}$	$\frac{1}{6}$
3회차	$\frac{43}{180}$	$\frac{31}{180}$	( )	$\frac{43}{180}$	$\frac{31}{180}$
4회차	$\frac{55}{216}$	( )	( )	( )	( )

※ 예) 3회차 이동 후 '갑'이 B에 숨어있을 확률 = (2회차 이동 후 A에 숨어있을 확률 × A에서 B로 이동할 확률) + (2회차 이동 후 E에 숨어 있을 확률 × E에서 B로 이동할 확률) =

$$(\frac{4}{15} \times \frac{1}{3}) + (\frac{1}{6} \times \frac{1}{2}) = \frac{31}{180}$$

✓ **자료**

✓ **설명별 난이도 판단**

ㄱ 목적:
　난이도: (상 / 중 / 하)
　유형: 자료 이해

ㄴ 목적:
　난이도: (상 / 중 / 하)
　유형: 자료 이해

ㄷ 목적:
　난이도: (상 / 중 / 하)
　유형: 자료 이해

ㄹ 목적:
　난이도: (상 / 중 / 하)
　유형: 자료 이해

┌─────┤ 보기 ├─────┐

ㄱ. '갑'이 A에 숨어있을 확률은 1회차 이동 후부터 3회차 이동 후까지 매 회차 증가하였다.
ㄴ. '갑'이 C에 숨어있을 확률은 3회차 이동 후보다 4회차이동 후가 더 낮다.
ㄷ. 4회차 이동 후 '갑'이 B에 숨어있을 확률과 E에 숨어있을 확률은 동일하다.
ㄹ. 3회차 이동 후 '갑'이 숨어있을 확률이 가장 낮은 곳은 C이다.

① ㄱ, ㄴ   ② ㄱ, ㄷ
③ ㄴ, ㄷ   ④ ㄴ, ㄹ
⑤ ㄷ, ㄹ

간단 퀴즈

Q 연관성이 있는 설명이 있는가?
있다면, 어떤 설명인가?
+본인이 느끼기에 가장 쉬운 설명은 무엇인가?

A 연관성 = ㄴ, ㄹ

관점 적용하기

ㄱ (X) 목적: A에 숨어 있을 확률

1회차: $\frac{1}{5}$ = 20%, 2회차: $\frac{4}{15}$ = 26.7%, 3회차 = $\frac{43}{180}$ = $\frac{4.3}{18}$,

2회차와 3회차를 배수테크닉을 이용하여 비교해보면 분모는 15→18 1.2배, 분자는 4→4.3 1.2배↓이므로, 3회차가 더 작다. 따라서 매회차 증가하지 않았다.

ㄴ (O) 목적: C의 숨어 있을 확률

C에 숨어 있는 확률 = 전회차 A의 확률 × $\frac{1}{3}$ + 전회차 D의 확률 × $\frac{1}{3}$

3회차 C의 숨어 있을 확률 = $\frac{4}{15}$ × $\frac{1}{3}$ + $\frac{4}{15}$ × $\frac{1}{3}$ = $\frac{4}{15}$ × $\frac{2}{3}$

4회차 C의 숨어 있을 확률 = $\frac{43}{180}$ × $\frac{1}{3}$ + $\frac{43}{180}$ × $\frac{1}{3}$ = $\frac{43}{180}$ × $\frac{2}{3}$

$\frac{4}{15}$는 $\frac{43}{180}$보다 크므로 4회차 이동 후가 더 낮다.

ㄷ (O) 목적: B와 E에 숨어 있을 확률

B에 숨어있을 확률 = 전회차 A의 확률 × $\frac{1}{3}$ + 전회차 D의 확률 × $\frac{1}{3}$ + 전회차 E의 확률 × $\frac{1}{2}$

E에 숨어있을 확률 = 전회차 A의 확률 × $\frac{1}{3}$ + 전회차 D의 확률 × $\frac{1}{3}$ + 전회차 B의 확률 × $\frac{1}{2}$

4회차의 전회차는 3회차인데, 3회차의 B와 E의 확률이 동일하므로, 4회차의 B와 E에 숨어 있을 확률은 동일하다.

ㄹ (X) 목적: 3회차에 가장 확률이 낮은 곳

3회차 C = $\frac{4}{15}$ × $\frac{2}{3}$ = $\frac{8}{45}$ = $\frac{32}{180}$ C보다 B와 E가 더 낮다.

답 ③

일반형(설명형)-08 [5급 16-12]

다음 〈표〉는 A지역 공무원 150명을 대상으로 설문조사를 실시한 뒤, 제출된 설문지의 문항별 응답 결과를 정리한 것이다. 〈표〉와 〈조건〉을 적용한 〈보기〉의 설명 중 옳은 것만을 모두 고르면?

〈표〉 설문지 문항별 응답 결과

(단위: 명)

문항	응답 결과		문항	응답 결과	
	응답속성	응답수		응답속성	응답수
성	남자	63	소속 기관	고용센터	71
	여자	63		시청	3
연령	29세 이하	13		고용노동청	41
	30 ~ 39세	54	직급	5급 이상	4
	40 ~ 49세	43		6 ~ 7급	28
	50세 이상	15		8 ~ 9급	44
학력	고졸 이하	6	직무 유형	취업지원	34
	대졸	100		고용지원	28
	대학원 재학 이상	18		기업지원	27
근무 기간	2년 미만	19		실업급여 상담	14
	2년 이상 5년 미만	24		외국인 채용	8
	5년 이상 10년 미만	21		기획 총괄	5
	10년 이상	23		기타	8

┤ 조건 ├
- 설문조사는 동일 시점에 조사 대상자별로 독립적으로 이루어졌다.
- 설문조사 대상자 1인당 1부의 동일한 설문지를 배포하였다.
- 설문조사 문항별로 응답 거부는 허용된 반면 복수 응답은 허용되지 않았다.
- 배포된 150부의 설문지 중 제출된 130부로 문항별 응답 결과를 정리하였다.

┤ 보기 ├
ㄱ. 배포된 설문지 중 제출된 설문지 비율은 85% 이상이다.
ㄴ. 전체 설문조사 대상자의 학력 분포에서 '고졸 이하'의 비율이 가장 낮다.
ㄷ. 제출된 설문지의 문항별 응답률은 '직무유형'이 '소속기관'보다 높다.
ㄹ. '직급' 문항 응답자 중 '8 ~ 9급' 비율은 '근무기간' 문항 응답자 중 5년 이상이라고 응답한 비율보다 높다.

① ㄱ, ㄴ
② ㄱ, ㄹ
③ ㄴ, ㄷ
④ ㄱ, ㄷ, ㄹ
⑤ ㄴ, ㄷ, ㄹ

✔ 자료

✔ 설명별 난이도 판단

ㄱ 목적:
  난이도: (상 / 중 / 하)
  유형: 비중
ㄴ 목적:
  난이도: (상 / 중 / 하)
  유형: 극단으로
ㄷ 목적:
  난이도: (상 / 중 / 하)
  유형: 비중
ㄹ 목적:
  난이도: (상 / 중 / 하)
  유형: 비중

🔹 간단 퀴즈

Q 연관성이 있는 설명이 있는가?
  있다면, 어떤 설명인가?
  +본인이 느끼기에 가장 쉬운 설명은 무엇인가?

A 연관성 = 없음

💡 관점 적용하기

ㄱ (O) 목적: 배포된 설문지중 제출된 설문지 비율

$\dfrac{130}{150} = \dfrac{85+45}{100+50}$ 〉 85%이므로, 85% 이상이다.

ㄴ (X) 목적: 설문조사 대상자 중 학력 분포 비율의 비교

설문조사 대상자는 150명이나, 조사된 학력은 124명뿐이다.

즉, 26명에 대한 정보는 범위성이라고 판단 할 수 있다.

따라서, 고졸은 6~32명의 범위를 가지고 있고, 대학원 재학이상은 18~44의 범위를 가지고 있으므로

고졸이 가장 작다고 할 수 없다.

ㄷ (O) 목적: 제출된 설문지 문항별 응답률

제출된 설문지 중 응답한 인원에 대한 비율이므로 주어진 정보만으로 파악이 가능하다.

제출된 설문지는 직무유형과 소속기관 둘 다 같으므로 각 문항별 응답인원만으로 비교하면 된다.

직무유형: 34+28+27+14+8+5+8 = 124명, 소속기관: 71+3+41 = 115명

따라서, 직무유형이 소속기관보다 높다.

ㄹ (O) 목적: 전체 중 부분의 비율

직급 중 8~9급의 비율: $\dfrac{44}{44+28+4}$, 근무기간 중 5년 이상의 비율: $\dfrac{21+23}{19+24+21+23}$

둘 다 분자가 44로 동일하기에 뺄셈 테크닉을 통해서 분모만 비교하자.

직급 중 8~9급의 비율의 분모: 28+4 = 32, 근무기간 중 5년 이상의 비율의 분모: 19+24 = 43

따라서, 직급 중 8~9급의 비율이 더 높다.

답 ④

일반형(설명형)-09 [5급 10-16]

다음은 발전량에 따라 계통한계가격과 보상액을 결정하는데 필요한 자료이다. 발전기별 발전량과 변동비, 시간대별 전력수요 변화가 〈표〉, 〈그림〉과 같을 때, 〈결정기준〉을 근거로 한 내용 중 옳은 것은?

〈표〉 발전기별 발전량과 변동비

발전기	발전량(만kW)	변동비(원 / kWh)
A	20	125.53
B	20	120.61
C	30	113.65
D	20	100.87
E	20	84.24
F	20	36.95
G	40	29.94
H	100	3.09

〈그림〉 시간대별 전력수요 변화

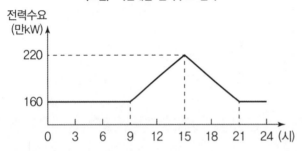

┤ 결정기준 ├

• 계통한계가격은 변동비가 저렴한 순서대로 발전기를 가동할 때 전력수요를 충족시키는 마지막 발전기의 변동비로 결정된다.
• 보상액은 가동된 발전기의 변동비에 상관없이 계통한계가격으로 결정된다.
• 보상순이익은 보상액에서 변동비를 뺀 값이다.

※ 1) 변동비, 보상액 및 보상순이익은 단위(kWh)당 금액임.
   2) 전력수요를 충족시키는 최소한의 발전기를 가동하며, 특정한 가정이 없는 한 발전기의 고장은 없는 것으로 함.
   3) 예를 들어 전력수요가 130(만kW)일 경우, 발전기는 2기(H, G)를 가동하고 발전기의 계통한계가격은 29.94원 / kWh으로 결정함.

① 6시에 적용되는 계통한계가격은 84.24 원 / kWh이다.
② 12시에 가동되지 않는 발전기의 수는 2기이다.
③ F 발전기가 18시에 얻을 수 있는 보상순이익은 47.29 원 / kWh이다.
④ G 발전기가 얻을 수 있는 최대 보상순이익은 83.71 원 / kWh이다.
⑤ G 발전기가 고장나더라도 A 발전기를 가동하는 경우는 없다.

☑ 자료

☑ 설명별 난이도 판단

① 목적:
   난이도: (상 / 중 / 하)
   유형: 자료 이해
② 목적:
   난이도: (상 / 중 / 하)
   유형: 자료 이해
③ 목적:
   난이도: (상 / 중 / 하)
   유형: 자료 이해
④ 목적:
   난이도: (상 / 중 / 하)
   유형: 자료 이해
⑤ 목적:
   난이도: (상 / 중 / 하)
   유형: 자료 이해

🔔 간단 퀴즈

Q 연관성이 있는 설명이 있는가?
   있다면, 어떤 설명인가?
   +본인이 느끼기에 가장 쉬운 설명은 무엇인가?

        A 연관성 = ②, ③ or ③, ④

관점 적용하기

① (X) 목적: 계통한계가격
　　계통한계가격은 전력수요를 만족시키는 마지막 발전기의 변동비이다.
　　6시에는 160의 전력수요가 있고 160을 만족시키기 위해 가동되는 발전기는 H, G, F 총 3개이며,
　　이중 변동비가 가장 비싼 발전기는 F이므로, 계통한계가격은 36.95이다. 따라서 옳지 않다.

② (X) 목적: 가동되지 않는 발전기의 수
　　12시에는 190의 전력수요가 있고, 190을 만족시키기 위해 가동되는 발전기는 H, G, F, E, D으로 총 5개이며,
　　가동되지 않는 발전기는 A, B, C로 총 3개이다. 따라서 옳지 않다.

③ (X) 목적: 보상순이익
　　보상순이익은 계통한계가격 - 해당 발전기의 변동비로 구성된다. 따라서 계통한계가격부터 구해야 한다.
　　18시에는 190의 전력수요가 있고, 190을 만족시키기 위해 가동되는 발전기는 H, G, F, E, D으로 총 5개이다.
　　이중 변동비가 가장 비싼 발전기는 D이므로, 계통한계가격은 100.87이다.
　　F의 보상순이익 = 100.87 - 36.95 = 63.92이다. 따라서 옳지 않다.

④ (O) 목적: 보상순이익
　　보상순이익은 계통한계가격 - 해당 발전기의 변동비로 구성된다. 따라서 계통한계가격부터 구해야 한다.
　　G발전기의 최대 보상순이익을 구하기 위해서는 전력수요가 가장 많을 때의 계통한계가격을 구해야 한다.
　　즉 15시, 전력수요가 220일 때 가동되는 발전기는 H, G, F, E, D, C로 총 6개이다.
　　이중 변동비가 가장 비싼 발전기는 C이므로, 계통한계가격은 113.65이다.
　　G의 최대보상순이익 = 113.65 - 29.94 = 83.71이다. 따라서 옳다.

⑤ (X) 목적: A발전기의 가동여부
　　A발전기가 가동되기 위해서는 전력수요가 최대여야 한다.
　　즉 15시, 전력수요가 220일 때 가동되는 발전기를 고려해 보자.
　　H, F, E, C, B만으로는 발전량이 210이므로 A까지 가동해야 한다. 따라서 옳지 않다.

답 ④

해당 자료의 저작권은 메가피셋 김은기 강사에게 있습니다. **193**

⁘ 일반형(설명형)-10 [5급 22-37]

다음 〈표〉는 '갑'국 소프트웨어 A ~ C의 개발에 관한 자료이다. 〈표〉와 〈개발비 및 생산성지수 산정 방식〉에 근거한 〈보기〉의 설명 중 옳은 것만을 모두 고르면?

〈표 1〉 소프트웨어 A ~ C의 기능유형별 기능 개수

(단위: 개)

소프트웨어	기능유형	내부논리파일	외부연계파일	외부입력	외부출력	외부조회
A		10	5	5	10	4
B		15	4	6	7	3
C		3	2	4	6	5

〈표 2〉 기능유형별 가중치

기능유형	내부논리파일	외부연계파일	외부입력	외부출력	외부조회
가중치	7	5	4	5	3

〈표 3〉 소프트웨어 A ~ C의 보정계수, 이윤 및 공수

소프트웨어	구분	보정계수				이윤(%)	공수
		규모계수	언어계수	품질 및 특성계수	애플리케이션유형계수		
A		0.8	2.0	0.2	2.0	20	20
B		1.0	1.0	1.2	3.0	10	30
C		0.8	2.0	1.2	1.0	20	10

※ 공수는 1인의 개발자가 1개월 동안 일하는 노력의 양(man-month)을 의미함.

┤ 개발비 및 생산성지수 산정 방식 ├

- 개발비 = 개발원가 + 개발원가 × 이윤
- 개발원가 = 기준원가 × 보정계수
- 기준원가 = 기능점수 × 50만원
- 보정계수 = 규모계수 × 언어계수 × 품질 및 특성계수 × 애플리케이션유형계수
- 기능점수는 각 기능유형별 기능 개수에 해당 기능유형별 가중치를 곱한 값의 합으로 계산됨.
- 생산성지수 = $\dfrac{기능점수}{공수}$

┤ 보기 ├

ㄱ. 기능점수는 B가 가장 높고 C가 가장 낮다.
ㄴ. 기준원가가 가장 낮은 소프트웨어와 개발비가 가장 적은 소프트웨어는 동일하다.
ㄷ. 개발원가와 기준원가의 차이는 B가 C의 5배 이상이다.
ㄹ. 기능점수가 가장 높은 소프트웨어가 생산성지수도 가장 크다.

① ㄱ, ㄴ ② ㄱ, ㄷ
③ ㄱ, ㄹ ④ ㄴ, ㄷ
⑤ ㄴ, ㄹ

✓ **자료**

✓ **설명별 난이도 판단**

ㄱ 목적:
난이도: (상 / 중 / 하)
유형: 가중치 총합

ㄴ 목적:
난이도: (상 / 중 / 하)
유형: 자료 이해

ㄷ 목적:
난이도: (상 / 중 / 하)
유형: 자료 이해

ㄹ 목적:
난이도: (상 / 중 / 하)
유형: 자료 이해

🔹 간단 퀴즈

Q 연관성이 있는 설명이 있는가? 있다면, 어떤 설명인가?
+본인이 느끼기에 가장 쉬운 설명은 무엇인가?

A 연관성 = ㄱ, ㄹ & ㄴ, ㄷ

관점 적용하기

ㄱ (O) 목적: 기능점수 = Σ[기능개수 × 기능 가중치]

기능 가중치를 보면 외부연계파일과 외부출력이 같다. 따라서 하나로 뭉쳐 생각한다.

또한 외부입력과 외부조회의 가중치를 더하면 7이 된다. 따라서 이것도 뭉쳐서 생각하자.

그렇다면 다음과 같이 기능 개수가 변환된다.

	가중치 7 내부논리파일, 외부입력+외부조회	가중치 5 외부연계파일, 외부출력	그외	합계
A	10+4 = 14	5+10 = 15	외부입력 1	14×7 + 15×5 + 1×4 = 177
B	15+3 = 18	4+7 = 11	외부입력 3	18×7 + 11×5 + 3×4 = 193
C	3+4 = 7	2+6 = 8	외부입력 1	7×7 + 8×5 + 1×4 = 93

기능점수는 B가 가장 높고, C가 가장 낮다. 따라서 옳다.

ㄴ (X) 목적: 기준원가와 소프트웨어 개발비 비교

기준원가 = 기능점수 × 50만원 → 기능점수가 가장 낮은 소프트웨어는 C

개발비 = 기준원가 × 보정계수 × (1+이윤) → 이윤은 큰 영향을 미칠 수 없다.

따라서 기준원가와 보정계수에 힘을 주어 비교하자.

	A	B	C
기준원가	177	193	93
보정계수	0.8×2.0×0.2×2.0 = 0.64	1.0×1.0×1.2×3.0 = 3.60	0.8×2.0×1.2×1.0 = 1.92

C가 기준원가는 가장 작지만 보정계수가 A에 비해 5배 이상 크기 때문에 개발비가 가장 작을 수 없다.

따라서 옳지 않다.

ㄷ (O) 목적: 개발원가와 기준원가의 차이

개발원가와 기준원가에 모두 50이 포함되므로 50은 무시한다.

B의 개발원가와 기준원가의 차이 = 193 × (3.6-1) = 501.8

C의 개발원가와 기준원가의 차이 = 93 × (1.92-1) = 85.56

B가 C의 5배 이상이다. 따라서 옳다.

ㄹ (X) 목적: 기능점수와 생산성지수

기능점수가 가장 높은 소프트웨어는 B이다.

그러나 공수는 B가 C보다 3배 크기 때문에, 생산성지수는 C($= \frac{93}{10}$)가 B($= \frac{193}{30}$)보다 크다.

답 ②

해당 자료의 저작권은 메가피셋 김은기 강사에게 있습니다.

매칭형

간단 요약

일반적으로 바르게 나열한 것은? 으로 끝나는 문제의 유형들을 말한다.

일반형과는 다르게 '매칭형'만이 지니고 있는 힌트들이 존재한다.
위의 힌트를 잘 이용하느냐에 따라
문제의 난도와 풀이시간이 대폭 감소된다.

따라서, 매칭형임을 파악하고 힌트를 최대한 활용하자.

1 매칭형 총론

Q 매칭형은 어떻게 구성되고 특징은 무엇이 있나요?

 매칭형은 주로 다음의 발문으로 구성된다.

"바르게 나열한 것은?"

간혹 바르게 나열한 것?으로 끝나지 않는 매칭형도 존재하며,

또한, 바르게 나열한 것? 이라고 끝나지만 매칭형이 아닌 것들도 존재한다.

이것을 명확하게 분류하기 위해서는

매칭형이 정확히 어떻게 구성되는지와 매칭형이 가진 특징을 알아야 한다.

매칭형은 구성요소는 〈자료〉, 〈조건〉, 〈선지〉가 있다.

자료: 일반형의 자료와 큰 차이가 존재하지 않는다.

조건: 설명의 일종이나, 일반형의 설명과는 '옳은 문장'이라는 특성을 가지고 있다.

> 설명: 판매량이 2700개 이상인 제품은 A, B, C이다.
> 일반형이라면 → A, B, C의 제품들이 2,700개를 넘는지 확인해야 한다.
> 매칭형이라면 → 2,700개 이상인 제품이 3개뿐이라는 정보도 함축하고 있다.
> 　　　　　　 따라서, 판매량 상위 3개 제품이 A, B, C이다.

선지: 매칭형의 발문을 보면 바르게 나열한 것? 이라는 발문을 지니고 있다.

　　　 즉, 주어진 선지중에 바르게 나열 된 것이 존재한다는 것을 내포하고 있다.

　　　 그렇기에 정답이 될 수 있는 후보를 제공해준다.

> 매출액이 가장 큰 과일은 참외이다.
> 일반형이라면 → 진짜 참외 인지 확인한다.
> 매칭형이라면 → 선지의 구성 중 참외가 가능한 것만을 이용하여 비교한다.
> 　　　　　　 예를들어 선지의 구성에 따라 A, C에만 참외가 존재한다면
> 　　　　　　 가장 큰 것을 확인하기 위해 모든 것을 비교하는 것이 아니라
> 　　　　　　 A와 C중 더 큰 것을 찾으면 참외가 무엇인지 알 수 있다.

따라서, 〈조건〉을 해결할 때 〈선지〉를 이용하면 비교의 양을 줄일 수 있다.

또한, 해결된 〈조건〉을 통해 〈선지〉를 소거하면 비교의 양을 더욱 줄일 수 있다.

그렇기에 어떤 〈조건〉을 먼저 해결하느냐에 따라 비교의 양이 변화된다.

Q **어떤 조건부터 해결해야 하나요?**

조건 풀이의 '우선 순위'는 다음과 같다.

	〈조건〉 문장의 형식	숨겨진 뜻
1순위	X인 것은 A이다. Ex) 원가율이 50% 이하인 책은 기본서이다.	→ X인 것은 A뿐이다. → 원가율이 50% 이하인 것은 기본서 1개 뿐이다.
2순위	A는 X이다. Ex) 기본서의 원가율은 50% 이하이다.	→ X인 것은 A뿐인지는 알 수 없다. → 원가율이 50% 이하인 것이 여러개 일 수 있다.
3순위	그 외, Ex) 원가율은 기본서가 기초서보다 크다.	→ 선지를 통해서 힌트를 얻어야 한다. 따라서, 다른 조건에 대한 해결이 필요하다.

단, 문장 구성에 따라서 1순위여도 비교해야할 정보 양이 많거나 난이도가 너무 높다면,
다른 조건을 먼저 해결 하는 것이 더 좋다.

Q **그래서 매칭형은 무엇인가요?**

매칭형인지를 결정하는 가장 중요한 요소는 매칭형의 특성들을 힌트로 사용 할 수 있는지로 결정된다.
예를 들어
〈조건〉에 주어진 문장들을 가볍게 읽어서 우선 순위를 파악 할 수 있는 구조라면, 매칭형이다.
〈선지〉에 주어진 값들이 비교의 양을 줄여주는 역할을 한다면, 매칭형이다.
위의 두가지 중 한가지라도 만족한다면, 발문이 바르게 나열한 것은?이 아니여도 그것은 매칭형이다.
반면에 〈자료〉, 〈조건〉, 〈선지〉가 모두 주어져도
〈조건〉은 단문의 형태로 나열하지 않고 장문의 형태, 또는 보고서의 형태로 주어졌다면,
〈선지〉는 두 번째로 큰 것을 물어보는 등의 구조여서 비교의 양을 줄일 수 없는 형태라면,
〈조건〉과 〈선지〉에서 모두 힌트를 주지 않는다면 발문이 바르게 나열한 것은?이여도 그것은 매칭형이 아니다.

Q **매칭형의 풀이 순서도는 어떻게 되나요?**

'풀이 순서도'는 다음과 같다.

매칭형의 풀이 순서도	
1) 유형 파악하기	: 주어진 문제가 매칭형인지 파악하자. 〈조건〉의 우선순위의 파악이 가능한지, 〈선지〉에서 힌트가 있는지 확인하자.
2) 자료의 파악	: 다음으로 해야할 것은 주어진 자료를 보고 이해하는 것이다. 주어진 자료를 보면서 체크리스트를 체크하며, 또한 일반적인 자료에서는 잘 보이지 않는 '차이점'에 집중한다. 만약 자료가 이해가지 않는다면, 해당 문제는 일단 뒤로 넘겨야 한다.
3) 풀이의 전략	: 1) 〈조건〉의 우선순위를 생각하라. 2) 〈조건〉을 해결할 땐 〈선지〉를 최대한 이용해서 비교의 양을 줄여라. 3) 주어진 〈조건〉만으로 정답이 확정된다는 사실을 이용하자.

해당 자료의 저작권은 메가피셋 김은기 강사에게 있습니다.

2 표준형

Q 매칭형(표준형)는 무엇인가요? 그리고 어떻게 풀어야 하나요?

 매칭형(표준형)은 매칭형의 모든 요소를 가지고 있는 표준적인 형태를 의미한다.
따라서, 〈자료〉, 〈조건〉, 〈선지〉가 모두 존재한다.

그에 따라서, 매칭형에서의 모든 힌트가 사용 가능하다.
매칭형에서 사용가능한 힌트는 다음과 같다.

1) 조건의 우선순위 이용하기

> 인터넷 사용률이 전세계 평균의 1.2배 이상인 국가는 가, 나, 다이다.
> → 문장의 형식이 X는 A이다. 즉 1순위 형태이다.
> 따라서 1.2배 이상를 만족하는 국가는 오직, 가, 나, 다 3개국 뿐이다.
> 즉, 1.2배의 값을 구하는 것이 아니라 인터넷 사용률이 큰 3개의 국가만 찾으면 된다.

2) 선지 이용하기

주어진 선지	A	B	C	D
①	갑	을	병	정
②	을	갑	정	병

> 자동차를 가장 많이 판매한 국가는 갑국이다.
> → 갑국이 될 수 있는 것은 A와 B뿐이므로 A와 B중 더 큰 국가가 가장 많이 판매한 갑국이다.

3) 마지막 조건 이용하기
(※ 마지막 조건이란, A와 B를 확정 시키기 위해 남은 마지막 조건을 의미함.)

주어진 선지	A	B	C	D
①	갑	을	병	정
②	갑	을	정	병

> 자동차 생산량은 한국보다 병국이 많다. (단, 병과 정을 나눌 수 있는 남은 조건이 없는 경우)
> → 병국이 될 수 있는 것은 C와 D뿐이다.
> 만약 C가 한국보다 많은 자동차를 생산했다면, D는 한국보다 적은 자동차를 생산해야 한다.
> 만약 D가 한국보다 많은 자동차를 생산했다면, C는 한국보다 적은 자동차를 생산해야 한다.
> 따라서, 자동차 생산량이 가능한 경우는 C 〈 한국 〈 D(병) 이거나, D 〈 한국 〈 C(병)이다.
> 즉 C와 D만 비교해도, 자동차 생산량이 더 많은 국가가 병국임을 파악할 수 있다.

매칭형 (표준형)이라면, 위의 3가지 힌트를 모두 이용하며 문제를 풀어야 한다.

Q 매칭형의 풀이 순서도는 어떻게 되나요?

 '풀이 순서도'는 다음과 같다.

매칭형의 풀이 순서도	
1) 유형 파악하기	: 주어진 문제가 매칭형인지 파악하자. 〈조건〉의 우선순위의 파악이 가능한지, 〈선지〉에서 힌트가 있는지 확인하자.
2) 자료의 파악	: 다음으로 해야할 것은 주어진 자료를 보고 이해하는 것이다. 주어진 자료를 보면서 체크리스트를 체크하며, 또한 일반적인 자료에서는 잘 보이지 않는 '차이점'에 집중한다. 만약 자료가 이해가지 않는다면, 해당 문제는 일단 뒤로 넘겨야 한다.
3) 풀이의 전략	: 1) 〈조건〉의 우선순위를 생각해라. 　　1순위 조건 = 개수도 알려준다. 2) 〈조건〉을 해결할 땐 〈선지〉를 최대한 이용해서 비교의 양을 줄여라. 　　선지를 이용하여 비교의 양을 줄이자. (1순위 조건에 유용) 3) 주어진 〈조건〉만으로 정답이 확정된다는 사실을 이용하자. 　　주어진 조건이 더 없다면 정답이 확정된다는 사실을 이용하여 비교의 양을 줄이자.

해당 자료의 저작권은 메가피셋 김은기 강사에게 있습니다. **201**

매칭형(표준형)-01[5급 16-02]

다음 〈표〉는 2010 ~ 2012년 남아공, 멕시코, 브라질, 사우디, 캐나다, 한국의 이산화탄소 배출량에 대한 자료이다. 다음 〈조건〉을 근거로 하여 A ~ D에 해당하는 국가를 바르게 나열한 것은?

✓ 자료

〈표〉 2010 ~ 2012년 국가별 이산화탄소 배출량

(단위: 천만톤, 톤/인)

국가 \ 구분 \ 연도		2010	2011	2012
한국	총배출량	56.45	58.99	59.29
	1인당 배출량	11.42	11.85	11.86
멕시코	총배출량	41.79	43.25	43.58
	1인당 배출량	3.66	3.74	3.75
A	총배출량	37.63	36.15	37.61
	1인당 배출량	7.39	7.01	7.20
B	총배출량	41.49	42.98	45.88
	1인당 배출량	15.22	15.48	16.22
C	총배출량	53.14	53.67	53.37
	1인당 배출량	15.57	15.56	15.30
D	총배출량	38.85	40.80	44.02
	1인당 배출량	1.99	2.07	2.22

※ 1인당 배출량(톤/인) = $\dfrac{총배출량}{인구}$

✓ 조건별 우선순위 파악

1순위 조건:

2순위 조건:

3순위 조건:

┤ 조건 ├

• 1인당 이산화탄소 배출량이 2011년과 2012년 모두 전년대비 증가한 국가는 멕시코, 브라질, 사우디, 한국이다.
• 2010 ~ 2012년 동안 매년 인구가 1억명 이상인 국가는 멕시코와 브라질이다.
• 2012년 인구는 남아공이 한국보다 많다.

	A	B	C	D
①	남아공	사우디	캐나다	브라질
②	남아공	브라질	캐나다	사우디
③	캐나다	사우디	남아공	브라질
④	캐나다	브라질	남아공	사우디
⑤	캐나다	남아공	사우디	브라질

🔶 간단 퀴즈

어떤 조건부터 풀었는가?
마지막 조건은 무엇인가?
관점 적용하기와 같았는가?
달랐다면 어떠한 점이 달랐는가?

🖍️ 관점 적용하기

1순위 조건 → 조건 1, 조건 2 / 2순위 조건 → 없음 / 3순위 조건 → 조건 3
따라서, 조건 1과 조건 2 중 아무거나 선택하여 문제를 푼다.

조건 2 → 인구가 큰 2개의 국가를 찾으면 해당 국가는 멕시코와 브라질이다.
　　　　멕시코는 이미 주어졌으므로, A~D에서 인구가 가장 큰 국가는 브라질이다.
　　　　선지에 의해 브라질은 B 혹은 D이므로 B와 D 중 더 큰 국가인 D가 브라질이다. → ②, ④ 소거

조건 1 → 1인당 이산화탄소 배출량이 매년 증가한 국가는 B와 D이다. 따라서 B는 사우디이다. → ⑤ 소거

조건 3 → 남아공은 A 또는 C이다. 따라서 A 또는 C 중 더 큰 국가는 남아공이다.
　　　　(※ 인구의 순서는 남아공 〉 한국 〉 캐나다이므로, 남아공과 캐나다를 비교하는 것 더 편하다)
　　　　$A = \dfrac{37.61}{7.20}$, $C = \dfrac{53.37}{15.30}$ 이므로, A가 더 크다. 따라서 A = 남아공, C = 캐나다이므로 답 = ①

답 ①

매칭형(표준형)-02 [5급 20-11]

다음 〈표〉는 2019년 화학제품 매출액 상위 9개 기업의 매출액에 대한 자료이다. 〈표〉와 〈조건〉에 근거하여 A ~ D에 해당하는 기업을 바르게 나열한 것은?

〈표〉 2019년 화학제품 매출액 상위 9개 기업의 매출액

(단위: 십억 달러, %)

구분 기업	화학제품 매출액	전년 대비 증가율	총매출액	화학제품 매출액 비율
비스프	72.9	17.8	90.0	81.0
A	62.4	29.7	( )	100.0
B	54.2	28.7	( )	63.2
자빅	37.6	5.3	39.9	94.2
C	34.6	26.7	( )	67.0
포르오사	32.1	14.2	55.9	57.4
D	29.7	10.0	( )	54.9
리오넬바셀	28.3	15.0	34.5	82.0
이비오스	23.2	24.7	48.2	48.1

※ 화학제품 매출액 비율(%) = $\dfrac{\text{화학제품 매출액}}{\text{총매출액}} \times 100$

┤조건├

- '드폰'과 'KR 화학'의 2018년 화학제품 매출액은 각각 해당 기업의 2019년 화학제품 매출액의 80% 미만이다.
- '벡슨모빌'과 '시노텍'의 2019년 화학제품 매출액은 각각 총매출액에서 화학제품을 제외한 매출액의 2배 미만이다.
- 2019년 총매출액은 '포르오사'가 'KR 화학'보다 작다.
- 2018년 화학제품 매출액은 '자빅'이 '시노텍'보다 크다.

	A	B	C	D
①	드폰	벡슨모빌	KR 화학	시노텍
②	드폰	시노텍	KR 화학	벡슨모빌
③	벡슨모빌	KR 화학	시노텍	드폰
④	KR 화학	시노텍	드폰	벡슨모빌
⑤	KR 화학	벡슨모빌	드폰	시노텍

✓ 자료

✓ 조건별 우선순위 파악

1순위 조건:

2순위 조건:

3순위 조건:

🔺 간단 퀴즈

어떤 조건부터 풀었는가?
마지막 조건은 무엇인가?
관점 적용하기와 같았는가?
달랐다면 어떠한 점이 달랐는가?

관점 적용하기

1순위 조건 → 없음 / 2순위 조건 → 조건 1, 조건 2 / 3순위 조건 → 조건 3, 조건 4
따라서, 조건 1과 조건 2 중 아무거나 선택하여 문제를 푼다.

조건 1 → 2018년 매출액과 2019년 매출액의 비율이 80% 미만이다.

$$\rightarrow \frac{2018년\ 매출액}{2019년\ 매출액} = \frac{2018년\ 매출액 \times 1}{2018년\ 매출액 \times (1 \pm 율율율)} = \frac{1}{1 \pm 율율율}$$

$\dfrac{1}{1 \pm 율율율}$ 이 80%($\dfrac{4}{5}$) 미만이라면, 율율율의 값이 25% 이상이여야 한다.

따라서, 80% 미만을 만족하는 기업은 A, B, C이고, 해당 기업은 드폰 또는 KR화학이다.
→ ③ 소거 → 조건 2는 벡슨모빌과 시노텍에 대한 조건이므로 풀 필요가 없다.

조건 3 → KR화학은 A 또는 C이다. 따라서 A 또는 C 중 더 큰 국가는 KR화학이다.

총매출액 $A = \dfrac{62.4}{100\%}$, $C = \dfrac{34.6}{67.0\%}$ → A가 더 크다. 따라서 A는 KR화학이다. → ①, ②소거

조건 4 → 시노텍은 B 또는 D이다. 따라서 B 또는 D 중 더 작은 국가는 시노텍이다.

18년 화학제품 $B = \dfrac{54.2}{1+28.7\%}$, $D = \dfrac{29.7}{1+10\%}$ → D가 더 작다. 따라서 D는 시노텍이다. → 답: ⑤

답 ⑤

해당 자료의 저작권은 메가피셋 김은기 강사에게 있습니다. **205**

매칭형(표준형)-03 [5급 19-08]

다음 〈표〉는 1996 ~ 2015년 생명공학기술의 기술분야별 특허건수와 점유율에 관한 자료이다. 〈표〉와 〈조건〉에 근거하여 A ~ D에 해당하는 기술분야를 바르게 나열한 것은?

〈표〉 1996 ~ 2015년 생명공학기술의 기술분야별 특허건수와 점유율

(단위: 건, %)

구분 기술분야	전세계 특허건수	미국 점유율	한국 특허건수	한국 점유율
생물공정기술	75,823	36.8	4,701	6.2
A	27,252	47.6	1,880	( )
생물자원탐색기술	39,215	26.1	6,274	16.0
B	170,855	45.6	7,518	( )
생물농약개발기술	8,122	42.8	560	6.9
C	20,849	8.1	4,295	( )
단백질체기술	68,342	35.1	3,622	5.3
D	26,495	16.8	7,127	( )

※ 해당국의 점유율(%) = $\dfrac{\text{해당국의 특허건수}}{\text{전세계 특허건수}} \times 100$

┤ 조건 ├
- '발효식품개발기술'과 '환경생물공학기술'은 미국보다 한국의 점유율이 높다.
- '동식물세포배양기술'에 대한 미국 점유율은 '생물농약개발기술'에 대한 미국 점유율보다 높다.
- '유전체기술'에 대한 한국 점유율과 미국 점유율의 차이는 41%p 이상이다.
- '환경생물공학기술'에 대한 한국의 점유율은 25% 이상이다.

	A	B	C	D
①	동식물세포배양기술	유전체기술	발효식품개발기술	환경생물공학기술
②	동식물세포배양기술	유전체기술	환경생물공학기술	발효식품개발기술
③	발효식품개발기술	유전체기술	동식물세포배양기술	환경생물공학기술
④	유전체기술	동식물세포배양기술	발효식품개발기술	환경생물공학기술
⑤	유전체기술	동식물세포배양기술	환경생물공학기술	발효식품개발기술

✓ 자료

✓ 조건별 우선순위 파악

1순위 조건:

2순위 조건:

3순위 조건:

🔹 간단 퀴즈

어떤 조건부터 풀었는가?
마지막 조건은 무엇인가?
관점 적용하기와 같았는가?
달랐다면 어떠한 점이 달랐는가?

해당 자료의 저작권은 메가피셋 김은기 강사에게 있습니다.

💡 **관점 적용하기**

1순위 조건 → 없음 / 2순위 조건 → 조건 1, 조건 2, 조건 3, 조건 4 / 3순위 조건 → 없음
따라서, 아무 조건이나 쉬운 것을 선택하여 문제를 푼다.

조건 2 → 생물농약개발기술보다 미국 점유율이 높은 기술분야는 A와 B뿐이다.
　　　　따라서 A와 B 중 하나가 동식물세포배양기술이다. → ③ 소거 → 조건 1은 의미가 없다.

조건 4 → 한국의 점유율 = $\dfrac{한국}{전세계}$ A~D 중에 25% 보다 큰 기술분야는 D뿐이다.
　　　　따라서 D = 환경생물공학기술이다. → ②, ⑤ 소거

조건 3 → 유전체기술은 A 또는 B이다. 따라서 A 또는 B 중 하나의 국가만 41%p 이상의 차이가 난다.
　　　　만약 A가 41%p 이상 차이가 난다면 A의 한국 점유율은 6.6% 여야 한다.
　　　　→ $\dfrac{1880}{27252} = \dfrac{1800+80}{27000+252}$ 6.6% 이상이다. 따라서 B가 유전체기술이다. → 답: ①

답 ①

매칭형(표준형)-04 [5급 16-33]

다음 〈표〉는 스마트폰 기종별 출고가 및 공시지원금에 대한 자료이다. 〈조건〉과 〈정보〉를 근거로 A ～ D에 해당하는 스마트폰 기종 '갑' ～ '정'을 바르게 나열한 것은?

〈표〉 스마트폰 기종별 출고가 및 공시지원금

(단위: 원)

기종 \ 구분	출고가	공시지원금
A	858,000	210,000
B	900,000	230,000
C	780,000	150,000
D	990,000	190,000

┤조건├

• 모든 소비자는 스마트폰을 구입할 때 '요금할인' 또는 '공시지원금' 중 하나를 선택한다.
• 사용요금은 월정액 51,000원이다.
• '요금할인'을 선택하는 경우의 월 납부액은 사용요금의 80%에 출고가를 24(개월)로 나눈 월 기기값을 합한 금액이다.
• '공시지원금'을 선택하는 경우의 월 납부액은 출고가에서 공시지원금과 대리점보조금(공시지원금의 10%)을 뺀 금액을 24(개월)로 나눈 월 기기값에 사용요금을 합한 금액이다.
• 월 기기값, 사용요금 이외의 비용은 없고, 10원 단위 이하 금액은 절사한다.
• 구입한 스마트폰의 사용기간은 24개월이고, 사용기간 연장이나 중도해지는 없다.

┤정보├

• 출고가 대비 공시지원금의 비율이 20% 이하인 스마트폰 기종은 '병'과 '정'이다.
• '공시지원금'을 선택하는 경우의 월 납부액보다 '요금할인'을 선택하는 경우의 월 납부액이 더 큰 스마트폰 기종은 '갑' 뿐이다.
• '공시지원금'을 선택하는 경우 월 기기값이 가장 작은 스마트폰 기종은 '정'이다.

	A	B	C	D
①	갑	을	정	병
②	을	갑	병	정
③	을	갑	정	병
④	병	을	정	갑
⑤	정	병	갑	을

✓ 자료

✓ 조건별 우선순위 파악

1순위 조건:

2순위 조건:

3순위 조건:

🔊 간단 퀴즈

어떤 조건부터 풀었는가?
마지막 조건은 무엇인가?
관점 적용하기와 같았는가?
달랐다면 어떠한 점이 달랐는가?

🔍 관점 적용하기

1순위 조건 → 조건 1, 조건 , 조건 3 / 2순위 조건 → 없음 / 3순위 조건 → 없음
따라서, 아무 조건이나 쉬운 것을 선택하여 문제를 푼다.

조건 1 → 출고가 대비 공시지원금이 20% 이하인 스마트폰은 C와 D뿐이다. → ④ 소거
  (※ A와 B의 공시지원금은 20만원이 넘으므로 출고가 100만원 이상이여야 20% 이하일 수 있다.)

조건 3 → 공시지원금 선택 시 월기기값이 가장 작은 스마트폰은 C 또는 D 둘 중 하나이다.
  따라서 C와 D중에 더 저렴한 것만 생각하면 된다.
  월정액의 크기는 동일하므로, C와 D의 출고가−공시지원금을 비교하면 C가 더 작다.
  따라서 C = 정이다. → ②, ⑤ 소거

조건 2 → 공시지원금 선택보다 요금할인의 비용이 더 큰 스마트폰은 A 또는 B 둘 중 하나이다.
  만약 A가 해당 조건을 만족하지 않는다면 B가 갑이다.
  A에서 공시지원금을 선택하면 $51{,}000 + (858{,}000 - 210{,}0000 \times 1.1)/24 = 51{,}000 + 26{,}120 = 77{,}120$
  A에서 요금할인을 선택하면 $51{,}000 \times 0.8 + (858{,}000)/24 = 40{,}800 + 35{,}750 = 76{,}550$
  요금할인을 이용한 경우가 더 저렴하다. 따라서 B = 갑 이다. → 답 ③
  (※ 풀이편에서 배운 것처럼 푸는 것이 가장 좋으나, 만약 떠오르지 않은 경우를 대비한 풀이방법이다.)

답 ③

해당 자료의 저작권은 메가피셋 김은기 강사에게 있습니다.

매칭형(표준형)-05 [5급 20-37]

다음 〈표〉는 4명의 응시자(민수, 영수, 철수, 현수)가 5명의 면접관으로부터 받은 점수에 관한 자료이다. 〈표〉와 〈조건〉을 근거로 '가' ~ '라'에 해당하는 응시자를 바르게 나열한 것은?

〈표〉 응시자의 면접관별 점수

(단위: 점)

면접관 응시자	면접관 1	면접관 2	면접관 3	면접관 4	면접관 5
가	10	7	5	9	9
나	8	5	( )	9	7
다	9	( )	9	( )	7
라	( )	5	8	8	9

※ 1) 각 면접관은 5점부터 10점까지의 정숫값을 면접 점수로 부여함.
  2) 중앙값은 주어진 값들을 크기순으로 나열했을 때 한가운데 위치한 값임. 예를 들면, 주어진 값들이 9, 6, 7, 5, 6인 경우 이를 크기순으로 나열하면 5, 6, 6, 7, 9이므로 중앙값은 6임.

┤ 조건 ├
• 평균이 8인 응시자는 민수와 현수뿐이다.
• 현수의 최솟값이 철수의 최솟값보다 크다.
• 영수의 중앙값은 8이며 철수의 중앙값보다 크다.

	가	나	다	라
①	민수	영수	현수	철수
②	민수	철수	현수	영수
③	현수	민수	철수	영수
④	현수	영수	민수	철수
⑤	현수	철수	민수	영수

✓ 자료

✓ 조건별 우선순위 파악

1순위 조건:

2순위 조건:

3순위 조건:

🔊 간단 퀴즈

어떤 조건부터 풀었는가?
마지막 조건은 무엇인가?
관점 적용하기와 같았는가?
달랐다면 어떠한 점이 달랐는가?

관점 적용하기

1순위 조건 → 조건 1 / 2순위 조건 → 없음 / 3순위 조건 → 조건 2, 조건 3
따라서, 조건 1부터 푼다.

조건 1 → 평균을 확인해야 하는데 점수가 다 주어진 응시자는 가뿐이다.
　　　　따라서 가의 평균부터 구한다. → 가의 평균 = 8점 → 가 = 민수 or 현수
　　　　→ 그나마 알게 된 정보가 민수 또는 현수에 대한 정보이므로 민수 또는 현수 정보와 연계된 조건 2로 이동한다.

조건 2 → 최솟값이 현수가 철수보다 크다고 하였다.
　　　　만약 '가'가 현수라면 현수의 최솟값은 5가 된다. 따라서 절대로 철수보다 클 수 없다.
　　　　따라서 '가'는 민수이고 '다'는 현수이다. → ③, ④, ⑤ 소거
　　　　현수의 최솟값을 알 수 없으므로 조건 3으로 이동한다.

조건 3 → 영수의 중앙값은 8이고 철수의 중앙값보다 크다.
　　　　'나' 또는 '라'가 영수이다.
　　　　'나'의 중앙값은 면접관 3의 점수에 따라 달라지나, '라'의 중앙값은 무조건 8이다.
　　　　만약, '나'의 중앙값이 8이 된다면 문제의 오류가 발생하므로, '라'가 영수이다. → 답 = ②

답 ②

매칭형(표준형)-06 [5급 17-05]

다음 〈표〉는 둘씩 짝지은 A~F 대학 현황 자료이다. 〈조건〉을 근거로 A-B, C-D, E-F 대학을 순서대로 바르게 짝지어 나열한 것은?

〈표〉 둘씩 짝지은 대학 현황 (단위: %, 명, 달러)

짝지은 대학	A-B		C-D		E-F	
	A	B	C	D	E	F
입학허가율	7	12	7	7	9	7
졸업률	96	96	96	97	95	94
학생 수	7,000	24,600	12,300	28,800	9,270	27,600
교수 1인당 학생 수	7	6	6	8	9	6
연간 학비	43,500	49,500	47,600	45,300	49,300	53,000

┤조건├
- 짝지어진 두 대학끼리만 비교한다.
- 졸업률은 야누스가 플로라보다 높다.
- 로키와 토르의 학생 수 차이는 18,000명 이상이다.
- 교수 수는 이시스가 오시리스보다 많다.
- 입학허가율은 토르가 로키보다 높다.

	A-B	C-D	E-F
①	오시리스 - 이시스	플로라 - 야누스	토르 - 로키
②	이시스 - 오시리스	플로라 - 야누스	로키 - 토르
③	로키 - 토르	이시스 - 오시리스	야누스 - 플로라
④	로키 - 토르	플로라 - 야누스	오시리스 - 이시스
⑤	야누스 - 플로라	이시스 - 오시리스	토르 - 로키

✔ 자료

✔ 조건별 우선순위 파악

1순위 조건:

2순위 조건:

3순위 조건:

🔹 간단 퀴즈

어떤 조건부터 풀었는가?
마지막 조건은 무엇인가?
관점 적용하기와 같았는가?
달랐다면 어떠한 점이 달랐는가?

관점 적용하기

1순위 조건 → 없음 / 2순위 조건 → 조건 3 / 3순위 조건 → 조건 1, 조건 2, 조건 4
따라서, 조건 3부터 푼다.

조건 3 → 학생수가 18,000명 차이나는 대학은 E−F뿐이다.
　　　　 E−F= 로키와 토르 → ③, ④ 소거
　　　　 로키와 토르와 관련 있는 조건 4를 풀자.

조건 4 → 허가율이 더 높은 것은 토르이다. → E는 토르 → ② 소거
　　　　 조건 2 = 졸업률, 조건 4 = 교수수에 대해서 물어본다.
　　　　 이 중에 더 쉬운 것이 졸업률이므로, 졸업률을 확인하자.

조건 2 → 야누스가 졸업률이 더 높다.
　　　　 A−B는 졸업률이 같으므로, 야누스는 C−D 중에 존재한다. → 답은 ①이다.

답 ①

해당 자료의 저작권은 메가피셋 김은기 강사에게 있습니다.

매칭형(표준형)-07[5급 13-40]

다음 〈표〉는 ○○지역의 해수욕장 수질기준 및 해수욕장별 수질 조사 결과이다. 〈조건〉을 이용하여 〈표 3〉의 A ~ D에 해당하는 해수욕장을 바르게 나열한 것은?

〈표 1〉 해수욕장 수질기준

(단위: 점)

총 점	4 ~ 8	9 ~ 12	13 ~ 16
수질기준	적합	관리요망	부적합

※ 1) 수질기준 총점은 조사항목별 점수의 합을 의미함.
  2) 대장균군수가 1,000 MPN/100 ㎖ 이상인 경우 수질기준 총점과 관계없이 '부적합'으로 봄.

〈표 2〉 해수욕장 수질 조사항목별 점수

(단위: ㎎/l)

점 수	조사항목			
	부유 물질량	화학적 산소요구량	암모니아 질소	총인
1	10 이하	1 이하	0.15 이하	0.03 이하
2	10 초과 20 이하	1 초과 2 이하	0.15 초과 0.3 이하	0.03 초과 0.05 이하
3	20 초과 30 이하	2 초과 4 이하	0.3 초과 0.5 이하	0.05 초과 0.09 이하
4	30 초과	4 초과	0.5 초과	0.09 초과

〈표 3〉 해수욕장별 수질 조사 결과

해수욕장	부유 물질량(㎎/l)	화학적 산소 요구량(㎎/l)	암모니아 질소(㎎/l)	총인 (㎎/l)	대장균 군수 (MPN/100 ㎖)
A	27.4	3.7	0.144	0.084	1,432
B	9.2	1.4	0.021	0.021	33
박재	32.3	4.3	0.038	0.097	884
C	31.0	1.7	0.187	0.037	16
D	2.9	0.9	0.019	0.016	2

✓ 자료

✓ 조건별 우선순위 파악

1순위 조건:

2순위 조건:

3순위 조건:

🔺 간단 퀴즈

─┤조건├─
- 수질기준이 '적합'인 해수욕장은 '서지'와 '호민'이다.
- 부유물질량의 항목점수가 총인의 항목점수보다 큰 해수욕장은 '남현'이다.
- 수질기준이 '부적합'인 해수욕장은 '박재'와 '수련'이다.
- '수련'해수욕장 수질기준 총점은 '서지'해수욕장 수질기준 총점의 두 배이다.

어떤 조건부터 풀었는가?
마지막 조건은 무엇인가?
관점 적용하기와 같았는가?
달랐다면 어떠한 점이 달랐는가?

	A	B	C	D
①	수련	서지	호민	남현
②	수련	호민	남현	서지
③	남현	호민	수련	서지
④	서지	수련	남현	호민
⑤	수련	서지	남현	호민

💡 관점 적용하기

1순위 조건 → 조건 1, 조건 2, 조건 3 / 2순위 조건 → 없음 / 3순위 조건 → 조건 4
따라서, 조건 1, 2, 3 중 가장 쉬워 보이는 것부터 푼다.
→ 부적합에 대한 특별한 조건이 있으므로 혹시 특별 조건을 확인하고 특별 조건이 없다면 점수를 구하는 방식으로 접근

조건 3 → 혹시 대장균수가 1,000 MPN/100ml 이상이 있는지 확인하자.
          A가 존재한다. 따라서 A = 수련 → ③ ④ 소거

조건 2 → 남현이 가능한 것은 C 또는 D 둘 중 하나이다. → 따라서 둘 중 하나만 확인하자.
          C의 부유물질량 점수 = 4점, 총인 점수 = 2점 → 따라서 C가 남현이다. → ① 소거

조건 2 → 수련과 서지의 점수비교
          서지가 가능한 것은 B 또는 D이다. → A와 B 또는 A와 D 둘 중 하나만 확인하여 답을 확정하자.
          A의 총점 = 3 + 3 + 1 + 3 = 10점 / B의 총점 = 1 + 2 + 1 + 1 = 5점
          A와 B가 2배이므로 A와 B가 알맞은 쌍이다. 따라서 B = 서지이다. → 답은 ⑤이다.

답 ⑤

매칭형(표준형)-08 [5급 22-08]

다음 〈표〉는 2020년 A ~ D 국의 어업 생산량에 관한 자료이다. 〈표〉와 〈조건〉을 근거로 A ~ D에 해당하는 국가를 바르게 나열한 것은?

〈표〉 2020년 A ~ D 국의 어업 생산량

(단위: 천 톤)

어업유형 국가	전체	해면어업	천해양식	원양어업	내수면어업
A	3,255	1,235	1,477	( )	33
B	10,483	3,245	( )	1,077	3,058
C	8,020	2,850	( )	720	1,150
D	9,756	4,200	324	( )	2,287

※ 1) 어업유형은 해면어업, 천해양식, 원양어업, 내수면어업으로만 구분됨.

2) 어업유형별 의존도 = $\dfrac{\text{해당 어업유형의 어업 생산량}}{\text{전체 어업 생산량}}$

─┤ 조건 ├─

• 1인당 이산화탄소 배출량이 2011년과 2012년 모두 전년대비 증가한 국가는 멕시코, 브라질, 사우디, 한국이다.
• 2010 ~ 2012년 동안 매년 인구가 1억명 이상인 국가는 멕시코와 브라질이다.
• 2012년 인구는 남아공이 한국보다 많다.

	A	B	C	D
①	을	갑	병	정
②	을	병	갑	정
③	병	을	정	갑
④	정	갑	병	을
⑤	정	병	갑	을

✓ **자료**

✓ **조건별 우선순위 파악**

1순위 조건:

2순위 조건:

3순위 조건:

🔺 **간단 퀴즈**

어떤 조건부터 풀었는가?
마지막 조건은 무엇인가?
관점 적용하기와 같았는가?
달랐다면 어떠한 점이 달랐는가?

💡 관점 적용하기

1순위 조건 → 조건 1, 조건 2 / 2순위 조건 → 없음 / 3순위 조건 → 조건 3
따라서, 조건 1이나 2 중 원하는 것을 먼저 푼다. 두 번째를 찾기보단 단순 비교가 더 쉬워보이므로 조건 1부터 확인한다.

조건 1 → B와 C가 내수면어업의 생산량이 더 많으므로 B와 C가 갑과 병이다. → ③ 소거

조건 2 → 정은 A 또는 D이다. → 가장 크다는 조건이 아니기 때문에 B와 C도 같이 확인해야 한다.
　　　　D의 해면어업 의존도가 40%를 넘는다. 반면 다른 국가 중에는 40%를 넘는 국가가 없기 때문에,
　　　　두 번째로 높은 곳은 A 일 수밖에 없다. → A = 정 → ①, ② 소거

조건 3 → 병은 B 혹은 C이다. 따라서 B 또는 C 중 하나의 국가만 을의 1.1배 이상이다.
　　　　즉, B와 C 중에 더 큰 국가가 병이다.
　　　　B의 천해양식 = 10483-3245-1077-3058 = 3103
　　　　C의 천해양식 = 8020-2850-720-1150 = 3300
　　　　더 큰 C가 병이다. → 답은 ④이다.

답 ④

매칭형(표준형)-09 [5급 22-11]

다음 〈표〉는 2015 ~ 2021년 '갑'국 4개 대학의 변호사시험 응시자 및 합격자에 관한 자료이다. 〈표〉와 〈조건〉에 근거하여 A ~ D에 해당하는 대학을 바르게 나열한 것은?

〈표〉 2015 ~ 2021년 대학별 변호사시험 응시자 및 합격자 (단위: 명)

대학	연도 구분	2015	2016	2017	2018	2019	2020	2021
A	응시자	50	52	54	66	74	89	90
A	합격자	50	51	46	51	49	55	48
B	응시자	58	81	94	98	94	89	97
B	합격자	47	49	65	73	66	53	58
C	응시자	89	101	109	110	115	142	145
C	합격자	79	83	94	88	75	86	80
D	응시자	95	124	152	162	169	210	212
D	합격자	86	82	85	109	80	87	95

─┤ 조건 ├─

- '우리대'와 '나라대'는 해당 대학의 응시자 수가 가장 많은 해에 합격률이 가장 낮다.
- 2021년 '우리대'의 합격률은 55% 미만이다.
- '푸른대'와 '강산대'는 해당 대학의 합격자 수가 가장 많은 해와 가장 적은 해의 합격자 수 차이가 각각 25명 이상이다.
- '강산대'의 2015년 대비 2021년 합격률 감소폭은 40%p 이하이다.

※ 합격률(%) = $\dfrac{\text{합격자}}{\text{응시자}} \times 100$

	A	B	C	D
①	나라대	강산대	우리대	푸른대
②	나라대	푸른대	우리대	강산대
③	우리대	강산대	나라대	푸른대
④	우리대	푸른대	나라대	강산대
⑤	푸른대	나라대	강산대	우리대

✓ 자료

✓ 조건별 우선순위 파악

1순위 조건:

2순위 조건:

3순위 조건:

🍀 간단 퀴즈

어떤 조건부터 풀었는가?
마지막 조건은 무엇인가?
관점 적용하기와 같았는가?
달랐다면 어떠한 점이 달랐는가?

💡 관점 적용하기

1순위 조건 → 없음 / 2순위 조건 → 조건 1 조건 2 조건 3 조건 4 / 3순위 조건 → 없음
따라서, 쉬워 보이는 조건부터 푼다. 합격률은 분수값을 구해야 하는 반면 합격자수는 구할 필요가 없다.

조건 3 → 합격생이 가장 많은 해와 가장 적은해의 차이가 25명 이상인 대학을 찾아보면
        B와 D이다. → 따라서 B와 D = 푸른대와 강산대이다. → ⑤ 소거
        → 우리대와 나라대에 대한 정보를 알려주는 조건 1은 의미가 없는 조건이다.

조건 2 → 우리대은 A 또는 C이다. → 따라서 A와 C 둘 중에 하나만 55%미만이다.

$$A의 21년 = \frac{48}{90} = \frac{55-7}{100-10} \langle 55\% \text{ 이므로, A가 우리대이다.} → ①, ② 소거$$

조건 4 → 강산대 B 혹은 D이다. 따라서 B 또는 D 중 하나의 국가만 감소폭이 40%p 이하이다.

$$B의 15년 = \frac{47}{58}, B의 21년 = \frac{58}{97} \text{ B의 21년 값은 거의 60%에 가깝다.}$$

만약 40%p 감소하려면 15년이 100%에 가까워야하는데 그렇지 않다.
따라서 B가 강산대이다. → 답은 ③ 이다.

답 ③

매칭형(표준형)-10 [5급 22-24]

다음 〈표〉는 A ~ D 지역의 면적, 동 수 및 인구 현황에 관한 자료이다. 〈표〉와 〈조건〉을 근거로 A ~ D에 해당하는 지역을 바르게 나열한 것은?

〈표〉 A ~ D 지역의 면적, 동 수 및 인구 현황

(단위: km², %, 개, 명)

구분 지역	면적	구성비				동 수		행정동 평균 인구
		주거	상업	공업	녹지	행정동	법정동	
A	24.5	35.0	20.0	10.0	35.0	16	30	9,175
B	15.0	65.0	35.0	0.0	0.0	19	19	7,550
C	27.0	40.0	2.0	3.0	55.0	14	13	16,302
D	21.5	30.0	3.0	45.0	22.0	11	12	14,230

※ 1) 각 지역은 용도에 따라 주거, 상업, 공업, 녹지로만 구성됨.
 2) 지역을 동으로 구분하는 방법에는 행정동 기준과 법정동 기준이 있음. 예를 들어, A 지역의 동 수는 행정동 기준으로 16개이지만 법정동 기준으로 30개임.

┤ 조건 ├
• 인구가 15만 명 미만인 지역은 '행복'과 '건강'이다.
• 주거 면적당 인구가 가장 많은 지역은 '사랑'이다.
• 행정동 평균 인구보다 법정동 평균 인구가 많은 지역은 '우정'이다.
• 법정동 평균 인구는 '우정' 지역이 '행복' 지역의 3배 이상이다.

	A	B	C	D
①	건강	행복	사랑	우정
②	건강	행복	우정	사랑
③	사랑	행복	건강	우정
④	행복	건강	사랑	우정
⑤	행복	건강	우정	사랑

✓ 자료

✓ 조건별 우선순위 파악

1순위 조건:

2순위 조건:

3순위 조건:

🔊 간단 퀴즈

어떤 조건부터 풀었는가?
마지막 조건은 무엇인가?
관점 적용하기와 같았는가?
달랐다면 어떠한 점이 달랐는가?

💡 관점 적용하기

1순위 조건 → 조건 1, 조건 2, 조건 3 / 2순위 조건 → 없음 / 3순위 조건 → 조건 4
따라서, 조건 1~3 중 쉬워 보이는 조건부터 푼다.
행정동 평균인구와 법정동 평균인구는 분모만 다르므로 조건 3이 가장 쉬운 조건이다.

조건 3 → 행정동 평균인구보다 법정동 평균인구가 많으려면, 행정동의 수가 법정동보다 많아야 한다.
　　　　따라서, D가 우정이다.　→ ②, ⑤ 소거

조건 1 → 인구 = 행정동 평균인구 × 행정동 수 → A~C중 가장 큰 지역, 또는 15만 이상이면 행복과 건강이 아니다.
　　　　A~C중 중 가장 큰 지역 또는 15만 이상인 곳은 C이므로, A와 B가 행복과 건강이다.
　　　　→ ③ 소거 → 사랑 지역이 확정 됐으므로 조건 2는 의미가 없다.

조건 4 → 우정이 행복의 3배 이상이므로, A와 B 중 더 작은 지역이 행복이다.

　　　　A의 법정동 평균인구 = $\dfrac{9175 \times 16}{30}$, B의 법정동 평균인구 = 7500

　　　　A의 법정동 평균인구가 더 적다. 따라서 A = 행복이다. → 답은 ⑤이다.

답 ⑤

매칭형(표준형)-11 [5급 21-22]

다음 〈표〉는 우리나라 7개 도시의 공원 현황을 나타낸 자료이다. 〈표〉와 〈조건〉을 바탕으로 '가' ~ '라' 도시를 바르게 나열한 것은?

✓ 자료

〈표〉 우리나라 7개 도시의 공원 현황

구분	개소	결정면적 (백만 ㎡)	조성면적 (백만 ㎡)	활용률 (%)	1인당 결정면적(㎡)
전국	20,389	1,020.1	412.0	40.4	22.0
서울	2,106	143.4	86.4	60.3	14.1
(가)	960	69.7	29.0	41.6	25.1
(나)	586	19.6	8.7	44.2	13.4
부산	904	54.0	17.3	29.3	16.7
(다)	619	22.2	12.3	49.6	15.5
대구	755	24.6	11.2	45.2	9.8
(라)	546	35.9	11.9	33.2	31.4

─── 조건 ───

• 결정면적이 전국 결정면적의 3% 미만인 도시는 광주, 대전, 대구이다.
• 활용률이 전국 활용률보다 낮은 도시는 부산과 울산이다.
• 1인당 조성면적이 1인당 결정면적의 50% 이하인 도시는 부산, 대구, 광주, 인천, 울산이다.

	가	나	다	라
①	울산	광주	대전	인천
②	울산	대전	광주	인천
③	인천	광주	대전	울산
④	인천	대전	광주	울산
⑤	인천	울산	광주	대전

✓ 조건별 우선순위 파악

1순위 조건:

2순위 조건:

3순위 조건:

🔵 간단 퀴즈

어떤 조건부터 풀었는가?
마지막 조건은 무엇인가?
관점 적용하기와 같았는가?
달랐다면 어떠한 점이 달랐는가?

해당 자료의 저작권은 메가피셋 김은기 강사에게 있습니다.

관점 적용하기

1순위 조건 → 조건 1, 조건 2, 조건 3, 모두 1순위 조건이다.
따라서, 조건 1~3 중 쉬워 보이는 조건부터 푼다.

조건 2 → 활용률이 전국(40.4%)보다 낮은 지역은 부산과 (라)이다. 따라서 (라) = 울산이다. → ①, ②, ⑤ 소거
   → 광주와 대전만 확정지으면 된다. 따라서 조건 1은 무의미하다.

조건 3 → 1인당 조성면적과 1인당 결정면적의 비교 → 분모가 동일하므로 조성면전과 결정면적의 비교
   (나)와 (다) 중 하나의 지역만 50% 이하이다.
   (나)의 경우 $\dfrac{8.7}{19.6}$으로 50% 이하이다. 따라서 (나)가 광주이다. → 답은 ③이다.

답 ③

매칭형(표준형)-12 [5급 19-32]

다음 〈표〉는 2016 ~ 2018년 '갑'국 매체 A ~ D의 종사자 현황 자료이다. 이와 〈조건〉을 근거로 2018년 전체 종사자가 많은 것부터 순서대로 나열하면?

〈표〉 매체 A ~ D의 종사자 현황

(단위: 명)

연도	매체	정규직			비정규직		
		여성	남성	소계	여성	남성	소계
2016	A	6,530	15,824	22,354	743	1,560	2,303
	B	3,944	12,811	16,755	1,483	1,472	2,955
	C	3,947	7,194	11,141	900	1,650	2,550
	D	407	1,226	1,633	31	57	88
2017	A	5,957	14,110	20,067	1,017	2,439	3,456
	B	2,726	11,280	14,006	1,532	1,307	2,839
	C	3,905	6,338	10,243	1,059	2,158	3,217
	D	370	1,103	1,473	41	165	206
2018	A	6,962	17,279	24,241	966	2,459	3,425
	B	4,334	13,002	17,336	1,500	1,176	2,676
	C	6,848	10,000	16,848	1,701	2,891	4,592
	D	548	1,585	2,133	32	593	625

─┤ 조건 ├─

• 2017년과 2018년 '통신'의 비정규직 종사자는 전년대비 매년 증가하였다.
• 2017년 여성 종사자가 가장 많은 매체는 '종이신문'이다.
• 2018년 '방송'의 정규직 종사자 수 대비 비정규직 종사자 수의 비율은 20% 미만이다.
• 2016년에 비해 2017년에 남성 종사자가 감소했고 여성 종사자가 증가한 매체는 '인터넷신문'이다.

① 종이신문 - 방송 - 인터넷신문 - 통신
② 종이신문 - 인터넷신문 - 방송 - 통신
③ 통신 - 종이신문 - 인터넷신문 - 방송
④ 통신 - 인터넷신문 - 종이신문 - 방송
⑤ 인터넷신문 - 방송 - 종이신문 - 통신

✓ 자료

✓ 조건별 우선순위 파악

1순위 조건:

2순위 조건:

3순위 조건:

🔔 간단 퀴즈

선지 힌트를 이용 할 수 있게 만들었는가?
어떤 조건부터 풀었는가?
마지막 조건은 무엇인가?
관점 적용하기와 같았는가?
달랐다면 어떠한 점이 달랐는가?

해당 자료의 저작권은 메가피셋 김은기 강사에게 있습니다.

관점 적용하기

1순위 조건 → 조건 2, 조건 4 / 2순위 조건 → 조건 1, 조건 3 / 3순위 조건 → 없음
따라서, 조건 2와 조건 4 중 쉬워 보이는 조건부터 푼다.
또한, 발문에 의하여 18년 종사가가 많은 순서라고 하였으므로, 순서는 A - C - B - D순이다.

조건 2 → 여성 종사자가 가장 많은 매체는 A이다. 따라서 A가 종이신문이다. → ③, ④, ⑤ 소거
        → 방송과 인터넷신문만 확정 지으면 된다. 따라서 조건 4로 간다.

조건 4 → 인터넷신문은 B 또는 C이다. 또한 1순위 조건이므로, 둘 중에 하나만 확인하면 된다.
        B의 경우 남성과 여성이 모두 감소하였다. 따라서 C가 인터넷 신문이다. → 정답은 ②이다.

답 ②

매칭형(표준형)-13 [5급 15-15]

다음 〈표〉는 2006 ~ 2010년 국내 버스운송업의 업체 현황에 관한 자료이다. 〈표〉와 〈보기〉를 근거로 A, B, D에 해당하는 유형을 바르게 나열한 것은?

〈표〉 국내 버스운송업의 유형별 업체수, 보유대수, 종사자수

(단위: 개, 대, 명)

유형	구분 \ 연도	2006	2007	2008	2009	2010
A	업체수	10	10	8	8	8
	보유대수	2,282	2,159	2,042	2,014	1,947
	종사자수	5,944	5,382	4,558	4,381	4,191
B	업체수	99	98	96	92	90
	보유대수	2,041	1,910	1,830	1,730	1,650
	종사자수	3,327	3,338	3,341	3,353	3,400
C	업체수	105	95	91	87	84
	보유대수	7,907	7,529	7,897	7,837	7,901
	종사자수	15,570	14,270	14,191	14,184	14,171
D	업체수	325	339	334	336	347
	보유대수	29,239	30,036	30,538	30,732	32,457
	종사자수	66,191	70,253	70,404	71,126	74,427

―― 보기 ――
- 시내버스와 농어촌버스의 종사자수는 각각 매년 증가한 반면, 시외일반버스와 시외고속버스 종사자수는 각각 매년 감소하였다.
- 2010년 업체당 종사자수가 2006년에 비해 감소한 유형은 시외고속버스이다.
- 농어촌버스의 업체당 보유대수는 매년 감소하였다.

	A	B	C
①	농어촌버스	시외고속버스	시내버스
②	농어촌버스	시내버스	시외고속버스
③	시외일반버스	농어촌버스	시내버스
④	시외고속버스	시내버스	농어촌버스
⑤	시외고속버스	농어촌버스	시내버스

✓ **자료**

✓ **조건별 우선순위 파악**

1순위 조건:

2순위 조건:

3순위 조건:

🔵 **간단 퀴즈**

어떤 조건부터 풀었는가?
마지막 조건은 무엇인가?
관점 적용하기와 같았는가?
달랐다면 어떠한 점이 달랐는가?

해당 자료의 저작권은 메가피셋 김은기 강사에게 있습니다.

관점 적용하기

1순위 조건 → 조건 1, 조건 2 / 2순위 조건 → 조건 3 / 3순위 조건 → 없음
따라서, 조건 1과 조건 2 중 더 쉬운 조건부터 푼다.
(※ 조건 2가 명확하게 하나를 알려주지만 조건 1부터 푼다면 봐야하는 정보의 양을 줄여준다.)

조건 1 → 종사자가 매년 증가한 유형은 B와 D이다. 따라서 B와 D는 시내버스와 농어촌이다.
        → ①, ② 소거

조건 2 → 시외고속버스는 A 또는 C이다. 따라서 A와 C 중 하나만 확인한다.
        A의 업체당 종사자수 06년: $\frac{5944}{10} \fallingdotseq 600$, 10년: $\frac{4191}{8} \fallingdotseq 500$ → 감소하였다.
        따라서 A는 시외고속버스이다. → ③ 소거

조건 3 → 농어촌은 B 또는 D이다. 따라서 B와 D 중 증가한곳이 있는지 한곳만 확인하면 된다.
        D는 07년 → 08년에서 업체수는 잠소했는데, 보유대수는 증가하였다.
        즉, 업체당 보유대수가 증가하였다. 따라서 B가 농어촌이다. → 답은 ⑤이다.

답 ⑤

매칭형(표준형)-14 [5급 15-14]

다음 〈표〉는 민속마을 현황에 관한 자료이다. 〈표〉와 〈보기〉에 근거하여 B, D, E에 해당하는 민속마을을 바르게 나열한 것은?

〈표 1〉 민속마을별 지정면적

(단위: 천 m²)

구분	A	B	C	고성왕곡	D	E	영주무섬
지정 면적	7,200	794	969	180	197	201	669

〈표 2〉 민속마을별 건물 현황

(단위: 개)

구분	A	B	C	고성왕곡	D	E	영주무섬
와가	162	18	180	39	57	117	37
초가	211	370	220	99	151	11	57
기타	85	287	78	9	28	98	22
계	458	675	478	147	236	226	116

〈표 3〉 민속마을별 입장료 현황

(단위: 원)

구분	A	B	C	고성왕곡	D	E	영주무섬
성인	3,000		4,000		2,000		
청소년	1,500	무료	2,000	무료	1,000	무료	무료
아동	1,000		1,500		1,000		

─── 보기 ───

• 초가 수가 와가 수의 2배 이상인 곳은 '아산외암', '성읍민속', '고성왕곡'이다.
• 성인 15명, 청소년 2명, 아동 8명의 입장료 총합이 56,000원인 곳은 '안동하회'이다.
• 지정면적 천m²당 총 건물수가 가장 많은 곳은 '아산외암'이다.
• '경주양동'의 지정면적은 '성주한개'와 '영주무섬'의 지정면적을 합한 것보다 크다.

	<u>B</u>	<u>C</u>	<u>D</u>
①	성읍민속	아산외암	성주한개
②	성읍민속	아산외암	경주양동
③	성읍민속	안동하회	경주양동
④	아산외암	성읍민속	성주한개
⑤	아산외암	성읍민속	안동하회

✔ **자료**

✔ **조건별 우선순위 파악**

1순위 조건:

2순위 조건:

3순위 조건:

⚙ **간단 퀴즈**

어떤 조건부터 풀었는가?
마지막 조건은 무엇인가?
관점 적용하기와 같았는가?
달랐다면 어떠한 점이 달랐는가?

관점 적용하기

1순위 조건 → 조건 1, 조건 2 조건 3 / 2순위 조건 → 없음 / 3순위 조건 → 조건 4
따라서, 조건 1과 조건 2 조건 3 중 쉬운 조건부터 푼다.
(※ 조건 1과 조건 3이 더 쉽다.)

조건 1 → 초가 수가 2배 이상인 곳은 B, 고성왕곡, D이다. 따라서 B와 D = 아산외암과 성읍민속이다.
　　　 → ③ 소거

조건 3 → B와 D 중에 지정면적당 건물수가 더 많은 지역은 D이다. 따라서 D가 아산외암이다. → ④, ⑤ 소거
　　　 E는 성주한개 또는 경주양동이다. 따라서 관련된 조건인 조건 4로 이동하자.

조건 4 → E는 성주한개 또는 경주양동이다.
　　　 만약에 E가 경주양동이라면, 조건 4의 문장이 옳은 문장이 될 수 없다.
　　　 따라서 E는 성주한개이다. → 답은 ①이다.

답 ①

매칭형(표준형)-15 [5급 13-03]

다음 〈표〉는 2009 ~ 2011년 동안 ○○편의점의 판매량 상위 10개 상품에 대한 자료이다. 〈조건〉을 이용하여 〈표〉의 B, C, D 에 해당하는 상품을 바르게 나열한 것은?

〈표〉 2009 ~ 2011년 ○○편의점의 판매량 상위 10개 상품

순위 \ 연도	2009	2010	2011
1	바나나우유	바나나우유	바나나우유
2	(A)	(A)	딸기맛사탕
3	딸기맛사탕	딸기맛사탕	(A)
4	(B)	(B)	(D)
5	맥주	맥주	(B)
6	에너지음료	(D)	(E)
7	(C)	(E)	(C)
8	(D)	에너지음료	맥주
9	카라멜	(C)	에너지음료
10	(E)	초콜릿	딸기우유

※ 순위의 숫자가 클수록 순위가 낮음을 의미함.

┤ 조건 ├
- 캔커피와 주먹밥은 각각 2009년과 2010년 사이에 순위 변동이 없다가 모두 2011년에 순위가 하락하였다.
- 오렌지주스와 참치맛밥은 매년 순위가 상승하였다.
- 2010년에는 주먹밥이 오렌지주스보다 판매량이 더 많았지만 2011년에는 오렌지주스가 주먹밥보다 판매량이 더 많았다.
- 생수는 캔커피보다 매년 순위가 낮았다.

	B	C	D
①	주먹밥	생수	오렌지주스
②	주먹밥	오렌지주스	생수
③	캔커피	생수	참치맛밥
④	생수	주먹밥	참치맛밥
⑤	캔커피	오렌지주스	생수

✓ 자료

✓ 조건별 우선순위 파악

1순위 조건:

2순위 조건:

3순위 조건:

🔺 간단 퀴즈

어떤 조건부터 풀었는가?
마지막 조건은 무엇인가?
관점 적용하기와 같았는가?
달랐다면 어떠한 점이 달랐는가?

관점 적용하기

1순위 조건 → 없음 / 2순위 조건 → 조건 1 조건 2 / 3순위 조건 → 조건 3 조건 4
따라서, 조건 1과 조건 2 중 쉬운 조건부터 푼다.

조건 1 → 순위의 변화가 → ↘이다. 만족하는 알파벳은 A와 B이다. 따라서 A와 B는 캔커피와 주먹밥이다.
      → ④ 소거

조건 2 → 순위의 변화가 ↗ ↗이다. 만족하는 알파벳은 D와 E이다. 따라서 D와 E는 오렌지주스와 참치맛밥이다.
      → ②, ⑤ 소거 → 생수는 확정됐다. (주먹밥, 캔커피) / (오렌지주스, 참치맛밥) 중 하나만 확정하면 된다.

조건 3 → 주먹밥과 오렌지 주스는 2011년에 순위가 역전됐다.
      순위가 크로스 된 것은 B와 D이다. 따라서 B = 주먹밥 D = 오렌지 주스이다. 답은 ①이다.

답 ①

해당 자료의 저작권은 메가피셋 김은기 강사에게 있습니다.

매칭형(표준형)-16 [5급 11-07]

다음 〈표〉는 우리나라 콘텐츠 산업의 수출 현황을 나타낸 것이다. 〈조건〉을 이용하여 A, B, E에 해당하는 산업을 바르게 나열한 것은?

〈표〉 우리나라 콘텐츠 산업의 수출 현황
(단위: 천달러)

산업＼국가	중국	일본	인도	미국	합
A	21,489	24,858	24,533	90,870	161,750
B	1,665	9,431	2,061	306	13,463
C	281,330	248,580	103,093	138,238	771,241
D	824	5,189	2,759	8,767	17,539
E	7,328	68,494	26,594	1,324	103,740

┤조건├

- 출판산업의 수출액이 큰 순서는 미국, 일본, 인도, 중국이다.
- 영화산업의 수출액이 큰 순서는 미국, 일본, 인도, 중국이다.
- 음악산업과 방송산업 수출액의 합은 중국, 인도, 미국을 모두 합친 것보다 일본이 크다.
- 음악산업과 출판산업 수출액의 합이 가장 큰 국가는 미국이다.

	A	B	E
①	출판	방송	음악
②	영화	음악	방송
③	출판	음악	방송
④	영화	방송	음악
⑤	음악	영화	출판

✓ 자료

✓ 조건별 우선순위 파악

1순위 조건:

2순위 조건:

3순위 조건:

🔺 간단 퀴즈

어떤 조건부터 풀었는가?
마지막 조건은 무엇인가?
관점 적용하기와 같았는가?
달랐다면 어떠한 점이 달랐는가?

답 ③

관점 적용하기

1순위 조건 → 조건 1 조건 2 / 2순위 조건 → 없음 / 3순위 조건 → 조건 3 조건 4
따라서, 조건 1과 조건 2부터 확인하자.

조건 1,2 → 미국 일본 인도 중국 순서인 산업은 A와 D이다. 따라서 A와 D는 출판과 영화이다.
        → ⑤ 소거 → 음악과 방송이 확정됐으므로 조건 3은 무의미하다.

조건 4 → 음악과 출판이 가능한 경우의 수는 (A, B) (A, E), (D, B) (D, E)으로 4가지이다.
        (A, B)의 경우가 가능하므로 나머지는 확인 할 필요없이 A와 B가 출판과 음악이다. 답은 ③이다.

답 ③

매칭형(표준형)-17 [5급 14-29]

다음 〈표〉는 2005 ~ 2010년 6개 국가(A ~ F)의 R&D 투자 현황에 대한 자료이다. 다음 〈조건〉을 근거로 하여 B와 C에 해당하는 국가를 바르게 나열한 것은?

〈표 1〉 국가별 R&D 투자액 및 GDP 대비 R&D 투자액 비중

(단위: 십억달러, %)

국가 \ 연도	2005	2006	2007	2008	2009	2010
A	71.1 (1.32)	83.9 (1.39)	96.4 (1.40)	111.2 (1.47)	140.6 (1.70)	160.5 (1.76)
B	39.8 (2.11)	40.2 (2.11)	40.6 (2.08)	41.4 (2.12)	42.9 (2.27)	43.0 (2.24)
C	64.3 (2.51)	67.6 (2.54)	69.6 (2.53)	74.7 (2.69)	74.4 (2.82)	76.9 (2.80)
D	128.7 (3.31)	134.8 (3.41)	139.9 (3.46)	138.7 (3.47)	126.9 (3.36)	128.6 (3.26)
E	34.1 (1.72)	35.4 (1.74)	37.4 (1.77)	37.2 (1.78)	37.0 (1.84)	36.7 (1.80)
F	325.9 (2.59)	342.3 (2.65)	357.8 (2.72)	374.2 (2.86)	368.3 (2.91)	368.9 (2.83)

※ ( ) 안의 수치는 국가별 GDP에서 R&D 투자액이 차지하는 비중을 나타냄.

〈표 2〉 투자재원별 R&D 투자액 비중

(단위: %)

국가 \ 투자재원 \ 연도		2005	2006	2007	2008	2009	2010
A	정부	26.3	24.7	24.6	23.6	23.4	24.0
	민간	67.0	69.1	70.4	71.7	71.7	71.7
	기타	6.7	6.2	5.0	4.7	4.9	4.3
B	정부	38.6	38.5	38.1	38.9	38.7	37.0
	민간	51.9	52.3	52.3	50.8	52.3	53.5
	기타	9.5	9.2	9.6	10.3	9.0	9.5
C	정부	28.4	27.5	27.5	28.4	29.8	30.3
	민간	67.6	68.3	68.1	67.3	66.1	65.6
	기타	4.0	4.2	4.4	4.3	4.1	4.1
D	정부	16.8	16.2	15.6	15.6	17.7	17.2
	민간	76.1	77.1	77.7	78.2	75.3	75.9
	기타	7.1	6.7	6.7	6.2	7.0	6.9
E	정부	32.7	31.9	30.9	30.7	32.6	32.3
	민간	42.1	45.2	46.0	45.4	44.5	44.0
	기타	25.2	22.9	23.1	23.9	22.9	23.7
F	정부	29.8	29.9	29.1	30.2	32.5	32.5
	민간	63.7	64.3	64.9	63.7	61.0	61.0
	기타	6.5	5.8	6.0	6.1	6.5	6.5

☑ 자료

☑ 조건별 우선순위 파악

1순위 조건:

2순위 조건:

3순위 조건:

─┤ 조건 ├─

- 2005년 정부재원에 의한 R&D 투자액 상위 2개 국가는 '무'와 '정'이다.
- R&D 투자액이 매년 증가한 국가는 '갑'과 '을'이다.
- 2010년 민간재원에 의한 R&D 투자액 하위 2개 국가는 '을'과 '기'이다.
- 2007년 이후 R&D 투자액 중 민간투자 비중이 매년 감소한 국가는 '병'과 '기'이다.
- 2010년 GDP 상위 2개 국가는 '갑'과 '무'이다.

간단 퀴즈

어떤 조건부터 풀었는가?
마지막 조건은 무엇인가?
관점 적용하기와 같았는가?
달랐다면 어떠한 점이 달랐는가?

	B	C
①	갑	병
②	갑	무
③	을	병
④	을	기
⑤	병	기

관점 적용하기

1순위 조건 → 조건 1 조건 2 조건 3 조건 4 조건 5 / 2순위 조건 → 없음 / 3순위 조건 → 없음
모두 1순위 조건이므로 쉬운 조건부터 해결하자.

조건 2 → 매년 R&D가 증가한 국가는 A와 B이다. A와 B가 갑과 을이다. → ⑤ 소거
→ 갑과 을을 나누어 줄 수 있는 조건을 해결하자. 조건 3 또는 조건 5

조건 5 → 2010년 A와 B 중 GDP가 더 높은 국가가 갑이다.
A = $\frac{160.5}{1.76}$, B = $\frac{43.0}{2.24}$ → 따라서 A가 갑이다. → ①, ② 소거
C는 무가 아니므로, 무는 확인하지 않는다.
C는 병 또는 기이므로, 병과 기를 나누어 줄 수 있는 조건을 해결하자. 조건 3

조건 3 → C가 2010년 민간재원에 의한 R&D 투자액이 하위 2개국에 포함되는지 확인하자.
C = $76.9 \times 65.6\%$ 인데 반해, E = $36.7 \times 44.0\%$이므로 C는 하위 2개국일 수 없다.
따라서 C ≠ 기이다. → 정답은 ③

답 ③

매칭형(표준형)-18 [5급 14-16]

다음 〈표〉는 동일한 산업에 속한 기업 중 '갑', '을', '병', '정', '무'의 경영현황과 소유구조에 관한 자료이고, 〈정보〉는 기업 '갑' ~ '무'의 경영현황에 대한 설명이다. 〈표〉와 〈정보〉의 내용을 근거로 자산대비 매출액 비율이 가장 작은 기업과 가장 큰 기업을 바르게 나열한 것은?

〈표〉 경영현황

(단위: 억원)

기업	자기자본	자산	매출액	순이익
A	500	1,200	1,200	48
B	400	600	800	80
C	1,200	2,400	1,800	72
D	600	1,200	1,000	36
E	200	800	1,400	28
산업 평균	650	1,500	1,100	60

┤ 정보 ├
- '병'의 매출액은 산업 평균 매출액보다 크다.
- '갑'의 자산은 '무'의 자산의 70% 미만이다.
- '정'은 매출액 순위와 순이익 순위가 동일하다.
- 자기자본과 산업 평균 자기자본의 차이가 가장 작은 기업은 '을'이다.

	가장 작은 기업	가장 큰 기업
①	을	병
②	정	갑
③	정	병
④	무	을
⑤	무	병

✓ 자료

✓ 조건별 우선순위 파악

1순위 조건:

2순위 조건:

3순위 조건:

🔵 간단 퀴즈

선지 힌트를 이용 할 수 있게 만들었는가?
어떤 조건부터 풀었는가?
마지막 조건은 무엇인가?
관점 적용하기와 같았는가?
달랐다면 어떠한 점이 달랐는가?

관점 적용하기

1순위 조건 → 조건 4 / 2순위 조건 → 조건 1, 조건 3 / 3순위 조건 → 조건 2
조건 4부터 해결하자.
자산 대비 매출액이 가장 작은 기업 = C, 자산 대비 매출액이 가장 큰 기업 = E

조건 4 → 산업 평균 자기자본이랑 차이가 가장 적은 기업은 D이다. → D = 을 → ①, ④ 소거

조건 1 → 산업 평균 매출액보다 큰 기업은 A, C, E이다. 따라서 A, C, E중 1곳이 병이다.

조건 3 → 매출액 순위 = C E A D B
　　　　순수익 순위 = B C A E D → A = 정이다. 따라서 → ②, ③소거 → 답은 ⑤이다.

답 ⑤

매칭형(표준형)-19 [7급 모-02]

다음 〈표〉는 2019년 10월 첫 주 '갑' 편의점의 간편식 A ~ F의 판매량에 관한 자료이다. 〈표〉와 〈조건〉을 이용하여 간편식 B, E의 판매량을 바르게 나열한 것은?

〈표〉 간편식 A ~ F의 판매량

(단위: 개)

간편식	A	B	C	D	E	F	평균
판매량	95	( )	( )	( )	( )	43	70

┤ 조건 ├

- A와 C의 판매량은 같다.
- B와 D의 판매량은 같다.
- E의 판매량은 D보다 23개 적다.

	B	E
①	70	47
②	70	57
③	83	47
④	83	60
⑤	85	62

✓ 자료

✓ 조건별 우선순위 파악

1순위 조건:

2순위 조건:

3순위 조건:

🔈 간단 퀴즈

어떤 조건부터 풀었는가?
마지막 조건은 무엇인가?
관점 적용하기와 같았는가?
달랐다면 어떠한 점이 달랐는가?

해당 자료의 저작권은 메가피셋 김은기 강사에게 있습니다.

💡 관점 적용하기

1순위 조건 → X / 2순위 조건 → X / 3순위 조건 → 조건 1, 조건 2, 조건 3
따라서, 값이 주어진 것부터 시작하자.
값이 주어진 것은 A와 F 뿐이므로, A에 관련된 조건인 조건 1부터 해결하자.

조건 1 → A=C → C = 95개

조건 2와 조건 3 → B = D, E = D−23 = B−23
주어진 선지에서 B와 E가 23이 차이나는 것은 ①과 ④뿐이다.
만약 ④라면, 넘치는 역할을 하는 간편식이 A, B, C, D이고 부족한 역할은 E, F뿐이므로 불가능하다.
따라서 답은 ①이다.

답 ①

매칭형(표준형)-20 [7급 21-17]

다음 〈표〉와 〈정보〉는 A ~ J 지역의 지역발전 지표에 관한 자료이다. 이를 근거로 '가' ~ '라'에 들어갈 수 있는 값으로만 나열한 것은?

✓ 자료

〈표〉 A ~ J 지역의 지역발전 지표

(단위: %, 개)

지표\지역	재정자립도	시가화면적 비율	10만 명당 문화시설수	10만 명당 체육시설수	주택노후화율	주택보급률	도로포장률
A	83.8	61.2	4.1	111.1	17.6	105.9	92.0
B	58.5	24.8	3.1	(다)	22.8	93.6	98.3
C	65.7	35.7	3.5	103.4	13.5	91.2	97.4
D	48.3	25.3	4.3	128.0	15.8	96.6	100.0
E	(가)	20.7	3.7	133.8	12.2	100.3	99.0
F	69.5	22.6	4.1	114.0	8.5	91.0	98.1
G	37.1	22.9	7.7	110.2	20.5	103.8	91.7
H	38.7	28.8	7.8	102.5	19.9	(라)	92.5
I	26.1	(나)	6.9	119.2	33.7	102.5	89.6
J	32.6	21.3	7.5	113.0	26.9	106.1	87.9

── | 정보 | ──

• 재정자립도가 E보다 높은 지역은 A, C, F임.
• 시가화 면적 비율이 가장 낮은 지역은 주택노후화율이 가장 높은 지역임.
• 10만 명당 문화시설수가 가장 적은 지역은 10만 명당 체육시설수가 네 번째로 많은 지역임.
• 주택보급률이 도로포장률보다 낮은 지역은 B, C, D, F임.

	가	나	다	라
①	58.6	20.9	100.9	92.9
②	60.8	19.8	102.4	92.5
③	63.5	20.1	115.7	92.0
④	65.2	20.3	117.1	92.6
⑤	65.8	20.6	118.7	93.7

✓ 조건별 우선순위 파악

1순위 조건:

2순위 조건:

3순위 조건:

🔵 간단 퀴즈

어떤 조건부터 풀었는가?
마지막 조건은 무엇인가?
관점 적용하기와 같았는가?
달랐다면 어떠한 점이 달랐는가?

해당 자료의 저작권은 메가피셋 김은기 강사에게 있습니다.

관점 적용하기

1순위 조건 → 조건 1, 조건 4 / 2순위 조건 → X / 3순위 조건 → 조건 2, 조건 3

조건 1 → 재정자립도가 E보다 높은 지역은 A, C, F뿐이므로, (가)의 값은 58.6~65.6이다. → ⑤ 소거

조건 4 → 주택보급률이 도로포장률보다 낮은 지역은 B, C, D, F임.
　　　　 H지역은 주택보급률이 도로포장률보다 높다. 따라서, (라)는 92.5 이상이다. → ③ 소거

조건 2 → 시가화 면적 비율이 가장 낮은 지역은 주택노후화율이 가장 높은 지역임.
　　　　 시가화 면적 비율이 가장 낮은 지역은 20.7이거나 (나)이다.
　　　　 만약 20.7이라면, E의 주택노화화율이 가장 낮아야한다. 하지만 12.2보다 낮은 지역이 존재한다.
　　　　 따라서, (나)가 가장 낮다. (나)의 값은 20.6보다 작다. → ① 소거

조건 3 → 10만 명당 문화시설수가 가장 적은 지역은 10만 명당 체육시설 수가 네 번째로 많은 지역임.
　　　　 10만 명당 문화시설수가 가장 적은 지역은 B이다.
　　　　 따라서 B지역은 10만 명당 체육시설 수가 네 번째로 많아야 한다.
　　　　 (다)의 값은 114.1~119.1이다. → ② 소거

답 ④

3 보고서형

Q 매칭형(보고서형)는 무엇인가요? 그리고 어떻게 풀어야 하나요?

매칭형(보고서형)은 〈조건〉이 보고서로 나타나는 형태를 말한다.

〈조건〉이 보고서로 나타남에 따라서 조건의 우선순위를 파악하는 것이 매우 어려워지게 된다.

보고서에 존재하는 조건을 모두 찾아가며 우선순위를 나누기에는 시간이 너무 오래 걸린다.

따라서, 보고서의 순서대로 조건을 해결하자.

단, 난이도가 높거나, 계산량이 많은 조건이 있다면, 마지막 조건으로 만들어 마지막 조건 이용하기 힌트를 사용하자.

매칭형(보고서형)에서 사용가능한 형태

1) 선지 이용하기

주어진 선지	A	B	C	D
①	갑	을	병	정
②	을	갑	정	병

자동차를 가장 많이 판매한 국가는 갑국이다.
→ 갑국이 될 수 있는 것은 A와 B뿐이므로 A와 B중 더 큰 국가가 가장 많이 판매한 갑국이다.

2) 마지막 조건 이용하기

주어진 선지	A	B	C	D
①	갑	을	병	정
②	갑	을	정	병

자동차 생산량은 한국보다 병국이 많다. (단, 병과 정을 나눌 수 있는 남은 조건이 없는 경우)
→ 병국이 될 수 있는 것은 C와 D뿐이다.
  만약 C가 한국보다 많은 자동차를 생산했다면, D는 한국보다 적은 자동차를 생산해야 한다.
  만약 D가 한국보다 많은 자동차를 생산했다면, C는 한국보다 적은 자동차를 생산해야 한다.
  따라서, 자동차 생산량이 가능한 경우는 C 〈 한국 〈 D(병) 이거나, D 〈 한국 〈 C(병)이다.
  즉 C와 D만 비교해도, 자동차 생산량이 더 많은 국가가 병국임을 파악 할 수 있다.

매칭형 (보고서형)이라면, 위의 2가지 힌트를 모두 이용하며 문제를 풀어야 한다.

Q 매칭형의 풀이 순서도는 어떻게 되나요?

'풀이 순서도'는 다음과 같다.

매칭형의 풀이 순서도	
1) 유형 파악하기	: 주어진 문제가 매칭형인지 파악하자. 〈조건〉의 우선순위의 파악이 가능한지, 〈선지〉에서 힌트가 있는지 확인하자.
2) 자료의 파악	: 다음으로 해야 할 것은 주어진 자료를 보고 이해하는 것이다. 주어진 자료를 보면서 체크리스트를 체크하며, 또한 일반적인 자료에서는 잘 보이지 않는 '차이점'에 집중한다. 만약 자료가 이해가지 않는다면, 해당 문제는 일단 뒤로 넘겨야 한다.

3) 풀이의 전략	: 1) 〈조건〉을 해결할 땐 〈선지〉를 최대한 이용해서 비교의 양을 줄여라.
	  선지를 이용하여 비교의 양을 줄이자. (1순위 조건에 유용)
	2) 주어진 〈조건〉만으로 정답이 확정된다는 사실을 이용하자.
	  주어진 조건이 더 없다면 정답이 확정된다는 사실을 이용하여 비교의 양을 줄이자.

해당 자료의 저작권은 메가피셋 김은기 강사에게 있습니다. **243**

매칭형(보고서형)-01 [7급 21-10]

다음 〈표〉와 〈대화〉는 4월 4일 기준 지자체별 자가격리자 및 모니터링 요원에 관한 자료이다. 〈표〉와 〈대화〉를 근거로 C와 D에 해당하는 지자체를 바르게 나열한 것은?

〈표〉 지자체별 자가격리자 및 모니터링 요원 현황(4월 4일 기준) (단위: 명)

구분	지자체	A	B	C	D
내국인	자가격리자	9,778	1,287	1,147	9,263
	신규 인원	900	70	20	839
	해제 인원	560	195	7	704
외국인	자가격리자	7,796	508	141	7,626
	신규 인원	646	52	15	741
	해제 인원	600	33	5	666
모니터링 요원		10,142	710	196	8,898

※ 해당일 기준 자가격리자 = 전일 기준 자가격리자 + 신규 인원 − 해제 인원

─┤ 대화 ├─

- 갑: 감염병 확산에 대응하기 위한 회의를 시작합시다. 오늘은 대전, 세종, 충북, 충남의 4월 4일 기준 자가격리자 및 모니터링 요원 현황을 보기로 했는데, 각 지자체의 상황이 어떤가요?
- 을: 4개 지자체 중 세종을 제외한 3개 지자체에서 4월 4일 기준 자가격리자가 전일 기준 자가격리자보다 늘어났습니다.
- 갑: 모니터링 요원의 업무 부담과 관련된 통계 자료도 있나요?
- 을: 4월 4일 기준으로 대전, 세종, 충북은 모니터링 요원 대비 자가격리자의 비율이 1.8 이상입니다.
- 갑: 지자체에 모니터링 요원을 추가로 배치해야 할 것 같습니다. 자가격리자 중 외국인이 차지하는 비중이 4개 지자체 가운데 대전이 가장 높으니, 외국어 구사가 가능한 모니터링 요원을 대전에 우선 배치하는 방향으로 검토해 봅시다.

	C	D
①	충북	충남
②	충북	대전
③	충남	충북
④	세종	대전
⑤	대전	충북

🔶 간단 퀴즈

마지막 조건으로 무엇을 이용했는가?
관점 적용하기와 같았는가?
달랐다면 어떠한 점이 달랐는가?

관점 적용하기

조건 1 → 세종을 제외한 3개 지자체에서 4월 4일 기준 자가격리자가 전일 기준 자가격리자보다 늘어남
　　　　자가 격리자가 늘어나기 위해서는 신규가 해제보다 커야 한다.
　　　　따라서, B는 세종이다. → ④ 소거

조건 2 → 대전, 세종, 충북은 모니터링 요원 대비 자가격리자의 비율이 1.8 이상
　　　　1.8보다 낮은 지자체는 A뿐이다. 따라서 A는 충남이다. → ①, ③ 소거

조건 3 → 자가격리자 중 외국인이 차지하는 비중이 4개 지자체 가운데 대전이 가장 높음
　　　　대전은 C 또는 D이다. 따라서 C와 D중 외국인 비율이 더 높은 곳만 찾으면 된다.
　　　　D의 외국인 비율이 더 높다. 따라서 D = 대전이다. → 답은 ②이다.

답 ②

해당 자료의 저작권은 메가피셋 김은기 강사에게 있습니다. **245**

매칭형(보고서형)-02 [5급 14-15]

다음 〈표〉는 2008 ~ 2012년 서울시 주요 문화유적지 A ~ D의 관람객 수에 대한 자료이다. 〈보고서〉의 내용을 근거로 A ~ D에 해당하는 문화유적지를 바르게 나열한 것은?

✓ 자료

〈표 1〉 관람료별 문화유적지 관람객 수 추이
(단위: 천 명)

문화유적지	연도 관람료	2008	2009	2010	2011	2012
A	유료	673	739	1,001	1,120	1,287
	무료	161	139	171	293	358
B	유료	779	851	716	749	615
	무료	688	459	381	434	368
C	유료	370	442	322	275	305
	무료	618	344	168	148	111
D	유료	1,704	2,029	2,657	2,837	3,309
	무료	848	988	1,161	992	1,212

※ 유료(무료) 관람객 수 = 외국인 유료(무료) 관람객 수 + 내국인 유료(무료) 관람객 수

〈표 2〉 외국인 유료 관람객 수 추이
(단위: 천 명)

문화유적지 연도	2008	2009	2010	2011	2012
A	299	352	327	443	587
B	80	99	105	147	167
C	209	291	220	203	216
D	773	1,191	1,103	1,284	1,423

┤보고서├

　최근 문화유적지를 찾는 관람객이 늘어나면서 문화재청에서는 서울시 4개 주요 문화유적지(경복궁, 덕수궁, 종묘, 창덕궁)를 찾는 관람객 수를 매년 집계하고 있다. 그 결과, 2008년 대비 2012년 4개 주요 문화유적지의 전체 관람객 수는 약 30% 증가하였다.

　이 중 경복궁과 창덕궁의 유료 관람객 수는 매년 무료 관람객 수의 2배 이상이었다. 유료 관람객을 내국인과 외국인으로 나누어 분석해 보면, 창덕궁의 내국인 유료 관람객 수는 매년 증가하였다.

　이런 추세와 달리, 덕수궁과 종묘의 유료 관람객 수와 무료 관람객 수는 각각 2008년보다 2012년에 감소한 것으로 나타났다. 특히 종묘는 전체 관람객 수가 매년 감소하여 국내외 홍보가 필요한 것으로 분석되었다.

	A	B	C	D
①	창덕궁	덕수궁	종묘	경복궁
②	창덕궁	종묘	덕수궁	경복궁
③	경복궁	덕수궁	종묘	창덕궁
④	경복궁	종묘	덕수궁	창덕궁
⑤	경복궁	창덕궁	종묘	덕수궁

🔺 간단 퀴즈

마지막 조건으로 무엇을 이용했는가?
관점 적용하기와 같았는가?
달랐다면 어떠한 점이 달랐는가?

💡 관점 적용하기

조건 1 → 경복궁과 창덕궁의 유료 관람객 수는 매년 무료 관람객 수의 2배 이상이었다
　　　　　유로가 무료의 2배 이상인 문화유적지는 A와 D뿐이다.
　　　　　따라서, A와 D는 경복궁과 창덕궁이다. → ⑤ 소거

조건 2 → 창덕궁의 내국인 유료 관람객 수는 매년 증가하였다. (내국인 유료 관람객 = 전체 유료 - 외국인 유료)
　　　　　창덕궁은 A 혹은 D이다. A와 D중 혹시 전년대비 감소한 연도가 있는지 확인하자.
　　　　　D는 09년(838)이 08년(931)에 비해 감소하였다. 따라서 창덕궁은 A이다. → ③, ④ 소거

조건 3 → 덕수궁과 종묘의 유료 관람객 수와 무료 관람객 수는 각각 2008년보다 2012년에 감소
　　　　　의미 없는 조건이다.

조건 4 → 종묘는 전체 관람객 수가 매년 감소 (전체 관람객 = 유료+무료)
　　　　　종묘는 B 혹은 C이다. 따라서 B와 C 중에 혹시 전년대비 증가한 연도가 있는지 확인하자.
　　　　　B는 11년이 10년에 비해 증가하였다. 따라서 C가 종묘이다. → 답은 ①이다.

답 ①

매칭형(보고서형)-03 [5급 21-02]

다음 〈표〉는 2020년 '갑'국의 가구당 보험료 및 보험급여 현황에 대한 자료이다. 〈표〉와 〈보고서〉를 근거로 A, B, D에 해당하는 질환을 바르게 나열한 것은?

〈표〉 2020년 가구당 보험료 및 보험급여 현황

(단위: 원)

구분 보험료 분위	보험료	전체질환 보험급여 (보험혜택 비율)	4대 질환별 보험급여(보험혜택 비율)			
			A 질환	B 질환	C 질환	D 질환
전체	99,934	168,725 (1.7)	337,505 (3.4)	750,101 (7.5)	729,544 (7.3)	390,637 (3.9)
1분위	25,366	128,431 (5.1)	327,223 (12.9)	726,724 (28.6)	729,830 (28.8)	424,764 (16.7)
5분위	231,293	248,741 (1.1)	322,072 (1.4)	750,167 (3.2)	713,160 (3.1)	377,568 (1.6)

※ 1) 보험혜택 비율 = $\dfrac{보험급여}{보험료}$

2) 4대 질환은 뇌혈관, 심장, 암, 희귀 질환임.

┤보고서├

2020년 전체 가구당 보험료는 10만원 이하였지만 전체질환의 가구당 보험급여는 16만원 이상으로 전체질환 보험혜택 비율은 1.7로 나타났다.

4대 질환 중 전체 보험혜택 비율이 가장 높은 질환은 심장 질환이었다. 뇌혈관, 심장, 암 질환의 1분위 보험혜택 비율은 각각 5분위의 10배에 미치지 못하였다. 또한, 뇌혈관, 심장, 희귀 질환의 1분위 가구당 보험급여는 각각 전체질환의 1분위 가구당 보험급여의 3배 이상이었다.

	A	B	C
①	뇌혈관	심장	희귀
②	뇌혈관	암	희귀
③	암	심장	희귀
④	암	희귀	심장
⑤	희귀	심장	암

✓ 자료

🔵 간단 퀴즈

마지막 조건으로 무엇을 이용했는가?
관점 적용하기와 같았는가?
달랐다면 어떠한 점이 달랐는가?

관점 적용하기

조건 1 → 보험혜택 비율이 가장 높은 질환은 심장 질환이었다. (보험혜택 비율 = 괄호안의 값)
　　　　B질환이 심장 질환이다. → ②, ④ 소거

조건 2 → 뇌혈관, 심장, 암 질환의 1분위 보험혜택 비율은 각각 5분위의 10배에 미치지 못함.
　　　　10배 보다 큰 것은 오직 D 질환이다. 따라서 D 질환은 희귀이다. → ⑤ 소거

조건 3 → 뇌혈관, 심장, 희귀 질환의 1분위 가구당 보험급여는 각각 전체질환의 1분위 가구당 보험급여의 3배 이상이었다.
　　　　분모가 전체질환으로 모두 동일하므로 1분위 보험급여가 단순히 가장 작은 질환을 찾으면 된다.
　　　　가장 작은 질환은 A질환 이므로 A질환이 암이다. → 답 = ③

답 ③

매칭형(보고서형)-04 [7급 22-12]

다음 〈표〉는 '갑'주무관이 해양포유류 416종을 4가지 부류(A ~ D)로 나눈 후 2022년 기준 국제자연보전연맹(IUCN) 적색 목록 지표에 따라 분류한 자료이다. 이를 근거로 작성한 〈보고서〉의 A, B에 해당하는 해양포유류 부류를 바르게 연결한 것은?

✓ 자료

〈표〉 해양포유류의 IUCN 적색 목록 지표별 분류 현황

(단위: 종)

지표 ＼ 해양포유류 부류	A	B	C	D	합
절멸종(EX)	3	–	2	8	13
야생절멸종(EW)	–	–	–	2	2
심각한위기종(CR)	–	–	–	15	15
멸종위기종(EN)	11	1	–	48	60
취약종(VU)	7	2	8	57	74
위기근접종(NT)	2	–	–	38	40
관심필요종(LC)	42	2	1	141	186
자료부족종(DD)	2	–	–	24	26
미평가종(NE)	–	–	–	–	0
계	67	5	11	333	416

─┤보고서├─

국제자연보전연맹(IUCN)의 적색 목록(Red List)은 지구 동식물종의 보전 상태를 나타내며, 각 동식물종의 보전 상태는 9개의 지표 중 1개로만 분류된다. 이 중 심각한위기종(CR), 멸종위기종(EN), 취약종(VU) 3개 지표 중 하나로 분류되는 동식물종을 멸종우려종(threatened species)이라 한다.

조사대상 416종의 해양포유류를 '고래류', '기각류', '해달류 및 북극곰', '해우류' 4가지 부류로 나눈 후, IUCN의 적색 목록 지표에 따라 분류해 보면 전체 조사대상의 약 36%가 멸종우려종에 속하고 있다. 특히, 멸종우려종 중 '고래류'가 차지하는 비중은 80% 이상이다. 또한 '해달류 및 북극곰'은 9개의 지표 중 멸종우려종 또는 관심필요종(LC)으로만 분류된 것으로 나타났다.

한편 해양포유류에 대한 과학적인 이해가 부족하여 26종은 자료부족종(DD)으로 분류되고 있다. 다만 '해달류 및 북극곰'과 '해우류'는 자료부족종(DD)으로 분류된 종이 없다.

💬 간단 퀴즈

마지막 조건으로 무엇을 이용했는가?
관점 적용하기와 같았는가?
달랐다면 어떠한 점이 달랐는가?

	A	B
①	고래류	기각류
②	고래류	해우류
③	기각류	해달류 및 북극곰
④	기각류	해우류
⑤	해우류	해달류 및 북극곰

관점 적용하기

조건 1 → 특히, 멸종우려종 중 '고래류'가 차지하는 비중은 80% 이상이다.
　　　　멸종우려종은 심각한위기종(CR) + 멸종위기종(EN) + 취약종(VU)이다.
　　　　CR, EN, VU의 크기가 가장 큰 해양포유류는 D이므로 D가 고래이다. → ①, ② 소거

조건 2 → '해달류 및 북극곰'은 9개의 지표 중 멸종우려종 또는 관심필요종(LC)으로만 분류됨.
　　　　(CR), (EN), (VU), (LC)만으로 구성된 해양포유류는 B이다. B는 해달류 및 북극곰이다. → ④ 소거

조건 3 → '해달류 및 북극곰'과 '해우류'는 자료부족종(DD)으로 분류된 종이 없음.
　　　　(DD)가 분류된 종이 없는 것은 B와 C이다. 따라서 C = 해우류이다. → 답은 ③이다.

답 ③

매칭형(보고서형)-05 [7급 22-09]

다음 〈표〉는 2019년과 2020년 지역별 전체주택 및 빈집 현황에 관한 자료이다. 이를 바탕으로 작성한 〈보고서〉의 A ~ C에 해당하는 내용을 바르게 나열한 것은?

〈표〉 2019년과 2020년 지역별 전체주택 및 빈집 현황

(단위: 호, %)

연도 / 지역 구분	2019			2020		
	전체주택	빈집	빈집비율	전체주택	빈집	빈집비율
서울특별시	2,953,964	93,402	3.2	3,015,371	96,629	3.2
부산광역시	1,249,757	109,651	8.8	1,275,859	113,410	8.9
대구광역시	800,340	40,721	5.1	809,802	39,069	4.8
인천광역시	1,019,365	66,695	6.5	1,032,774	65,861	6.4
광주광역시	526,161	39,625	7.5	538,275	41,585	7.7
대전광역시	492,797	29,640	6.0	496,875	26,983	5.4
울산광역시	391,596	33,114	8.5	394,634	30,241	7.7
세종특별자치시	132,257	16,437	12.4	136,887	14,385	10.5
경기도	4,354,776	278,815	6.4	4,495,115	272,358	6.1
강원도	627,376	84,382	13.4	644,023	84,106	13.1
충청북도	625,957	77,520	12.4	640,256	76,877	12.0
충청남도	850,525	107,609	12.7	865,008	106,430	12.3
전라북도	724,524	91,138	12.6	741,221	95,412	12.9
전라남도	787,816	121,767	15.5	802,043	122,103	15.2
경상북도	1,081,216	143,560	13.3	1,094,306	139,770	12.8
경상남도	1,266,739	147,173	11.6	1,296,944	150,982	11.6
제주특별자치도	241,788	36,566	15.1	246,451	35,105	14.2
전국	18,126,954	1,517,815	8.4	18,525,844	1,511,306	8.2

※ 빈집비율(%) = $\dfrac{\text{빈집}}{\text{전체주택}} \times 100$

─┤보고서├─

2020년 우리나라 전체주택 수는 전년 대비 39만 호 이상 증가하였으나 빈집 수는 6천 호 이상 감소하여 빈집비율은 전년 대비 감소하였다. 특히 세종특별자치시의 빈집비율이 가장 큰 폭으로 감소하였다.

하지만 2020년에는 (A)개 지역에서 빈집 수가 전년 대비 증가하였고, 전년 대비 빈집비율이 가장 큰 폭으로 증가한 지역은 (B)였다. 빈집비율이 가장 높은 지역과 가장 낮은 지역의 빈집비율 차이는 2019년에 비해 2020년이 (C)하였다.

	A	B	C
①	5	광주광역시	감소
②	5	전라북도	증가
③	6	광주광역시	증가
④	6	전라북도	증가
⑤	6	전라북도	감소

✓ 자료

🔊 간단 퀴즈

마지막 조건으로 무엇을 이용했는가?
관점 적용하기와 같았는가?
달랐다면 어떠한 점이 달랐는가?

💡 관점 적용하기

조건 1 → A개의 지역에서 빈집수가 증가하였다.

　　　A = 5 or 6이다. → 개수를 세는 것은 실수가 발생하기 쉽고, 시간이 오래 걸리므로 → 마지막 조건으로 넘긴다.

조건 2 → 전년 대비 빈집비율이 가장 큰 폭으로 증가한 지역은 광주 혹은 전북이다.

　　　광주 = 0.2%p 증가, 전북 = 0.3%p 증가 따라서 가장 큰 폭으로 증가한 지역은 전북이다. → ①, ③ 소거

조건 3 → 빈집비율이 가장 높은 지역과 가장 낮은 지역의 차이

　　　19년: 15.5-3.2 = 12.3
　　　20년: 15.2-3.2 = 12.0
　　　따라서 감소하였다. → 답은 ⑤이다.

답 ⑤

해당 자료의 저작권은 메가피셋 김은기 강사에게 있습니다. **253**

매칭형(보고서형)-06 [5급 20-21]

다음 〈표〉는 2016 ~ 2018년 '갑'국의 공무원 집합교육 실적에 관한 자료이다. 이를 바탕으로 작성한 〈보고서〉의 B, C, D에 해당하는 내용을 바르게 나열한 것은?

〈표〉 공무원 집합교육 실적

(단위: 회, 명)

연도 분류 과정 구분		2016			2017			2018		
		차수	교육인원	연인원	차수	교육인원	연인원	차수	교육인원	연인원
기본교육	고위	2	146	13,704	2	102	14,037	3	172	14,700
	과장	1	500	2,500	1	476	1,428	2	580	2,260
	5급	3	2,064	81,478	3	2,127	86,487	3	2,151	89,840
	6급 이하	6	863	18,722	6	927	19,775	5	1,030	22,500
	소계	12	3,573	116,404	12	3,632	121,727	13	3,933	129,300
가치교육	공직가치	5	323	1,021	3	223	730	2	240	800
	국정과제	8	1,535	2,127	8	467	1,349	6	610	1,730
	소계	13	1,858	3,148	11	690	2,079	8	850	2,530
전문교육	직무	6	395	1,209	9	590	1,883	9	660	2,100
	정보화	30	2,629	8,642	29	1,486	4,281	31	1,812	5,096
	소계	36	3,024	9,851	38	2,076	6,164	40	2,472	7,196
전체		61	8,455	129,403	61	6,398	129,970	61	7,255	139,026

※ 차수는 해당 교육과정이 해당 연도 내에 진행되는 횟수를 의미하며, 교육은 시작한 연도에 종료됨.

─|보고서|─

2017년 공무원 집합교육 실적을 보면, 연인원은 전년보다 500명 이상 증가하였으나, 교육인원은 전년 대비 20% 이상 감소하였다. 2017년 공무원 집합교육 과정별 실적을 보면, 교육인원과 연인원은 각각 (A)과정이 가장 많았으며, 차수당 교육인원은 (B)과정이 가장 많았다.

2018년 공무원 집합교육 실적을 보면, 전체 차수는 2017년과 같은 61회였으나, 교육인원과 연인원은 각각 전년보다 (C). 한편, 기본교육 중 '과장' 과정의 교육인원 대비 연인원 비율을 보면, 2018년은 2017년에 비해서는 (D)하였으나, 2016년에 비해서는 (E)하였다.

	B	C	D
①	5급	적었다	감소
②	5급	많았다	증가
③	5급	많았다	감소
④	과장	적었다	증가
⑤	과장	많았다	감소

✓ 자료

🔺 간단 퀴즈

마지막 조건으로 무엇을 이용했는가?
관점 적용하기와 같았는가?
달랐다면 어떠한 점이 달랐는가?

💡 관점 적용하기

조건 1 → 2017년 차수당 교육인원이 가장 많은 과정은 B이다.

　　　　B는 5급 또는 과장이다. 5급($\frac{2127}{3}$)이 과장($\frac{476}{1}$)보다 많으므로 가장 많은 과정은 5급이다.

　　　　→ ④, ⑤ 소거

조건 2 → 18년은 17년에 비해 교육인원과 연인원이 각각 전년보다 많았다. → ① 소거
　　　　(※ 옳은 문장이라는 특성을 생각하면, 교육인원이나 연인원 둘 중에 하나만 확인하면 된다.)

조건 3 → 과장 과정의 교육인원 대비 연인원 비율 18년($\frac{2260}{580}$ ≒4)은 17년($\frac{1428}{476}$ ≒3)에 비해서 증가했다.

　　　　→ 답은 ②이다.

답 ②

4 대상소거형

Q 매칭형(대상소거형)는 무엇인가요? 그리고 어떻게 풀어야 하나요?

 매칭형(대상소거형)은 힌트로 제공되는 선지가 없는 형태를 말한다.

※ 〈조건〉이 보고서로 나타날 수도 있고, 그렇지 않을 수도 있다.
만약, 보고서 형태로 나타난다면, 매칭형 보고서형처럼 마지막 조건에만 집중하자.
보고서에 존재하는 조건을 모두 찾아가며 우선순위를 나누기에는 시간이 너무 오래 걸린다.
따라서, 보고서의 순서대로 조건을 해결하자.
단, 난이도가 높거나, 계산량이 많은 조건이 있다면, 마지막 조건으로 만들어 마지막 조건 이용하기 힌트를 사용하자.

매칭형(보고서형)에서 사용가능한 형태

1) 조건의 우선순위 이용하기 (※ 단, 〈설명〉이 보고서로 주어졌다면 이용하지 않는다.)

> 인터넷 사용률이 전세계 평균의 1.2배 이상인 국가는 가, 나, 다이다.
> → 문장의 형식이 X는 A이다. 즉 1순위 형태이다.
>   따라서 1.2배 이상를 만족하는 국가는 오직, 가, 나, 다 3개국 뿐이다.
>   즉, 1.2배의 값을 구하는 것이 아니라 인터넷 사용률이 큰 3개의 국가만 찾으면 된다.

2) 마지막 조건 이용하기

주어진 선지	A	B	C	D
①	갑	을	병	정
②	갑	을	정	병

> 자동차 생산량은 한국보다 병국이 많다. (단, 병과 정을 나눌 수 있는 남은 조건이 없는 경우)
> → 병국이 될 수 있는 것은 C와 D뿐이다.
>   만약 C가 한국보다 많은 자동차를 생산했다면, D는 한국보다 적은 자동차를 생산해야 한다.
>   만약 D가 한국보다 많은 자동차를 생산했다면, C는 한국보다 적은 자동차를 생산해야 한다.
>   따라서, 자동차 생산량이 가능한 경우는 C 〈 한국 〈 D(병) 이거나, D 〈 한국 〈 C(병)이다.
>   즉 C와 D만 비교해도, 자동차 생산량이 더 많은 국가가 병국임을 파악 할 수 있다.

매칭형 (대상 소거형)이라면, 위의 2가지 힌트를 모두 이용하며 문제를 풀어야 한다.

Q 매칭형의 풀이 순서도는 어떻게 되나요?

'풀이 순서도'는 다음과 같다.

매칭형의 풀이 순서도	
1) 유형 파악하기	: 주어진 문제가 매칭형인지 파악하자. 〈조건〉의 우선순위의 파악이 가능한지, 〈선지〉에서 힌트가 있는지 확인하자.
2) 자료의 파악	: 다음으로 해야할 것은 주어진 자료를 보고 이해하는 것이다. 주어진 자료를 보면서 체크리스트를 체크하며, 또한 일반저인 자료에서는 잘 보이지 않는 '차이점'에 집중한다. 만약 자료가 이해가지 않는다면, 해당 문제는 일단 뒤로 넘겨야 한다.
3) 풀이의 전략	: 1) 〈조건〉의 우선순위를 생각해라. 　　1순위 조건 = 개수도 알려준다. 　　(단, 주어진 〈조건〉이 보고서의 형태라면 써먹을 수 없다.) 　2) 주어진 〈조건〉만으로 정답이 확정된다는 사실을 이용하자. 　　주어진 조건이 더 없다면 정답이 확정된다는 사실을 이용하여 비교의 양을 줄이자.

매칭형(대상소거형)-01 [5급 20-07]

다음 〈표〉는 A~E국의 최종학력별 근로형태 비율에 관한 자료이다. '갑'국에 대한 〈보고서〉의 내용을 근거로 판단할 때, A~E국 중 '갑'국에 해당하는 국가는?

〈표〉 A~E국 최종학력별 근로형태 비율

(단위: %)

최종학력	근로형태	A	B	C	D	E
중졸	전일제 근로자	35	31	31	39	31
	시간제 근로자	29	27	14	19	42
	무직자	36	42	55	42	27
고졸	전일제 근로자	46	47	42	54	49
	시간제 근로자	31	29	15	20	40
	무직자	23	24	43	26	11
대졸	전일제 근로자	57	61	59	67	55
	시간제 근로자	25	28	13	19	39
	무직자	18	11	28	14	6

─┤보고서├─

'갑'국의 최종학력별 전일제 근로자 비율은 대졸이 고졸과 중졸보다 각각 10%p, 20%p 이상 커서, 최종학력이 높을수록 전일제로 근무하는 근로자 비율이 높다고 볼 수 있다. 또한, 시간제 근로자 비율은 고졸의 경우 중졸과 대졸보다 크지만, 그 차이는 3%p 이하로 시간제 근로자의 비율은 최종학력에 따라 크게 다르지 않다. 한편 '갑'국의 무직자 비율은 대졸의 경우 20% 미만이며 고졸의 경우 25% 미만이지만, 중졸의 경우 30% 이상이다.

① A
② B
③ C
④ D
⑤ E

✓ 자료

🔴 간단 퀴즈

마지막 조건으로 무엇을 이용했는가?
관점 적용하기와 같았는가?
달랐다면 어떠한 점이 달랐는가?

답 ②

💡 **관점 적용하기**

조건 1 → 전일제 근로자 비율은 대졸이 고졸과 중졸보다 각각 10%p, 20%p 이상 크다.
　　　　 E는 대졸이 고졸보다 10%p 이상 크지 않다. → E소거

조건 2 → 시간제 근로자 비율은 고졸의 경우 중졸과 대졸보다 크지만, 그 차이는 3%p 이하
　　　　 A는 대졸과 고졸의 차이가 3%p 초과다. → A소거

조건 3 → 무직자 비율은 대졸의 경우 20% 미만이며 고졸의 경우 25% 미만이지만, 중졸의 경우 30% 이상이다.
　　　　 C는 무직자 대졸이 20% 이상, D는 무직자 고졸이 25% 이상 따라서, 갑은 B이다. 답은 ②이다.

답 ②

매칭형(대상소거형)-02 [5급 22-15]

다음 〈표〉는 2020년과 2021년 A ~ E 국의 선행시간별 태풍예보 거리오차에 관한 자료이고, 〈보고서〉는 '갑'국의 태풍예보 거리오차를 분석한 자료이다. 이를 근거로 판단할 때, A ~ E 중 '갑'국에 해당하는 국가는?

〈표〉 2020년과 2021년 A ~ E 국의 선행시간별 태풍예보 거리오차

(단위: km)

국가 \ 선행시간 \ 연도	48시간		36시간		24시간		12시간	
	2020	2021	2020	2021	2020	2021	2020	2021
A	121	119	95	90	74	66	58	51
B	151	112	122	88	82	66	77	58
C	128	132	106	103	78	78	59	60
D	122	253	134	180	113	124	74	81
E	111	170	88	100	70	89	55	53

┤보고서├

　태풍예보 정확도 개선을 위해 지난 2년간의 '갑'국 태풍예보 거리오차를 분석하였다. 이때 선행시간 48시간부터 12시간까지 12시간 간격으로 예측한 태풍에 대해 거리오차를 계산하였고, 그 결과 다음과 같은 사실을 확인하였다.
　첫째, 2020년과 2021년 모두 선행시간이 12시간씩 감소할수록 거리오차도 감소하였다. 둘째, 2021년의 거리오차는 선행시간이 36시간, 24시간, 12시간일 때 각각 100 km 이하였다. 셋째, 선행시간별 거리오차는 모두 2020년보다 2021년이 작았다. 마지막으로 2020년과 2021년 모두 선행시간이 12시간씩 감소하더라도 거리오차 감소폭은 30 km 미만이었다.

① A　　　　　　　　② B
③ C　　　　　　　　④ D
⑤ E

자료 ✓

🔵 간단 퀴즈

마지막 조건으로 무엇을 이용했는가?
관점 적용하기와 같았는가?
달랐다면 어떠한 점이 달랐는가?

관점 적용하기

조건 1 → 2020년과 2021년 모두 선행시간이 12시간씩 감소할수록 거리오차도 감소하였다.
　　　　　 D는 20년 48시간이 36시간보다 거리오차가 작다. → D소거

조건 2 → 2021년의 거리오차는 선행시간이 36시간, 24시간, 12시간일 때 각각 100 km 이하였다.
　　　　　 C는 21년 36시간 거리오차가 100km 초과이다. → C소거

조건 3 → 선행시간별 거리오차는 모두 2020년보다 2021년이 작았다.
　　　　　 E는 48시간에서 20년이 21년보다 작다 → E소거

조건 4 → 2020년과 2021년 모두 선행시간이 12시간씩 감소하더라도 거리오차 감소폭은 30 km 미만이었다.
　　　　　 B는 21년 48시간 → 36시간에서 30km 감소하였다. → B소거 → 따라서 답은 ①이다.

답 ①

매칭형(대상소거형)-03 [5급 22-31]

다음 〈보고서〉는 '갑'국 아동 및 청소년의 성별 스마트폰 과의존위험군에 관한 자료이고, 〈표〉는 A ~ E 국의 스마트폰 과의존위험군 비율에 관한 자료이다. 〈보고서〉의 내용을 근거로 판단할 때, A ~ E 중 '갑'국에 해당하는 국가는?

┤보고서├

'갑'국은 전체 아동과 청소년 중 스마트폰 과의존위험군 비율을 조사하여 스마트폰 과의존위험군을 위험의 정도에 따라 고위험군과 잠재위험군으로 구분했다. '갑'국의 아동은 남자가 여자보다 고위험군과 잠재위험군 비율이 모두 높았으나, 청소년은 반대로 여자가 남자보다 모든 위험군에서 비율이 높았다.

다음으로, 남자와 여자 모두 아동에 비해 청소년의 과의존위험군 비율이 높았다. 아동의 경우 남자와 여자 각각 과의존위험군 비율이 20%에서 25% 사이이지만, 청소년의 경우 남자와 여자의 과의존위험군 비율은 각각 25%를 초과했다.

아동과 청소년 간 과의존위험군 비율 차이는 남자보다 여자가 컸지만, 여자의 해당 비율 차이는 10%p 이하였다. 잠재위험군 비율에서 아동과 청소년 간 차이는 남자가 5%p 이하였으나, 여자는 7%p 이상이었다.

〈표〉 A ~ E 국 아동 및 청소년의 성별 스마트폰 과의존위험군 비율 현황

(단위: %)

구분	성별	위험군	A	B	C	D	E
아동	남자	고위험	2.1	2.3	2.2	2.6	2.2
		잠재위험	20.1	20.0	20.2	21.3	21.2
	여자	고위험	2.0	2.2	1.8	2.0	2.4
		잠재위험	18.1	19.8	17.5	19.9	18.8
청소년	남자	고위험	3.1	3.3	3.2	3.6	3.2
		잠재위험	24.7	25.3	24.8	25.5	25.1
	여자	고위험	4.1	3.9	3.8	4.0	3.5
		잠재위험	28.2	28.1	25.2	27.4	27.7

① A

② B

③ C

④ D

⑤ E

✓ 자료

⚡ 간단 퀴즈

마지막 조건으로 무엇을 이용했는가?
관점 적용하기와 같았는가?
달랐다면 어떠한 점이 달랐는가?

💡 관점 적용하기

조건 1 → 아동은 남자가 여자보다 고위험군과 잠재위험군 비율이 모두 높았으나,
　　　　　→ E는 여자 아동의 고위험군이 더 높다. → E소거
　　　　청소년은 반대로 여자가 남자보다 모든 위험군에서 비율이 높았다.
　　　　　→ A~D까지 모두 만족한다. → 소거 없음

조건 2 → 남자와 여자 모두 아동에 비해 청소년의 과의존위험군 비율이 높았다.
　　　　　→ A~D까지 모두 만족한다. → 소거 없음
　　　　아동의 경우 남자와 여자 각각 과의존위험군 비율이 20%에서 25% 사이이지만
　　　　　→ C는 여자 아동의 과의존위험군의 비율이 1.8+17.5으로 20%보다 작다.→ C소거
　　　　청소년의 경우 남자와 여자의 과의존위험군 비율은 각각 25%를 초과했다.
　　　　　→ A,B,D까지 모두 만족한다. → 소거 없음

조건 3 → 아동과 청소년 간 과의존위험군 비율 차이는 남자보다 여자가 컸지만,
　　　　여자의 해당 비율 차이는 10%p 이하였다. → 봐야할 정보의 양이 너무 많다. 마지막 조건으로 넘긴다.

조건 4 → 잠재위험군 비율에서 아동과 청소년 간 차이는 남자가 5%p 이하였으나, 여자는 7%p 이상이었다.
　　　　　→ B는 남자 잠재위험의 비율 차이가 25.5-20.0으로 5%p 초과이다. → B소거

조건 3 → 아동과 청소년 간 과의존위험군 비율 차이는 남자보다 여자가 컸지만,
　　　　여자의 해당 비율 차이는 10%p 이하였다. → A와 D중 하나만 확인한다.
　　　　　→ A는 여성 아동과 청소년 간 과의존 위험군 비율차이가 (28.2+4.1) - (18.1+2.0)으로 10%p 초과한다.
　　　　　→ 따라서 답은 ④번이다.

답 ④

매칭형(대상소거형)-04 [7급 22-05]

다음 〈표〉는 1990년대 이후 A~E 도시의 시기별 및 자본금액별 창업 건수에 관한 자료이고, 〈보고서〉는 A~E 중 한 도시의 창업 건수에 관한 설명이다. 이를 근거로 판단할 때, 〈보고서〉의 내용에 부합하는 도시는?

〈표〉 A~E 도시의 시기별 및 자본금액별 창업 건수

(단위: 건)

시기 도시 자본금액	1990년대		2000년대		2010년대		2020년 이후	
	1천만원 미만	1천만원 이상	1천만원 미만	1천만원 이상	1천만원 미만	1천만원 이상	1천만원 미만	1천만원 이상
A	198	11	206	32	461	26	788	101
B	46	0	101	5	233	4	458	16
C	12	2	19	17	16	17	76	14
D	27	3	73	34	101	24	225	27
E	4	0	25	0	53	3	246	7

┤보고서├

이 도시의 시기별 및 자본금액별 창업 건수는 다음과 같은 특징이 있다. 첫째, 1990년대 이후 모든 시기에서 자본금액 1천만원 미만 창업 건수가 자본금액 1천만원 이상 창업 건수보다 많다. 둘째, 자본금액 1천만원 미만 창업 건수와 1천만원 이상 창업 건수의 차이는 2010년대가 2000년대의 2배 이상이다. 셋째, 2020년 이후 전체 창업 건수는 1990년대 전체 창업 건수의 10배 이상이다. 넷째, 2020년 이후 전체 창업 건수 중 자본금액 1천만원 이상 창업 건수의 비중은 3% 이상이다.

① A
② B
③ C
④ D
⑤ E

✔ 자료

🔊 간단 퀴즈

마지막 조건으로 무엇을 이용했는가?
관점 적용하기와 같았는가?
달랐다면 어떠한 점이 달랐는가?

💡 **관점 적용하기**

조건 1 → 모든 시기에서 자본금액 1천만원 미만 창업 건수가 자본금액 1천만원 이상 창업 건수보다 많다
        → 도시 C의 2010년대는 1천만원 이상 창업 건수가 더 많다. → C소거

조건 2 → 자본금액 1천만원 미만 창업 건수와 1천만원 이상 창업 건수의 차이는 2010년대가 2000년대의 2배 이상이다
        → 도시 D는 2000년대에는 73-34 = 39건 2010년대는 101-24 = 77건으로 2배 이상이 아니다. → D소거

조건 3 → 2020년 이후 전체 창업 건수는 1990년대 전체 창업 건수의 10배 이상이다.
        → 도시 A는 2020년 이후에 889건이나 1990년대에는 209건으로 10배 이상이 아니다. → A소거

조건 4 → 2020년 이후 전체 창업 건수 중 자본금액 1천만원 이상 창업 건수의 비중은 3% 이상이다.
        → 도시 B와 E 둘 중 하나만 확인한다.
        → 도시 B는 $\dfrac{16}{458+16} = \dfrac{12+4}{400+58+16} \rangle$ 3%으로 3% 이상이다. 따라서 도시 B는 소거할 수 없다.
따라서 정답은 ②이다.

답 ②

✦ 매칭형(대상소거형)-05 [7급 22-16]

다음 〈표〉는 도지사 선거 후보자 A와 B의 TV 토론회 전후 '가' ~ '마'지역 유권자의 지지율에 대한 자료이고, 〈보고서〉는 이 중 한 지역의 지지율 변화를 분석한 자료이다. 〈보고서〉의 내용에 해당하는 지역을 '가' ~ '마' 중에서 고르면?

〈표〉 도지사 선거 후보자 TV 토론회 전후 지지율

(단위: %)

시기 지역 후보자	TV 토론회 전		TV 토론회 후	
	A	B	A	B
가	38	52	50	46
나	28	40	39	41
다	31	59	37	36
라	35	49	31	57
마	29	36	43	41

※ 1) 도지사 선거 후보자는 A와 B뿐임.
   2) 응답자는 '후보자 A 지지', '후보자 B 지지', '지지 후보 없음' 중 하나만 응답하고, 무응답은 없음.

┤보고서├

도지사 선거 후보자 TV 토론회를 진행하기 전과 후에 실시한 이 지역의 여론조사 결과, 도지사 후보자 지지율 변화는 다음과 같다. TV 토론회 전에는 B 후보자에 대한 지지율이 A 후보자보다 10%p 이상 높게 집계되어 B 후보자가 선거에 유리한 것으로 보였으나, TV 토론회 후에는 지지율 양상에 변화가 있는 것으로 분석된다.

TV 토론회 후 '지지 후보자 없음'으로 응답한 비율이 줄어 TV 토론회가 그동안 어떤 후보자에 투표할지 고민하던 유권자의 선택에 영향을 미친 것으로 판단된다. 또한, A 후보자에 대한 지지율 증가폭이 B 후보자보다 큰 것으로 나타나 TV 토론회를 통해 A 후보자의 강점이 더 잘 드러났던 것으로 분석된다. 그러나 TV 토론회 후 두 후보자간 지지율 차이가 3%p 이내에 불과하여 이 지역에서 선거의 결과는 예측하기 어렵다.

① 가
② 나
③ 다
④ 라
⑤ 마

✓ 자료

🔵 간단 퀴즈

마지막 조건으로 무엇을 이용했는가?
관점 적용하기와 같았는가?
달랐다면 어떠한 점이 달랐는가?

💡 관점 적용하기

조건 1 → TV 토론회 전에는 B 후보자에 대한 지지율이 A 후보자보다 10%p 이상 높게 집계됨.
　　　　→ 지역 마는 토론회 전에 10% 이상 높지 않다. → 마 소거

조건 2 → TV 토론회 후 '지지 후보자 없음'으로 응답한 비율이 줄음.
　　　　(※ 지지 후보자 없음 = 100 - A후보자 지지 - B후보자 지지)
　　　　→ 지역 다는 토론회 전에는 100-31-59 = 10였으나, 토론회 이후 100-37-36 = 27으로 오히려 증가하였다.
　　　　(※ 각 후보자의 지지율의 증감으로 생각해 보자.)
　　　　→ 다 소거

조건 3 → A 후보자에 대한 지지율 증가폭이 B 후보자보다 큼.
　　　　→ 지역 라는 A후보자에 대한 지지가 오히려 감소하였다. → 라 소거

조건 4 → TV 토론회 후 두 후보자간 지지율 차이가 3%p 이내
　　　　→ 지역 가와 나 둘 중 하나만 확인한다.
　　　　→ 지역 가는 50-46=4%p이므로 3%p 이내가 아니다. → 따라서 정답은 ②이다.

답 ②

매칭형(대상소거형)-06 [7급 22-23]

다음 〈표〉는 2018 ~ 2020년 '갑'국 방위산업의 매출액 및 종사자 수에 관한 자료이다. 위 〈표〉와 다음 〈보고서〉를 근거로 '항공유도'에 해당하는 방위산업 분야를 〈표 4〉의 A~E 중에서 고르면?

✓ 자료

〈표 1〉 2018 ~ 2020년 '갑'국 방위산업의 국내외 매출액

(단위: 억 원)

구분 \ 연도	2018	2019	2020
총매출액	136,493	144,521	153,867
국내 매출액	116,502	( )	( )
국외 매출액	19,991	21,048	17,624

〈표 2〉 2020년 '갑'국 방위산업의 기업유형별 매출액 및 종사자 수

(단위: 억 원, 명)

구분 \ 기업유형	총매출액	국내 매출액	국외 매출액	종사자 수
대기업	136,198	119,586	16,612	27,249
중소기업	17,669	16,657	1,012	5,855
전체	153,867	( )	17,624	33,104

〈표 3〉 2018 ~ 2020년 '갑'국 방위산업의 분야별 매출액

(단위: 억 원)

분야 \ 연도	2018	2019	2020
항공유도	41,984	45,412	49,024
탄약	24,742	21,243	25,351
화력	20,140	20,191	21,031
함정	18,862	25,679	20,619
기동	14,027	14,877	18,270
통신전자	14,898	15,055	16,892
화생방	726	517	749
기타	1,114	1,547	1,931
전체	136,493	144,521	153,867

〈표 4〉 2018 ~ 2020년 '갑'국 방위산업의 분야별 종사자 수

(단위: 명)

분야 \ 연도	2018	2019	2020
A	9,651	10,133	10,108
B	6,969	6,948	6,680
C	3,996	4,537	4,523
D	3,781	3,852	4,053
E	3,988	4,016	3,543
화력	3,312	3,228	3,295
화생방	329	282	228
기타	583	726	674
전체	32,609	33,722	33,104

※ '갑'국 방위산업 분야는 기타를 제외하고 항공유도, 탄약, 화력, 함정, 기동, 통신전자, 화생방으로만 구분함.

─┤보고서├─

2018년 대비 2020년 '갑'국 방위산업의 총매출액은 약 12.7% 증가하였으나 방위산업 전체 종사자 수는 약 1.5% 증가하는 데 그쳤다. '기타'를 제외한 7개 분야에 대해 이를 구체적으로 분석하면 다음과 같다.

2018년 대비 2020년 방위산업 분야별 매출액은 모두 증가하였으나 종사자 수는 '통신전자', '함정', '항공유도' 분야만 증가하고 나머지 분야는 감소한 것으로 나타났다. 2018 ~ 2020년 동안 매출액과 종사자 수 모두 매년 증가한 방위산업 분야는 '통신전자' 분야이고, '탄약'과 '화생방' 분야는 종사자 수가 매년 감소하였다. 특히, '기동' 분야는 2018년 대비 2020년 매출액 증가율이 방위산업 분야 중 가장 높았지만 종사자 수는 가장 많이 감소하였다. 2018년 대비 2020년 '함정' 분야 매출액 증가율은 방위산업 전체 매출액 증가율보다 낮았으나 종사자 수는 방위산업 분야 중 가장 많이 증가하였다. 이에 따라 방위산업의 분야별 종사자당 매출액 순위에도 변동이 있었다. 2018년에는 '화력' 분야의 종사자당 매출액이 가장 컸고, 다음으로 '함정', '항공유도' 순으로 컸다. 한편, 2020년에는 '화력' 분야의 종사자당 매출액이 가장 컸고, 다음으로 '기동', '항공유도' 순으로 컸다.

① A
② B
③ C
④ D
⑤ E

 간단 퀴즈

마지막 조건으로 무엇을 이용했는가?
관점 적용하기와 같았는가?
달랐다면 어떠한 점이 달랐는가?

💡 관점 적용하기

발문에 의하여 목표 = 항공유도를 찾는 것이다. 따라서 조건 중에 항공유도에 관한 부분에 집중한다.
조건 1 → 2018년 대비 2020년 '통신전자', '함정', '항공유도' 분야만 증가.
　　　　→ B와 E는 감소하였다. → 항공유도가 가능한 것은 A, C, D뿐이다.

조건 2 → 2018년에는 '화력' 분야의 종사자당 매출액이 가장 컸고, 다음으로 '함정', '항공유도' 순으로 컸다.
　　　　→ 함정과 항공유도의 매출액을 확인해 보면, 항공유도의 매출액이 함정보다 2배 이상 큰 것을 볼 수 있다.
　　　　　그러나 종사자당 매출액은 오히려 함정이 더 크다고 하였으므로,
　　　　　항공유도의 종사자는 함정보다 2배 이상 커야 한다.
　　　　　A, C, D 중에 종사자가 2배 이상 클 수 있는 것은 오직 A 뿐이다. 따라서 항공유도가 가능한 것은 A뿐이다.
　　　　→ 따라서 정답은 ①이다.

답 ①

매칭형(대상소거형)-07 [5급 16-36]

다음 〈보고서〉는 A ~ E 국가 중 하나인 '갑'국의 일일평균 TV 시청시간별, 성별 사망률 간의 관계를 분석한 것이고, 〈표〉는 A ~ E 국가의 일일평균 TV 시청시간별, 성별 사망률에 대한 자료이다. 이를 근거로 '갑'국에 해당하는 국가를 A ~ E에서 고르면?

┤보고서├

'갑'국의 일일평균 TV 시청시간에 따른 남녀사망률의 차이는 다음과 같다. 첫째, 남성과 여성 모두 일일평균 TV 시청시간이 길면 사망률이 높다. 둘째, 일일평균 TV 시청시간의 증가에 따른 사망률의 증가폭은 남성이 여성보다 컸으나, 일일평균 TV 시청시간이 증가함에 따라 남성과 여성 간 사망률 증가폭의 차이는 줄어들었다. 셋째, 남성과 여성 모두 TV를 일일평균 8시간 시청했을 때 사망률이 TV를 일일평균 2시간 시청했을 때 사망률의 1.65배 이상이다. 넷째, TV를 일일평균 6시간 시청했을 때 남성과 여성의 사망률 차이는 TV를 일일평균 2시간 시청했을 때 남성과 여성의 사망률 차이의 2배 이상이다.

〈표〉 A ~ E 국가의 일일평균 TV 시청시간별, 성별 사망률

(단위: %)

일일평균 TV 시청시간 국가	2시간		4시간		6시간		8시간	
성별	남	여	남	여	남	여	남	여
A	5.8	6.3	8.1	7.7	10.5	9.3	12.7	10.8
B	7.1	4.2	7.8	4.5	9.5	5.9	11.4	7.5
C	6.8	7.7	10.2	9.8	13.0	11.4	14.8	13.1
D	5.3	2.5	8.0	4.8	12.6	4.6	15.1	7.2
E	6.2	4.7	7.3	5.0	8.8	5.8	11.5	7.5

① A
② B
③ C
④ D
⑤ E

✔ 자료

🔵 간단 퀴즈

마지막 조건으로 무엇을 이용했는가?
관점 적용하기와 같았는가?
달랐다면 어떠한 점이 달랐는가?

관점 적용하기

조건 1 → 남성과 여성 모두 일일평균 TV 시청시간이 길면 사망률이 높다.
　　　　→ 국가 D의 여성은 4시간 4.8% 6시간 4.6%이므로 시청시간이 길 때 사망률이 낮아졌다. → D 소거

조건 2 → 일일평균 TV 시청시간의 증가에 따른 사망률의 증가폭은 남성이 여성보다 컸으나,
　　　　일일평균 TV 시청시간이 증가함에 따라 남성과 여성 간 사망률 증가폭의 차이는 줄어 들었다.
　　　　→ 확인해야 할 정보가 너무 많다. 마지막 조건으로

조건 3 → 남성과 여성 모두 TV를 일일평균 8시간 시청했을 때
　　　　사망률이 TV를 일일평균 2시간 시청했을 때 사망률의 1.65배 이상이다.
　　　　→ 계산량이 많다. 조금 더 대상을 소거한 후 확인하자.

조건 4 → TV를 일일평균 6시간 시청했을 때 남성과 여성의 사망률 차이는
　　　　TV를 일일평균 2시간 시청했을 때 남성과 여성의 사망률 차이의 2배 이상이다.
　　　　→ 국가 B는 2시간 차이는 2.9%p, 6시간 차이는 3.6%p으로 2배 이상이 아니다. → B소거
　　　　→ 국가 C는 2시간 차이는 0.9%p, 6시간 차이는 1.6%p으로 2배 이상이 아니다. → C소거
　　　　→ 조건 2보다는 조건 3이 더 계산량이 적으므로 조건 3을 확인한다.

조건 3 → 남성과 여성 모두 TV를 일일평균 8시간 시청했을 때
　　　　사망률이 TV를 일일평균 2시간 시청했을 때 사망률의 1.65배 이상이다.
　　　　조건 2가 남았으므로 A와 E 둘 중 하나만 확인해서는 안된다.
　　　　→ 국가 A는 남 $(\frac{12.7}{5.8})$ 여$(\frac{10.8}{6.3})$이므로, 1.65배가 안될 것 같은 여만 확인한다.
　　　　(※ 1.65 = 100% + 65%)
　　　　→ $\frac{10.8}{6.3} = \frac{(6+3.9)+0.9}{6+0.3}$ → 1.65배 이상이다.
　　　　→ 국가 E는 남$(\frac{11.5}{6.2})$ 여$(\frac{7.5}{4.7})$이므로, 1.65배가 안될 것 같은 여만 확인한다.
　　　　→ $\frac{7.5}{4.7} = \frac{(4+2.6)+0.9}{4+0.7}$ → $\frac{9}{7}$ 〈 1.65이므로, 1.65배 미만이다. → E소거

답 ①

해당 자료의 저작권은 메가피셋 김은기 강사에게 있습니다.

✦ 매칭형(대상소거형)-08 [민18-23]

다음 〈표〉는 근무지 이동 전 '갑' 회사의 근무 현황에 대한 자료이다. 〈표〉와 〈근무지 이동 지침〉에 따라 이동한 후 근무지별 인원수로 가능한 것은?

〈표〉 근무지 이동 전 '갑' 회사의 근무 현황

(단위: 명)

근무지	팀명	인원수
본관 1층	인사팀	10
	지원팀	16
	기획1팀	16
본관 2층	기획2팀	21
	영업1팀	27
본관 3층	영업2팀	30
	영업3팀	23
별관	–	0
전체		143

※ 1) '갑' 회사의 근무지는 본관 1, 2, 3층과 별관만 있음.
  2) 팀별 인원수의 변동은 없음.

┤근무지 이동 지침├

• 본관 내 이동은 없고, 인사팀은 이동하지 않음.
• 팀별로 전원 이동하며, 본관에서 별관으로 2개 팀만 이동함.
• 1개 층에서는 최대 1개 팀만 별관으로 이동할 수 있음.
• 이동한 후 별관 인원수는 40명을 넘지 않도록 함.

① (명)

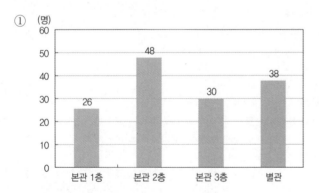

② (명)

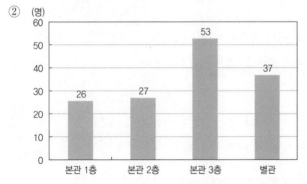

✓ 자료

🔊 간단 퀴즈

마지막 조건으로 무엇을 이용했는가?
관점 적용하기와 같았는가?
달랐다면 어떠한 점이 달랐는가?

③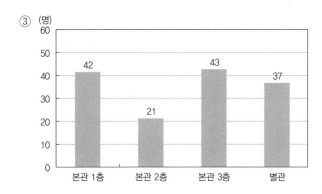

④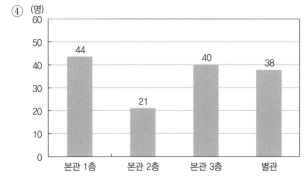

⑤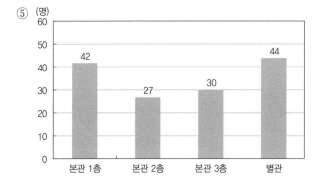

💡 **관점 적용하기**

조건 1 → 본관 내 이동은 없고, 인사팀은 이동하지 않음.
   → 본관 인원은 현재 인원에서 감소만 가능하다.
   → ④은 본관 1층의 인원이 44명이므로 해당 조건을 만족할 수 없다.

조건 2 → 팀별로 전원 이동하며, 본관에서 별관으로 2개 팀만 이동함.
   → 팀이 한번에 다 이동하므로, 〈표〉에 주어진 인원수들의 합의 구성으로만 가능하다.
   → ①은 별관의 인원 38명은 주어진 인원의 합으로 구성이 불가능하다.
   → ③은 본관 3층의 인원 43명은 주어진 인원의 합으로 구성이 불가능하다.

조건 3 → 1개 층에서는 최대 1개 팀만 별관으로 이동할 수 있음. → ②와 ⑤ 모두 만족한다.

조건 4 → 이동한 후 별관 인원수는 40명을 넘지 않도록 함.
   → ⑤는 별관인원이 44명이므로 만족하지 않는다. → 답은 ②이다.

답 ②

매칭형(대상소거형)-09 [5급 18-11]

다음 〈그림〉은 2013 ~ 2017년 '갑'기업의 '가', '나'사업장의 연간 매출액에 대한 자료이고, 다음 〈보고서〉는 2018년 '갑'기업의 '가', '나'사업장의 직원 증원에 대한 내부 검토 내용이다. 〈그림〉과 〈보고서〉를 근거로 2018년 '가', '나'사업장의 증원인원별 연간 매출액을 추정한 결과로 옳은 것은?

✓ 자료

〈그림〉 2013 ~ 2017년 '갑'기업 사업장별 연간 매출액

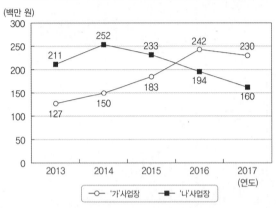

┤보고서├
- 2018년 '가', '나'사업장은 각각 0 ~ 3명의 직원을 증원할 계획임.
- 추정 결과, 직원을 증원하지 않을 경우 '가', '나'사업장의 2017년 대비 2018년 매출액 증감률은 각각 10% 이하일 것으로 예상됨.
- 직원 증원이 없을 때와 직원 3명을 증원할 때의 2018년 매출액 차이는 '나'사업장이 '가'사업장보다 클 것으로 추정됨.
- '나'사업장이 2013 ~ 2017년 중 최대 매출액을 기록했던 2014년보다 큰 매출액을 기록하기 위해서는 2018년에 최소 2명의 직원을 증원해야 함.

🔊 간단 퀴즈

마지막 조건으로 무엇을 이용했는가?
관점 적용하기와 같았는가?
달랐다면 어떠한 점이 달랐는가?

①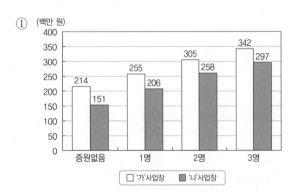

②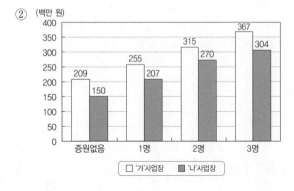

③

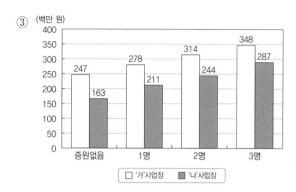

④

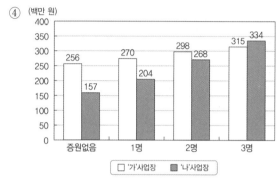

⑤

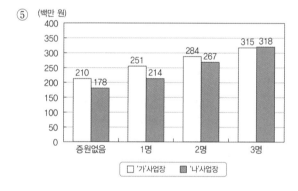

💡 관점 적용하기

조건 1 → 증원 없음시 '가', '나'사업장의 2017년 대비 2018년 매출액 증감률은 각각 10% 이하.
→ 가 = 207~253, 나 = 144~176 → ④와 ⑤은 만족하지 않는다.

조건 2 → 직원 증원이 없을 때와 직원 3명을 증원할 때의 매출액 차이는 '나'가 '가'보다 클 것으로 추정됨.
→ 계산량이 많으므로 마지막 조건으로 넘긴다.

조건 3 → '나'가 14년보다 큰 매출액을 기록하기 위해서는 18년에 최소 2명의 직원을 증원해야 함.
→ 나 14년 = 252, ③은 2명을 증원했을 때 244이므로 만족하지 않는다.
(※ 선지 → 보고서의 방향으로 보고서를 만든 것임을 꼭 기억하자.)

조건 2 → 직원 증원이 없을 때와 직원 3명을 증원할 때의 매출액 차이는 '나'가 '가'보다 클 것으로 추정됨.
→ 마지막 조건이므로 ①과 ② 중 하나만 확인하자.
→ ①을 보면 '가'는 342-214 = 128이고, '나'는 297-151 = 146이므로 '나'가 더 크다.
→ 따라서 답은 ① 이다.

답 ①

매칭형(대상소거형)-10 [7급 모-07]

다음 〈표〉는 '갑' 회사 구내식당의 월별 이용자 수 및 매출액에 관한 자료이고, 〈보고서〉는 '갑' 회사 구내식당 가격인상에 관한 내부검토 자료이다. '2019년 1월의 이용자 수 예측'에 대한 그래프로 〈표〉와 〈보고서〉의 내용에 부합하는 것은?

〈표〉 2018년 '갑' 회사 구내식당의 월별 이용자 수 및 매출액

(단위: 명, 천 원)

구분\n월	특선식		일반식		총매출액
	이용자 수	매출액	이용자 수	매출액	
7	901	5,406	1,292	5,168	10,574
8	885	5,310	1,324	5,296	10,606
9	914	5,484	1,284	5,136	10,620
10	979	5,874	1,244	4,976	10,850
11	974	5,844	1,196	4,784	10,628
12	952	5,712	1,210	4,840	10,552

※ 총매출액은 특선식 매출액과 일반식 매출액의 합임.

┤보고서├

2018년 12월 현재 회사 구내식당은 특선식(6,000원)과 일반식(4,000원)의 두 가지 메뉴를 판매하고 있다. 2018년 11월부터 구내식당 총매출액이 감소하고 있어 지난 2년 동안 동결되었던 특선식과 일반식 중 한 가지 메뉴의 가격을 2019년 1월부터 1,000원 인상할지를 검토하였다.

메뉴 가격에 변동이 없을 경우, 일반식 이용자와 특선식 이용자의 수가 모두 2018년 12월에 비해 감소하여 2019년 1월의 총매출액은 2018년 12월보다 감소할 것으로 예측된다.

특선식 가격만을 1,000원 인상하여 7,000원으로 할 경우, 특선식 이용자 수는 2018년 7월 이후 최저치 이하로 감소하지만, 가격 인상의 영향 등으로 총매출액은 2018년 10월 이상으로 증가할 것으로 예측된다.

일반식 가격만을 1,000원 인상하여 5,000원으로 할 경우, 일반식 이용자 수는 2018년 12월 대비 10% 이상 감소하며, 특선식 이용자 수는 2018년 10월보다 증가하지는 않으리라 예측된다.

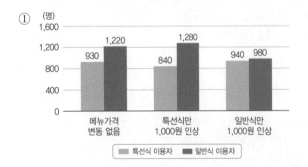

① (명)

✓ 자료

간단 퀴즈

마지막 조건으로 무엇을 이용했는가?
관점 적용하기와 같았는가?
달랐다면 어떠한 점이 달랐는가?

②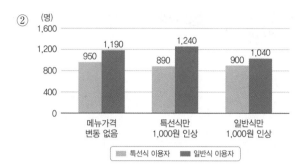

③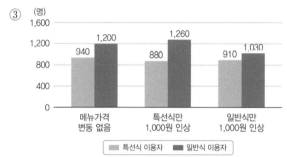

④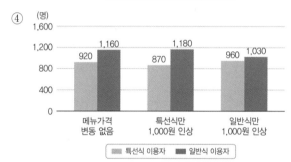

⑤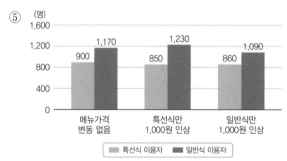

💡 관점 적용하기

조건 1 → 메뉴 가격에 변동이 없을 경우, 일반식, 특선식 모두 이용자 감소 → ①은 일반식 이용자가 증가하였다. 소거

조건 2 → 특선식 가격만 인상 / 특선식 이용자 최저치 보다는 많음 → 특선식 이용자 885↑ → ② 소거
　　　　총매출이 증가한다. → 계산량이 많으므로 마지막 조건으로 넘긴다.

조건 3 → 일반식 가격만 인상 / 일반식 이용자 10% 이상 감소 → 1,089↓ → ⑤소거
　　　　특선식 이용자 10월 보다 증가 X → 979↓ → 소거 없음

조건 2 → 총매출이 증가한다. → ③과 ④만 확인하면 된다. ③의 이용자가 더 많으므로, 정답은 ③이다.

답 ③

매칭형(대상소거형)-11 [7급 21-06]

다음 〈그림〉은 12개 국가의 수자원 현황에 관한 자료이며, A~H는 각각 특정 국가를 나타낸다. 〈그림〉과 〈조건〉을 근거로 판단할 때, 국가명을 알 수 없는 것은?

〈그림〉 12개 국가의 수자원 현황

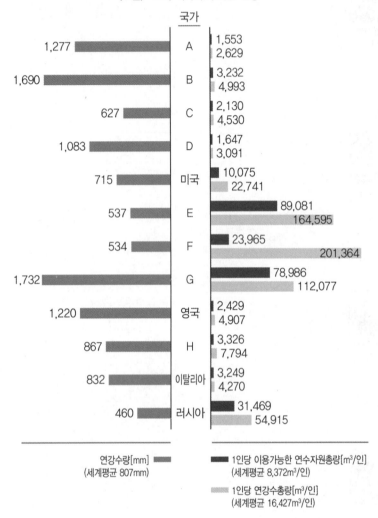

연강수량[mm]
(세계평균 807mm)

1인당 이용가능한 연수자원총량[m³/인]
(세계평균 8,372m³/인)

1인당 연강수총량[m³/인]
(세계평균 16,427m³/인)

┤ 조건 ├

- '연강수량'이 세계평균의 2배 이상인 국가는 일본과 뉴질랜드이다.
- '연강수량'이 세계평균보다 많은 국가 중 '1인당 이용가능한 연수자원총량'이 가장 적은 국가는 대한민국이다.
- '1인당 연강수총량'이 세계평균의 5배 이상인 국가를 '연강수량'이 많은 국가부터 나열하면 뉴질랜드, 캐나다, 호주이다.
- '1인당 이용가능한 연수자원총량'이 영국보다 적은 국가 중 '1인당 연강수총량'이 세계평균의 25% 이상인 국가는 중국이다.
- '1인당 이용가능한 연수자원총량'이 6번째로 많은 국가는 프랑스이다.

① B   ② C
③ D   ④ E
⑤ F

✓ 자료

🔊 간단 퀴즈

마지막 조건으로 무엇을 이용했는가?
관점 적용하기와 같았는가?
달랐다면 어떠한 점이 달랐는가?

🔆 관점 적용하기

조건 1 → 조건의 서술 형식이 1순위이므로, 크기 순서대로 2개 국가가 일본과 뉴질랜드이다.
   → B와 G가 일본과 뉴질랜드이다. → ① 소거

조건 2 → 연강수량이 세계평균보다 많은 국가는 A, B, D, G, H이다.
   이중 1인당 이용가능한 연수자원총량이 가장 적은 국가는 A이다. 따라서 A는 대한민국이다.

조건 3 → 조건의 서술 형식이 1순위이므로, 크기 순서대로 3개 국가가 뉴질랜드, 캐나다, 호주이다.
   → F와 E가 G가 뉴질랜드, 캐나다, 호주이다. → ④와 ⑤ 소거

조건 4 → 1인당 이용가능한 연수자원총량이 영국보다 적은 국가는 A, C, D이다.
   이 중 25% 이상, 즉 1인당 연강수총량이 가장 큰 국가가 중국이다. C가 중국이다. → 정답은 ③이다.

🅐 ③

매칭형(대상소거형)-12 [5급 20-01]

다음 〈표〉와 〈보고서〉는 2014 ~ 2017년 IT산업 3개(소프트웨어, 인터넷, 컴퓨터) 분야의 인수·합병에 대한 자료이다. 이를 근거로 판단할 때, A~E국 중 '갑'국에 해당하는 국가의 2017년 IT산업 3개 분야 인수·합병 건수의 합은?

〈표 1〉 소프트웨어 분야 인수·합병 건수
(단위: 건)

연도＼국가	미국	A	B	C	D	E
2014	631	23	79	44	27	20
2015	615	47	82	45	30	19
2016	760	72	121	61	37	19
2017	934	127	118	80	49	20
계	2,940	269	400	230	143	78

〈표 2〉 인터넷 분야 인수·합병 건수
(단위: 건)

연도＼국가	미국	A	B	C	D	E
2014	498	17	63	68	20	16
2015	425	33	57	52	19	7
2016	528	44	64	61	31	14
2017	459	77	69	70	38	21
계	1,910	171	253	251	108	58

〈표 3〉 컴퓨터 분야 인수·합병 건수
(단위: 건)

연도＼국가	미국	A	B	C	D	E
2014	196	12	33	32	11	3
2015	177	17	38	33	12	8
2016	200	18	51	35	16	8
2017	240	24	51	58	18	9
계	813	71	173	158	57	28

> **보고서**
>
> '갑'국의 IT산업 3개(소프트웨어, 인터넷, 컴퓨터) 분야 인수·합병 현황은 다음과 같다. '갑'국의 IT산업 인수·합병 건수는 3개 분야 모두에서 매년 미국의 10% 이하에 불과했다. 또한, 연도별 인수·합병 건수 증가 추이를 살펴보면, 소프트웨어 분야와 컴퓨터 분야의 인수·합병 건수는 매년 증가하였고, 인터넷 분야 인수·합병 건수는 한 해를 제외하고 매년 증가하였다.

① 50

② 105

③ 208

④ 228

⑤ 238

✓ 자료

🔵 간단 퀴즈

마지막 조건으로 무엇을 이용했는가?
관점 적용하기와 같았는가?
달랐다면 어떠한 점이 달랐는가?

해당 자료의 저작권은 메가피셋 김은기 강사에게 있습니다. **281**

> **관점 적용하기**

조건 1 → '갑'국의 IT산업 인수·합병 건수는 3개 분야 모두에서 매년 미국의 10% 이하에 불과했다.
　　　　→ 소프트웨어 분야를 확인하면 B 소거, 인터넷 분야를 확인하면 A, C 소거

조건 2 → 소프트웨어 분야와 컴퓨터 분야의 인수·합병 건수는 매년 증가하였고
　　　　→ 컴퓨터 분야를 확인하면 E 소거 → 따라서 '갑'국은 D이다.

2017년 D의 3개 분야의 합 = 49+38+18 = 105, 답은 ②이다.

답 ②

매칭형(대상소거형)-13 [5급 18-18]

다음 〈표〉는 특별·광역·특별자치시의 도로현황이다. 이를 바탕으로 〈조건〉을 모두 만족하는 두 도시 A, B를 비교한 것으로 옳은 것은?

〈표〉 특별·광역·특별자치시의 도로현황

구분	면적 (㎢)	인구 (천 명)	도로 연장 (km)	포장 도로 (km)	도로 포장률 (%)	면적당 도로 연장 (km/㎢)	인구당 도로 연장 (km/ 천 명)	자동차 대수 (천 대)	자동차당 도로 연장 (km/ 천 대)	도로 보급률
서울	605	10,195	8,223	8,223	100.0	13.59	0.81	2,974	2.76	3.31
부산	770	3,538	3,101	3,022	97.5	4.03	0.88	1,184	2.62	1.88
대구	884	2,506	2,627	2,627	100.0	2.97	1.05	1,039	2.53	1.76
인천	1,041	2,844	2,743	2,605	95.0	2.63	0.96	1,142	2.40	1.59
광주	501	1,469	1,806	1,799	99.6	3.60	1.23	568	3.18	2.11
대전	540	1,525	2,077	2,077	100.0	3.85	1.36	606	3.43	2.29
울산	1,060	1,147	1,760	1,724	98.0	1.66	1.53	485	3.63	1.60
세종	465	113	412	334	81.1	0.89	3.65	53	7.77	1.80
전국	100,188	50,948	106,440	87,798	82.5	1.06	2.09	19,400	5.49	1.49

─┤ 조건 ├─

- 자동차당 도로연장은 A시와 B시 모두 전국보다 짧다.
- A시 인구는 B시 인구의 2배 이상이다.
- A시는 B시에 비해 면적이 더 넓다.
- A시는 B시에 비해 도로포장률이 더 높다.

① 자동차 대수: A 〈 B
② 도로보급률: A 〈 B
③ 면적당 도로연장: A 〉 B
④ 인구당 도로연장: A 〉 B
⑤ 자동차당 도로연장: A 〉 B

✓ 자료 [   ]

🔊 간단 퀴즈

마지막 조건으로 무엇을 이용했는가?
관점 적용하기와 같았는가?
달랐다면 어떠한 점이 달랐는가?

관점 적용하기

조건 1 → 자동차당 도로연장은 A시와 B시 모두 전국보다 짧다.
　　　　세종은 소거된다.

	서울	부산	대구	인천	광주	대전	울산	세종
A								소거
B								소거

조건 2 → A시 인구는 B시 인구의 2배 이상이다.
　　　　세종을 제외한 인구 중 최소값이 울산(1147)이다.
　　　　A시는 B시보다 2배 이상 많아야 하므로 A시에서 광주, 대전, 울산이 소거된다.
　　　　반대로 최대값은 서울이므로, B시는 서울만 소거된다.

	서울	부산	대구	인천	광주	대전	울산	세종
A					소거	소거	소거	소거
B	소거							소거

조건 3 → A시는 B시에 비해 면적이 더 넓다.
　　　　A시에서 소거된 지역을 제외한 지역 중 면적이 가장 넓은 지역은 인천이다.
　　　　B시의 면적은 인천보다는 넓어서는 안된다. 따라서 울산 소거
　　　　B에서 소거된 지역을 제외한 지역 중 면적이 가장 좁은 지역은 광주이다.
　　　　A시의 면적은 광주보다는 좁아서는 안된다. 따라서 소거되는 곳은 없다.

	서울	부산	대구	인천	광주	대전	울산	세종
A					소거	소거	소거	소거
B	소거						소거	소거

조건 4 → A시는 B시에 비해 도로포장률이 더 높다.
　　　　A시에서 소거된 지역을 제외한 지역 중 도로포장률이 가장 높은 지역은 서울이다.
　　　　B시의 도로포장률은 서울보다 높거나 같아서는 안된다. 따라서, 대구, 대전 소거
　　　　B시에서 소거된 지역을 제외한 지역 중 도로포장률이 가장 낮은 지역은 인천이다.
　　　　따라서, A시는 인천일 수 없다.

	서울	부산	대구	인천	광주	대전	울산	세종
A				소거	소거	소거	소거	소거
B	소거		소거			소거	소거	소거

→ 충분히 경우의 수를 줄였으므로 각 경우의 수를 따져보자
서울 - 부산 조건 3을 만족하지 못한다.
서울 - 인천 조건 3을 만족하지 못한다.
서울 - 광주 모든 조건을 만족한다. → 따라서 A = 서울 B = 광주이다.
서울과 광주를 기준으로 주어진 선지 중 옳은 것은 ③뿐이다. 따라서 정답은 ③이다.

답 ③

5 설명 조건형

Q 매칭형(설명 조건형)는 무엇인가요? 그리고 어떻게 풀어야 하나요?

 매칭형(설명 조건형)은 〈조건〉이 설명의 형태로 주어지는 매칭형을 말한다.

그렇기에 앞에서 배운 형태들처럼 조건들끼리 서로 독립적인 형태가 아닌 비독립적인 형태를 가진다.

따라서 조건의 우선순위나, 마지막 조건을 이용한 힌트를 사용하는 것은 불가능하다.

하지만, 여전히 여전히 "바르게 나열한 것은?"이라는 발문을 지니고 있다.

즉, 주어진 선지 중에 바르게 나열 된 것이 존재한다는 것을 내포하고 있다.

따라서 선지에서 정답이 될 수 있는 후보를 제공해 준다.

1) 선지 이용하기

주어진 선지	<u>A</u>	<u>B</u>	<u>C</u>	<u>D</u>
①	갑	을	병	정
②	을	갑	정	병

자동차를 가장 많이 판매한 국가는 갑국이다.

→ 갑국이 될 수 있는 것은 A와 B뿐이므로 A와 B중 더 큰 국가가 가장 많이 판매한 갑국이다.

매칭형 (설명 조건형)이라면, 위의 선지를 이용하여 비교의 양을 줄여가며 접근하자.

Q 매칭형의 풀이 순서도는 어떻게 되나요?

'풀이 순서도'는 다음과 같다.

매칭형의 풀이 순서도	
1) 유형 파악하기	: 주어진 문제가 매칭형인지 파악하자. 〈조건〉의 우선순위의 파악이 가능한지, 〈선지〉에서 힌트가 있는지 확인하자.
2) 자료의 파악	: 다음으로 해야할 것은 주어진 자료를 보고 이해하는 것이다. 주어진 자료를 보면서 체크리스트를 체크하며, 또한 일반적인 자료에서는 잘 보이지 않는 '차이점'에 집중한다. 만약 자료가 이해가지 않는다면, 해당 문제는 일단 뒤로 넘겨야 한다.
3) 풀이의 전략	: 1) 〈조건〉을 해결할 땐 〈선지〉를 최대한 이용해서 비교의 양을 줄여라. 선지를 이용하여 비교의 양을 줄이자.

해당 자료의 저작권은 메가피셋 김은기 강사에게 있습니다.

매칭형(설명 조건형)-01 [5급 21-10]

다음 〈표〉는 성인 A ~ F의 일일 영양소 섭취량에 관한 자료이다. 〈표〉와 〈조건〉을 근거로 〈에너지 섭취 권장기준〉에 부합하는 남성과 여성을 바르게 나열한 것은?

〈표〉 성인 A ~ F의 일일 영양소 섭취량

(단위: g)

영양소 성인	탄수화물	단백질	지방
A	375	50	60
B	500	50	60
C	300	75	50
D	350	120	70
E	400	100	70
F	200	80	90

┤ 조건 ├

• 에너지 섭취량은 탄수화물 1 g당 4 kcal, 단백질 1 g당 4 kcal, 지방 1 g당 9 kcal이다.
• 에너지는 탄수화물, 단백질, 지방으로만 섭취하며, 섭취하는 과정에서 손실되는 에너지는 없다.
• 〈에너지 섭취 권장기준〉에 부합하는 남성과 여성은 1명씩 존재한다.

┤ 에너지 섭취 권장기준 ├

• 일일 총에너지 섭취량 중 55 ~ 65%를 탄수화물로, 7 ~ 20%를 단백질로, 15 ~ 30%를 지방으로 섭취한다.
• 일일 에너지 섭취 권장량은 성인 남성이 2,600 ~ 2,800kcal이며, 성인 여성이 1,900 ~ 2,100kcal이다.

	남성	여성
①	A	F
②	B	C
③	B	F
④	E	C
⑤	E	F

✓ 자료

🔵 간단 퀴즈

선지를 이용하여 비교의 양을 줄였는가?

💡 관점 적용하기

선지에 의하여 남성이 가능한 성인은 A, B, E뿐이고, 여성이 가능한 성인은 C, F뿐이다.

여성부터 확인하자. (C와 F)
C의 섭취 칼로리는 탄수화물 1200, 단백질 300, 지방 450으로 구성된다.
F의 섭취 칼로리는 탄수화물 800, 단백질 320, 지방 810으로 구성된다.
F는 지방으로 섭취한 칼로리가 탄수화물로 섭취한 칼로리보다 많다.
따라서, F는 에너지 섭취량의 비율을 만족 할 수 없다. → ①, ③, ⑤소거

남성을 확인하자. (B와 E)
B의 섭취 칼로리는 탄수화물 2000, 단백질 200, 지방 540으로 구성된다.
E의 섭취 칼로리는 탄수화물 1600, 단백질 400, 지방 630으로 구성된다.
B가 섭취한 칼로리를 보면 탄수화물이 단백질의 10배이다.
따라서, B는 에너지 섭취량 비율을 만족 할 수 없다. → 답은 ④이다.

답 ④

매칭형(설명 조건형)-02 [5급 21-14]

다음 〈표〉는 2019년 아세안 3개국 7개 지역별 외국투자기업의 지출 항목별 단가 및 보조금 지급기준에 관한 자료이다. 〈표〉와 〈정보〉에 근거하여 7개 지역에 진출한 우리나라 '갑'기업의 월간 순지출액이 가장 작은 지역과 가장 큰 지역을 바르게 나열한 것은?

〈표 1〉 지역별 외국투자기업의 지출 항목별 단가

(단위: 달러)

국가	지역	급여 (1인당 월지급액)	전력 사용료 (100 kWh당 요금)	운송비 (1회당 운임)
인도네시아	자카르타	310	7	2,300
	바탐	240	7	3,500
베트남	하노이	220	19	3,400
	호치민	240	10	2,300
	다낭	200	19	4,000
필리핀	마닐라	230	12	2,300
	세부	220	21	3,500

〈표 2〉 국가별 외국투자기업의 지출 항목별 보조금 지급기준

국가	급여	전력 사용료	운송비
인도네시아	1인당 월 50달러	보조금 없음	1회당 50% 보조
베트남	1인당 월 30달러	100 kWh당 5달러	보조금 없음
필리핀	보조금 없음	100 kWh당 10달러	1회당 50% 보조

|정보|

- 지역별 외국투자기업의 월간 순지출액은 각 지역에서 월간 발생하는 총지출액에서 해당 국가의 월간 총보조금을 뺀 금액임.
- 지출과 보조금 항목은 급여, 전력 사용료, 운송비로만 구성됨.
- '갑'기업은 7개 지역에서 각각 10명의 직원에게 급여를 지급하고, 월간 전력 사용량은 각각 1만 kWh이며, 월간 4회 운송을 각각 시행함.

	가장 작은 지역	가장 큰 지역
①	마닐라	다낭
②	마닐라	하노이
③	자카르타	다낭
④	자카르타	세부
⑤	자카르타	하노이

✓ 자료

🔘 간단 퀴즈

선지를 이용하여 비교의 양을 줄였는가?

관점 적용하기

선지에 의하여 가장 작은 지역은 마닐라 자카르타이고, 가장 큰 지역은 다낭 하노이 세부이다.

작은 지역부터 확인하자. (마닐라와 자카르타)

	총 급여	총 전력사용료	총 운송비
마닐라(필리핀)	(230) × 10	(12−10) × 100	(2,300×0.5) × 4
자카르타(인도네시아)	(310−50) × 10	7 × 100	(2,300×0.5) × 4

자카르타의 비용이 마닐라보다 높다. 따라서 가장 작은 지역은 마닐라이다. → ③, ④, ⑤ 소거

큰 지역을 확인하자. (다낭과 하노이)

	총 급여	총 전력사용료	총 운송비
다낭(베트남)	(200−30)×10	(19−5) × 100	4,000 × 4
하노이(베트남)	(220−30)×10	(19−5) × 100	3,400 × 4

총급여는 하노이가 200만큼 더 많지만, 총운송비가 다낭이 2400만큼 높아서 비용이 가장 큰 지역은 다낭이다.
→ 답은 ①이다.

답 ①

해당 자료의 저작권은 메가피셋 김은기 강사에게 있습니다. **289**

매칭형(설명 조건형)-03 [5급 20-02]

다음 〈표〉와 〈정보〉는 5월 '갑'국의 관측날씨와 '가' ~ '라'팀의 예보날씨에 관한 자료이다. 〈표〉와 〈정보〉를 근거로 '정확도가 가장 높은 팀'과 '임계성공지수가 가장 낮은 팀'을 바르게 나열한 것은?

〈표〉 5월 '갑'국의 관측날씨와 팀별 예보날씨

날짜(일) / 구분		1	2	3	4	5	6	7	8	9	10	11	12
관측날씨		🌧	🌧	☀	☀	☁	☀	☀	☀	☀	☁	☀	☀
예보날씨	가	🌧	☁	☀	☀	☀	☀	☀	☀	☀	🌧	☁	☀
	나	🌧	☁	☁	☀	☁	☁	☀	☀	☁	🌧	🌧	☀
	다	🌧	☁	☀	☀	☀	☀	☀	🌧	☀	☀	☀	☀
	라	🌧	☀	☀	☀	☀	☀	☀	☀	☀	☀	☀	☀

┤ 정보 ├

• 각 팀의 예보날씨와 실제 관측날씨 분류표

관측날씨 / 예보날씨	🌧	☀
🌧	H	F
☀	M	C

※ H, F, M, C는 각각의 경우에 해당하는 빈도를 뜻하며, 예를 들어 '가'팀의 H는 3임.

• 정확도 $= \dfrac{H + C}{H + F + M + C}$

• 임계성공지수 $= \dfrac{H}{H + F + M}$

	정확도가 가장 높은 팀	임계성공지수가 가장 낮은 팀
①	가	나
②	가	라
③	다	나
④	다	라
⑤	라	다

✓ 자료

🔵 간단 퀴즈

선지를 이용하여 비교의 양을 줄였는가?

관점 적용하기

선지에 의하여 정확도가 가장 높은 팀은 가, 다, 라 중 하나이고,
임계성공지수가 가장 낮은 팀은 나, 다, 라 중 하나이다.

정확도가 가장 높은 팀을 확인하자
→ 정확도의 식을 보면 분자는 H+C이고, 분모는 H+F+M+C이다. → 분모는 모두 12로 동일하다.
따라서, 분자가 가장 큰 팀이 정확도가 가장 크다. 가 = 10, 다 = 9, 라 = 9이므로 가장 높은 팀은 가이다.
→ ③, ④, ⑤ 소거

임계성공지수가 가장 낮은 팀을 확인하자. 선지에 의하여 나와 라만 비교한다.
나 = $\frac{4}{8}$ 라 = $\frac{1}{4}$, 가장 낮은 팀은 라이다. 따라서 정답은 ②이다.

답 ②

매칭형(설명 조건형)-04 [5급 16-31]

다음 〈그림〉은 '갑' 택지지구의 개발 적합성 평가 기초 자료이다. 〈조건〉을 이용하여 '갑' 택지지구 내 A~E 지역의 개발 적합성 점수를 계산했을 때, 개발 적합성 점수가 가장 낮은 지역과 가장 높은 지역을 바르게 나열한 것은?

〈그림〉 '갑' 택지지구의 개발 적합성 평가 기초 자료

A ~ E 지역 위치

	A			■
		B	■	
C		■		
	D■			
■			E	

토지이용 유형
(1-산림, 2-농지, 3-주택지)

1	1	2	2	2■
1	2	2	2■	3
2	2	2■	3	3
2	2■	3	3	3
2■	3	3	3	3

경사도(%)

15	15	20	20	20■
15	15	20	20■	20
10	15	15■	15	20
10	10■	15	15	15
10■	10	10	15	15

토지소유 형태
(1-국유지, 2-사유지)

2	2	2	2	2■
1	1	1	1■	1
1	1	1■	1	1
2	2■	2	2	2
2■	2	2	2	2

※ 음영 지역(■)은 개발제한구역을 의미함.

┤ 조건 ├

• 평가 점수 = (0.6 × 토지이용 기준 점수) + (0.4 × 경사도 기준 점수)
• 토지이용 기준 점수는 유형에 따라 산림 5점, 농지 8점, 주택지 10점이다.
• 경사도 기준 점수는 경사도 10%이면 10점, 나머지는 5점이다.
• 개발 적합성 점수는 토지소유 형태가 사유지이면 '평가 점수'의 80%를 부여하고, 국유지이면 100%를 부여한다. 단, 토지소유 형태와 상관없이 개발제한구역의 개발 적합성 점수는 0점으로 한다.

	가장 낮은 지역	가장 높은 지역
①	A	B
②	A	C
③	A	E
④	D	C
⑤	D	E

자료

간단 퀴즈

선지를 이용하여 비교의 양을 줄였는가?

해당 자료의 저작권은 메가피셋 김은기 강사에게 있습니다.

관점 적용하기

선지에 의하여 개발 적합성 점수가 가장 낮은 지역은 A, D 중 하나이고 가장 높은 지역은 B, C, E 중 하나이다. 가장 지역부터 확인하자.

가장 낮은 지역은 A또는 D이다. 따라서 A와 D만 확인하자.
개발제한구역인 경우에는 개발적합성 점수가 0 점이므로, D가 가장 작다.
→ ①, ②, ③ 소거

가장 높은 지역은 C또는 E이다. 따라서 C와 E만 확인하자.
C = 0.6×8(농지) + 0.4×10(10%) = 8.8
E = [0.6×10(주택지) + 0.4×5(15%)]$\times 0.8$ = 8×0.8 = 6.4
가장 높은 지역은 C이다. 따라서 정답은 ④이다.

답 ④

매칭형(설명 조건형)-05 [민 18-25]

다음 〈표〉는 참가자 A ~ D의 회차별 가위·바위·보 게임 기록 및 판정이고, 〈그림〉은 아래 〈규칙〉에 따른 5회차 게임 종료 후 A ~ D의 위치를 나타낸 것이다. 이 때 (가), (나), (다)에 해당하는 것을 바르게 나열한 것은?

〈표〉 가위 · 바위 · 보 게임 기록 및 판정

회차 구분 참가자	1		2		3		4		5	
	기록	판정	기록	판정	기록	판정	기록	판정	기록	판정
A	가위	승	바위	승	보	승	바위	( )	보	( )
B	가위	승	(가)	( )	바위	패	가위	( )	보	( )
C	보	패	가위	패	바위	패	(나)	( )	보	( )
D	보	패	가위	패	바위	패	가위	( )	(다)	( )

〈그림〉 5회차 게임 종료 후 A ~ D의 위치

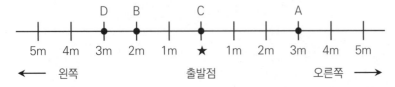

D B C A
5m 4m 3m 2m 1m ★ 1m 2m 3m 4m 5m
← 왼쪽   출발점   오른쪽 →

─| 규칙 |─

• A ~ D는 모두 출발점(★)에서 1회차 가위·바위·보 게임을 하고, 2회차부터는 직전 회차 게임 종료 후 각자의 위치에서 게임을 한다.
• 각 회차의 판정에 따라 지거나 비기면 이동하지 않고, 가위로 이긴 사람은 왼쪽으로 3 m, 바위로 이긴 사람은 오른쪽으로 1 m, 보로 이긴 사람은 오른쪽으로 5 m를 각각 이동하여 해당 회차 게임을 종료한다.

	(가)	(나)	(다)
①	가위	바위	보
②	가위	보	바위
③	바위	가위	보
④	바위	보	가위
⑤	보	바위	가위

✓ 자료

🔺 간단 퀴즈

선지를 이용하여 비교의 양을 줄였는가?

관점 적용하기

선지에 의하여 (가), (나), (다)의 조합은 5개이다.

B를 제외한 나머지 참가자의 3회까지의 결과를 살펴보면 다음과 같다.

A: 왼쪽 3m 오른쪽 1m 오른쪽 5m → 오른쪽으로 3m, 현재 위치와 동일 → 승리가 없어야 함.

C: 승리한 적이 없음 → 출발점 현재 위치와 동일 → 승리가 없어야 함.

D: 승리한 적이 없음 → 출발점 현재 위치와 차이가 존재함 → 가위로 승리를 해야 함.

D가 가위로 승리하기 위해서는 (다)의 값이 가위여야 한다. → ①, ②, ③ 소거

A와 B 모두 4회에서는 승리가 없어야 한다. 따라서 무승부여야 하므로 (나)는 보이다. → 답은 ④이다.

답 ④

매칭형(설명 조건형)-06 [민 18-09]

다음 〈표〉는 물품 A ~ E의 가격에 대한 자료이다. 〈조건〉에 부합하는 (가), (나), (다)로 가능한 것은?

〈표〉 물품 A ~ E의 가격

(단위: 원/개)

물품	가격
A	24,000
B	(가)
C	(나)
D	(다)
E	16,000

┤조건├

- '갑', '을', '병'의 배낭에 담긴 물품은 각각 다음과 같다.
  - 갑: B, C, D
  - 을: A, C
  - 병: B, D, E
- 배낭에는 해당 물품이 한 개씩만 담겨있다.
- 배낭에 담긴 물품 가격의 합이 높은 사람부터 순서대로 나열하면 '갑', '을', '병' 순이다.
- '병'의 배낭에 담긴 물품 가격의 합은 44,000원이다.

	(가)	(나)	(다)
①	11,000	23,000	14,000
②	12,000	14,000	16,000
③	12,000	19,000	16,000
④	13,000	19,000	15,000
⑤	13,000	23,000	15,000

✓ 자료

🔵 간단 퀴즈

선지를 이용하여 비교의 양을 줄였는가?

해당 자료의 저작권은 메가피셋 김은기 강사에게 있습니다.

관점 적용하기

조건 5에 따르면 병의 물품 가격의 합이 44,000원이므로, B+D의 가격은 28,000원이다. → ①소거
조건 4에 따르면 물품의 가격은 갑 〉 을 〉 병이다.
을의 가격은 44,000원 보다 높아야 하므로, A+C는 44,000보다 높다. 따라서 C의 가격은 20,000원보다 높아야 한다.
→ ②, ③, ④소거 → 답은 ⑤이다.

답 ⑤

매칭형(설명 조건형)-07 [7급 22-18]

다음 〈표〉는 운전자 A ~ E의 정지시거 산정을 위해 '갑'시험장에서 측정한 자료이다. 〈표〉와 〈정보〉에 근거하여 맑은 날과 비 오는 날의 운전자별 정지시거를 바르게 연결한 것은?

✔ 자료

〈표〉 운전자 A ~ E의 정지시거 산정을 위한 자료

(단위: m/초, 초, m)

구분 운전자	자동차	운행속력	반응시간	반응거리	마찰계수	
					맑은 날	비 오는 날
A	가	20	2.0	40	0.4	0.1
B	나	20	2.0	( )	0.4	0.2
C	다	20	1.6	( )	0.8	0.4
D	나	20	2.4	( )	0.4	0.2
E	나	20	1.4	( )	0.4	0.2

─ 정보 ─

- 정지시거 = 반응거리 + 제동거리
- 반응거리 = 운행속력 × 반응시간
- 제동거리 = $\dfrac{(운행속력)^2}{2 \times 마찰계수 \times g}$

(단, g는 중력가속도이며 10 m/초^{2}으로 가정함)

	운전자	맑은 날 정지시거[m]	비 오는 날 정지시거[m]
①	A	120	240
②	B	90	160
③	C	72	82
④	D	98	158
⑤	E	78	128

🔵 간단 퀴즈

선지를 이용하여 비교의 양을 줄였는가?

해당 자료의 저작권은 메가피셋 김은기 강사에게 있습니다.

관점 적용하기

주어진 선지를 보면 맑은 날 정지시거와 비 오는 날 정지시거에 대해 제공됐다.
정지시거 = 반응거리 + 제동거리으로 구성된다. 그런데, 이중에 맑은 날과 비 오는 날이 차이나는 부분은 제동거리이다.
제동거리의 차이는 마찰계수로 인한 것이며, 마찰계수와 반비례한다.
따라서, 각각의 정지시거를 제동거리로 변환시켜서 생각해 보자.

	반응거리	마찰계수 비율 (맑은 날 / 비 오는 날)	맑은 날 제동거리	비 오는 날 제동거리	제동거리 비율 (비 오는 날 / 맑은 날)
A	40	4.0	80	200	2.5
B	40	2.0	50	120	2.4
C	32	2.0	40	50	1.25
D	48	2.0	50	110	2.2
E	28	2.0	50	100	2.0

마찰계수의 비율과 제동거리 비율이 같은 E가 정답이다. → 답은 ⑤이다.

답 ⑤

❖ 매칭형(설명 조건형)-08 [5급 17-27]

다음 〈표〉는 A제품을 생산·판매하는 '갑'사의 1 ~ 3주차 A제품 주문량 및 B부품 구매량에 관한 자료이다. 〈조건〉에 근거하여 매주 토요일 판매 완료 후 남게 되는 A제품의 재고량을 주차별로 바르게 나열한 것은?

〈표〉 A제품 주문량 및 B부품 구매량

(단위: 개)

구분 \ 주	1주차	2주차	3주차
A제품 주문량	0	200	450
B부품 구매량	500	900	1,100

※ 1) 1주차 시작 전 A제품과 B부품의 재고는 없음.
  2) 한 주의 시작은 월요일임.

┤ 조건 ├

• A제품은 매주 월요일부터 금요일까지 생산하고, A제품 1개 생산 시 B부품만 2개가 사용된다.
• B부품은 매주 일요일에 일괄구매하고, 그 다음 주 A제품 생산에 남김없이 모두 사용된다.
• 생산된 A제품은 매주 토요일에 해당주차 주문량만큼 즉시 판매되고, 남은 A제품은 이후 판매하기 위한 재고로 보유한다.

	1주차	2주차	2주차
①	0	50	0
②	0	50	50
③	50	50	50
④	250	0	0
⑤	250	50	50

✓ 자료

🔵 간단 퀴즈

선지를 이용하여 비교의 양을 줄였는가? 줄일 수 없었다면, 왜 그럴까?

💡 관점 적용하기

토요일 판매완료 후 남게 되는 A제품의 재고

공정의 순서는 다음과 같다.
1) 월~금 B부품을 이용하여 A제품의 생산 2) 토요일 A제품을 주문량 만큼 판매 3) 일요일 B부품의 구매

1주차는 B부품이 없었으므로 생산된 것이 없다. 따라서 1주차의 A제품 재고는 0이다.
2주차는 1주차 일요일에 구매한 500개 부품으로 250개의 A제품을 생산하고 200개의 A제품을 판매, 재고는 50이다.
3주차는 2주차 일요일에 구매한 900개 부품으로 450개의 A제품을 생산하고 450개의 A제품을 판매, 재고는 50이다.
따라서 답은 ②이다.

답 ②

해당 자료의 저작권은 메가피셋 김은기 강사에게 있습니다.

6 비조건형

Q 매칭형(비조건형)는 무엇인가요? 그리고 어떻게 풀어야 하나요?

 매칭형(비조건형)은 매칭형의 3요소중 하나인 〈조건〉이 없는 형태이다.
〈조건〉을 대신하여 자료간의 관계를 이용하여 발문에서 제시한 '목적'을 풀어내는 형태이다.

〈조건〉이 없기 때문에 조건의 우선순위도 없으며, 마지막 조건도 없다.
하지만, 여전히 "바르게 나열한 것은?"이라는 발문을 지니고 있다.
즉, 주어진 선지 중에 바르게 나열 된 것이 존재한다는 것을 내포하고 있다는 것이다.
따라서 여전히 선지에서 정답이 될 수 있는 후보를 제공해 준다.

선지 이용하기

주어진 선지	A	B	C	D
①	갑	을	병	정
②	을	갑	정	병

자동차를 가장 많이 판매한 국가는 갑국이다.
→ 갑국이 될 수 있는 것은 A와 B뿐이므로 A와 B중 더 큰 국가가 가장 많이 판매한 갑국이다.

매칭형(비조건형)이라면, 위의 선지를 이용하여 비교의 양을 줄여가며 접근하자.

Q 매칭형의 풀이 순서도는 어떻게 되나요?

'풀이 순서도'는 다음과 같다.

매칭형의 풀이 순서도	
1) 유형 파악하기	: 주어진 문제가 매칭형인지 파악하자. 〈조건〉의 우선순위의 파악이 가능한지, 〈선지〉에서 힌트가 있는지 확인하자.
2) 자료의 파악	: 다음으로 해야할 것은 주어진 자료를 보고 이해하는 것이다. 주어진 자료를 보면서 체크리스트를 체크하며, 또한 일반적인 자료에서는 잘 보이지 않는 '차이점'에 집중한나. 만약 자료가 이해가지 않는다면, 해당 문제는 일단 뒤로 넘겨야 한다.
3) 풀이의 전략	: 1) 〈조건〉을 해결할 땐 〈선지〉를 최대한 이용해서 비교의 양을 줄여라. 선지를 이용하여 비교의 양을 줄이자.

매칭형(비 조건형)-01 [5급 16-07]

다음 〈표〉는 금융기관별, 개인신용등급별 햇살론 보증잔액 현황에 관한 자료이다. 〈그림〉은 〈표〉를 이용하여 6개 금융기관 중 2개 금융기관의 개인신용등급별 햇살론 보증잔액 구성비를 나타낸 것이다. 〈그림〉의 금융기관 A와 B를 바르게 나열한 것은?

✓ 자료

〈표〉 금융기관별, 개인신용등급별 햇살론 보증잔액 현황

(단위: 백만원)

금융기관 / 개인신용등급	농협	수협	축협	신협	새마을금고	저축은행	합
1	2,425	119	51	4,932	7,783	3,785	19,095
2	6,609	372	77	14,816	22,511	16,477	60,862
3	8,226	492	176	18,249	24,333	27,133	78,609
4	20,199	971	319	44,905	53,858	72,692	192,944
5	41,137	2,506	859	85,086	100,591	220,535	450,714
6	77,749	5,441	1,909	147,907	177,734	629,846	1,040,586
7	58,340	5,528	2,578	130,777	127,705	610,921	935,849
8	11,587	1,995	738	37,906	42,630	149,409	244,265
9	1,216	212	75	1,854	3,066	1,637	8,060
10	291	97	2	279	539	161	1,369
계	227,779	17,733	6,784	486,711	560,750	1,732,596	3,032,353

〈그림〉 금융기관 A와 B의 개인신용등급별 햇살론 보증잔액 구성비

(단위: %)

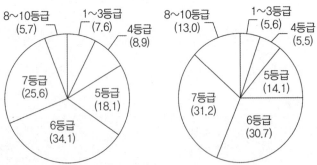

금융기관 A — 8~10등급 (5.7), 1~3등급 (7.6), 4등급 (8.9), 7등급 (25.6), 5등급 (18.1), 6등급 (34.1)

금융기관 B — 8~10등급 (13.0), 1~3등급 (5.6), 4등급 (5.5), 5등급 (14.1), 7등급 (31.2), 6등급 (30.7)

※ 1) '1~3등급'은 개인신용등급 1, 2, 3등급을 합한 것이고, '8~10등급'은 개인신용등급 8, 9, 10등급을 합한 것임.
2) 보증잔액 구성비는 소수점 둘째 자리에서 반올림한 값임.

💬 간단 퀴즈

선지를 이용하여 비교의 양을 줄였는가?

	A	B
①	농협	수협
②	농협	축협
③	수협	신협
④	저축은행	수협
⑤	저축은행	축협

관점 적용하기

구성비 = $\dfrac{\text{부분}}{\text{전체}}$ 이므로, 구성비 $\propto$ 부분이다.

〈그림〉에 따르면 금융기관 A의 4등급은 약 9%이고, 선지에 따르면 농협, 수협, 저축은행 중 하나이다.
따라서, A는 농협이다.

〈그림〉에 따르면 금융기관 B의 4등급은 약 6%이고, 선지에 따르면 수협, 축협 중 하나이다.
따라서, A는 수협이다. → 답은 ①이다.

답 ①

매칭형(비 조건형)-02 [5급 16-40]

다음 〈그림〉과 〈표〉는 2010 ~ 2014년 '갑'국 초 · 중 · 고등학교 학생의 사교육에 관한 자료이다. 자료를 보고 A ~ C 과목별로 2014년 사교육 참여 학생 1인당 월평균 사교육비가 가장 큰 학교급을 바르게 나열한 것은?

✓ 자료

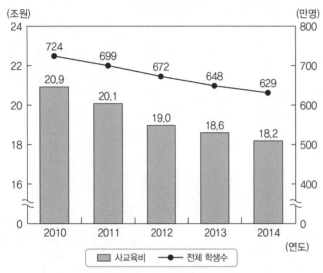

〈그림〉 2010 ~ 2014년 연간 사교육비 및 전체 학생수

〈표 1〉 2010 ~ 2014년 학교급별 연간 사교육비
(단위: 억원)

학교급＼연도	2010	2011	2012	2013	2014
초등학교	97,080	90,461	77,554	77,375	75,949
중학교	60,396	60,006	61,162	57,831	55,678
고등학교	51,242	50,799	51,679	50,754	50,671
전체	208,718	201,266	190,395	185,960	182,298

〈표 2〉 2010 ~ 2014년 학교급별 학생 1인당 월평균 사교육비
(단위: 만원/인)

학교급＼연도	2010	2011	2012	2013	2014
초등학교	24.5	24.1	21.9	23.2	23.2
중학교	25.5	26.2	27.6	26.7	27.0
고등학교	21.8	21.8	22.4	22.3	23.0

※ 학생 1인당 월평균 사교육비(만원/인) = $\dfrac{\text{(학교급별)연간 사교육비}}{\text{(학교급별)전체 학생수}}$ ÷ 12(개월)

〈표 3〉 2010 ~ 2014년 학교급별 사교육 참여율
(단위: %)

학교급＼연도	2010	2011	2012	2013	2014
초등학교	86.8	84.6	80.9	81.8	81.1
중학교	72.2	71.0	70.6	69.5	69.1
고등학교	52.8	51.6	50.7	49.2	49.5

※ 사교육 참여율(%) = $\dfrac{\text{(학교급별)사교육 참여 학생수}}{\text{(학교급별)전체 학생수}}$ × 100

〈표 4〉 2014년 학교급별, 과목별 사교육비 비중

(단위: %)

학교급＼과목	A	B	C	기타	합
초등학교	25	30	40	5	100
중학교	15	40	40	5	100
고등학교	15	40	35	10	100

	A과목	B과목	C과목
①	초등학교	초등학교	중학교
②	중학교	초등학교	고등학교
③	초등학교	고등학교	고등학교
④	중학교	고등학교	초등학교
⑤	고등학교	중학교	초등학교

🔊 간단 퀴즈

선지를 이용하여 비교의 양을 줄였는가?

💡 관점 적용하기

사교육 참여 학생 1인당 월평균 사교육비(a) = $\dfrac{\text{월평균 사교육비}}{\text{사교육 참여 학생}}$ = $\dfrac{\langle \text{표 2} \rangle}{\langle \text{표 3} \rangle}$

각 과목별 이므로, (a)에 〈표 4〉의 비중을 곱해주면 된다.

따라서, $\dfrac{\langle \text{표 2} \rangle}{\langle \text{표 3} \rangle} \times \langle \text{표4} \rangle$,

여기서 $\dfrac{\langle \text{표2} \rangle}{\langle \text{표3} \rangle}$ 의 값만 미리 구해보면 $\dfrac{23.2}{81.1} \fallingdotseq 30\%$, $\dfrac{27.0}{69.1} \fallingdotseq 40\%$, $\dfrac{23.0}{49.5} = 40\%\uparrow$

학교급＼과목	A 과목			B 과목			C 과목		
초등학교	$\dfrac{23.2}{81.1}$	× 25%	= ?	$\dfrac{23.2}{81.1}$	× 30%	= ?	$\dfrac{23.2}{81.1}$	× 40%	= ?
중학교	$\dfrac{27.0}{69.1}$	× 15%	= ?	$\dfrac{27.0}{69.1}$	× 40%	= ?	$\dfrac{27.0}{69.1}$	× 40%	= ?
고등학교	$\dfrac{23.0}{49.5}$	× 15%	= ?	$\dfrac{23.0}{49.5}$	× 40%	= ?	$\dfrac{23.0}{49.5}$	× 35%	= ?

A 과목은 비교가 쉽지 않다. 따라서 비교가 쉬운 B 과목이나 C 과목부터 확인하자.

B 과목에서 가장 큰 학교급은 고등학교이다. → ①, ②, ⑤ 소거

선지에 의해 A 과목에서 가장 큰 학교급은 초등 또는 중등이다.

중등은 무조건 고등보다 작기에, 중등이 가장 클 수는 없다. → 답은 ③이다.

답 ③

매칭형(비 조건형)-03 [5급 18-12]

다음 〈표〉는 대학 평판도와 A~H대학의 평판도 지표점수를 나타낸 자료이다. A~D 대학은 대학 평판도 총점이 높은 대학부터 순서대로 나열하면?

〈표 1〉 대학 평판도 지표별 가중치

지표	지표 설명	가중치
가	향후 발전가능성이 높은 대학	10
나	학생 교육이 우수한 대학	5
다	입학을 추천하고 싶은 대학	10
라	기부하고 싶은 대학	5
마	기업의 채용선호도가 높은 대학	10
바	국가·사회 전반에 기여가 큰 대학	5
사	지역 사회에 기여가 큰 대학	5
가중치 합		50

〈표 2〉 A ~ H 대학의 평판도 지표점수 및 대학 평판도 총점

(단위: 점)

지표 \ 대학	A	B	C	D	E	F	G	H
가	9	8	7	3	6	4	5	8
나	6	8	5	8	7	7	8	8
다	10	9	10	9	( )	9	10	9
라	4	6	6	6	( )	( )	( )	6
마	4	6	6	6	( )	( )	8	6
바	10	9	10	3	6	4	5	9
사	8	6	4	( )	7	8	9	5
대학 평판도 총점	( )	( )	( )	( )	410	365	375	( )

※ 1) 지표점수는 여론조사 결과를 바탕으로 각 지표별로 0 ~ 10 사이의 점수를 1점 단위로 부여함.
 2) 지표환산점수(점) = 지표별 가중치 × 지표점수
 3) 대학 평판도 총점은 해당 대학 지표환산점수의 총합임.

① A, B, C, D
② A, B, D, C
③ B, A, C, D
④ B, A, D, C
⑤ C, A, B, D

✓ 자료

간단 퀴즈

선지를 이용하여 비교의 양을 줄였는가?

관점 적용하기

선지에 의해서 평판도 지표점수가 가장 낮은 대학은 C 또는 D이다.

D대학은 (사)가 빈칸이다. 즉, 극단적 사고가 필요하다.

D대학의 (사)가 0점일 때도 C대학보다 점수가 높을 수 있을까? → 그럴 수 없다.

따라서 가장 점수가 낮은 대학은 D이다. → ②, ④소거

A, B, C의 공통을 모두 소거하면 다음과 같다.

지표＼대학	A	B	C
가	2	1	0
나	1	3	0
다	1	0	1
라	0	2	2
마	0	2	2
바	1	0	1
사	4	2	0

→

지표＼대학		A	B	C
가중치 10점	가	2	1	0
	다	1	0	1
	마	0	2	2
합계		3	3	3
가중치 5점	나	1	3	0
	라	0	2	2
	바	1	0	1
	사	4	2	0
합계		6	7	3

높은 순서대로 나열하면 B, A, C, D 이다. → 답은 ③이다.

답 ③

매칭형(비 조건형)-04 [5급 14-13]

다음 〈표〉는 연간 유지보수 비용을 산정하기 위한 TMP(Total Maintenance Point) 계산 기준과 유지보수 대상 시스템(A ～ D)의 특성 및 소프트웨어 개발비에 대한 자료이다. 이 〈표〉와 〈공식〉에 근거하여 연간 유지보수 비용이 높은 시스템부터 순서대로 바르게 나열한 것은?

✓ 자료

〈표 1〉 TMP 계산 기준

유지보수 대상 시스템의 특성 ＼ 구 분	기준	점수(점)
연간 유지보수 횟수	5회 미만	0
	5회 이상 12회 미만	20
	12회 이상	35
연간 자료처리 건수	10만건 미만	0
	10만건 이상 50만건 미만	10
	50만건 이상	25
타시스템 연계 수	없음	0
	1개	5
	2개 이상	10
실무지식 필요 정도	별도지식 불필요	0
	기초지식 필요	5
	전문실무능력 필요	10
분산처리 유형	실시 않음	0
	통합하의 분산처리	10
	순수 분산처리	20

🔵 간단 퀴즈

선지를 이용하여 비교의 양을 줄였는가?

〈표 2〉 유지보수 대상 시스템의 특성 및 소프트웨어 개발비

시스템	유지보수 대상 시스템의 특성					소프트웨어 개발비 (백만원)
	연간 유지 보수횟수	연간 자료 처리 건수	타시스템 연계 수	실무지식 필요 정도	분산처리 유형	
A	3회	30만건	없음	별도지식 불필요	통합하의 분산처리	200
B	4회	20만건	3개	별도지식 불필요	통합하의 분산처리	100
C	2회	8만건	없음	별도지식 불필요	실시 않음	210
D	13회	60만건	3개	전문실무 능력 필요	순수 분산처리	100

┤공식├

- TMP는 유지보수 대상 시스템의 각 특성별 점수의 합

- 유지보수 난이도 = $(10 + \dfrac{TMP}{20}) \times \dfrac{1}{100}$

- 연간 유지보수 비용 = 유지보수 난이도 × 소프트웨어 개발비

① A, C, B, D
② A, C, D, B
③ B, C, D, A
④ B, D, C, A
⑤ B, D, A, C

💡 관점 적용하기

유지보수 비용 = 난이도 × 개발비로 구성된다.

선지에 의해서 유지보수 비용이 가장 높은 시스템은 A 또는 B이다.

A와 B를 보면 A가 B보다 개발비가 2배 더 높으나 TMP는 타시스템연계수를 제외하고는 차이가 나지 않는다.

따라서 A가 가장 크다. → ③, ④, ⑤ 소거

선지에 의해서 유지보수 비용이 가장 낮은 시스템은 B 또는 D이다.

B와 D의 개발비는 동일하나, D가 TMP가 모두 더 크다. 따라서, B의 유지보수 비용이 더 저렴하다.

→ 답은 ②이다.

답 ②

매칭형(비 조건형)-05 [5급 21-31]

다음 〈표〉는 2014～2019년 '갑'지역의 월별 기상자료이고 〈그림〉은 2014～2019년 중 특정 연도의 '갑'지역 월별 일평균 일조시간과 누적 강수량에 대한 자료의 일부이다. 〈표〉와 〈그림〉을 근거로 A, B에 해당하는 값을 바르게 나열한 것은?

✓ 자료

〈표 1〉 2014 ~ 2019년 월별 평균기온

(단위: °C)

연도＼월	1	2	3	4	5	6	7	8	9	10	11	12
2014	4.5	1.4	4.3	9.5	17.2	23.4	25.8	26.5	21.8	14.5	6.5	1.3
2015	7.2	1.2	3.6	10.7	17.9	22.0	24.6	25.8	21.8	14.2	10.7	0.9
2016	2.8	2.0	5.1	12.3	19.7	24.1	25.4	27.1	21.0	15.3	5.5	4.1
2017	3.4	1.2	5.1	10.0	18.2	24.4	25.5	27.7	21.8	15.8	6.2	0.2
2018	0.7	1.9	7.9	14.0	18.9	23.1	26.1	25.2	22.1	15.6	9.0	2.9
2019	0.9	1.0	6.3	13.3	18.9	23.6	25.8	26.3	22.4	15.5	8.9	1.6

〈표 2〉 2014 ~ 2019년 월별 강수량

(단위: mm)

연도＼월	1	2	3	4	5	6	7	8	9	10	11	12	합계 (연강수량)
2014	6	55	83	63	124	128	239	599	672	26	11	16	2,022
2015	29	29	15	110	53	405	1,131	167	26	32	56	7	2,060
2016	9	1	47	157	8	92	449	465	212	99	68	41	1,648
2017	7	74	27	72	132	28	676	149	139	14	47	25	1,390
2018	22	16	7	31	63	98	208	173	88	52	42	18	818
2019	11	23	10	81	29	99	226	73	26	82	105	29	794

〈표 3〉 2014 ~ 2019년 월별 일조시간

(단위: 시간)

연도＼월	1	2	3	4	5	6	7	8	9	10	11	12	합계 (연일조시간)
2014	168	141	133	166	179	203	90	97	146	195	180	158	1,856
2015	219	167	240	202	180	171	80	94	180	215	130	196	2,074
2016	191	225	192	213	251	232	143	159	191	235	181	194	2,407
2017	168	187	256	213	238	224	101	218	191	250	188	184	2,418
2018	184	164	215	213	304	185	173	151	214	240	194	196	2,433
2019	193	180	271	216	290	258	176	207	262	240	109	178	2,580

🔺 간단 퀴즈

선지를 이용하여 비교의 양을 줄였는가?

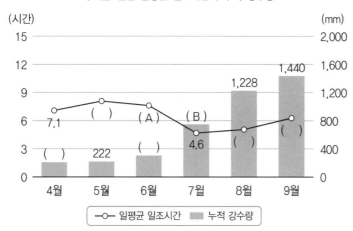

〈그림〉 월별 일평균 일조시간과 누적 강수량

※ 1) 일평균 일조시간은 해당 월 일조시간을 해당 월 날짜 수로 나눈 값임.
   2) 누적 강수량은 해당 연도 1월부터 해당 월까지의 강수량을 누적한 값임.

	A	B
①	7.5	763
②	7.5	779
③	7.5	794
④	7.7	763
⑤	7.7	779

💡 관점 적용하기

A = 일평균 일조시간

선지에 의해서 7.5 또는 7.7이다. 즉, 월 일조시간은 7.5×30 = 225 또는 7.7×30 = 231이다.

즉, 2016년(232) 또는 2017년(224)이다.

B = 누적 강수량

〈그림〉에 의해서 9월의 강수량 = 9월의 누적강수량 − 8월의 누적강수량이므로, 9월의 강수량은 212이다.

따라서, 〈그림〉은 2016년이다. → 일평균 일조시간 = 7.7 → ①, ②, ③ 소거

7월의 누적강수량 = 8월의 누적강수량 − 8월 강수량 = 1228−465 = 763

따라서 답은 ④이다.

🔖 답 ④

매칭형(비 조건형)-06 [5급 22-18]

다음 〈표〉는 2021년 '갑'기관에서 출제한 1차, 2차 면접 문제의 문항별 점수 및 반영률과 면접에 참여한 지원자 A~F의 면접 점수 및 결과를 나타낸 자료이다. 〈표〉에 근거하여 결과가 합격인 지원자를 종합점수가 높은 지원자부터 순서대로 모두 나열하면?

〈표 1〉 '갑'기관의 면접 문항별 점수 및 반영률

구분 차수	평가 항목	문항 번호	문항 점수	기본 점수	명목 반영률	실질 반영률
1차	교양	1	20	10	( )	0.17
	교양	2	30	10	0.25	( )
	전문성	3	30	20	( )	( )
	전문성	4	40	20	( )	( )
	합계		120	60	1.00	1.00
2차	창의성	1	20	10	0.22	( )
	도전성	2	20	10	0.22	( )
	인성	3	50	20	0.56	0.60
	합계		90	40	1.00	1.00

※ 1) 문항의 명목 반영률 = $\dfrac{\text{문항점수}}{\text{해당차수 문항점수의 합계}}$

2) 문항의 실질 반영률 = $\dfrac{\text{문항점수} - \text{기본점수}}{\text{해당차수 문항별 (문항점수} - \text{기본점수)의 합계}}$

〈표 2〉 지원자 A~F의 면접 점수 및 결과

지원자	교양 1	2	전문성 3	4	1차 합계	창의성 1	도전성 2	인성 3	2차 합계	종합 점수	결과
A	18	26	30	38	112	20	18	46	84	( )	( )
B	20	28	28	38	114	18	20	46	84	93.0	합격
C	18	28	26	38	110	20	20	46	86	( )	( )
D	20	28	30	40	118	20	18	44	82	( )	불합격
E	18	30	30	40	118	18	18	50	86	95.6	( )
F	18	28	28	40	114	20	20	48	88	( )	( )

※ 1) 종합점수 = 1차 합계 점수 × 0.3 + 2차 합계 점수 × 0.7

2) 합격정원까지 종합점수가 높은 지원자부터 순서대로 합격시킴.

3) 지원자는 A~F 뿐임.

① E, F, B

② E, F, B, C

③ F, E, C, B

④ E, F, C, B, A

⑤ F, E, B, C, A

✓ **자료**

🔵 **간단 퀴즈**

선지를 이용하여 비교의 양을 줄였는가?

🔍 관점 적용하기

합격자를 종합 점수가 높은 순서대로 나열하면?

1) 합격자

선지에 의하면 합격자는 E,F는 무조건 합격이고, B,C,A는 합격과 불합격이 불확실하다.

따라서, B, C, A의 합격 불합격 여부부터 확인하자.

주어진 〈표 2〉 B는 합격이라고 하였으므로 B까지는 합격이 확실하다. 따라서 C와 A의 합불 여부를 확인하자.

주어진 자료 중 합격에 대한 기준을 준 것은 오직 B뿐이다.

따라서 B보다 종합점수가 높으면 합격이다.

그렇다면 B보다 낮은 종합점수를 지닌 지원자는 합격이라고 할 수 있을까?

합격일 수도 있고, 아닐수도 있다는 범위성 정보라는 결과가 나온다.

여기서 "극단으로"라는 관점으로 생각해 보면, 불합격이 가능하다면 틀린 것이다. 라고 생각할 수 있다.

즉 종합점수가 B보다 낮은 지원자가 합격하는 것은 극단으로라는 관점에서 불가능하다.

따라서, 주어진 선지 중 ②는 불가능하다.

C를 극단으로 생각하면, 합격일 수도, 불합격일 수도 있기에 ①과 ②에서 정답을 확정할 수 없기 때문이다.

정답은 ①,③,④,⑤중 하나이다.

우선 E와 F부터 비교하자. E는 F보다 1차 점수는 4점 높으나 2차점수는 2점이 낮다.

공통과 차이를 생각하면 F의 점수는 E에 비해 0.3×−4 + 0.7×2 = 0.2점만큼 높다. 따라서 F의 점수가 더 높다.

따라서 정답은 ③ 또는 ⑤이다.

다음으로는 C가 B보다 성적이 높은지 낮은지만 확인해 보자.

C는 1차 점수는 B보다 4점 낮으나, 2차점수는 B보다 2점 높다.

공통과 차이를 생각하면 C의 점수는 B에 비해 0.3×−4 + 0.7×2 = 0.2점만큼 높다. 따라서 C의 점수가 더 높다.

즉, 정답은 ③이다.

답 ③

해당 자료의 저작권은 메가피셋 김은기 강사에게 있습니다.

매칭형(비 조건형)-07 [7급 22-24]

다음 〈표〉는 2021년 국가 A~D의 국내총생산, 1인당 국내총생산, 1인당 이산화탄소 배출량에 관한 자료이다. 이를 근거로 국가 A~D를 이산화탄소 총배출량이 가장 적은 국가부터 순서대로 바르게 나열한 것은?

〈표〉 국가별 국내총생산, 1인당 국내총생산, 1인당 이산화탄소 배출량

(단위: 달러, 톤CO₂eq.)

국가＼구분	국내총생산	1인당 국내총생산	1인당 이산화탄소 배출량
A	20조 4,941억	62,795	16.6
B	4조 9,709억	39,290	9.1
C	1조 6,194억	31,363	12.4
D	13조 6,082억	9,771	7.0

※ 1) 1인당 국내총생산 = $\dfrac{\text{국내총생산}}{\text{총인구}}$

2) 1인당 이산화탄소 배출량 = $\dfrac{\text{이산화탄소 총배출량}}{\text{총인구}}$

① A, C, B, D
② A, D, C, B
③ C, A, D, B
④ C, B, A, D
⑤ D, B, C, A

✓ 자료

🔹 간단 퀴즈

선지를 이용하여 비교의 양을 줄였는가?
줄일 수 없었다면, 왜 그럴까?
해당 유형을 매칭형이라고 할 수 있을까?

해당 자료의 저작권은 메가피셋 김은기 강사에게 있습니다.

💡 **관점 적용하기**

이산화탄소 총배출량 = 1인당 이산화탄소 배출량 × 총인구

주어진 〈표〉에 총인구에 대한 정보가 없으므로, 총인구 $= \dfrac{국내총생산}{1인당\ 국내총생산}$ 을 통해 구해야 한다.

따라서, 이산화탄소 총배출량 = 1인당 이산화탄소 배출량 $\times \dfrac{국내총생산}{1인당\ 국내총생산}$ 이다.

선지에 의해서 가장 적은 국가는 A, C, D 중 하나이다.

$A = 16.6 \times \dfrac{204941}{62795}$ $C = 12.4 \times \dfrac{16194}{31363}$ $D = 7.0 \times \dfrac{136082}{9771}$ → 가장 작은 국가는 당연히 C이다.

→ ①, ②, ⑤ 소거

선지에 의해서 가장 큰 국가는 B 또는 D이다.

$B = 9.1 \times \dfrac{49709}{39290}$ $D = 7.0 \times \dfrac{136082}{9771}$ → 가장 큰 국가는 당연히 D이다.

→ 답은 ④이다.

답 ④

317

매칭형(비 조건형)-08 [5급 20-13]

다음 〈표〉는 '갑'국 5개 국립대학의 세계대학평가에 관한 자료이다. 〈표〉를 보고 물음에 답하시오. 〈표〉에 근거하여 근거하여 '가'와 '나'에 들어갈 값을 바르게 나열한 것은?

✓ 자료

〈표 1〉 2018년 '갑'국 국립대학의 세계대학평가 결과

대학	국내 순위	세계 순위	총점	부문별 점수				
				교육	연구	산학 협력	국제화	논문 인용도
A	14	182	29.5	27.8	28.2	63.2	35.3	28.4
B	21	240	25.4	23.9	25.6	42.2	26.7	25.1
C	23	253	24.3	21.2	19.9	38.7	25.3	30.2
D	24	287	22.5	21.0	20.1	38.4	28.8	23.6
E	25	300	18.7	21.7	19.9	40.5	22.7	11.6

〈표 2〉 2017 ~ 2018년 '갑'국 ○○대학의 세계대학평가 세부지표별 점수

부문 (가중치)	세부지표(가중치)	세부지표별 점수	
		2018년	2017년
교육 (30)	평판도 조사(15)	2.9	1.4
	교원당 학생 수(4.5)	34.5	36.9
	학부학위 수여자 대비 박사학위 수여자 비율(2.25)	36.6	46.9
	교원당 박사학위자 비율(6)	45.3	52.3
	재정 규모(2.25)	43.3	40.5
연구 (30)	평판도 조사(18)	1.6	0.8
	교원당 연구비(6)	53.3	49.4
	교원당 학술논문 수(6)	41.3	39.5
산학협력 (2.5)	산업계 연구비 수입(2.5)	(가)	43.9
국제화 (7.5)	외국인 학생 비율(2.5)	24.7	22.5
	외국인 교수 비율(2.5)	26.9	26.8
	학술논문 중 외국 연구자와 쓴 논문 비중(2.5)	16.6	16.4
논문인용도 (30)	논문인용도(30)	(나)	13.1

※ 1) ○○대학은 A ~ E 대학 중 한 대학임.

2) 부문별 점수는 각 부문에 속한 세부지표별 $\dfrac{\text{세부지표별 점수} \times \text{세부지표별 가중치}}{\text{부문별 가중치}}$ 값의 합임.

3) 총점은 5개 부문별 $\dfrac{\text{부문별 점수} \times \text{부문별 가중치}}{100}$ 값의 합임.

4) 점수는 소수점 아래 둘째 자리에서 반올림한 값.

	가	나
①	38.4	23.6
②	38.7	30.2
③	40.5	11.6
④	42.2	25.1
⑤	63.2	28.4

⚑ 간단 퀴즈

선지를 이용하여 비교의 양을 줄였는가?
줄일 수 없었다면, 왜 그럴까?
해당 유형을 매칭형이라고 할 수 있을까?

⚙ 관점 적용하기

(가)와 (나) 값 모두 ○○대학이 어디인지 알 수 없기에 알 수 없다. → 즉 선지를 이용할 수 없다.
※ 구조는 매칭형처럼 생겼지만, 매칭형의 가장 큰 전략요소인 선지에 대한 활용이 불가하기에 매칭형이 아니다.
　따라서, 풀이에 대한 길이 보이는 것이 아니라면 나중에 푸는 것이 더 좋다.

〈표 2〉의 각주를 보면 부분들이 모여 전체를 이루는 가중평균임을 알 수 있다.
따라서 교육, 연구, 국제화 중 가중평균하기 쉬워 보이는 것을 이용하여 ○○대학이 어디인지부터 알아내야 한다.
국제화의 경우 가중치가 모두 2.5로 같기 때문에 가장 쉽다.
$\frac{24.7+26.9+16.6}{3}$ ≒ 22.7 따라서 ○○대학은 E이다.
(가) = 40.5 (나) = 11.6으로 정답은 ③이다.

답 ③

매칭형(비 조건형)-09 [7급 21-11]

다음 〈그림〉과 〈조건〉은 직장인 '갑' ~ '병'이 마일리지 혜택이 있는 알뜰교통카드를 사용하여 출근하는 방법 및 교통비에 관한 자료이다. 이에 근거하여 월간 출근 교통비를 많이 지출하는 직장인부터 순서대로 나열하면?

〈그림〉 직장인 '갑' ~ '병'의 출근 방법 및 교통비 관련 정보

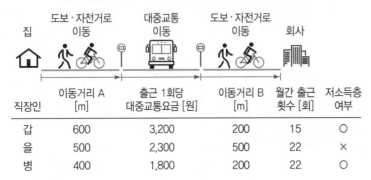

직장인	이동거리 A [m]	출근 1회당 대중교통요금 [원]	이동거리 B [m]	월간 출근 횟수 [회]	저소득층 여부
갑	600	3,200	200	15	○
을	500	2,300	500	22	×
병	400	1,800	200	22	○

┤ 조건 ├

- 월간 출근 교통비 = {출근 1회당 대중교통요금 − (기본 마일리지 + 추가 마일리지) × $\left(\dfrac{\text{마일리지 적용거리}}{800} \right)$} × 월간 출근 횟수
- 기본 마일리지는 출근 1회당 대중교통요금에 따라 다음과 같이 지급함.

출근 1회당 대중교통요금	2천 원 이하	2천 원 초과 3천 원 이하	3천 원 초과
기본 마일리지 (원)	250	350	450

- 추가 마일리지는 저소득층에만 다음과 같이 지급함.

출근 1회당 대중교통요금	2천 원 이하	2천 원 초과 3천 원 이하	3천 원 초과
추가 마일리지 (원)	100	150	200

- 마일리지 적용거리(m)는 출근 1회당 도보・자전거로 이동한 거리의 합이며 최대 800 m까지만 인정함.

① 갑, 을, 병
② 갑, 병, 을
③ 을, 갑, 병
④ 을, 병, 갑
⑤ 병, 을, 갑

✓ 자료

🔷 간단 퀴즈

선지를 이용하여 비교의 양을 줄였는가?
줄일 수 없었다면, 왜 그럴까?
해당 유형을 매칭형이라고 할 수 있을까?

답 ③

💡 관점 적용하기

선지를 보면 3개를 순서대로 나열하는 형태이다.

이런 형태의 경우 가능한 경우의 수가 6가지이기 때문에 선지를 활용하는 것이 불가능하다.

따라서 구조는 매칭형처럼 생겼지만, 선지에 대한 활용이 불가하기에 매칭형이 아니다.

따라서, 풀이에 대한 길이 보이는 것이 아니라면 나중에 푸는 것이 더 좋다.

월간 출근 교통비 = 내는 돈 – 할인 받는 돈 = 내는 돈 × (1–할인율)

내는 돈 = 출근 1회당 대중교통요금 × 출근 횟수, 할인율 = $\dfrac{\text{마일리지로 인한 할인액}}{\text{1회당 대중교통요금}}\left(=\dfrac{\text{할인액}}{\text{원가}}\right)$

	내는 돈	마일리지 할인액	할인율
갑	3200×15 = 48000	450+200 = 650	$\dfrac{650}{3200}$ ≒ 20%
을	2300×22 = 50600	350+0 = 350	$\dfrac{500}{2300}$ ≒ 15%
병	1800×22 = 39600	250+100×3/4 = 275	$\dfrac{275}{1800}$ ≒ 15%

내는 돈을 보면 병은 갑과 을에 비해 1만원 가량이 적으나, 할인율은 고작 5%p 밖에 차이 나지 않는다.

따라서 병의 월간 출근 교통비는 가장 적다.

갑과 을을 보면 내는 돈도 을이 많은데 할인율도 을이 낮다. 따라서, 을의 월간 출근 교통비는 가장 크다.

즉, 월간 출근 교통비는 을 〉 갑 〉 병 순으로 정답은 ③번이다.

IV

기타형

기타형은 일반형이나 매칭형이 아닌 형태의 문제를 말한다.
일반형이나 매칭형처럼 정형화된 형태를 가지고 있는 것이 아니다.
각각의 문제에서 발문을 통해 다양한 목적을 제시한다.
따라서, 발문에서 제시하는 목적이 무엇인지를 체크하는 것이
매우 중요하다.

1 추필자

Q **추필자란 무엇인가요? 그리고 어떻게 풀어야 하나요?**

 추필자의 전체 명칭은 "추가로 필요한 자료"이다.
해당 유형의 이름이 추필자인 이유는 추필자 유형의 발문때문이다.

> 발문: 제시된 〈표〉 이외에 〈보고서〉를 작성하기 위해 추가로 필요한 자료만을 〈보기〉에서 모두 고르면?

발문을 이용해 추필자의 목적을 판단해보면 다음과 같다.
제시된 〈표〉를 제외하고 〈보고서〉 작성에 필요한 자료를 〈보기〉에서 골라라.

따라서, 만약 제시된 〈표〉의 내용이 〈보기〉에 주어졌어도, 그것은 추가로 필요한 자료가 아니다.
즉, 가장 먼저 해야 할 것은 선지에서 제시된 〈표〉의 내용을 확인하고 소거하는 것이다.

다음으로는 〈보고서〉를 작성하기 위해 필요한 자료를 〈보기〉에서 골라야 하므로
〈보기〉에 어떤 정보가 있는지를 간단하게 요약해야 한다.

마지막으로 요약한 정보가 〈보고서〉에서 필요한지 확인하며 추가로 필요한 자료를 확정한다.

이것을 정리하면 다음과 같은 3개의 Step으로 구성된다.

Step.1 이미 주어진 자료 소거
Step.2 〈보기〉의 키워딩
Step.3 〈보기〉와 〈보고서〉의 연결

Q **추필자의 풀이 순서도는 어떻게 되나요?**

 '풀이 순서도'는 다음과 같다.

추필자의 풀이 순서도	
1) 유형 파악하기	: 주어진 문제가 추필자인지 파악하자. 발문에서의 포인트 = 추가로 필요한 자료
2) 풀이의 전략	: Step.1 〈보기〉에 이미 주어진 자료 소거 Step.2 〈보기〉의 키워딩 Step.3 〈보기〉와 〈보고서〉의 연결 (※ 연결의 방법은 가볍게 → 그리고 무겁게의 방식이다.)

Q 키워딩이 무엇인가요? 그리고 가볍게, 그리고 무겁게가 어떤 건가요?

 예시문항 (5급 19-21)

┤보고서├

A시 부설연구원은 2012 ~ 2018년 A시 사망자를 대상으로 대기오염으로 인한 사망영향을 연구하였다. 2012 ~ 2018년 연평균 미세먼지 농도는 평균 50.32µg/m³이었다. 연도별로는 2012년에 가장 높은 61.30µg/m³이었고, 2013년부터 지속적으로 감소하여 2017년 가장 낮은 41.08µg/m³을 나타내었다. 2018년에는 2017년에 비해 다소 증가하여 44.57µg/m³이었다.

연구대상 기간 동안 전체 연령집단, 65세 미만 연령집단, 65세 이상 연령집단의 연간 일일 사망자 수는 각각 평균 96.65명, 27.35명, 69.30명이었다. 전체 연령집단의 연간 일일 사망자 수는 2012년 93.61명에서 2018년 102.97명으로 증가하였다. 65세 미만 연령 집단의 연간 일일 사망자 수는 2012년 29.13명에서 2018년 26.09명으로 감소하였다. 65세 이상 연령집단의 연간 일일 사망자 수는 2012년 64.48명에서 2018년 76.88명으로 증가하였다.

2012 ~ 2018년 A시의 연평균 기온은 평균 12.60℃이었고, 2012년은 13.28℃로 다소 높았으며, 2016년은 12.07℃로 다소 낮은 기온을 나타내었다. 연구대상 기간 동안 연평균 상대습도는 평균 60.27%이었으며, 전체적으로 56.63 ~ 62.90% 수준이었다.

┤보기├

ㄱ. A시 연간 일일 사망자 수

(단위: 명)

연도	2012	2013	2014	2015	2016	2017	2018	평균
사망자 수	93.61	92.24	92.75	96.59	97.21	101.19	102.97	96.65

1) ㄱ의 키워딩
핵심이 될 만한 단어를 체크한다.
사망자 수 또는 일일 사망자 수

2) 가볍게
〈보고서〉에서 키워딩 단어를 찾는다.
사망자 수 또는 일일 사망자 수

3) 음영처리(키워드 단어)를 기준으로
문장을 확장한다.

→ 이를 통해서
〈보기〉〈보고서〉 일치여부를 확인

4) 보고서의 연구대상 기간 = 12~18년
〈보기〉의 연도 = 12~18년
의미가 일치한다.

※ 숫자의 일치여부는 확인하지 않는다.

기타형(추필자)-01 [7급 22-10]

다음 〈표〉와 〈보고서〉는 2021년 '갑'국의 초등돌봄교실에 관한 자료이다. 제시된 〈표〉 이외에 〈보고서〉를 작성하기 위해 추가로 필요한 자료만을 〈보기〉에서 모두 고르면?

〈표 1〉 2021년 초등돌봄교실 이용학생 현황

(단위: 명, %)

구분	학년	1	2	3	4	5	6	합
오후돌봄교실	학생 수	124,000	91,166	16,421	7,708	3,399	2,609	245,303
	비율	50.5	37.2	6.7	3.1	1.4	1.1	100.0
저녁놀봄교실	학생 수	5,215	3,355	772	471	223	202	10,238
	비율	50.9	32.8	7.5	4.6	2.2	2.0	100.0

〈표 2〉 2021년 지원대상 유형별 오후돌봄교실 이용학생 현황

(단위: 명, %)

지원대상 유형 구분		우선지원대상					일반지원대상	합
		저소득층	한부모	맞벌이	기타	소계		
오후돌봄교실	학생 수	23,066	6,855	174,297	17,298	221,516	23,787	245,303
	비율	9.4	2.8	71.1	7.1	90.3	9.7	100.0

─┤보고서├─

2021년 '갑'국의 초등돌봄교실 이용학생은 오후돌봄교실 245,303명, 저녁돌봄교실 10,238명이다. 오후돌봄교실의 경우 2021년 기준 전체 초등학교의 98.9%가 참여하고 있다.

오후돌봄교실의 우선지원대상은 저소득층 가정, 한부모 가정, 맞벌이 가정, 기타로 구분되며, 맞벌이 가정이 전체 오후돌봄교실 이용학생의 71.1%로 가장 많고 다음으로 저소득층 가정이 9.4%로 많다.

저녁돌봄교실의 경우 17시부터 22시까지 운영하고 있으나, 19시를 넘는 늦은 시간까지 이용하는 학생 비중은 11.2%에 불과하다. 2021년 현재 저녁돌봄교실 이용학생은 1~2학년이 8,570명으로 전체 저녁돌봄교실 이용학생의 83.7%를 차지한다.

초등돌봄교실 담당인력은 돌봄전담사, 현직교사, 민간위탁업체로 다양하다. 담당인력 구성은 돌봄전담사가 10,237명으로 가장 많고, 다음으로 현직교사 1,480명, 민간위탁업체 565명 순이다. 그중 돌봄전담사는 무기계약직이 6,830명이고 기간제가 3,407명이다.

✓ 자료

✓ 전략적 문제 풀이

Step.1 이미 주어진 자료 소거

Stpe.2 키워딩

Step.3 연결

┤보기├

ㄱ. 연도별 오후돌봄교실 참여 초등학교 수 및 참여율 (단위: 개, %)

구분＼연도	2016	2017	2018	2019	2020	2021
학교 수	5,652	5,784	5,938	5,972	5,998	6,054
참여율	96.0	97.3	97.3	96.9	97.0	98.9

ㄴ. 2021년 저녁돌봄교실 이용학생의 이용시간별 분포 (단위: 명, %)

구분＼이용시간	17~18시	17~19시	17~20시	17~21시	17~22시	합
이용학생 수	6,446	2,644	1,005	143	0	10,238
비율	63.0	25.8	9.8	1.4	0.0	100.0

ㄷ. 2021년 저녁돌봄교실 이용학생의 학년별 분포 (단위: 명, %)

구분＼학년	1~2	3~4	5~6	합
이용학생 수	8,570	1,243	425	10,238
비율	83.7	12.1	4.2	100.0

ㄹ. 2021년 초등돌봄교실 담당인력 현황 (단위: 명, %)

구분	돌봄전담사			현직교사	민간위탁업체	합
	무기계약직	기간제	소계			
인력	6,830	3,407	10,237	1,480	565	12,282
비율	55.6	27.7	83.3	12.1	4.6	100.0

① ㄱ, ㄴ
② ㄱ, ㄷ
③ ㄷ, ㄹ
④ ㄱ, ㄴ, ㄹ
⑤ ㄴ, ㄷ, ㄹ

관점 적용하기

Step.1 이미 주어진 자료 소거
→ ㄷ은 이미 주어졌다.
→ ②, ③, ⑤ 소거
Step.2 키워딩
ㄹ = 초등돌봄교실 담당인력
Step.3 연결
4문단에 키워드 등장
→ 답 = ④

답 ④

해당 자료의 저작권은 메가피셋 김은기 강사에게 있습니다.

∴ 기타형(추필자)-02 [5급 15-13]

다음 〈표〉는 2009년 8개 지역의 상·하수도 보급 및 하수도요금 현황에 대한 자료이다. 제시된 〈표〉 이외에 〈보고서〉 작성을 위하여 추가로 필요한 자료를 〈보기〉에서 고르면?

〈표 1〉 지역별 상·하수도 보급 현황

구분 / 지역	인구 (천 명)	상수도			하수도	
		급수인구 (천 명)	보급률 (%)	1일급수량 (천 ㎥)	처리인구 (천 명)	보급률 (%)
전국	50,642	47,338	93.5	15,697	45,264	89.4
강원	1,526	1,313	86.0	579	1,175	( )
충북	1,550	1,319	85.1	477	1,208	77.9
충남	2,075	1,483	71.5	526	1,319	( )
전북	1,874	1,677	89.5	722	1,486	79.3
전남	1,934	1,426	73.7	497	1,320	( )
경북	2,705	2,260	83.5	966	1,946	71.9
경남	3,303	2,879	87.2	1,010	2,732	82.7
제주	568	568	100.0	196	481	84.7

※ 1) 상수도 보급률(%) = $\dfrac{\text{상수도 급수인구}}{\text{인구}} \times 100$

2) 하수도 보급률(%) = $\dfrac{\text{하수도 처리인구}}{\text{인구}} \times 100$

〈표 2〉 지역별 하수도요금 현황

구분 / 지역	연간 부과량 (천 ㎥)	연간 부과액 (백만원)	부과량당 평균요금 (원/㎥)	부과량당 처리총괄원가 (원/㎥)	하수도요금 현실화율 (%)
전국	4,948,576	1,356,072	274.0	715.6	38.3
강원	110,364	21,625	195.9	658.5	( )
충북	124,007	40,236	324.5	762.6	42.6
충남	127,234	34,455	270.8	1,166.3	( )
전북	163,574	30,371	185.7	688.0	27.0
전남	155,169	22,464	144.8	650.6	( )
경북	261,658	61,207	233.9	850.9	27.5
경남	283,188	65,241	230.4	808.9	28.5
제주	50,029	13,113	262.1	907.4	28.9

※ 하수도요금 현실화율(%) = $\dfrac{\text{부과량당 평균요금}}{\text{부과량당 처리총괄원가}} \times 100$

✓ 자료

✓ 전략적 문제 풀이

Step.1 이미 주어진 자료 소거

Stpe.2 키워딩

Step.3 연결

┤보고서├

- 2009년 전국의 상수도 보급률은 93.5%이며, 제주의 경우 상수도 보급률은 100%에 달한다. 전국의 상수도 급수인구당 1일급수량은 $0.33m^3$ 수준인데, 강원, 전북, 경북의 상수도 급수인구당 1일급수량은 전국보다 $0.07m^3$ 이상 많다. 한편, 전국 상수도요금은 m^3당 610.2원인데, 경남이 m^3당 760.4원으로 가장 비싸고, 충북이 m^3당 476.9원으로 가장 저렴한 것으로 나타났다.

- 하수도요금의 부과량당 처리총괄원가의 경우 전남은 m^3당 650.6원인 반면, 충남은 m^3당 1,166.3원으로 지역적 편차가 매우 크다. 하수도요금과 처리총괄원가 간 격차는 하수도요금 현실화율을 낮추는 원인으로 해당 지역의 재정에 부정적인 영향을 미치고 있다. 예를 들어, 하수도요금 현실화율이 전국보다 낮은 전남의 재정자립도는 21.7%에 불과하며, 하수도 처리인구당 연간 부과액노 1/,018.2원으로 전남이 전국보다 낮다.

- 2009년 전국의 상수도 연간 급수량 규모는 5,729,405천 m^3인데 비해 하수도 연간 부과량 규모는 4,948,576천m^3로, 상수도 연간 급수량에서 하수도 연간 부과량이 차지하는 비중은 86.4%로 나타났다. 특히, 상수도 급수인구 대비 하수도 처리인구 비율이 전국보다 낮은 제주는 전체 주민의 15% 이상이 하수도처리 서비스를 받지 못하는 것으로 나타났다.

┤보기├

ㄱ. 지역별 상수도 급수인구당 1일 급수량
ㄴ. 지역별 상수도요금
ㄷ. 광역지자체별 재정자립도
ㄹ. 하수도 처리인구당 연간 부과액
ㅁ. 지역별 상수도 급수인구 대비 하수도 처리인구 비율

① ㄱ, ㄴ   ② ㄴ, ㄷ
③ ㄴ, ㄷ, ㄹ   ④ ㄴ, ㄹ, ㅁ
⑤ ㄷ, ㄹ, ㅁ

💡 **관점 적용하기**

Step.1 이미 주어진 자료 소거
→ ㄱ, ㄹ, ㅁ은 이미 주어졌다.
→ ①, ③, ④, ⑤ 소거
Step.2 키워딩
필요 없다.
Step.3 연결
필요 없다.
→ 답 = ②

답 ②

해당 자료의 저작권은 메가피셋 김은기 강사에게 있습니다. **329**

기타형(추필자)-03 [5급 20-14]

다음 〈표〉는 '갑'국 5개 국립대학의 세계대학평가에 관한 자료이다. 제시된 〈표〉 이외에 〈보고서〉 작성을 위하여 추가로 필요한 자료를 〈보기〉에서 고르면?

〈표 1〉 2018년 '갑'국 국립대학의 세계대학평가 결과

대학	국내 순위	세계 순위	총점	부문별 점수				
				교육	연구	산학 협력	국제화	논문 인용도
A	14	182	29.5	27.8	28.2	63.2	35.3	28.4
B	21	240	25.4	23.9	25.6	42.2	26.7	25.1
C	23	253	24.3	21.2	19.9	38.7	25.3	30.2
D	24	287	22.5	21.0	20.1	38.4	28.8	23.6
E	25	300	18.7	21.7	19.9	40.5	22.7	11.6

〈표 2〉 2017 ~ 2018년 '갑'국 ○○대학의 세계대학평가 세부지표별 점수

부문 (가중치)	세부지표(가중치)	세부지표별 점수	
		2018년	2017년
교육 (30)	평판도 조사(15)	2.9	1.4
	교원당 학생 수(4.5)	34.5	36.9
	학부학위 수여자 대비 박사학위 수여자 비율(2.25)	36.6	46.9
	교원당 박사학위자 비율(6)	45.3	52.3
	재정 규모(2.25)	43.3	40.5
연구 (30)	평판도 조사(18)	1.6	0.8
	교원당 연구비(6)	53.3	49.4
	교원당 학술논문 수(6)	41.3	39.5
산학협력 (2.5)	산업계 연구비 수입(2.5)	(가)	43.9
국제화 (7.5)	외국인 학생 비율(2.5)	24.7	22.5
	외국인 교수 비율(2.5)	26.9	26.8
	학술논문 중 외국 연구자와 쓴 논문 비중(2.5)	16.6	16.4
논문인용도 (30)	논문인용도(30)	(나)	13.1

※ 1) ○○대학은 A ~ E 대학 중 한 대학임.

2) 부문별 점수는 각 부문에 속한 세부지표별

$\dfrac{\text{세부지표별 점수} \times \text{세부지표별 가중치}}{\text{부문별 가중치}}$ 값의 합임.

3) 총점은 5개 부문별

$\dfrac{\text{부문별 점수} \times \text{부문별 가중치}}{100}$ 값의 합임.

4) 점수는 소수점 아래 둘째 자리에서 반올림한 값임.

✓ **자료**

✓ **전략적 문제 풀이**

Step.1 이미 주어진 자료 소거

Stpe.2 키워딩

Step.3 연결

⊣보고서⊢

최근 글로벌 대학평가기관이 2018년 세계대학평가 결과를 발표했다. 이 평가는 전 세계 1,250개 이상의 대학을 대상으로 교육, 연구, 산학협력, 국제화, 논문인용도 등 총 5개 부문, 13개 세부지표를 활용하여 수행된다.

2018년 세계대학평가 결과, 1~3위는 각각 F 대학('을'국), G 대학('을'국), H 대학('병'국)으로 전년과 동일하였으나, 4위는 I 대학('병'국)으로 전년도 5위에서 한 단계 상승했고 5위는 2017년 공동 3위였던 J 대학('병'국)으로 나타났다. 아시아 대학 중 최고 순위는 K 대학('정'국)으로 전년보다 8단계 상승한 세계 22위였으며, 같은 아시아 국가인 '갑'국에서는 L 대학이 세계 63위로 '갑'국 대학 중 가장 높은 순위를 차지하였다.

2018년 '갑'국의 5개 국립대학 중에서는 A 대학이 세계 182위, 국내 14위로 가장 순위가 높았는데, 논문인용도를 세외한 나서시 4개 부분별 점수에서 5개 국립대학 중 가장 높은 점수를 받았다. 한편, C 대학은 연구와 산학협력 부문에서 2017년 대비 점수가 대폭 하락하여 순위 또한 낮아졌다.

⊣보기⊢

ㄱ. 2017~2018년 세계대학평가 순위
ㄴ. 2017~2018년 세계대학평가 C 대학 세부지표별 점수
ㄷ. 2017~2018년 세계대학평가 세부지표 리스트
ㄹ. 2017~2018년 세계대학평가 A 대학 총점

① ㄱ, ㄴ　　② ㄱ, ㄷ
③ ㄴ, ㄷ　　④ ㄴ, ㄹ
⑤ ㄷ, ㄹ

💡 관점 적용하기

Step.1 이미 주어진 자료 소거
→ ㄷ은 이미 주어졌다.
→ ②, ③, ⑤ 소거
Step.2 키워딩
ㄱ = 대학 평가 순위
ㄹ = A 대학 총점
Step.3 연결
A 대학 총점에 대한 이야기는 없고, 대학 평가 순위에 대한 이야기만 있다.
→ 답 = ①

답 ①

❖ 기타형(추필자)-04 [5급 17-11]

다음 〈표〉는 '갑'국 맥주 수출 현황에 관한 자료이다. 〈보고서〉를 작성하기 위해 〈표〉 이외에 추가로 필요한 자료만을 〈보기〉에서 모두 고르면?

✓ 자료

✓ 전략적 문제 풀이

Step.1 이미 주어진 자료 소거

Stpe.2 키워딩

Step.3 연결

〈표〉 주요 국가에 대한 '갑'국 맥주 수출액 및 증가율 (단위: 천달러, %)

구분	2013년	전년 대비 증가율	2014년	전년 대비 증가율	2015년	전년 대비 증가율	2016년 상반기	전년 동기간 대비 증가율
맥주 수출 총액	72,251	6.5	73,191	1.3	84,462	15.4	48,011	3.7
일본	33,007	12.4	32,480	-1.6	35,134	8.2	19,017	0.8
중국	8,182	35.9	14,121	66.5	19,364	37.1	11,516	21.8
이라크	2,881	35.3	4,485	55.7	7,257	61.8	4,264	-15.9
싱가포르	8,641	21.0	3,966	-54.1	6,790	71.2	2,626	-31.3
미국	3,070	3.6	3,721	21.2	3,758	1.0	2,247	26.8
호주	3,044	4.2	3,290	8.1	2,676	-18.7	1,240	-25.1
타이	2,119	9.9	2,496	17.8	2,548	2.1	1,139	-12.5
몽골	5,465	-16.4	2,604	-52.4	1,682	-35.4	1,005	-27.5
필리핀	3,350	-49.9	2,606	-22.2	1,558	-40.2	2,257	124.5
러시아	740	2.4	886	19.7	771	-13.0	417	-10.6
말레이시아	174	144.0	710	308.0	663	-6.6	1,438	442.2
베트남	11	-	60	445.5	427	611.7	101	-57.5

┤보고서├

중국으로의 수출 증가에 힘입어 2015년 '갑'국의 맥주 수출액이 맥주 수출을 시작한 1992년 이래 역대 최고치를 기록하였다. 또한 2016년 상반기도 역대 동기간 대비 최고치를 기록하고 있다. 2015년 맥주 수출 총액은 약 8천 4백만달러로 전년 대비 15.4% 증가하였다. 2013년 대비 2015년 맥주 수출 총액은 16.9% 증가하여, 같은 기간 '갑'국 전체 수출액이 5.9% 감소한 것에 비하면 주목할 만한 성과이다. 2016년 상반기 맥주 수출 총액은 약 4천 8백만달러로 전년 동기간 대비 3.7% 증가하였다.

2015년 '갑'국의 주요 맥주 수출국은 일본(41.6%), 중국(22.9%), 이라크(8.6%), 싱가포르(8.0%), 미국(4.4%) 순으로, 2012년부터 '갑'국의 맥주 수출액이 가장 큰 상대 국가는 일본이다. 2015년 일본으로의 맥주 수출액은 약 3천 5백만달러로 전년대비 8.2% 증가하였다. 특히 중국으로의 맥주 수출액은 2013년부터 2015년까지 매년 두 자릿수 증가율을 기록하여, 2014년부터 중국이 싱가포르를 제치고 '갑'국 맥주 수출 대상국 중 2위로 자리매김하였다. 또한, 베트남으로의 맥주 수출액은 2013년 대비 2015년에 약 39배로 증가하여 베트남이 새로운 맥주 수출 시장으로 부상하고 있다.

─┤보기├─

ㄱ. 1992 ~ 2012년 연도별 '갑'국의 연간 맥주 수출 총액
ㄴ. 1992 ~ 2015년 연도별 '갑'국의 상반기 맥주 수출액
ㄷ. 2015년 상반기 '갑'국의 국가별 맥주 수출액
ㄹ. 2013 ~ 2015년 연도별 '갑'국의 전체 수출액

① ㄱ, ㄴ   ② ㄱ, ㄷ

③ ㄴ, ㄹ   ④ ㄱ, ㄴ, ㄹ

⑤ ㄴ, ㄷ, ㄹ

💡 **관점 적용하기**

Step.1 이미 주어진 자료 소거
→ ㄷ은 이미 주어졌다.
→ ②, ⑤ 소거
Step.2 키워딩
ㄱ = 연간 맥주 수출총액
ㄹ = '갑'국 전체 수출액
Step.3 연결
1문단에 연간 맥주 수출총액에 대한 이야기가 있다.
1문단에 '갑'국 전체 수출액에 대한 이야기가 있다.
→ 답 = ④

🅰 ④

기타형(추필자)-05 [5급 15-03]

다음 〈표〉를 이용하여 〈보고서〉를 작성하였다. 제시된 〈표〉 이외에 추가로 필요한 자료만을 〈보기〉에서 모두 고르면?

〈표 1〉 2011년 우리나라의 지역별 도서 현황

구분 / 지역	도서 수(개)			도서 인구밀도 (명/km²)	도서 면적 (km²)
	합	유인도서	무인도서		
부산	45	3	42	3,613.8	41.90
인천	150	39	111	215.2	119.95
울산	3	0	3	0.0	0.03
경기	46	5	41	168.5	4.65
강원	32	0	32	0.0	0.24
충남	255	34	221	102.5	164.26
전북	103	25	78	159.1	37.00
전남	2,219	296	1,923	104.2	867.10
경북	49	4	45	146.6	73.00
경남	537	76	461	110.4	125.91
제주	63	8	55	300.5	15.56
전국	3,502	490	3,012	–	1,449.60

※ 도서 인구밀도는 해당 지역 유·무인도서 전체를 기준으로 계산한 값임.

〈표 2〉 연도별 도서 지역 여객선 수송 현황 (단위: 천 명, %)

연도	2005	2006	2007	2008	2009	2010	2011
수송인원	11,100	11,574	12,634	14,162	14,868	14,308	14,264
전년대비 증가율	4.2	4.3	9.2	12.1	5.0	−3.8	−0.3

──|보고서|──

2011년 기준 전국 도서 수는 총 3,502개로, 이 중 유인도서는 14.0%인 490개, 무인도서는 86.0%인 3,012개이다. 반면 도서 면적을 기준으로 보면 유인도서가 전국 총 도서 면적의 96.9%로 대부분을 차지하고 있다.

지역별 분포를 보면 전남에 속한 도서는 2,219개로 전국 도서의 63.4%를 차지하고 있으며, 전북은 전남, 경남, 충남, 인천에 이어 다섯번째로 많은 도서를 보유하고 있으나, 도서 면적은 경북, 부산보다 작다.

전국 도서인구는 2011년 기준 약 32만 명으로, 부산의 도서인구가 가장 많고 지역별 인구대비 도서인구 비율은 전남이 10.2%로 가장 많다.

2011년 여객선을 이용한 도서 지역 총 수송인원은 약 1,426만 명으로, 2009년 이후 매년 수송인원이 감소하고 있는 반면, 관광객, 귀성객 등 도서 지역 거주민이 아닌 수송인원은 같은 기간 연평균 15% 증가한 것으로 나타났다.

✓ 자료

✓ 전략적 문제 풀이

Step.1 이미 주어진 자료 소거

Stpe.2 키워딩

Step.3 연결

┤보기├

ㄱ. 2011년 전국 무인도서 면적
ㄴ. 2011년 전국 도서인구 수
ㄷ. 2011년 지역별 인구 수
ㄹ. 2009 ~ 2011년 도서 지역 여객선 수송인원 중 도서 지역 거주민 비율
ㅁ. 2009 ~ 2011년 도서 지역 관광객 수

① ㄱ, ㄴ, ㄷ   ② ㄱ, ㄴ, ㄹ

③ ㄱ, ㄷ, ㄹ   ④ ㄱ, ㄷ, ㅁ

⑤ ㄴ, ㄷ, ㅁ

💡 **관점 적용하기**

Step.1 이미 주어진 자료 소거
→ ㄴ은 이미 주어졌다.
→ ①, ②, ⑤ 소거
Step.2 키워딩
ㄹ = 수송인원 중 도서지역 거주민 비율
ㅁ = 도서 지역 관광객 수
Step.3 연결
4문단에 수송인원과 도서지역 거주민에 대한 내용이 있다.
→ 답 = ③

🔲답 ③

기타형(추필자)-06 [5급 19-21]

다음 〈표〉와 〈보고서〉는 A시 대기오염과 그 영향에 관한 자료이다. 제시된 〈표〉 이외에 〈보고서〉를 작성하기 위해 추가로 필요한 자료만을 〈보기〉에서 모두 고르면?

✓ 자료

〈표 1〉 A시 연평균 미세먼지 농도

(단위: μ g/m³)

연도	2012	2013	2014	2015	2016	2017	2018	평균
농도	61.30	55.37	54.04	49.03	46.90	41.08	44.57	50.32

〈표 2〉 A시 연평균 기온 및 상대습도

(단위: °C, %)

구분＼연도	2012	2013	2014	2015	2016	2017	2018	평균
기온	13.28	12.95	12.95	12.14	12.07	12.27	12.56	12.60
상대습도	62.25	59.45	61.10	62.90	59.54	56.63	60.02	60.27

├─┤보고서├─┤

　A시 부설연구원은 2012~2018년 A시 사망자를 대상으로 대기오염으로 인한 사망영향을 연구하였다. 2012~2018년 연평균 미세먼지 농도는 평균 50.32 μg/m³이었다. 연도별로는 2012년에 가장 높은 61.30 μg/m³이었고, 2013년부터 지속적으로 감소하여 2017년 가장 낮은 41.08 μg/m³을 나타내었다. 2018년에는 2017년에 비해 다소 증가하여 44.57 μg/m³이었다.

　연구대상 기간 동안 전체 연령집단, 65세 미만 연령집단, 65세 이상 연령집단의 연간 일일 사망자 수는 각각 평균 96.65명, 27.35명, 69.30명이었다. 전체 연령집단의 연간 일일 사망자 수는 2012년 93.61명에서 2018년 102.97명으로 증가하였다. 65세 미만 연령 집단의 연간 일일 사망자 수는 2012년 29.13명에서 2018년 26.09명으로 감소하였다. 65세 이상 연령집단의 연간 일일 사망자 수는 2012년 64.48명에서 2018년 76.88명으로 증가하였다.

　2012~2018년 A시의 연평균 기온은 평균 12.60 °C이었고, 2012년은 13.28 °C로 다소 높았으며, 2016년은 12.07 °C로 다소 낮은 기온을 나타내었다. 연구대상 기간 동안 연평균 상대습도는 평균 60.27%이었으며, 전체적으로 56.63~62.90% 수준이었다.

✓ 전략적 문제 풀이

Step.1 이미 주어진 자료 소거

Stpe.2 키워딩

Step.3 연결

┤보기├

ㄱ. A시 연간 일일 사망자 수

(단위: 명)

연도	2012	2013	2014	2015	2016	2017	2018	평균
사망자수	93.61	92.24	92.75	96.59	97.21	101.19	102.97	96.65

ㄴ. A시 연간 미세먼지 경보발령일수

(단위: 일)

연도	2012	2013	2014	2015	2016	2017	2018
일수	37	32	33	25	26	30	29

ㄷ. A시 연간 심혈관계 응급환자 수

(단위: 명)

연도	2012	2013	2014	2015	2016	2017	2018
환자수	36,775	34,972	34,680	35,112	35,263	36,417	37,584

ㄹ. A시 65세 이상 연령집단의 연간 일일 사망자 수

(단위: 명)

연도	2012	2013	2014	2015	2016	2017	2018	평균
사망자수	64.48	64.40	65.19	68.72	70.35	75.07	76.88	69.30

① ㄱ, ㄴ ② ㄱ, ㄷ
③ ㄱ, ㄹ ④ ㄴ, ㄷ
⑤ ㄷ, ㄹ

🔍 관점 적용하기

Step.1 이미 주어진 자료 소거
→ 이미 주어진 자료가 없다.
Step.2 키워딩
ㄱ = 사망자 수 ㄴ = 미세먼지 경보일수
ㄷ = 심혈관계 환자 ㄹ = 65세 이상 사망자 수
Step.3 연결
2문단에 사망자 수와 65세 이상 사망자 수에 대한 내용이 있다. → ㄱ과 ㄹ은 필요하다.
→ 답 = ③

답 ③

기타형(추필자)-07 [5급 21-19]

다음 〈표〉는 2019년 금융소득 분위별 가구당 자산규모와 소득규모에 관한 자료이다. 제시된 〈표〉 이외에 〈보고서〉를 작성하기 위해 추가로 필요한 자료만을 〈보기〉에서 고르면?

✓ 자료

✓ 전략적 문제 풀이

Step.1 이미 주어진 자료 소거

Stpe.2 키워딩

Step.3 연결

〈표 1〉 금융소득 분위별 가구당 자산규모
(단위: 만원)

자산구분	가구 분류	1분위	2분위	3분위	4분위	5분위
자산총액	전체	34,483	42,390	53,229	68,050	144,361
	노인	26,938	32,867	38,883	55,810	147,785
순자산액	전체	29,376	37,640	47,187	63,197	133,050
	노인	23,158	29,836	35,687	53,188	140,667
저축액	전체	6,095	8,662	11,849	18,936	48,639
	노인	2,875	4,802	6,084	11,855	48,311

〈표 2〉 금융소득 분위별 가구당 소득규모
(단위: 만원)

소득구분	가구 분류	1분위	2분위	3분위	4분위	5분위
경상소득	전체	4,115	4,911	5,935	6,509	9,969
	노인	1,982	2,404	2,501	3,302	6,525
근로소득	전체	2,333	2,715	3,468	3,762	5,382
	노인	336	539	481	615	1,552
사업소득	전체	1,039	1,388	1,509	1,334	1,968
	노인	563	688	509	772	1,581

※ 금융소득 분위는 금융소득이 있는 가구의 금융소득을 1~5분위로 구분하며, 숫자가 클수록 금융소득 분위가 높음.

┤보고서├

2019년 금융소득 분위별 가구당 자산규모를 살펴보면, 금융소득 5분위 가구를 제외할 경우 각 금융소득 분위에서 노인가구당 자산총액은 전체가구당 자산총액보다 낮았다. 가구당 자산총액과 순자산액은 전체가구와 노인가구 모두에서 금융소득 분위가 높아짐에 따라 각각 증가하였다. 금융자산 역시 금융소득과 함께 증가하였는데 특히 전체가구 중 금융소득 1분위 가구당 금융자산은 자산총액의 약 35% 수준으로 나타났다. 이는 자산총액에 비해 금융자산의 불평등 정도가 심한 것으로 볼 수 있다. 저축액의 경우 노인가구 중 금융소득 1분위 가구당 저축액은 2,875만원이고, 2분위 가구당 저축액은 4,802만원으로 나타났다. 이는 금융소득 분위별로 구한 가구당 금융소득과 유사한 비율로 증가한 것이다.

2019년 금융소득 분위별 가구당 소득규모를 살펴보면, 금융소득 5분위를 제외한 가구당 경상소득은 각 금융소득 분위에서 노인가구가 전체가구 대비 60% 이하로 나타났다. 이는 노인가구의 경우 근로활동의 비중이 감소하므로 자산총액과는 다르게 전체가구의 경상소득과 노인가구의 경상소득 차이가 크게 나타난 결과로 볼 수 있다. 근로소득의 경우는 노인가구에서 금융소득 2분위보다 3분위의 가구당 근로소득이 더 작은 것으로 나타나 금융소득 분위가 높아짐에 따라 증가 추세를 보여준 가구당 금융자산과는 다른 형태를 보여주었다.

┤보기├

ㄱ. 2019년 금융소득 없는 가구의 자산, 소득
ㄴ. 2019년 금융소득 분위별 가구당 금융자산
ㄷ. 2019년 경상소득 분위별 가구당 금융소득
ㄹ. 2019년 금융소득 분위별 가구당 금융소득

① ㄱ, ㄴ
② ㄱ, ㄷ
③ ㄴ, ㄷ
④ ㄴ, ㄹ
⑤ ㄷ, ㄹ

💡 **관점 적용하기**

Step.1 이미 주어진 자료 소거
→ 이미 주어진 자료가 없다.
Step.2 키워딩
ㄱ = 금융소득 없는 ㄴ = 가구당 금융자산
ㄷ, ㄹ = 가구당 금융소득
Step.3 연결
1문단에 가구당 금융자산에 대한 내용이
있다.
→ ㄴ은 필요하다.
1문단에 가구당 금융소득에 대한 내용이
있다.
→ 경상소득 분위별인지, 금융소득 분위
별인지 확인
→ 금융소득 분위별이다. → ㄹ은 필요하다.
→ 답 = ④

답 ④

해당 자료의 저작권은 메가피셋 김은기 강사에게 있습니다.

∴ 기타형(추필자)-08 [5급 22-01]

다음 〈표〉는 2020년 4분기(10 ~ 12월) 전국 아파트 입주 물량에 관한 자료이다. 제시된 〈표〉 이외에 〈보고서〉를 작성하기 위해 추가로 필요한 자료만을 〈보기〉에서 모두 고르면?

〈표 1〉 월별 아파트 입주 물량

(단위: 세대)

구분 \ 월	10월	11월	12월	합
전국	21,987	25,995	32,653	80,635
수도권	13,951	15,083	19,500	48,534
비수도권	8,036	10,912	13,153	32,101

〈표 2〉 규모 및 공급주체별 아파트 입주 물량

(단위: 세대)

구분	규모			공급주체	
	60m^2 이하	60m^2 초과 85m^2 이하	85m^2 초과	공공	민간
전국	34,153	42,528	3,954	23,438	57,197
수도권	21,446	24,727	2,361	15,443	33,091
비수도권	12,707	17,801	1,593	7,995	24,106

┤보고서├

　2020년 4분기(10 ~ 12월) 전국 아파트 입주 물량은 80,635세대로 집계되었다. 수도권은 48,534세대로 전년동기 및 2015 ~ 2019년 4분기 평균 대비 각각 37.5%, 1.7% 증가했고, 비수도권은 32,101세대로 전년동기 및 2015 ~ 2019년 4분기 평균 대비 각각 47.6%, 46.8% 감소하였다. 시도별로 살펴보면, 서울은 12,097세대로 전년동기 대비 7.9% 증가하였다. 그 외 인천·경기 36,437세대, 대전·세종·충남 8,015세대, 충북 3,835세대, 강원 646세대, 전북 0세대, 광주·전남·제주 5,333세대, 대구·경북 5,586세대, 부산·울산 5,345세대, 경남 3,341세대였다. 주택 규모별로는 60m^2 이하 34,153세대, 60m^2 초과 85m^2 이하 42,528세대, 85m^2 초과 3,954세대로, 85m^2 이하 중소형주택이 전체의 95.1%를 차지하여 중소형주택의 입주 물량이 많았다. 공급주체별로는 민간 57,197세대, 공공 23,438세대로, 민간 입주 물량이 공공 입주 물량의 2배 이상이었다.

✓ 자료

✓ 전략적 문제 풀이

Step.1 이미 주어진 자료 소거

Stpe.2 키워딩

Step.3 연결

┤보기├
ㄱ. 2015 ~ 2019년 4분기 수도권 및 비수도권 아파트 입주 물량
ㄴ. 2015 ~ 2019년 공급주체별 연평균 아파트 입주 물량
ㄷ. 2019 ~ 2020년 4분기 시도별 아파트 입주 물량
ㄹ. 2019년 4분기 규모 및 공급주체별 아파트 입주 물량

① ㄱ, ㄴ
② ㄱ, ㄷ
③ ㄱ, ㄹ
④ ㄴ, ㄷ
⑤ ㄴ, ㄹ

💡 **관점 적용하기**

Step.1 이미 주어진 자료 소거
→ 이미 주어진 자료가 없다.
Step.2 키워딩
ㄱ = 15~19년 4분기 ㄴ = 15~19년 공급주체별
ㄷ = 19~20년 시도별 ㄹ = 19년 규모별 (전년대비 조심)
Step.3 연결
1문단에 15~19년 4분기 → ㄱ은 필요하다.
1문단에 시도별 → ㄷ은 필요하다.
→ 답 = ②

답 ②

2 사안자

Q 사안자란 무엇인가요? 그리고 어떻게 풀어야 하나요?

사안자의 전체 명칭은 "사용 안된 자료"이다.
해당 유형의 이름이 사안자인 이유는 사안자 유형의 발문때문이다.

> 발문: 〈보고서〉를 작성하기 위해 사용하지 않은 것은?

발문을 이용해 사안자의 목적을 판단해 보면 다음과 같다.
〈보고서〉를 작성하기 위해 사용 안된 자료를 찾아라.

따라서 앞에서 배운 추필자처럼 〈보고서〉와 선지를 연결하는 유형이라는 것을 알 수 있다.
단, 이미 주어진 자료를 소거하는 과정이 없을 뿐이다.

〈보고서〉를 작성하기 위해 필요한 자료를 골라야 하므로
〈보기〉에 어떤 정보가 있는지를 간단하게 요약해야 한다.
단, 추필자와 다르게 사안자 유형은 각각의 선지에서 생각보다 많은 정보량을 가지고 있다.
따라서, 한번의 요약으로 모든 것을 해결하기 어려울 수 있다.

따라서, 가볍게 요약하여 빠르게 정리할 것은 정리하고,
그 후에 조금더 많은 정보량을 저장하는 방식으로 문제를 풀어야 한다.

이것을 정리하면 다음과 같은 4개의 Step으로 구성된다.

Step.1 모든 선지의 키워딩
Step.2 보고서와의 연결을 통한 1차 소거
Step.3 남은 선지의 키워딩 확장
Step.4 보고서와의 연결을 통한 2차 소거

Q 사안자의 풀이 순서도는 어떻게 되나요?

'풀이 순서도'는 다음과 같다.

사안자의 풀이 순서도	
1) 유형 파악하기	: 주어진 문제가 사안자인지 파악하자. 발문에서의 포인트 = 사용 안된 자료는?
2) 풀이의 전략	: Step.1 키워딩 Step.2 1차 소거 Step.3 키워딩 확장 Step.4 2차 소거 (※ 연결의 방법은 가볍게 → 그리고 무겁게의 방식이다.)

Q 1차소거와 2차소거가 무엇인가요?

 예시문항 (민 17-03)

┌───┤보고서├───┐

　2016년에 A시 시민을 대상으로 생활체육 참여실태에 대해 조사한 결과 생활체육을 '전혀 하지 않음'이라고 응답한 비율은 51.8%로 나타났다. 반면, 주 4회 이상 생활체육에 참여한다고 응답한 비율은 28.6%이었다.

　생활체육에 참여하지 않는 이유에 대해서는 '시설부족'이라고 응답한 비율이 30.3%로 가장 높아 공공체육시설을 확충하는 정책이 필요할 것으로 보인다. 2016년 A시의 공공체육시설은 총 388개소로 B시, C시의 공공체육시설 수의 50%에도 미치지 못하는 수준이다. 그러나 A시는 초등학교 운동장을 개방하여 간이운동장으로 활용할 계획이므로 향후 체육시설에 대한 접근성이 더 높아질 것으로 기대된다.

① 2016년 도시별 공공체육시설 현황

(단위: 개서)

구분 \ 도시	A시	B시	C시	D시	E시
육상 경기장	2	3	3	19	2
간이운동장	313	2,354	751	382	685
체육관	16	112	24	15	16
수영장	9	86	15	4	11
빙상장	1	3	1	1	0
기타	47	193	95	50	59
계	388	2,751	889	471	773

② 2016년 A시 시민의 생활체육 참여 빈도 조사결과

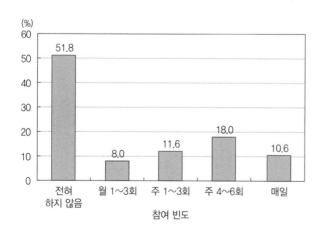

1) 키워딩
   핵심이 될 만한 단어를 체크한다.
   ① = 공공체육시설
   ② = 참여 빈도 조사

2) 가볍게
   〈보고서〉에서 키워딩 단어를 찾는다.
   공공체육시설, 참여 빈도 조사

3) 음영처리(키워드 단어)를 기준으로
   문장을 확장한다.
   이를 통해서
   〈보기〉〈보고서〉 일치여부를 확인
   '참여 빈도' 키워드는 찾지 못함.
   (1문단에 있지만 못찾았다 가정)

→ 4) ② = 공공체육시설 = A~E도시
   〈보고서〉도 A~도시 일치한다.
   ※ 숫자의 일치여부는 확인하지 않는다.

5) ②의 키워드를 확장한다.
   빈도 = 참여횟수구나.

6) 〈보고서〉에서 키워딩 단어를 찾는다.
   참여횟수 → 1문단

7) ①과 1문단의 내용이 일치한다.
   ※ 숫자의 일치여부는 확인하지 않는다.

해당 자료의 저작권은 메가피셋 김은기 강사에게 있습니다. **343**

기타형(사안자)-01 [5급 20-23]

다음은 '갑'국의 일·가정 양립제도에 관한 〈보고서〉이다. 이를 작성하기 위해 사용하지 않은 자료는?

✓ 자료

✓ 전략적 문제 풀이

Step.1 키워딩
①
②
③
④
⑤

Step.2 1차소거
①
②
③
④
⑤

Step.3 최종소거
①
②
③
④
⑤

┤보고서├

　2018년 기준 가족친화 인증을 받은 기업 및 기관수는 1,828개로 2017년 보다 30% 이상 증가하였고, 전년 대비 증가율은 중소기업 및 공공기관이 각각 대기업보다 높게 나타났다. 이와 함께 일·가정 양립제도 중 하나인 유연근로 제도를 도입하고 있는 사업체의 비율은 2018년이 2017년보다 37.1%p 증가하였다.

　2018년 유배우자 가구 중 맞벌이 가구의 비율은 2017년보다 1.0%p 증가하였으며, 6세 이하 자녀를 둔 맞벌이 가구 비율이 초·중학생 자녀를 둔 맞벌이 가구 비율보다 낮았다. 한편, 남녀간 고용률 차이는 어진히 존재하여 2018년 기혼남성과 기혼여성의 고용률 차이는 29.2%p로 격차가 큰 것으로 나타났다.

　2018년 육아휴직자 수는 89,795명으로 2013년부터 매년 증가하였는데, 남성 육아휴직자 수는 2017년보다 증가한 반면, 여성 육아휴직자 수는 2017년에 비해 감소하였다. 또한, 2018년 육아기 근로시간 단축제도 이용자 수는 2017년보다 30% 이상 증가한 2,761명으로 남녀 모두 증가하였다.

① 육아지원제도 이용자 현황

(단위: 명)

구분	연도	2013	2014	2015	2016	2017	2018
육아 휴직자 수	여성	56,735	62,279	67,323	73,412	82,467	82,179
	남성	1,402	1,790	2,293	3,421	4,872	7,616
육아기 근로 시간 단축 제도 이용자 수	여성	37	415	692	1,032	1,891	2,383
	남성	2	22	44	84	170	378

② 2018년 혼인상태별 고용률

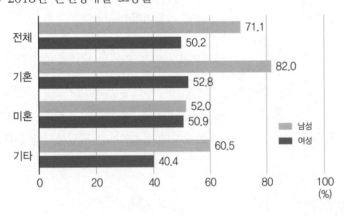

③ 가족친화 인증 기업 및 기관 현황

(단위: 개, %)

구분 \ 연도	2016	2017	2018	비율	전년 대비 증가율
대기업	223	258	285	15.6	10.5
중소기업	428	702	983	53.8	40.0
공공기관	305	403	560	30.6	39.0
전체	956	1,363	1,828	100.0	34.1

④ 기혼여성의 취업여부별 경력단절 경험 비율

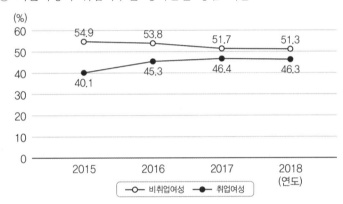

⑤ 유배우자 가구 중 맞벌이 가구 현황

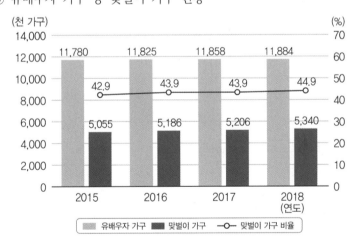

관점 적용하기

Step.1 키워딩
① 육아제도
② 고용률
③ 인증 기업과 기관
④ 경력단절
⑤ 맞벌이 현황
Step.2 1차 소거
1문단 - 인증기관 → ③소거
2문단 - 맞벌이 → ⑤소거
2문단 - 고용률 → ②소거
Step.3 키워드 확장
① 육아휴직, 근로단축
④ 취업여성, 비취업여성,
Step.4 2차 소거
3문단 - 육아휴직자 → ①소거
→ 답 = ④

답 ④

기타형(사안자)-02 [5급 21-06]

다음 〈보고서〉는 세계 전기차 현황과 전망에 대한 자료이다. 〈보고서〉를 작성하기 위해 사용하지 않은 것은?

─|보고서|─

세계 각국이 내연기관차의 배기가스 배출을 규제하고, 친환경차 도입을 위한 각종 지원정책을 이어가면서 전기차 시장은 빠르게 성장하고 있다. '세계 전기차 전망' 보고서에 따르면, 전문가들은 2015년 1.2백만 대에 머물던 세계 전기차 누적 생산량이 2030년에는 2억 5천만 대를 넘어설 것으로 추정하고 있다. 전기차 보급에 대한 전망도 희망적이다. 2020년 5백만 대에 못 미치던 전 세계 전기차 연간 판매량이 2030년에는 2천만 대가 넘을 것으로 추정된다.

국내 역시 빠른 속도로 전기차 시장이 성장하고 있다. 정부의 친환경차보급로드맵에 따르면 2015년 산업수요 대비 비중이 0.2%였던 전기차는 2019년에는 2.4%까지 비중이 늘었고, 2025년에는 산업수요에서 차지하는 비중을 14.4%까지 끌어올린다는 목표를 가지고 있다.

전기차가 빠른 기간 내에 시장 규모를 키워나갈 수 있었던 것은 보조금 지원과 전기 충전 인프라 확충의 영향이 크다. 현재 전기차는 동급의 내연기관차에 비해 가격이 비싸지만, 보조금을 받아 구매하면 실구매가가 낮아진다. 우리나라에서 소비자는 2019년 3월 기준, 전기차 구매 시 지역별로 대당 최소 450만원에서 최대 1,000만원까지 구매 보조금을 받을 수 있다. 이는 전기차의 가격 경쟁력을 높이는 요인 중 하나다. 충전 인프라의 확충은 전기차 보급 확대의 핵심적인 요소로, 국내 전기 충전 인프라는 2019년 3월 기준 전국 주유소 대비 80% 수준으로 설치되어 있다.

① 세계 전기차 누적 생산량 현황과 전망

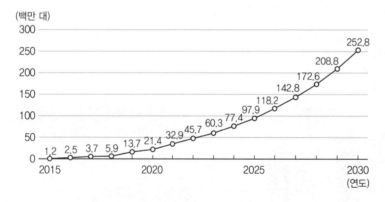

② 우리나라 지역별 전기차 공용 충전기 현황(2020년 3월)

✓ 자료

✓ 전략적 문제 풀이

Step.1 키워딩
①
②
③
④
⑤

Step.2 1차소거
①
②
③
④
⑤

Step.3 최종소거
①
②
③
④
⑤

③ 우리나라 산업수요 대비 전기차 비중의 현황과 전망

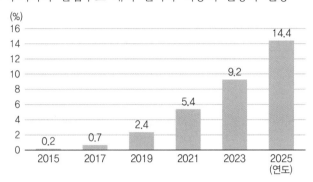

④ 세계 전기차 연간 판매량의 국가별 비중 현황과 전망

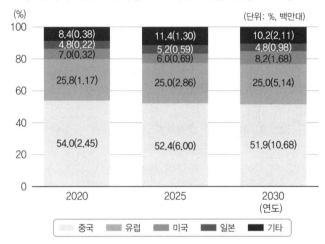

⑤ 우리나라 지역별 전기차 구매 보조금 현황(2019년 3월)

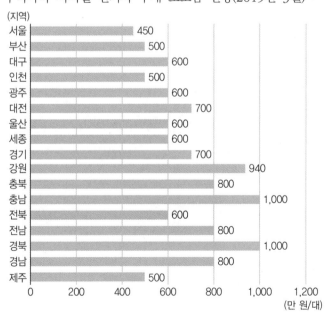

관점 적용하기

Step.1 키워딩
① 전기차 생산량
② 지역별 공용 충전기
③ 전기차 판매량
④ 세계 전기차 국가별 비중
⑤ 우리나라 구매 보조금
Step.2 1차 소거
1문단 - 세계 전기차 생산량 → ①소거
1문단 - 세계 전기차 판매량 → ④소거
2문단 - 국내 전기차 비중 → ③소거
3문단 - 국내 구매 보조금 → ⑤소거
→ 답 = ②

답 ②

3 보차변

Q 보차변란 무엇인가요? 그리고 어떻게 풀어야 하나요?

 보차변의 전체 명칭은 "보고서 차트 변환"이다.

> 발문: 〈보고서〉의 내용과 부합하는 / 부합하지 않는 자료는?

유형의 이름이 보차변인 이유는
〈보고서〉의 내용을 차트(표 or 그림)으로 올바르게 변환했는지를 물어보는 유형이기 때문이다.

보차변 유형은 〈보고서〉 → 차트의 형태로 변환하는 것이다.
따라서 주어진 〈보고서〉의 내용은 옳은 내용이라고 생각하는 것이 중요하다.
즉, 주어진 보고서를 가지고 내가 차트를 만드는 것이다. 라는 마음으로 접근하는 것이 중요하다.

보차변은 올바른 '변환'을 할 수 있는 지를 물어보고 싶은 유형이지
계산을 얼마나 잘하느냐?를 물어보고 싶은 유형이 아니다.
따라서, 예쁘지 않은 숫자가 나온다면, 대략적인 값으로 확인하면 충분하다.
Ex) 1358→1454은 7.1%증가했다.
　　변환을 확인 할 때는 1358→1454이 7%보다 더 증가했는지 정도면 충분하다.

Step.1 키워딩과 보고서의 연결
Step.2 정오 판단 (단, 예쁜 숫자로 생각하자.)

Q 보차변의 풀이 순서도는 어떻게 되나요?

 '풀이 순서도'는 다음과 같다.

보차변의 풀이 순서도	
1) 유형 파악하기	: 주어진 문제가 보차변인지 파악하자. 발문: 〈보고서〉의 내용으로 부합하는/부합하지 않는 자료는?
2) 풀이의 전략	: Step.1 키워딩과 보고서의 연결 Step.2 정오 판단 (단, 예쁜 숫자로 생각하자.) (※ 계산은 최대한 가볍게 하는 것이 중요하다.)

Q 계산을 가볍게 해도 되나요?

 예시문항 (5급 14-31)

┤보고서├

정부는 2009년부터 근로자 가구를 대상으로 부양자녀수와 총급여액에 따라 산정된 근로장려금을 지급함으로써 근로유인을 제고하고 실질소득을 지원하고 있다.

2009년 이후 근로장려금 신청가구 중에서 수급가구가 차지하는 비율은 매년 80% 이상을 기록하여 신청한 가구의 대부분이 혜택을 받고 있는 것으로 조사되었다.

근로형태별 근로장려금 수급가구는 상용근로자 수급가구 보다 일용근로자 수급가구가 더 많았으며, 일용근로자 수급가구가 전체 수급가구에서 차지하는 비율은 2009년부터 매년 65% 이상을 차지했다.

① 연도별 근로장려금 신청 및 수급가구 현황

(단위: 천가구)

구분	2009년	2010년	2011년	2012년
신청가구	724	677	667	913
수급가구	591	566	542	735
미수급가구	133	111	125	178

② 근로형태별 근로장려금 수급가구 분포

(단위: 천가구)

구분	합	상용근로자	일용근로자
2009년	591	235	356
2010년	566	228	338
2011년	542	222	320
2012년	735	259	476

→

1) 키워딩과 연결
   핵심이 될 만한 단어를 체크한다.
   ① = 수급가구 → 2문단
   ② = 근로형태 → 3문단

2) 정오판단 (계산은 가볍게)
   정확한 값을 계산할 필요는 없지만,
   정확한 값을 계산해 보자.
   ① 수급가구 비율

09년	10년	11년	12년
81.6	83.6	81.3	80.5

   미수급 가구 비율

09년	10년	11년	12년
18.4	16.4	18.7	19.5

   → 여집합적 사고를 이용하면
      가벼운 계산으로 확인 가능
   ※ 20%가 될 만한 연도를 고민하고
      접근하면 계산이 더 가벼워진다.

   ② 일용직 비율

09년	10년	11년	12년
60.2	59.7	59.0	64.8

   상용직 비율

09년	10년	11년	12년
39.8	40.3	41.0	35.2

   → 여집합적 사고를 이용하면
      가벼운 계산으로 확인 가능
   ※ 35%가 될 만한 연도를 고민하고
      접근하면 계산이 더 가벼워진다.

해당 자료의 저작권은 메가피셋 김은기 강사에게 있습니다.

기타형(보차변)-01 [7급 22-14]

다음 〈보고서〉는 2021년 '갑'국 사교육비 조사결과에 대한 자료이다. 〈보고서〉의 내용과 부합하지 않는 자료는?

☑ 자료

┤보고서├

　2021년 전체 학생 수는 532만 명으로 전년보다 감소하였지만, 사교육비 총액은 23조 4천억 원으로 전년 대비 20% 이상 증가하였다. 또한, 사교육의 참여율과 주당 참여시간도 전년 대비 증가한 것으로 나타났다.

　2021년 전체 학생의 1인당 월평균 사교육비는 전년 대비 20% 이상 증가하였고, 사교육 참여학생의 1인당 월평균 사교육비 또한 전년 대비 6% 이상 증가하였다. 2021년 전체 학생 중 월평균 사교육비를 20만원 미만 지출한 학생의 비중은 전년 대비 감소하였으나, 60만원 이상 지출한 학생의 비중은 전년 대비 증가한 것으로 나타났다.

　한편, 2021년 방과후학교 지출 총액은 4,434억 원으로 2019년 대비 50% 이상 감소하였으며, 방과후학교 참여율 또한 28.9%로 2019년 대비 15.0%p 이상 감소하였다.

① 전체 학생 수와 사교육비 총액

(단위: 만 명, 조 원)

구분＼연도	2020	2021
전체 학생 수	535	532
사교육비 총액	19.4	23.4

② 사교육의 참여율과 주당 참여시간

(단위: %, 시간)

구분＼연도	2020	2021
참여율	67.1	75.5
주당 참여시간	5.3	6.7

③ 학생 1인당 월평균 사교육비

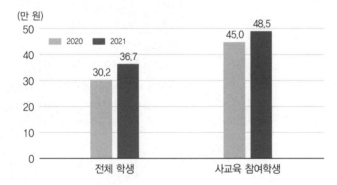

④ 전체 학생의 월평균 사교육비 지출 수준에 따른 분포

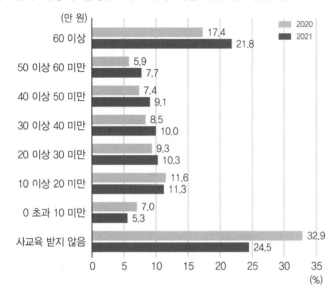

⑤ 방과후학교의 지출 총액과 참여율

(단위: 억 원, %)

구분＼연도	2019	2021
지출 총액	8,250	4,434
참여율	48.4	28.9

🔆 관점 적용하기

Step.1 키워딩과 연결
① 학생수와 사교육비 총액 = 1문단
② 참여율과 참여시간 = 1문단
③ 1인당 월평균 사교육비 = 2문단
④ 사교육비 지출 분포 = 2문단
⑤ 방과후 학교 = 3문단

Step.2 정오 판단
① 학생수 (535→532) 감소

사교육비 ($\frac{23.4}{19.4} = \frac{24.0-0.6}{20.0-0.6}$) 20%

이상 증가
② 참여율 (67.1%→75.5%) 증가
주당 참여시간 (5.3→6.7) 증가
③ 전체 학생 ($\frac{36.7}{30.2} = \frac{36+0.7}{30+0.2}$) 20%

이상 증가

사교육참여학생 $\frac{3.5}{45.0}$, 6% 이상 증가
④ 20만원 미만
(11.6+7.0+32.9→11.3+5.3+24.5)
감소
60만원 이상 (17.4 → 21.8) 증가
⑤ 지출총액 ($\frac{4434}{8250} = \frac{4000+434}{8000+250}$) 50%

미만 감소
→ 옳지 않다. → 답 = ⑤

답 ⑤

✦ 기타형(보차변)-02 [5급 13-19]

다음 〈보고서〉는 2012년 2분기말 외국인 국내토지 소유현황에 관한 것이다. 〈보고서〉의 내용과 부합하지 않는 자료는?

✓ 자료

─────|보고서|─────

2012년 2분기말 현재 외국인의 국내토지 소유면적은 224,715천 m^2, 금액으로는 335,018억원인 것으로 조사되었다. 면적 기준으로 2012년 1분기말 대비 2,040천 m^2, 보유필지수로는 1분기말 대비 3% 미만 증가한 것이다.

국적별로는 기타 지역을 제외하고 토지 소유면적이 넓은 것부터 나열하면 미국, 유럽, 일본, 중국 순이며, 미국 국적 외국인은 외국인 국내토지 소유면적의 50% 이상을 소유하였다. 용도별로 외국인 국내토지 소유면적을 넓은 것부터 나열하면 임야·농지, 공장용지, 주거용지, 상업용지, 레저용지 순이며, 이 중 주거용지, 상업용시, 레서용시 토지 면적의 합이 외국인 국내토지 소유면직의 10% 이상인 것으로 나타나 부동산 투기에 대한 지속적인 감시가 필요할 것으로 판단된다.

토지 소유 주체별로는 개인이 전체 외국인 소유 토지의 60% 이상을 차지하고 있으며, 특히 개인 소유 토지의 57.1%를 차지하고 있는 외국국적 교포의 토지 소유면적이 법인 및 외국정부단체 등이 소유한 토지 면적보다 더 넓은 것으로 나타났다. 외국인이 소유하고 있는 지역별 토지 면적을 넓은 것부터 나열하면 전남, 경기, 경북 순이고 이들 지역에서의 보유 면적의 합은 전체 외국인 국내토지 소유면적의 40%를 상회하고 있어 향후 집중적인 모니터링이 요구된다.

① 2012년 2분기말 주체별 외국인 국내토지 소유현황

구분	합	개인			법인			외국 정부 단체 등
		소계	외국 국적 교포	순수 외국인	소계	합작 법인	순수 외국 법인	
면적 (천 m^2)	224,715	137,040	128,252	8,788	87,173	71,810	15,363	502
비율 (%)	100.0	61.0	57.1	3.9	38.8	32.0	6.8	0.2

② 외국인 국내토지 소유현황

구분	2011년 4분기말	2012년 1분기말	2012년 2분기말
면적(천 m^2)	221,899	222,675	224,715
금액(억원)	310,989	323,109	335,018
필지수(필)	79,992	81,109	82,729

③ 2012년 2분기말 국적별 외국인 국내토지 소유현황

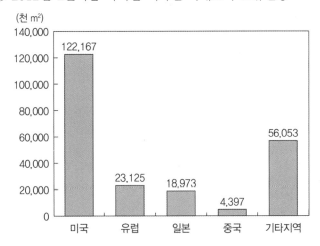

④ 2012년 2분기말 용도별 외국인 국내토지 소유현황

구분	임야·농지	공장 용지	주거 용지	상업 용지	레저 용지	합
면적 (천 m²)	133,088	67,141	14,973	5,871	3,642	224,715

⑤ 2012년 2분기말 시도별 외국인 국내토지 소유현황

시도명	면적(천 m²)	비율(%)
서울	2,729	1.2
부산	5,738	2.6
대구	1,792	0.8
인천	4,842	2.2
광주	3,425	1.5
대전	837	0.4
울산	5,681	2.5
세종	867	0.4
경기	37,615	16.7
강원	18,993	8.5
충북	12,439	5.5
충남	22,313	9.9
전북	7,462	3.3
전남	37,992	16.9
경북	35,081	15.6
경남	17,058	7.6
제주	9,851	4.4
계	224,715	100.0

💡 관점 적용하기

Step.1 키워딩과 연결
① 주체별 토지소유 = 3문단
② 토지 소유현황 = 1문단
③ 국적별 토지소유 = 2문단
④ 용도별 토지소유 = 2문단
⑤ 시도별 토지소유 = 3문단

Step.2 정오 판단
① 개인의 비중(61%) 60%이상

　개인 중 외국교포 비중 ($\frac{57.1}{61.0}$)이므로

　57.1% X
　→ 옳지 않다. → 답 = ①

② 필지 증가율 ($\frac{1620}{81109}$ ⟨ 3%)

③ 미국, 유럽, 중국 순

　미국 비중 ($\frac{122,167}{224,715}$ ⟩ 50%)

　(※ ②, ④, ⑤에 합계(224,715)가 주어졌다.)

④ 임야농지, 공장, 주거, 상업, 레저순
　주거, 상업, 레저의 합의 비중

　($\frac{14,973+5,871+3,642}{224,715}$ ⟩ 10%)

⑤ 전남(16.9), 경기(16.7), 경북(15.6)순
　전남(16.9), 경기(16.7), 경북(15.6)의
　합의 비중
　각각 15%보다 크므로, 합은 당연히
　40%보다 크다.

답 ①

기타형(보차변)-03 [5급 20-25]

다음 〈보고서〉는 2017년 '갑'국의 공연예술계 시장 현황에 관한 자료이다. 〈보고서〉의 내용과 부합하는 자료만을 〈보기〉에서 모두 고르면?

✓ 자료

─┤보고서├─

2017년 '갑'국의 공연예술계 관객수는 410만 5천 명, 전체 매출액은 871억 5천만원으로 집계되었다. 이는 매출액 기준 전년 대비 100% 이상 성장한 것으로, 2014년 이후 공연예술계 매출액과 관객수 모두 매년 증가하는 추세이다.

2017년 '갑'국 공연예술계의 전체 개막편수 및 공연횟수를 월별로 분석한 결과, 월간 개막편수가 전체 개막편수의 10% 이상을 차지하는 달은 3월뿐이고 월간 공연횟수가 전체 공연횟수의 10% 이상을 차지하는 달은 8월뿐인 것으로 나타났다.

반면, '갑'국 공연예술계 매출액 및 관객수의 장르별 편차는 매우 심한 것으로 나타났는데, 2017년 기준 공연예술계 전체 매출액의 60% 이상이 '뮤지컬' 한 장르에서 발생하였으며 또한 관객수 상위 3개 장르가 공연예술계 전체 관객수의 90% 이상을 차지하는 것으로 조사되었다.

2017년 '갑'국 공연예술계 관객수를 입장권 가격대별로 살펴보면 가장 저렴한 '3만원 미만' 입장권 관객수가 절반 이상을 차지하였고, 이는 가장 비싼 '7만원 이상' 입장권 관객수의 3.5배 이상이었다.

─┤보기├─

ㄱ. 2014 ~ 2017년 매출액 및 관객수

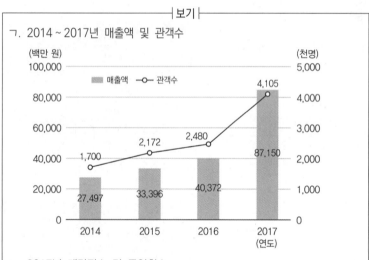

ㄴ. 2017년 개막편수 및 공연횟수

(단위: 편, 회)

구분 월	개막편수	공연횟수
1	249	4,084
2	416	4,271
3	574	4,079
4	504	4,538
5	507	4,759
6	499	4,074
7	441	5,021
8	397	5,559
9	449	3,608
10	336	3,488
11	451	3,446
12	465	5,204
전체	5,288	52,131

ㄷ. 2017년 장르별 매출액 및 관객수

(단위: 백만원, 천 명)

장르 \ 구분	매출액	관객수
연극	10,432	808
뮤지컬	56,014	1,791
클래식	13,580	990
무용	5,513	310
국악	1,611	206
전체	87,150	4,105

ㄹ. 2017년 입장권 가격대별 관객수 구성비

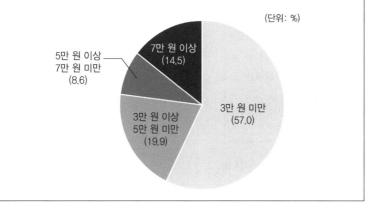

(단위: %)

7만 원 이상 (14.5)
5만 원 이상 7만 원 미만 (8.6)
3만 원 이상 5만 원 미만 (19.9)
3만 원 미만 (57.0)

① ㄱ, ㄷ
② ㄴ, ㄷ
③ ㄴ, ㄹ
④ ㄱ, ㄴ, ㄹ
⑤ ㄱ, ㄷ, ㄹ

관점 적용하기

Step.1 키워딩과 연결

ㄱ 연도별 매출액, 관객수 = 1문단
ㄴ 개막편수, 공연횟수 = 2문단
ㄷ 장르별 매출액, 관객수 = 3문단
ㄹ 가격대별 관객수 = 4문단

Step.2 정오 판단

ㄱ 매출액 증가율 $\left(\frac{87150}{40372} \rangle\ 2 \right)$ 100%이상이다.

ㄴ 개막편수 10% 이상인 달 = 3월(574)뿐 공연횟수가 10% 이상인 달 = 8월(5,559)뿐

ㄷ 뮤지컬 매출 비중 $\left(\frac{56,014}{87,150} \rangle\ 60\% \right)$ 관객 상위 3개 비율이 90%↑ 여집합은 10%↓, 하위 2개 = 무용, 국악 $\left(\frac{206+310}{4105} \rangle\ 10\% \right)$ → 옳지 않다.

ㄹ 3만원 미만, 50% 이상, 7만원 이상 대비 3만원 미만 $\left(\frac{57.0}{14.5} = \frac{49+8}{14+0.5} \rangle\ 3.5 \right)$ (※14 = 2×7, 14의 3.5배 = 7×7)

답 ④

기타형(보차변)-04 [5급 20-05]

다음 〈보고서〉는 스마트폰을 이용한 동영상 및 방송프로그램 시청 현황에 관한 자료이다. 〈보고서〉의 내용과 부합하지 않는 자료는?

✓ 자료

┤보고서├

　스마트폰 사용자 3,427만 명 중 월 1회 이상 동영상을 시청한 사용자는 3,246만 명이고, 동영상 시청자 중 월 1회 이상 방송프로그램을 시청한 사용자는 2,075만 명이었다. 월평균 동영상 시청시간은 월평균 스마트폰 이용시간의 10% 이상이었으나 월평균 방송프로그램 시청시간은 월평균 동영상 시청시간의 10% 미만이었다.

　스마트폰 사용자 중 동영상 시청자가 차지하는 비중은 모든 연령대에서 90% 이상인 반면, 스마트폰 사용자 중 방송프로그램 시청자의 비중은 '20대'~'40대'는 60%를 상회하지만 '60대 이상'은 50%에 미치지 못해 연령대별 편차가 큰 것으로 나타났다.

　월평균 동영상 시청시간은 남성이 여성보다 길고, 연령대별로는 '10대 이하'의 시청시간이 가장 길었다. 반면, 월평균 방송프로그램 시청시간은 여성이 남성보다 9분 이상 길고, 연령대별로는 '20대'의 시청시간이 가장 길었는데 이는 '60대 이상'의 월평균 방송프로그램 시청시간의 3배 이상이다.

　월평균 방송프로그램 시청시간을 장르별로 살펴보면, '오락'이 전체의 45% 이상으로 가장 길고, 그 뒤를 이어 '드라마', '스포츠', '보도' 순이었다.

① 스마트폰 사용자 중 월 1회 이상 동영상 및 방송프로그램 시청자 비율

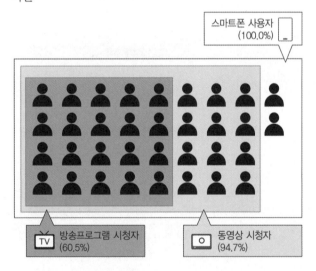

② 스마트폰 사용자의 월평균 스마트폰 이용시간, 동영상 및 방송프로그램 시청시간

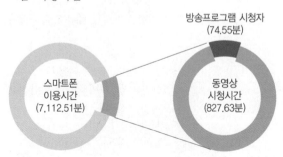

③ 성별, 연령대별 스마트폰 사용자 중 동영상 및 방송프로그램 시청자 비율

(단위: %)

구분	성별		연령대					
	남성	여성	10대 이하	20대	30대	40대	50대	60대 이상
동영상	94.7	94.7	97.0	95.3	95.6	95.4	93.1	92.0
방송프로그램	59.1	62.1	52.3	68.0	67.2	65.6	56.0	44.5

④ 방송프로그램 장르별 월평균 시청시간

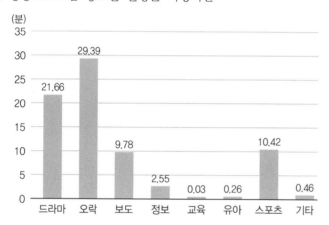

⑤ 성별, 연령대별 스마트폰 사용자의 동영상 및 방송프로그램 월평균 시청시간

(단위: 분)

구분	성별		연령대					
	남성	여성	10대 이하	20대	30대	40대	50대	60대 이상
동영상	901.0	746.4	1,917.5	1,371.2	671.0	589.0	496.4	438.0
방송프로그램	70.0	79.6	50.7	120.5	75.5	82.9	60.1	38.6

관점 적용하기

Step.1 키워딩과 연결
① 시청자 비율 = 1문단
② 이용, 시청시간 = 1문단
③ 성별, 연령별 시청자 = 2문단
④ 장르별 시청시간 = 4문단
⑤ 성별 연령별 시청시간 = 3문단

Step.2 정오 판단
① 스마트폰 사용자 중 동영상 시청 비율
$(\frac{3246}{3427} = 94.7\%)$
유형의 특성에 따라서,
95%보다 작은지만 파악하면 충분하다.
여집합적 사고에 의해, $\frac{180}{3427} > 5\%$
스마트폰 사용자 중 방송프로그램 시청 비율
$(\frac{2075}{3427} = 60.5\%)$
유형의 특성에 따라서,
60%보다 큰지만 파악하면 충분하다.
$\frac{2075}{3427} = \frac{1800+275}{3000+427} > 60\%$

② 스마트폰 중 동영상 비율
$(\frac{827.63}{7,112.51} > 10\%)$
동영상 중 방송프로그램
$(\frac{74.55}{827.63} < 10\%)$

③ 동영상 모든 연령대 90% 이상
방송 20대~40대 60% 상회, 60대 이상 50% 이하

④ 오락의 비율
$(\frac{29.39}{74.55} = \frac{27+2.39}{60+14.55} < 45\%)$
45%미만이다 → 옳지 않다.
(※ 가시성을 이용해도 좋다.)

⑤ 동영상 남성(901.0)이 여성(746.4)보다 길고 10대 이하(1917.5)가장 길다.
방송 여성(79.6)이 남성(70.0)보다 9분 이상 길고 20대(120.5)가 60대 이상(38.6)보다 3배 이상이다.

답 ④

기타형(보차변)-05 [5급 18-26]

다음 〈보고서〉는 2015년 A국의 노인학대 현황에 관한 것이다. 〈보고서〉의 내용과 부합하는 자료만을 〈보기〉에서 모두 고르면?

✓ 자료

┤보고서├

2015년 1월 1일부터 12월 31일까지 한 해 동안 전국 29개 지역의 노인보호전문기관에 신고된 전체 11,905건의 노인학대 의심사례 중에 학대 인정사례는 3,818건으로 나타났다. 이는 전년대비 학대 인정사례 건수가 8% 이상 증가한 것이다.

학대 인정사례 3,818건을 신고자 유형별로 살펴보면 신고의무자에 의해 신고된 학대 인정사례는 707건, 비신고의무자에 의해 신고된 학대 인정사례는 3,111건이었다. 신고의무자에 의해 신고뒤 학대 인정사례 중 사회복지전담 공무원의 신고에 의한 학대 인정사례가 40% 이상으로 나타났다. 비신고의무자에 의해 신고된 학대 인정사례 중에서는 관련기관 종사자의 신고에 의한 학대 인정사례가 48% 이상으로 가장 높았고, 학대행위자 본인의 신고에 의한 학대 인정사례의 비율이 가장 낮았다.

또한 3,818건의 학대 인정사례를 발생장소별로 살펴보면 기타를 제외하고 가정 내 학대가 85.8%로 가장 높게 나타났으며, 다음으로 생활시설 5.4%, 병원 2.3%, 공공장소 2.1%의 순으로 나타났다. 학대 인정사례 중 병원에서의 학대 인정사례 비율은 2012 ~ 2015년 동안 매년 감소한 것으로 나타났다.

한편, 학대 인정사례를 가구형태별로 살펴보면 2012 ~ 2015년 동안 매년 학대 인정사례 건수가 가장 많은 가구형태는 노인단독가구였다.

┤보기├

ㄱ. 2015년 신고자 유형별 노인학대 인정사례 건수

(단위: 건)

신고자 유형	건수
신고의무자	707
의료인	44
노인복지시설 종사자	178
장애노인시설 종사자	16
가정폭력 관련 종사자	101
사회복지전담 공무원	290
노숙인 보호시설 종사자	31
구급대원	9
재가장기요양기관 종사자	38
비신고의무자	3,111
학대피해노인 본인	722
학대행위자 본인	8
친족	567
타인	320
관련기관 종사자	1,494

ㄴ. 2014년과 2015년 노인보호전문기관에 신고된 노인학대 의심사례 신고 건수와 구성비

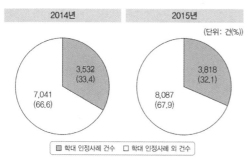

※ 구성비는 소수점 아래 둘째 자리에서 반올림한 값임.

ㄷ. 발생장소별 노인학대 인정사례 건수와 구성비

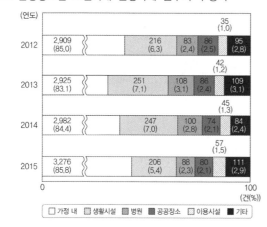

※ 구성비는 소수점 아래 둘째 자리에서 반올림한 값임.

ㄹ. 가구형태별 노인학대 인정사례 건수

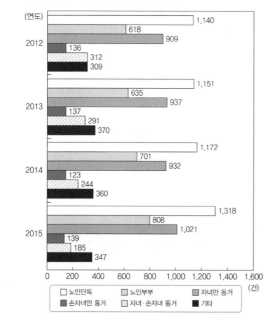

① ㄱ, ㄹ
② ㄴ, ㄷ
③ ㄱ, ㄴ, ㄷ
④ ㄱ, ㄴ, ㄹ
⑤ ㄴ, ㄷ, ㄹ

관점 적용하기

Step.1 키워딩과 연결

ㄱ 신고자 유형별 = 2문단

ㄴ 신고 건수 = 1문단

ㄷ 발생장소별 = 3문단

ㄹ 가구형태별 = 4문단

Step.2 정오 판단

ㄱ 신고의무자 중 사회복지전담 비율

$\left(\dfrac{290}{707} = \dfrac{280+10}{700+7} \rangle 40\% \right)$

비신고의무자 중 관련기관 종사자

$\left(\dfrac{1494}{3111} = \dfrac{1440+54}{3000+111}, \ \dfrac{48+6}{100+11} \rangle 48\% \right)$

유형의 특성에 따라 50%보다 작은지만 파악하면 충분하다.

$\dfrac{1494}{3111}$ 는 50% 이하이다. 따라서 옳다.

ㄴ 14년(3532) → 15년(3818)

$\dfrac{286}{3532} = \dfrac{240+46}{3000+532} \rangle 8\%$

(※ 잘안보인다면 분자에 0을 하나 추가하자)

ㄷ 가정내 학대, 생활시설, 병원, 공공시설 순이다.

병원은 12년(6.3)→ 13년(7.1)으로 증가했다.

따라서, 옳지 않다.

ㄹ 노인단독가구의 노인학대 인정사례 건수는 12년(1140), 13년(1151), 14년(1172), 15년(1318)이다. 따라서 매년 가장 높다.

답 ④

4 표차변

Q 표차변란 무엇인가요? 그리고 어떻게 풀어야 하나요?

 표차변의 전체 명칭은 "표 차트 변환"이다.

> 발문: 고정된 발문의 구조가 아니라 그때 그때 다르다. 따라서, 형태에 집중하자.

유형의 이름이 표차변인 이유는
표를 차트(표 or 그림)로 올바르게 변환했는지를 물어보는 유형이기 때문이다.

표차변 유형의 목적은 표 → 차트의 형태로 변환하는 것이다.
표차변 유형은 보차변 유형과 다르게 차트를 주어진 〈표〉를 통해서 만들 수 있는지를 파악하는 것이 중요하다.
따라서, 차트를 만들기 위해 필요한 정보가 주어진 〈표〉에 모두 있는지를 먼저 확인해 줘야 한다.
이것을 하기 위해서 우리가 처음으로 해야할 것은 차트의 제목을 통한 목적 잡기이다.
목적을 정확히 잡아야만, 내가 주어진 〈표〉를 이용해서 차트를 만들 수 있는지, 없는지를 확정할 수 있다.

표차변 유형 또한 보차변 유형처럼 '변환'이라는 부분에 중점을 둔 유형이지
계산을 얼마나 잘하느냐?를 물어보고 싶은 유형이 아니다.
따라서, 예쁘지 않은 숫자가 나온다면, 대략적인 값으로 확인하면 충분하다.
Ex) 1358→1454은 7.1%증가했다.
   변환을 확인 할 때는 1358→1454이 7%보다 더 증가했는지 정도면 충분하다.

이러한 특징 때문에, 표차변의 유형의 오답은 딱 2종류로 나타난다.
1) 목적과 정보가 잘못된 연결된 경우
2) 터무니 없는 계산 오차

Step.1 목적잡기 (필요한 정보가 있는지까지 확인하기)
Step.2 정오판단 (단, 계산은 최대한 대충하자.)

Q 표차변의 풀이 순서도는 어떻게 되나요?

 '풀이 순서도'는 다음과 같다.

표차변의 풀이 순서도	
1) 유형 파악하기	: 주어진 문제가 표차변인지 파악하자. 발문이 고정된 형태가 아니므로 문제의 전체적인 모습을 통해서 파악하자.
2) 풀이의 전략	: Step.1 목적잡기 (필요한 정보가 무엇인지 확인하기) Step.2 정오 판단 (단, 계산은 최대한 대충하자.) (※ 집중해야 할 것은 목적이다. 숫자에 집중하면 함정에 빠지게 된다.)

Q 목적과 정보가 잘못된 연결됐다는게 어떤 의미인가요?

예시문항 [7급 21-24]

〈표 1〉 2017년 피해유형별 항공사의 피해구제 접수 건수 비율

(단위: %)

피해유형 / 항공사	취소환불 위약금	지연 결항	정보제공 미흡	수하물 지연 파손	초과 판매	기타	합계
국적항공사	57.14	22.76	5.32	6.81	0.33	7.64	100.00
외국적항공사	49.06	27.77	6.89	6.68	1.88	7.72	100.00

〈표 2〉 2018년 피해유형별 항공사의 피해구제 접수 건수

(단위: 건)

항공사	피해유형	취소 환불 위약금	지연 결항	정보 제공 미흡	수하물 지연 파손	초과 판매	기타	합계	전년 대비 증가
대형 항공사	태양항공	31	96	0	7	0	19	153	13
	무지개항공	20	66	0	5	0	15	106	-2
저비용 항공사	알파항공	9	9	0	1	0	4	23	-6
	에어세종	19	10	2	1	0	12	44	7
	청렴항공	12	33	3	4	0	5	57	16
	독도항공	34	25	3	9	0	27	98	-35
	참에어	33	38	0	6	0	8	85	34
	동해항공	19	32	1	10	0	10	72	9
국적항공사		177	309	9	43	0	100	638	36
외국적항공사		161	201	11	35	0	78	486	7

① 2017년 피해유형별 외국적항공사의 피해구제 접수 건수 대비 국적항공사의 피해구제 접수 건수 비

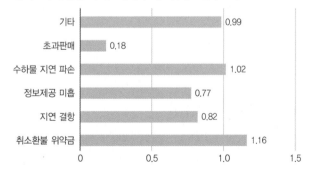

1) 목적잡기

2017년 피해 유형별
외국적항공사 대비 국적항공사

$$= \frac{국적항공사 \ 구제건수}{외국적항공사 \ 구제건수}$$

피해 유형에 대한 정보가 필요하다.
〈표 1〉은 17년 구제건수가 아니라,
구제건수 비율이다.
따라서, 구제건수를 구하기 위해서는
2017년 전체가 필요하다.
2017년 전체는 〈표 2〉에 주어졌다.
즉, 목적은 다음과 같다.

$$\frac{<표\ 1>\times<표\ 2>}{<표\ 1>\times<표\ 2>}$$

2) 정오판단 (계산은 가볍게)
2017년 전체는
국적항공사: 638-36 = 602
외국적항공사: 486-7 = 479

기타: $\frac{7.64 \times 602}{7.72 \times 479} \neq 0.99$

일치하지 않는다. 따라서 옳지 않다.

※ $\frac{7.64}{7.72} = 0.99$ 이다.

만약 목적을 정확히 잡지 않고,
'숫자'에 집중하며 문제를 푼다면,
위와 같은 함정에 빠지게 된다.

Q 다른 팁은 없을까요?

일반적으로 표차변유형을 어려워하는 사람이 매우 많기에,
표차변에 등장하는 여러 가지 대표차트들의 풀이법에 대해서 배워보자.

기타형(표차변)-대표 차트 (단순 확인과 분수꼴)

〈표〉 지역별 인구와 면적

지역 \ 구분	인구(천 명)	문화시설 수(개)
서울	9,795	386
부산	3,416	103
대구	2,453	74
인천	2,925	101
광주	1,496	61
대전	1,525	55
울산	1,157	41

① 지역별 인구와 문화시설 수

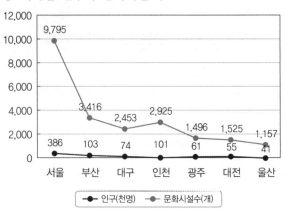

② 지역별 인구 100만 명당 문화시설 수

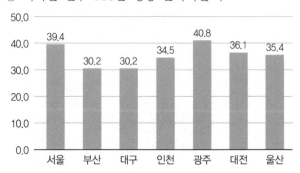

💡 관점 적용하기

① 단순확인

1) 확인 방법 ①항목별 (추천)

인구라는 항목을 기준으로 쭉, 문화시설이라는 항목을 기준으로 쭉~ 확인한다.

Ex)	서울	부산	대구	인천	광주	대전	울산
인구(천 명)	9795	3416	2453	2925	1496	1525	1157

2) 확인 방법 ②지역별 (비추천).

동일 지역 기준으로 쭉 확인한다.

비추천의 이유는, 항목별로 보면 한번에 길게 확인 할 수 때문이다.

단순 확인형태를 빠르게 확인하기 위해서 필요한 것은 2가지이다.

1) 항목이 긴방향으로, 2) 끊기지 않는 방향으로

② 그냥 분수비교

1) 중요한 포인트를 차트에 있는 값을 이용하여 최대한 비교스럽게 확인하기

서울: $\dfrac{386000}{9795}$, 차트에 있는 값이 39.4이므로, 40보다 작은지만 확인하자.

$\dfrac{386000}{9795} \langle$ 40인가?, 읽기쉬운 형태로 만들면, $\dfrac{3860}{9795} \langle$ 40%인가?

$\dfrac{3860}{9795} = \dfrac{3600 + 260}{9000 + 795} \langle$ 40%이다. 따라서 옳다.

기타형(표차변)-대표 차트 (구성비와 증가율)

〈표〉 수도권 주민의 취업자 수

연도	경인지방			
	서울	인천	경기	합계
2005	99,065	29,026	88,231	216,322
2010	141,881	25,682	105,321	272,884

① 경인지방 취업자의 지역별 구성비

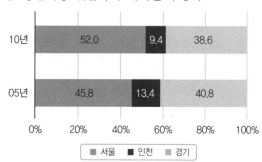

② 10년 경인지방의 취업자의 지역별 05년 대비 증가율

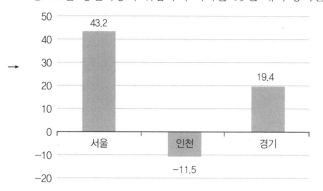

관점 적용하기

① 비중, 구성비 유형의 풀이방법

1) 진짜 비중 구하기 (비중 = $\dfrac{해당값}{전체값}$), 10년 서울: $\dfrac{141,881}{272,884}$

진짜 비중을 구하는 방식으로 접근할 때는 대충 예쁜 값을 기준으로 비교하면 된다.

10년 서울이 52%이므로, 50%보다 큰지만 확인하자. $\dfrac{141,881}{272,884} > 50\%$ → 따라서 10년 서울은 옳다.

2) %p 이용하기 구성비를 보면 서울(52)과 경기(38.6)는 대략 15%p 정도가 차이난다.

15%p가 차이나므로, 〈표〉에서 서울과 경기의 차이도 대략 272884×15%여야 한다.

272884×15% ≒ 약 4만이다. 서울과 경기의 차이도 약 4만이다. 따라서 옳다.

3) 분자와 분수의 비례관계 이용하기 (분자가 n배라면 분수도 n배이다.)

05년의 구성비를 보면 서울(45.8)과 경기(40.8)이다. 둘의 배수는 약 1.1배이다.

05년의 〈표〉를 보면 서울(99065)과 경기(88231)이다. 둘의 배수는 약 1.1배이다. → 따라서 옳다.

② 증가율 유형 풀이방법

1) 주어진 증가율 이용하기 (과거값 × 증가율 = 증가폭)

서울: 증가율(43.2) 과거값(99,065) → 증가폭 = 대략 4만, 대략 4만정도 증가하였으므로 OK

기타형(표차변)-01 [5급 17-20]

다음 〈표〉는 훈련대상별 훈련성과에 관한 자료이다. 〈표〉를 보고 물음에 답하시오. 〈표〉의 내용과 부합하는 것만을 〈보기〉에서 모두 고르면?

〈표 1〉 훈련대상별 훈련실시인원과 자격증취득인원

(단위: 명)

구분 \ 훈련대상	전직 실업자	신규 실업자	지역 실업자	영세 자영업자	새터민
훈련실시인원	9,013	3,005	7,308	3,184	1,301
자격증취득인원	4,124	1,230	3,174	487	617

※ 1) 훈련대상은 '전직실업자', '신규실업자', '지역실업자', '영세자영업자', '새터민'으로 구성됨.
　 2) 훈련대상별 훈련실시인원의 중복은 없음.

〈표 2〉 훈련대상별 자격증취득인원의 성·연령대·최종학력별 구성비

(단위 :%)

구분 \ 훈련대상		전직 실업자	신규 실업자	지역 실업자	영세 자영업자	새터민
성	남	45	63	44	58	40
	여	55	37	56	42	60
연령대	20대	5	17	18	8	21
	30대	13	32	21	24	25
	40대	27	27	27	22	18
	50대	45	13	23	31	22
	60대 이상	10	11	11	15	14
최종학력	중졸이하	4	8	12	32	34
	고졸	23	25	18	28	23
	전문대졸	19	28	31	16	27
	대졸	38	21	23	15	14
	대학원졸	16	18	16	9	2

※ 소수점 아래 첫째 자리에서 반올림한 값임.

〈표 3〉 훈련대상·최종학력별 훈련실시인원 및 자격증취득률

(단위: 명, %)

구분 \ 훈련대상		전직 실업자	신규 실업자	지역 실업자	영세 자영업자	새터민	전체
최종학력	중졸이하	1,498 (11)	547 (18)	865 (44)	1,299 (12)	499 (42)	4,708 (21)
	고졸	1,790 (53)	854 (36)	1,099 (52)	852 (16)	473 (30)	5,068 (42)
	전문대졸	2,528 (31)	861 (40)	1,789 (55)	779 (10)	203 (82)	6,160 (38)
	대졸	2,305 (68)	497 (52)	2,808 (26)	203 (36)	108 (80)	5,921 (46)
	대학원졸	892 (74)	246 (90)	747 (68)	51 (86)	18 (70)	1,954 (74)

※ 1) 자격증취득률(%) = $\dfrac{\text{자격증 취득인원}}{\text{훈련실시 인원}} \times 100$
　 2) ( ) 안 수치는 자격증취득률을 의미함.
　 3) 소수점 아래 첫째 자리에서 반올림한 값임.

✓ 자료

✓ 선지별 목적잡기

ㄱ 목적:

ㄴ 목적:

ㄷ 목적:

ㄹ 목적:

┤ 보기 ├

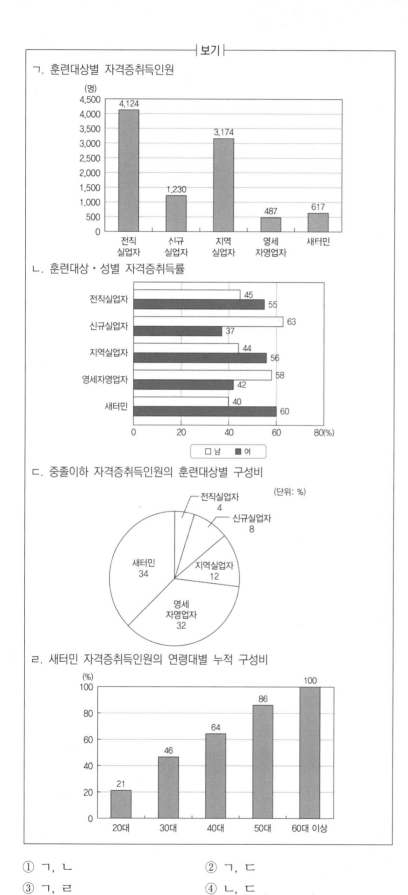

ㄱ. 훈련대상별 자격증취득인원

(명)

ㄴ. 훈련대상·성별 자격증취득률

□ 남 ■ 여

ㄷ. 중졸이하 자격증취득인원의 훈련대상별 구성비

(단위: %)

ㄹ. 새터민 자격증취득인원의 연령대별 누적 구성비

(%)

① ㄱ, ㄴ   ② ㄱ, ㄷ

③ ㄱ, ㄹ   ④ ㄴ, ㄷ

⑤ ㄴ, ㄹ

💡 **관점 적용하기**

Step.1 목적파트

ㄱ 자격증 취득인원 → 〈표 1〉의 값 이용

ㄴ 자격증 취득률 = $\dfrac{\text{자격증취득인원}}{\text{훈련실시인원}}$

남,녀의 훈련실시인원이 없다.

따라서, X

ㄷ 중졸의 취득인원 구성비 = $\dfrac{\text{해당 중졸 취득인원}}{\text{전체중졸 취득인원}}$

→ 〈표 3〉의 값을 이용해야 한다.

※ 〈표 2〉의 분모는 전체 훈련대상이다.

ㄹ 세터민 연령대별 취득인원 구성비

→ 〈표 2〉의 값 이용

Step.2 정오 판단

ㄱ 〈표 1〉의 값과 일치한다.

ㄴ 주어진 정보로는 구할 수 없다.

ㄷ 전체중졸 취득인원: 4708×21%

중졸 전직실업자: 1948×11%

중졸 신규실업자: 547×18%

ㄷ의 구성비에 의하면 전직이 신규보다 많으나, 실제로는 중졸 전직이 더 많다. → 옳지 않다.

(※ 〈표2〉의 값을 그대로 이용한 함정이다.)

ㄹ 〈표 2〉의 값과 일치한다.

답 ③

기타형(표차변)-02 [5급 20-13]

다음 〈표〉는 국내 주류 출고현황이다. 이를 바탕으로 정리한 것 중 옳지 않은 것은?

〈표 1〉 연도별 주류별 출고현황
(단위: kl)

연도\구분	탁주	약주	맥주	청주	과실주	소주	위스키	브랜디
2004	161,666	49,919	1,991,549	23,249	18,125	927,919	9,919	270
2005	166,319	45,033	1,837,655	22,023	39,412	929,414	32,705	1,377
2006	170,165	42,873	1,880,049	20,638	45,046	959,061	31,513	1,491
2007	172,370	33,288	1,982,697	20,312	61,127	963,064	34,741	1,626
국내분	172,342	33,288	1,947,984	19,164	28,872	961,585	10,985	2
수입분	28	0	34,713	1,148	32,255	1,479	23,756	1,624
2008	176,398	27,374	2,058,550	19,296	56,015	1,004,099	31,059	1,350
국내분	176,398	27,374	2,016,409	17,860	27,091	1,003,568	7,303	10
수입분	0	0	42,141	1,436	28,924	531	23,756	1,340

※ 대중주: 맥주, 소주, 탁주

〈표 2〉 2008년 국내 지역별 주류별 출고현황
(단위: kl)

지역\구분	탁주	약주	맥주	청주	과실주	소주	위스키	브랜디
서울	63,661	158	1,349	0	0	0	0	0
인천	4,631	252	0	0	0	0	3,822	0
경기	25,054	6,027	317,773	2	547	277,228	3,480	0
강원	8,891	15,017	498,405	0	450	105,841	0	0
대전	626	10	127	0	0	34,457	0	0
충북	4,038	261	428,473	0	6,672	253,913	0	10
충남	3,785	983	0	0	41	0	0	0
광주	3,755	0	68,819	0	316	0	0	0
전북	3,248	317	356,464	17,266	5,032	16,781	0	0
전남	5,328	230	18	0	8,865	57,833	1	0
대구	12,778	0	240	0	199	87,764	0	0
경북	7,132	2,972	43	423	3,342	4	0	0
부산	23,400	565	628	169	0	79,161	0	0
울산	3,399	0	112	0	0	0	0	0
경남	4,757	581	343,927	0	1,448	77,737	0	0
제주	1,915	1	31	0	179	12,849	0	0

① 연도별 맥주, 소주, 탁주의 출고현황

출고량(천kl)

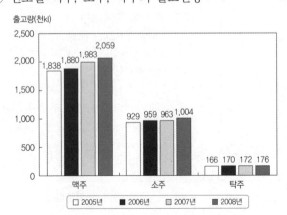

※ 출고량 수치는 1,000 kl 단위로 환산하여 소수점 아래 첫째자리에서 반올림한 값임.

✓ 자료

✓ 선지별 목적잡기

① 목적:

② 목적:

③ 목적:

④ 목적:

⑤ 목적:

② 2008년 주류별 국내 최대 출고지역

구분	탁주	약주	맥주	청주	과실주	소주	위스키	브랜디
지역	서울	강원	강원	전북	전남	경기	인천	충북

③ 연도별 대중주 출고현황

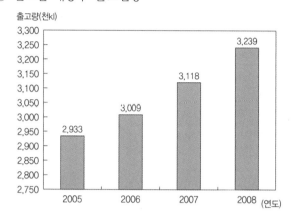

출고량(천kl)

※ 출고량 수치는 1,000 kl 단위로 환산하여 소수점 아래 첫째자리에서 반올림한 값임.

④ 연도별 과실주 국내분 출고현황

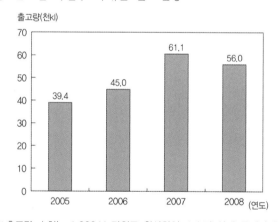

출고량(천kl)

※ 출고량 수치는 1,000 kl 단위로 환산하여 소수점 아래 둘째자리에서 반올림한 값임.

⑤ 2008년 맥주, 소주, 브랜디 수입분의 전년대비 증가율

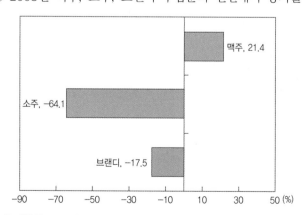

※ 증가율은 소수점 아래 둘째자리에서 반올림한 값임.

🔅 **관점 적용하기**

Step.1 목적파트
① 연도별 출고현황 → 〈표 1〉의 값 이용
② 최대 출고지역 → 〈표 1〉의 값 이용
③ 연도별 대중주 → 〈표 2〉의 값 이용
④ 연도별 국내분 → 〈표 1〉의 국내분 이용
⑤ 수입분 증가율 → 〈표 1〉의 수입분 이용

Step.2 정오 판단
① 〈표 1〉의 값과 일치한다.
② 〈표 2〉의 지역과 일치한다.
③ 대중주 = 맥주 + 소주 + 탁주
  05년: 166.3+1837.6+929.4 ≒ 2933
  (약 3천인가?)
  06년: 170.1+1880.0+959.0 ≒ 3009
  (약 3천인가?)
  07년: 172.3+1982.2+963.0 ≒ 3118
  (약 3천인가?)
  08년: 176.3+2058.5+1004.0 ≒ 3239
  (약 3천인가?)
  ※ 유형의 특성상 정확한 값을 구할
  필요는 없다. 대략적으로 비슷한 값인
  지 확인하는 것으로 충분 〈표 1〉의 값
  과 일치한다.
④ 국내분은 07년과 08년에 대한 정보뿐
  이다. 따라서 알 수 없다.
⑤ 맥주: 34.7→42.1, 21.4%증가 (20%
  이상인가?)
  소주: 1479→531, 64.1%감소 (60%
  이상인가?)
  브랜디: 1624→1340, 17.6%감소
  (20% 이하인가)
  ※ 유형의 특성상 정확한 값을 구할
  필요는 없다. 대략적으로 비슷한 값인
  지 확인하는 것으로 충분 〈표 1〉의 값
  과 일치한다.

🔖 ④

⬡ 기타형(표차변)-03 [5급 22-25]

다음 〈표〉는 '갑'국의 재난사고 발생 및 피해 현황에 관한 자료이다. 이를 이용하여 작성한 것으로 옳지 않은 것은?

✔ 자료

✔ 선지별 목적잡기

① 목적:

② 목적:

③ 목적:

④ 목적:

⑤ 목적:

〈표 1〉 재난사고 발생 현황

(단위: 건, 명)

유형	연도 구분	2017	2018	2019	2020	2021
전체	발생건수	14,879	24,454	17,662	15,313	12,413
	피해인원	9,819	13,189	14,959	16,109	16,637
화재	발생건수	1,527	1,296	1,552	1,408	1,594
	피해인원	138	46	148	111	178
붕괴	발생건수	2	8	2	6	14
	피해인원	4	6	2	4	14
폭발	발생건수	6	2	2	5	3
	피해인원	3	1	3	1	6
도로 교통사고	발생건수	12,805	23,115	13,960	12,098	9,581
	피해인원	9,536	13,097	14,394	14,560	15,419
기타	발생건수	539	33	2,146	1,796	1,221
	피해인원	138	39	412	1,433	1,020

※ '피해인원'은 재난사고로 인해 인적피해 또는 재산피해를 본 인원임.

〈표 2〉 재난사고 피해 현황

(단위: 명, 백만원)

연도 \ 구분	인적피해		재산피해액
	사망	부상	
2017	234	8,352	14,629
2018	224	10,873	20,165
2019	222	12,435	52,654
2020	215	14,547	20,012
2021	292	14,637	40,981

※ 인적피해는 사망과 부상으로만 구분됨.

① 연도별 전체 재난사고 인적피해 중 부상 비율

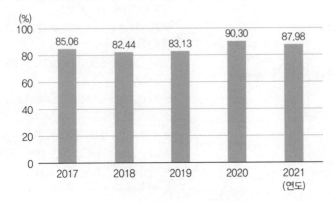

② 연도별 전체 재난사고 발생건수 및 피해인원

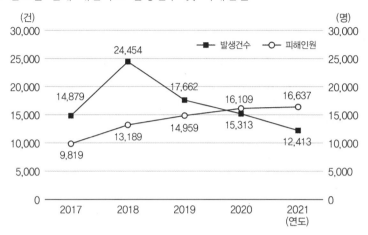

③ 연도별 전체 재난사고 발생건수 중 도로교통사고 발생건수 비중

(단위: %)

연도	2017	2018	2019	2020	2021
비중	86.06	94.52	79.04	79.00	77.19

④ 연도별 전체 재난사고 발생건수당 재산피해액

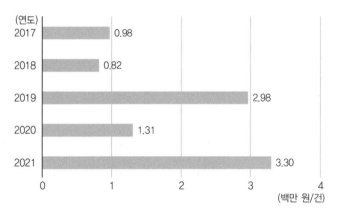

⑤ 연도별 화재 및 도로교통사고 발생건수당 피해인원

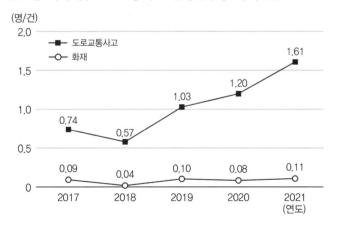

💡 **관점 적용하기**

Step.1 목적파트

① 인적피해중 부상 비율: $\dfrac{부상}{인적피해}$ = $\dfrac{부상}{사망+부상}$ → 〈표 2〉의 값 이용

② 발생건수 및 피해인원 → 〈표 1〉의 값 이용

③ 전체건수중 도로교통건수: $\dfrac{도로교통}{전체}$ → 〈표 1〉의 값 이용

④ 발생건수당 재산피해액: $\dfrac{재산피해액}{발생건수}$ → 〈표 1〉, 〈표 2〉의 값 이용

⑤ 발생건수당 피해인원: $\dfrac{피해인원}{발생건수}$ → 〈표 1〉의 값 이용

Step.2 정오 판단

① 17년: $\dfrac{8352}{8325+234}$ ≠ 85.06% (〈표1〉의 피해인원(인적+재산)을 이용한 함정이다.)

② 〈표 1〉의 값과 일치한다.

③ 17년: 12805/14879 = 86.06% (90% 이하인가?)
나머지 연도도 일치한다.
※ 유형의 특성상 정확한 값을 구할 필요는 없다. 대략적으로 비슷한 값인지 확인하는 것으로 충분
값이 일치한다.

④ 17년: 14629/14879 = 0.98 (1보다 찔끔작나?)
나머지 연도도 일치한다.
※ 유형의 특성상 정확한 값을 구할 필요는 없다. 대략적으로 비슷한 값인지 확인하는 것으로 충분
값이 일치한다.

⑤ 도로교통사고
17년: 9536/12805 = 0.74 (75% 이하인가?)
화재
17년: 138/1527 = 0.09 (10% 이해인가?)
※ 유형의 특성상 정확한 값을 구할 필요는 없다. 대략적으로 비슷한 값인지 확인하는 것으로 충분
값과 일치한다.

답 ①

기타형(표차변)-04 [5급 21-32]

다음 〈표〉는 2020년 A 지역의 가구주 연령대별 및 종사상지위별 가구 구성비와 가구당 자산 보유액 현황에 관한 자료이다. 이를 이용하여 작성한 〈보기〉의 그래프 중 옳은 것만을 모두 고르면?

〈표〉 가구 구성비 및 가구당 자산 보유액

(단위: %, 만원)

구분 자산 유형 가구 구성비		전체	금융 자산	실물자산		
				부동산	거주주택	기타
가구 전체		100.0	43,191	10,570	30,379	17,933	2,242
가구주 연령대	30세 미만	2.0	10,994	6,631	3,692	2,522	671
	30 ~ 39세	12.5	32,638	10,707	19,897	13,558	2,034
	40 ~ 49세	22.6	46,967	12,973	31,264	19,540	2,730
	50 ~ 59세	25.2	49,346	12,643	33,798	19,354	2,905
	60세 이상	37.7	42,025	7,912	32,454	18,288	1,659
가구주 종사상 지위	상용근로자	42.7	48,531	13,870	32,981	20,933	1,680
	임시 · 일용근로자	12.4	19,498	4,987	13,848	9,649	663
	자영업자	22.8	54,869	10,676	38,361	18,599	5,832
	기타(무직 등)	22.1	34,179	7,229	26,432	16,112	518

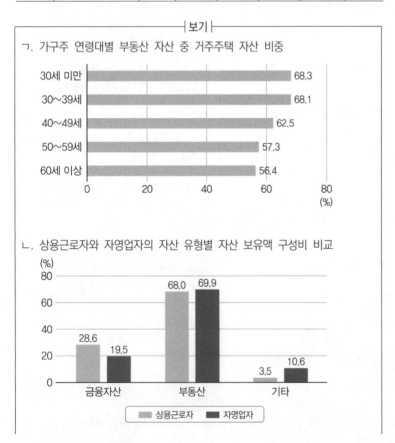

── 보기 ──

ㄱ. 가구주 연령대별 부동산 자산 중 거주주택 자산 비중

ㄴ. 상용근로자와 자영업자의 자산 유형별 자산 보유액 구성비 비교

✓ 자료

✓ 선지별 목적잡기

ㄱ 목적:

ㄴ 목적:

ㄷ 목적:

ㄹ 목적:

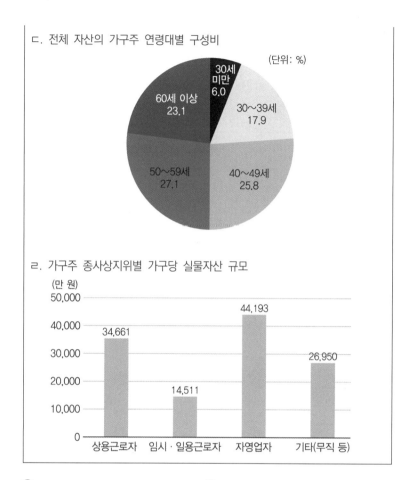

ㄷ. 전체 자산의 가구주 연령대별 구성비

(단위: %)

ㄹ. 가구주 종사상지위별 가구당 실물자산 규모

① ㄱ, ㄹ 　　② ㄴ, ㄷ
③ ㄴ, ㄹ 　　④ ㄷ, ㄹ
⑤ ㄱ, ㄴ, ㄹ

💡 관점 적용하기

Step.1 복적파트

ㄱ 부동산중 거주주택 자산비율:

$$\frac{거주주택}{부동산} = \frac{가구\ 구성비 \times 거주주택}{가구\ 구성비 \times 부동산}$$

→ 〈표〉의 값 이용
가구구성비가 동일하므로 약분가능

ㄴ 자산보유액 구성비:

$$\frac{유형별\ 자산}{전체\ 자산} =$$

$$\frac{가구\ 구성비 \times 유형별\ 자산}{가구\ 구성비 \times 전체\ 자산}$$

→ 〈표〉의 값 이용
가구구성비가 동일므로 약분가능

ㄷ 가구주 연령대별 자산 구성비:

$$\frac{연령별\ 자산}{전체\ 자산} =$$

$$\frac{가구\ 구성비 \times 연령별\ 자산}{가구\ 구성비 \times 전체\ 자산}$$

→ 〈표〉의 값 이용
가구구성비가 동일하지 않으므로 약분
불가.

ㄹ 가구당 실물자산 규모:

실물 자산 = 부동산 + 기타
→ 〈표〉의 값 이용

Step.2 정오 판단

ㄱ 30세 미만: $\frac{2522}{3692}$=68.3% (70% 이하

인가?)

나머지 연령대도 일치한다.

ㄴ 상용 금융자산: $\frac{13870}{48531}$=28.6% (25%이

상인가?)

나머지도 모두 일치한다.
(구성비 자료이므로, 분자 ∝ 분수를
이용하기 좋다.)

ㄷ 30세 미만: $\frac{2.0 \times 10994}{100.0 \times 43191}$ ≠6.0%

값이 일치하지 않는다.

ㄹ 〈표〉의 값과 모두 일치한다.

답 ⑤

해당 자료의 저작권은 메가피셋 김은기 강사에게 있습니다.

기타형(표차변)-05 [5급 21-26]

다음 〈표〉는 국내 건축물 내진율 현황에 관한 자료이다. 〈표〉를 이용하여 작성한 〈보기〉의 그래프 중 옳은 것만을 모두 고르면?

〈표〉 국내 건축물 내진율 현황

(단위: 개, %)

구분			건축물			내진율
			전체	내진대상	내진확보	
계			6,986,913	1,439,547	475,335	33.0
지역	서울		628,947	290,864	79,100	27.2
	부산		377,147	101,795	26,282	25.8
	대구		253,662	81,311	22,123	27.2
	인천		215,996	81,156	23,129	28.5
	광주		141,711	36,763	14,757	40.1
	대전		133,118	44,118	15,183	34.4
	울산		132,950	38,225	15,690	41.0
	세종		32,294	4,648	2,361	50.8
	경기		1,099,179	321,227	116,805	36.4
	강원		390,412	45,700	13,412	29.3
	충북		372,318	50,598	18,414	36.4
	충남		507,242	57,920	22,863	39.5
	전북		436,382	47,870	18,506	38.7
	전남		624,155	43,540	14,061	32.3
	경북		786,058	84,391	29,124	34.5
	경남		696,400	89,522	36,565	40.8
	제주		158,942	19,899	6,960	35.0
용도	주택	소계	4,568,851	806,225	314,376	39.0
		단독주택	4,168,793	445,236	143,204	32.2
		공동주택	400,058	360,989	171,172	47.4
	주택이외	소계	2,418,062	633,322	160,959	25.4
		학교	46,324	31,638	7,336	23.2
		의료시설	6,260	5,079	2,575	50.7
		공공업무시설	42,077	15,003	2,663	17.7
		기타	2,323,401	581,602	148,385	25.5

※ 내진율(%) = $\dfrac{\text{내진확보 건축물}}{\text{내진대상 건축물}} \times 100$

✓ 자료

✓ 선지별 난이도 판단

ㄱ 목적:

ㄴ 목적:

ㄷ 목적:

ㄹ 목적:

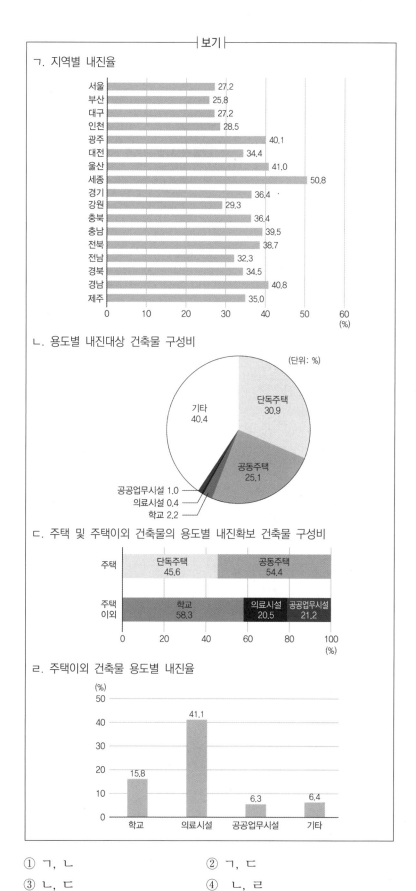

보기

ㄱ. 지역별 내진율

ㄴ. 용도별 내진대상 건축물 구성비

ㄷ. 주택 및 주택이외 건축물의 용도별 내진확보 건축물 구성비

ㄹ. 주택이외 건축물 용도별 내진율

① ㄱ, ㄴ
② ㄱ, ㄷ
③ ㄴ, ㄷ
④ ㄴ, ㄹ
⑤ ㄱ, ㄴ, ㄷ

관점 적용하기

Step.1 목적파트

ㄱ 지역별 내진율: 〈표〉의 값 이용

ㄴ 내진대상 구성비: $\dfrac{\text{용도별 내진대상}}{\text{전체 내진대상}}$

→ 〈표〉의 값 이용

ㄷ 내진확대 구성비: $\dfrac{\text{용도별 내진확대}}{\text{전체 내진확대}}$

→ 〈표〉의 값 이용

ㄹ 용도별 내진율: 〈표〉의 값 이용

Step.2 정오 판단

ㄱ 모두 〈표〉와 일치한다.

ㄴ 단독: $\dfrac{445236}{1439547}$=30.9% (30% 이상

인가?)

나머지도 모두 일치한다.

※ 구성비 자료이므로, 분자 ∝ 분수를 이용하기 좋다.

단, 구성비가 너무 작으면 반올림에 의해 큰 오차가 생길수 있으니 주의하자.

ㄷ 학교: $\dfrac{7336}{160959}$ ≠58.3%

값이 일치하지 않는다.

※ 그림의 주택 이외에는 기타가 존재하지 않는다.)

구성비 자료의 분자 ∝ 분수를 이용한 함정이다.)

ㄹ 학교(23.2%) 의료(50.7%), 공공(17.7%) 기타(25.5%)

〈표〉의 값과 모두 일치하지 않는다.

답 ①

기타형(표차변)-06 [5급 21-16]

다음 〈설명〉과 〈표〉를 이용하여 2019년 12월 31일 기준으로 작성한 〈보기〉의 그래프 중 옳은 것만을 고르면?

┤설명├

- 광역지방자치단체는 특별시, 광역시, 특별자치시, 도, 특별자치도로 구분된다.
- 기초지방자치단체는 시, 군, 구로 구분된다.
- 특별시는 구를, 광역시는 구와 군을, 도는 시와 군을 하위 행정구역으로 둔다. 단, 도의 하위 행정구역인 시에는 하위 행정구역으로 구를 둘 수 있으나, 이 구는 기초지방자치단체에 해당하지 않는다.
- 특별자치도는 하위 행정구역으로 시를 둘 수 있으나, 이 시는 기초지방자치단체에 해당하지 않는다.
- 시와 구는 읍, 면, 동을, 군은 읍, 면을 하위 행정구역으로 둔다.

〈표〉 2019년 12월 31일 기준 우리나라 행정구역 현황

(단위: 개, km², 세대, 명)

행정구역	시	군	구	면적	세대수	공무원수	인구	여성
서울특별시	0	0	25	605.24	4,327,605	34,881	9,729,107	4,985,048
부산광역시	0	1	15	770.02	1,497,908	11,591	3,413,841	1,738,424
대구광역시	0	1	7	883.49	1,031,251	7,266	2,438,031	1,232,745
인천광역시	0	2	8	1,063.26	1,238,641	9,031	2,957,026	1,474,777
광주광역시	0	0	5	501.14	616,485	4,912	1,456,468	735,728
대전광역시	0	0	5	539.63	635,343	4,174	1,474,870	738,263
울산광역시	0	1	4	1,062.04	468,659	3,602	1,148,019	558,307
세종특별자치시	0	0	0	464.95	135,408	2,164	340,575	170,730
경기도	28	3	17	10,192.52	5,468,920	45,657	13,239,666	6,579,671
강원도	7	11	0	16,875.28	719,524	14,144	1,541,502	766,116
충청북도	3	8	4	7,406.81	722,123	10,748	1,600,007	789,623
충청남도	8	7	2	8,245.55	959,255	14,344	2,123,709	1,041,771
전라북도	6	8	2	8,069.13	816,191	13,901	1,818,917	914,807
전라남도	5	17	0	12,345.20	872,628	17,874	1,868,745	931,071
경상북도	10	13	2	19,033.34	1,227,548	21,619	2,665,836	1,323,799
경상남도	8	10	5	10,540.39	1,450,822	20,548	3,362,553	1,670,521
제주특별자치도	2	0	0	1,850.23	293,155	2,854	670,989	333,644
계	77	82	101	100,448.22	22,481,466	239,310	51,849,861	25,985,045

┤보기├

ㄱ. 남부지역 4개 도의 군당 거주 여성인구 수

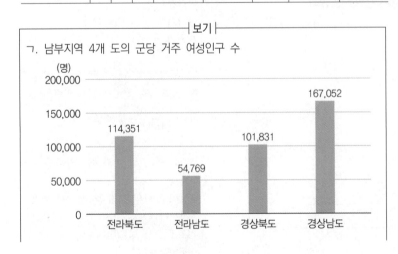

✓ 자료

✓ 선지별 난이도 판단

ㄱ 목적:

ㄴ 목적:

ㄷ 목적:

ㄹ 목적:

ㄴ. 도와 특별자치도의 세대당 면적

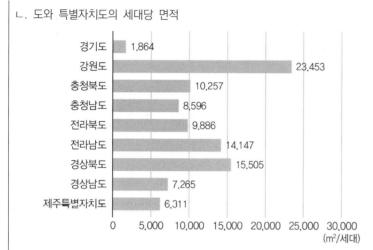

ㄷ. 서울특별시 공무원수 대비 6대 광역시 공무원수의 비율

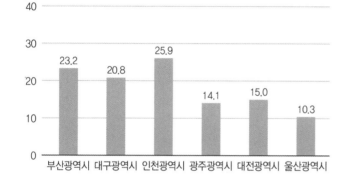

ㄹ. 전국 기초지방자치단체 구성 비율

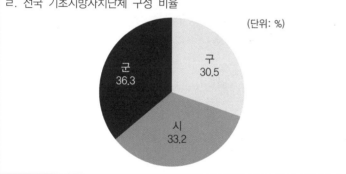

① ㄱ, ㄴ   ② ㄱ, ㄷ
③ ㄱ, ㄹ   ④ ㄴ, ㄷ
⑤ ㄴ, ㄹ

관점 적용하기

Step.1 목적파트

ㄱ 군당 거주 여성인구:
$$\frac{\text{군의 거주 여성인구}}{\text{군의 수}}$$
〈표〉에 군의 수는 있으나 군의 거주여성은 없다.
, 따라서 구할 수 없다.

ㄴ 세대당 면적: $\frac{\text{면적}}{\text{세대수}}$
→ 〈표〉의 값 이용

ㄷ 서울시 대비 광역시 공무원수:
$$\frac{\text{광역시 공무원}}{\text{서울시 공무원}}$$
→ 〈표〉의 값 이용

ㄹ 기초지방자치단체 구성비: $\frac{\text{해당값}}{\text{전체값}}$
→ 〈표〉의 값 이용

Step.2 정오 판단

ㄱ 〈표〉에 없는 정보이다. 알 수 없다.

ㄴ 경기도: $\frac{10192}{5468920}$ (단위 ㎢/세대)
단, 단위가 다르므로, 단위를 일치 시키면,
경기도: $\frac{10192}{5.468}$ = 1864 (2000 이하인가?)
나머지도 모두 일치한다.
※ 유형의 특성상 정확한 값을 구할 필요는 없다.

ㄷ 부산광역시: $\frac{11591}{34881}$ ≒ 23.2% (25% 이하인가?)
일치하지 않는다.
※ 유형의 특성상 정확한 값을 구할 필요는 없다.
분모가 동일하므로, 분자 ∝ 분수 이용가능하다.

ㄹ 도의 구는 제외한다.
따라서 시 = 77 군 = 82 구 = 69개이다.
시: $\frac{77}{77+82+69}$ = 33.2% (대략 1/3인가?)
나머지도 모두 일치한다.
※ 유형의 특성상 정확한 값을 구할 필요는 없다.

답 ⑤

해당 자료의 저작권은 메가피셋 김은기 강사에게 있습니다.

기타형(표차변)-07 [5급 14-27]

다음 〈표〉는 '갑' 국 국회의원의 SNS(소셜네트워크서비스) 이용자 수 현황에 대한 자료이다. 이를 이용하여 작성한 그래프로 옳지 않은 것은?

〈표〉 '갑' 국 국회의원의 SNS 이용자 수 현황

(단위: 명)

구분	정당	당선 횟수별				당선 유형별		성별	
		초선	2선	3선	4선 이상	지역구	비례 대표	남자	여자
여당	A	82	29	22	12	126	19	123	22
야당	B	29	25	13	6	59	14	59	14
	C	7	3	1	1	7	5	10	2
합계		118	57	36	19	192	38	192	38

① 국회의원의 여야별 SNS 이용자 수

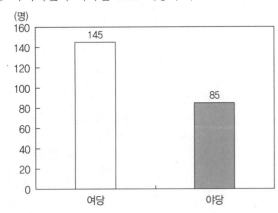

② 남녀 국회의원의 여야별 SNS 이용자 구성비

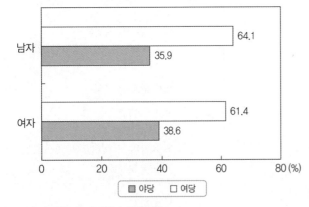

※ 소수점 아래 둘째 자리에서 반올림함.

✓ 자료

✓ 선지별 목적잡기

① 목적:

② 목적:

③ 목적:

④ 목적:

⑤ 목적:

③ 여당 국회의원의 당선 유형별 SNS 이용자 구성비

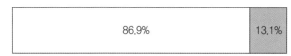

| 86.9% | 13.1% |

□ 지역구 ■ 비례대표

※ 소수점 아래 둘째 자리에서 반올림함.

④ 야당 국회의원의 당선 횟수별 SNS 이용자 구성비

(단위: %)

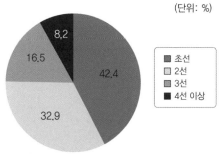

■ 초선
□ 2선
■ 3선
■ 4선 이상

※ 소수점 아래 둘째 자리에서 반올림함.

⑤ 2선 이상 국회의원의 정당별 SNS 이용자 수

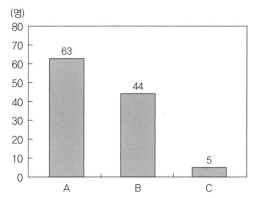

해당 자료의 저작권은 메가피셋 김은기 강사에게 있습니다. **377**

관점 적용하기

Step.1 목적파트
① 여야별 이용자수 → 〈표〉의 값 이용
② 여야별 구성비: $\frac{해당값}{전체값}$ → 〈표〉의 값 이용
③ 당선유형별 구성비: $\frac{해당값}{전체값}$ → 〈표〉의 값 이용
④ 당선횟수별 구성비: $\frac{해당값}{전체값}$ → 〈표〉의 값 이용
⑤ 2선이상 SNS 이용자 수 → 〈표〉의 값 이용

Step.2 정오 판단
① 여당: 126+19 =145
야당: 59+14+7+5 = 85 → 일치한다.
② 남자 중 여당: $\frac{123}{192}$ =64.1% 일치한다.
여자 중 여당: $\frac{22}{38}$ ≠61.4% 일치하지 않는다.
($\frac{22}{38}$은 60%보다 작다.)
※ 구성비 자료이므로, 분자 ∝ 분수를 이용하기 좋다.
③ 여당 중 지역구: $\frac{126}{145}$ =86.9%
나머지도 모두 일치한다.
※ 유형의 특성상 정확한 값을 구할 필요는 없다.
부분과 전체 구조이므로 하나만 구하면 된다.
④ 야당 중 초선 $\frac{36}{85}$ = 42.4%
다른 항목도 일치한다.
※ 유형의 특성상 정확한 값을 구할 필요는 없다.
구성비 자료이므로, 분자 ∝ 분수를 이용하기 좋다.
⑤ A당: 29+22+12 =63
B당: 25+13+6 = 44
C당: 3+1+1 =5

답 ②

기타형(표차변)-08 [5급 19-18]

다음 〈표〉는 2010 ~ 2016년 '갑'국의 신설법인 현황에 대한 자료이다. 〈표〉를 이용하여 작성한 그래프로 옳지 않은 것은?

〈표〉 2010 ~ 2016년 '갑'국의 신설법인 현황

(단위: 개)

업종 연도	농림 수산업	제조업	에너지 공급업	건설업	서비스업	전체
2010	1,077	14,818	234	6,790	37,393	60,312
2011	1,768	15,557	299	6,593	40,893	65,110
2012	2,067	17,733	391	6,996	46,975	74,162
2013	1,637	18,721	711	7,069	47,436	75,574
2014	2,593	19,509	1,363	8,145	53,087	84,697
2015	3,161	20,155	967	9,742	59,743	93,768
2016	2,391	19,037	1,488	9,825	63,414	96,155

① 2016년 신설법인의 업종별 구성비

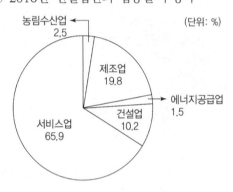

② 2011 ~ 2016년 제조업 및 서비스업 신설법인 수 추이

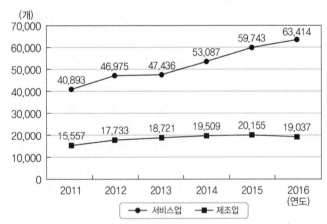

✓ 자료

✓ 선지별 난이도 판단

① 목적:

② 목적:

③ 목적:

④ 목적:

⑤ 목적:

③ 2011 ~ 2016년 건설업 신설법인 수의 전년대비 증가율 추이

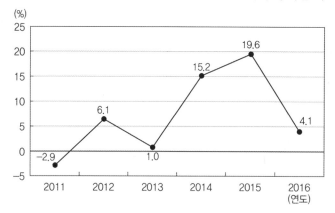

④ 2011 ~ 2016년 신설법인 중 서비스업 신설법인 비율

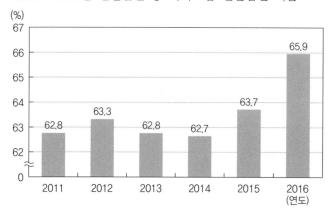

⑤ 2011 ~ 2016년 전체 신설법인 수의 전년대비 증가율 추이

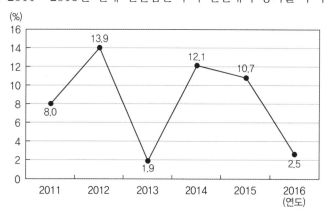

💡 관점 적용하기

Step.1 목적파트

① 업종별 구성비: $\dfrac{각\ 업종값}{전체값}$ → 〈표〉의 값 이용

② 제조업, 서비스업 법인 수 → 〈표〉의 값 이용

③ 건설업 전년대비 증가율 → 〈표〉의 값 이용

④ 전체 중 서비스업 비율: $\dfrac{서비스업}{전체}$ → 〈표〉의 값 이용

⑤ 전체 전년대비 증가율 → 〈표〉의 값 이용

Step.2 정오 판단

① 제조업: $\dfrac{19037}{96155}$=19.8%, (20%이하인지 확인)

나머지도 모두 일치한다.

※ 구성비 자료이므로, 분자 ∝ 분수를 이용하기 좋다.

② 〈표〉의 값과 모두 일치한다.

※ 하나의 업종씩 확인하면 시간을 단축할 수 있다.

③ 11년 증가율: $\dfrac{-197}{6790}$=-2.9%, (3%이하인지 확인)

16년 증가율: $\dfrac{83}{9742}$ ≠ 4.1%

16년 증가율은 1%보다 작다. 따라서 옳지 않다.

※ 이처럼 계산값이 틀릴땐 화끈하게 틀린다.

④ 서비스업 비율: $\dfrac{40893}{65110}$ = 62.8%

(2/3 이하인지 확인)

나머지도 모두 일치한다.

※ 유형의 특성상 정확한 값을 구할 필요는 없다.

⑤ 11년 증가율: $\dfrac{4798}{60312}$=8.0%, (10% 이하인지 확인)

나머지도 모두 일치한다.

※ 유형의 특성상 정확한 값을 구할 필요는 없다.

답 ③

기타형(표차변)-09 [5급 20-15]

다음 〈표〉는 2015 ~ 2019년 '갑'국 음식점 현황에 관한 자료이다. 〈표〉를 이용하여 작성한 그래프로 옳지 않은 것은?

✓ 자료

〈표〉 '갑'국 음식점 현황
(단위: 개, 명, 억 원)

구분	업종 \ 연도	2015	2016	2017	2018	2019
사업체	한식	157,295	156,707	155,555	158,398	159,852
	서양식	1,182	1,356	1,306	4,604	1,247
	중식	13,102	9,940	9,885	10,443	10,099
	계	171,579	168,003	166,746	173,445	171,198
종사자	한식	468,351	473,878	466,685	335,882	501,056
	서양식	17,748	13,433	13,452	46,494	14,174
	중식	80,193	68,968	72,324	106,472	68,360
	계	566,292	556,279	552,461	488,848	583,590
매출액		67,704	90,600	75,071	137,451	105,603
부가가치액		28,041	31,317	23,529	23,529	31,410

✓ 선지별 난이도 판단

① 목적:

② 목적:

③ 목적:

④ 목적:

⑤ 목적:

① 업종별 종사자

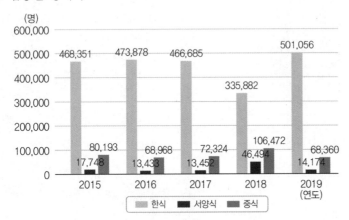

② 업종별 사업체 구성비

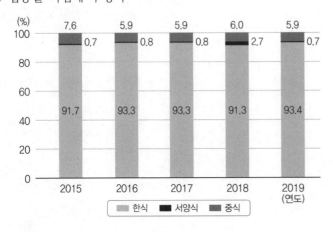

③ 업종별 사업체당 종사자

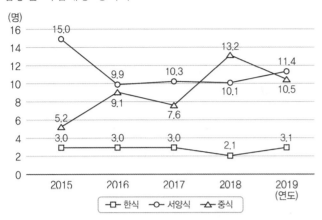

④ 한식, 중식 종사자의 전년 대비 증가율

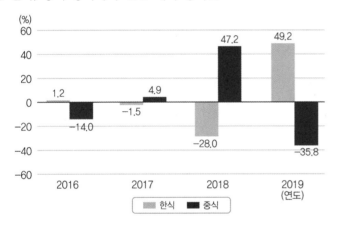

⑤ 매출액 대비 부가가치액 비율

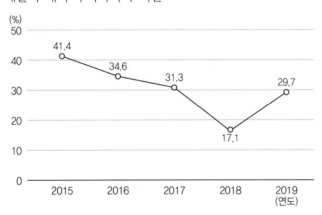

💡 **관점 적용하기**

Step.1 목적파트
① 업종별 종사자 → 〈표〉의 값 이용
② 사업체 구성비: $\dfrac{해당사업체}{전체사업체}$
  → 〈표〉의 값 이용
③ 사업체당 종사자: $\dfrac{종사자}{사업체}$
  → 〈표〉의 값 이용
④ 종사자 증가율 → 〈표〉의 값 이용
⑤ 매출액 대비 부가가치액:
  $\dfrac{부가가치액}{매출액}$
  → 〈표〉의 값 이용

Step.2 정오 판단
① 업종별 종사자 나머지도 모두 일치한다.
  ※ 하나의 업종씩 확인하면 시간을 단축할 수 있다.
② 〈표〉의 값과 모두 일치한다.
  (※ 하나의 업종씩 확인하면 시간을 단축할 수 있다.)
③ 중식 16년: $\dfrac{68968}{9940} \neq 9.1$, 따라서 옳지 않다.
  ※ 유형의 특성상 정확한 값을 구할 필요는 없다.
④ 한식 16년 증가율:
  $\dfrac{5527}{468351}=1.2\%$ (나머지도 모두 일치한다.)
  ※ 유형의 특성상 정확한 값을 구할 필요는 없다.
⑤ 15년: $\dfrac{28041}{67704}=41.4\%$ (40%이상인지 확인하자)
  나머지도 모두 일치한다.
  ※ 유형의 특성상 정확한 값을 구할 필요는 없다.

답 ③

5 고난도 기타형

Q 고난도 기타형이란?

 앞에서 배운, 일반형, 매칭형, 그리고 추필자, 사안자, 보차변, 표차변을 제외한 모든 유형이 고난도 기타형이다. 일반적으로는 특별한 특징이 없으나, 딱 하나 있는 공통점이라면, 발문에서 '목적'을 제시한 다는 것이다.

따라서, 자료를 보고 이해가 가지 않는다면, 무조건 넘어가야 하는 문제이다.
추가적으로 마지막 문제를 보고 온 후에도 문제를 푼다고 마음 먹기 쉽지 않은 형태이다.

즉, 고난도 기타형이라고 판단했을 때, 최선의 전략은 다음과 같다.

30초 이내의 시간을 투자하여 혹시 풀이의 방법이 보이는지 확인한다.
→ 보인다면, 푼다.
→ 보이지 않는다면, 버린다.

고난도 기타형은 그 어떠한 전략도 존재할 수 없다.
순수한 자료해석의 능력을 물어보는 유형이기에 그 어떠한 편법도, 꼼수도 사용할 수 없다.

여러분이 자료해석의 초고득점을 노리는 것이 아니라면, 풀지 않아도 좋은 유형이다.

MEMO

기타형(고난도)-01 [5급 16-11]

다음 〈표〉는 A카페의 커피 판매정보에 대한 자료이다. 한 잔만을 더 판매하고 영업을 종료한다고 할 때, 총이익이 정확히 64,000원이 되기 위해서 판매해야 하는 메뉴는?

✔ 자료

〈표〉 A카페의 커피 판매정보

(단위: 원, 잔)

구분 메뉴	한 잔 판매 가격	현재까지의 판매량	한 잔당 재료(재료비)				
			원두 (200)	우유 (300)	바닐라시럽 (100)	초코시럽 (150)	카라멜시럽 (250)
아메리카노	3,000	5	○	×	×	×	×
카페라떼	3,500	3	○	○	×	×	×
바닐라라떼	4,000	3	○	○	○	×	×
카페모카	4,000	2	○	○	×	○	×
카라멜 마끼아또	4,300	6	○	○	○	×	○

※ 1) 메뉴별 이익 = (메뉴별 판매가격 – 메뉴별 재료비) × 메뉴별 판매량
  2) 총이익은 메뉴별 이익의 합이며, 다른 비용은 고려하지 않음.
  3) A카페는 5가지 메뉴만을 판매하며, 메뉴별 한 잔 판매가격과 재료비는 변동 없음.
  4) ○: 해당 재료 한 번 사용.
    ×: 해당 재료 사용하지 않음.

① 아메리카노
② 카페라떼
③ 바닐라라떼
④ 카페모카
⑤ 카라멜마끼아또

💡 관점 적용하기

목적: 한 잔 더 팔아서 총이익 64,000원 → 한잔의 이익이 중요하다.

한잔의 이익 = 한잔 (판매 가격 - 총 재료비)

구분 메뉴	한 잔 판매 가격	한잔의 총 재료비	한잔의 이익	판매량	메뉴별 이익
아메리카노	3,000	200	2,800	5	14,000
카페라떼	3,500	500	3,000	3	9,000
바닐라라떼	4,000	600	3,400	3	10,200
카페모카	4,000	650	3,350	2	6,700
카라멜 마끼아또	4,300	850	3,450	6	20,700

총이익 = 14000 + 9000 + 10200 + 6700 + 20700 = 60,600. 따라서 3,400원의 추가이익이 필요하다.

따라서, 바닐라라떼를 한 잔 더 판매해야 한다.

🔲 답 ③

기타형(고난도)-02 [5급 09-04]

다음 〈표〉는 연료별 탄소배출량 및 수종(樹種)별 탄소흡수량을 나타낸다. 다음 〈조건〉에서 푸르미네 가족의 월간 탄소배출량과 나무의 월간 탄소흡수량을 같게 하기 위한 나무의 올바른 조합을 〈보기〉에서 고르면?

✔ 자료

┤조건├
- 푸르미네 전기 소비량은 420 kWh/월이다.
- 푸르미네 상수도 사용량은 40 m³/월이다.
- 푸르미네 주방용 도시가스 사용량은 60 m³/월이다.
- 푸르미네 자동차 가솔린 소비량은 160 ℓ/월이다.

〈표 1〉 연료별 탄소배출량

연료	탄소배출량
전기	0.1 kg/kWh
상수도	0.2 kg/m³
주방용 도시가스	0.3 kg/m³
가솔린	0.5 kg/ℓ

〈표 2〉 수종별 탄소흡수량

수종	탄소흡수량
소나무	14 kg/그루·월
벚나무	6 kg/그루·월

┤보기├
ㄱ. 소나무 4그루와 벚나무 12그루
ㄴ. 소나무 6그루와 벚나무 9그루
ㄷ. 소나무 7그루와 벚나무 10그루
ㄹ. 소나무 8그루와 벚나무 6그루
ㅁ. 소나무 9그루와 벚나무 4그루

① ㄱ
② ㄴ
③ ㄷ
④ ㄹ
⑤ ㅁ

🔒 ④

🔆 관점 적용하기

목적: 배출량과 흡수량이 같아지는 조합

탄소 배출량				
전기 소비량	상수도	도시가스	가솔린	합계
$420 \times 0.1 = 42$	$40 \times 0.2 = 8$	$60 \times 0.3 = 18$	$160 \times 0.5 = 80$	148

일의 자리가 8이 되는 조합을 찾아보자.

소나무와 벚나무를 1개씩 묶으면 0이 된다. 따라서 묶을 수 없는 것만 생각하면 된다.

ㄱ = 벚나무 8그루 → 32   ㄴ = 벚나무 3그루 → 12   ㄷ = 벚나무 3그루 → 12

ㄹ = 소나무 4그루 → 48   ㅁ = 소나무 5그루 = 60

따라서 정답은 ㄹ, ④번이다.

🔒 답 ④

기타형(고난도)-03 [5급 11-37]

다음 〈그림〉은 다양한 직급의 구성원으로 이루어진 어느 회사의 개인 간 관계를 도식화한 것이며, '관계 차별성'은 〈정의〉와 같이 규정된다. 아래 직급의 조합 중, A와 C의 관계 차별성과 B와 D의 관계 차별성이 같은 것은?

✓ 자료

─┤그림├─

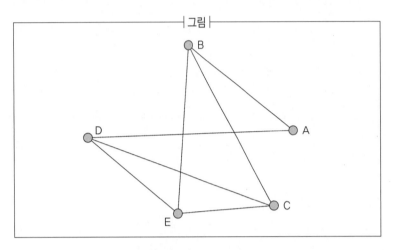

※ 점 A~E는 개인을 나타내며, 하나의 직선은 하나의 직접적인 관계를 의미함.

─┤정의├─

- 관계 차별성: 두 개인이 공통적으로 직접적인 관계를 맺고 있는 사람(들)의 직급 종류 수
  - 예를 들어 P, Q, R, S 4명으로 구성된 조직의 개인 간 관계가 다음과 같을 때, P와 Q의 관계 차별성은 1임.

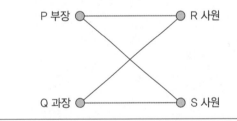

	A	B	C	D	E
①	부장	차장	사원	사원	과장
②	과장	과장	차장	부장	부장
③	과장	사원	부장	사원	과장
④	사원	과장	부장	과장	차장
⑤	사원	과장	과장	차장	사원

해당 자료의 저작권은 메가피셋 김은기 강사에게 있습니다.

관점 적용하기

목적: A와 C / B와 D의 관계 차별성이 같다.

관계 차별성 = 공통 관계를 맺은 사람들의 직급 종류수

A와 C의 관계 차별성 → A와 C가 공통 관계를 맺은 사람 = B와 D → B와 D의 직급수

B와 D의 관계 차별성 → B와 D가 공통 관계를 맺은 사람 = A와 C와 E → A와 C와 E의 직급수

관계차별성	A와 C → B와 D의 직급수	B와 D → A와 C와 E의 직급수
①	2(차장, 사원)	3(부장, 사원, 과장)
②	2(과장, 부장)	3(과장, 차장, 부장)
③	1(사원)	2(과장, 부장)
④	1(과장)	3(사원, 부장, 차장)
⑤	2(과장, 차장)	2(사원, 과장)

관계 차별성이 같은 경우는 ⑤뿐이므로 정답은 ⑤이다.

답 ⑤

🔅 기타형(고난도)-04 [5급 15-36]

다음 〈표〉는 어느 대학의 재학생 및 교원 현황에 관한 자료이다. 〈환산교수 수 산정 규정〉을 적용하여 이 대학의 2014학년도 2학기 환산교수 1인당 학생 수를 소수점 아래 첫째 자리까지 구하면?

✓ 자료

〈표 1〉 2014학년도 2학기 재학생 현황

(단위: 명)

구분	재학생 수
학부	310
대학원	60

※ 1) 환산교수 1인당 학생 수 = $\dfrac{\text{가중치 적용 재학생 수}}{\text{환산교수 수}}$

   2) 가중치 적용 재학생 수 = 학부 재학생 수 + (대학원 재학생 수 × 1.5)

〈표 2〉 교원 현황

(단위: 학점)

교원	2014학년도 강의학점		구분	학력	전문 자격증
	1학기	2학기			
A	3	3	전임교수	박사	–
B	6	3	시간강사	박사수료	–
C	0	3	전임교수	박사	회계사
D	3	6	시간강사	석사	–
E	3	3	초빙교수	박사	–
F	6	3	전임교수	박사	–
G	3	0	전임교수	박사	–
H	3	3	시간강사	박사수료	변호사
I	3	0	명예교수	박사	–
J	6	3	초빙교수	석사	–
K	6	3	시간강사	박사수료	회계사
L	3	3	시간강사	석사	변리사

┤환산교수 수 산정 규정├

• 전임교수인 경우
  – 학력, 전문자격증 보유 및 강의학점에 관계없이 1로 계산
• 전임교수가 아닌 경우
  (1) 직전학기와 해당학기의 두 학기 강의학점 합계가 9학점 이상이고, 박사수료 또는 박사학위를 갖고 있는 자는 1로 계산
  (2) (1)을 만족하지 못하면서 다음의 a) 또는 b)에 해당하는 자는 다음과 같이 계산
     a) 겸임교수, 명예교수, 석좌교수, 초빙교수
     b) 직전학기와 해당학기 각각 3학점 이상 강의하는 전문자격증(회계사, 변호사, 변리사) 소지자

해당학기 강의학점 수	환산교수 수
0 ~ 5	$\dfrac{\text{해당학기 강의학점 수}}{6}$
6 이상	1

• 위에 해당하지 않는 경우는 0으로 계산

① 40.0 　　　② 45.0

③ 50.0 　　　④ 53.3

⑤ 57.1

관점 적용하기

목적: 2학기 환산교수 1인당 학생수 = $\dfrac{\text{가중치 적용 재학생 수}}{\text{환산교수 수}}$

가중치 적용 재학생 수 = $310 + 60 \times 1.5 = 400$

환산교수 수

조건 1 = 전임교수 여부, 조건 2 = 9학점 이상 + 박사 수료 or 박사 학위, 조건 3 조건만족 + 각학기 3학점 이상 강의

	조건 1 만족여부	조건 2 만족여부	조건 3 만족여부
A	O	–	–
B	X	O	–
C	O	–	–
D	X	X	X
E	X	X	O(3)
F	O	–	–
G	O	–	–
H	X	X	O(3)
I	X	X	X
J	X	X	O(3)
K	X	O	–
L	X	X	O(3)
합계	4	2	12/6

환산교수 수 = 8 따라서, 2학기 환산교수 1인당 학생수 = 50으로 정답은 ③이다.

답 ③

해당 자료의 저작권은 메가피셋 김은기 강사에게 있습니다.

기타형(고난도)-05 [5급 19-10]

다음 〈표〉는 '갑'국 축구 국가대표팀 코치(A ~ F)의 분야별 잠재능력을 수치화한 것이다. 각 코치가 맡은 모든 분야를 체크(∨)로 표시할 때, 〈표〉와 〈조건〉에 부합하는 코치의 역할 배분으로 가능한 것은?

✓ 자료

〈표〉 코치의 분야별 잠재능력

코치＼분야	체력	전술	수비	공격
A	18	20	18	15
B	18	16	15	20
C	16	18	20	15
D	20	16	15	18
E	20	18	16	15
F	16	14	20	20

| 조건 |

- 각 코치는 반드시 하나 이상의 분야를 맡는다.
- 코치의 분야별 투입능력 = $\dfrac{\text{코치의 분야별 잠재능력}}{\text{코치가 맡은 분야의 수}}$
- 각 분야별로 그 분야를 맡은 모든 코치의 분야별 투입 능력 합은 24 이상이 어야 한다.

①

코치＼분야	체력	전술	수비	공격
A	∨	∨		∨
B		∨	∨	
C	∨			
D		∨	∨	
E	∨			∨
F			∨	∨

②

코치＼분야	체력	전술	수비	공격
A		∨		
B		∨	∨	∨
C	∨		∨	
D	∨	∨		∨
E	∨			∨
F			∨	

③

코치＼분야	체력	전술	수비	공격
A		V	V	
B				V
C	V	V		V
D	V		V	
E		V		V
F	V		V	

④

코치＼분야	체력	전술	수비	공격
A		V	V	
B		V		V
C			V	
D	V			V
E	V		V	V
F	V	V		

⑤

코치＼분야	체력	전술	수비	공격
A	V			V
B				V
C	V	V	V	
D		V	V	V
E	V			
F		V	V	

💡 **관점 적용하기**

목적: 조건을 모두 만족하는 코치 배분
조건: 각 분야의 투입능력의 합이 24 (투입능력의 합 = 코치들의 투입능력의 합)
코치가 많은 분야를 맡고 있을수록 투입능력이 낮아지므로 코치들의 투입능력의 합이 24보다 낮을 확률이 높다.
①번 선지를 예로 들면 다음과 같다.

체력	전술	수비	공격
A/3 + C/1 + E/2	A/3 + B/2 + D/2	B/2 + D/2 + F/2	A/3 + E/2 + F/2

이중 24보다 낮을 확률이 높은 분야는 전술과 공격이다. 따라서 전술과 공격부터 확인한다. → 전술 = 20/3+16/2+16/2 = 24↓
②번: 24보다 낮을 확률이 높은 분야: 공격 = 20/3 + 18/3 + 15/2 = 24↓
③번: 24보다 낮을 확률이 높은 분야: 체력 = 16/3 + 20/2 + 16/2 = 24↓
④번: 24보다 낮을 확률이 높은 분야: 체력 = 20/2 + 20/3 + 16/2 = 24↑ 공격 = 20/2 + 18/2 + 15/3 = 24
⑤번: 24보다 낮을 확률이 높은 분야: 전술 = 18/3 + 16/3 + 14/2 = 24↓
따라서 ④번을 제외한 나머지 번호는 모두 24↓가 존재한다. 따라서 정답은 ④이다.

답 ④

해당 자료의 저작권은 메가피셋 김은기 강사에게 있습니다.

기타형(고난도)-06 [5급 20-13]

다음 〈표〉와 〈그림〉은 연필 생산 공장의 입지 결정을 위한 자료이다. 이 자료를 이용하여 총운송비를 최소로 할 수 있는 연필공장의 입지 지점을 고르면?

✓ 자료

〈표〉 연필 생산을 위한 원재료량과 공급에 필요한 운송비

구분	나무	흑연	연필
연필 1톤 생산에 필요한 양(톤)	3	2	–
1톤당 운송비(천원/km·톤)	2	5	2

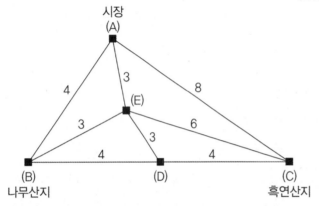

〈그림〉 공장 입지 후보지 간 거리

(단위: km)

※ 1) 연필을 만드는 데는 나무와 흑연이 모두 필요함.
  2) 원재료 운송비는 산지에서 공장으로 공급하는 운송비만을 고려함.
  3) 최종제품인 연필의 운송비는 공장에서 시장으로 공급하는 운송비만을 고려함.
  4) 총운송비 = 원재료 운송비 + 연필 운송비

① A
② B
③ C
④ D
⑤ E

💡 관점 적용하기

목적: 총운송비를 최소화하는 연필공장 입지

총운송비 = 원재료 운송비 + 연필 운송비

	나무	흑연	연필
운송거리 1km당 운송비	$3 \times 2 = 6$	$2 \times 5 = 10$	$1 \times 2 = 2$

운송거리: 나무와 흑연은 산지에서 공장까지, 연필은 공장에서 시장까지

손해를 본다는 입장에서 살펴보자.

흑연산지에서 1km 멀어지면 흑연의 운송비 때문에 10만큼의 손해를 본다.

나무산지에서 1km 멀어지면 나무의 운송비 때문에 6만큼의 손해를 본다.

시장에서 1km 멀어지면 연필의 운송비 때문에 2만큼의 손해를 본다.

따라서, 시장에서 멀어지는 것은 크게 중요하지 않으나, 흑연산지나 나무산지에서 멀어지는 것은 큰 손해가 생길 수 있다.

특히, 흑연산지에서 멀어지면 매우 큰 손해를 본다.

→ 가능한 후보지 흑연산지에서 가까워야함. 추가적으로 나무산지에서도 가까우면 좋음 → C와 D

C의 손해: 6×8(나무) + 2×8(연필) = 64   D의 손해: 10×4(나무) + 6×4(나무) + 2×6(연필) = 76

손해가 더 적은 것은 C이므로 공장의 입지는 C이므로 정답은 ③이다.

답 ③

기타형(고난도)-07 [5급 15-35]

다음 〈표〉와 〈그림〉은 '갑'공장의 재료 매입 실적 및 운반비 관련 자료이다. 이를 이용하여 톤당 산지가격을 계산할 때 A ~ E 중 톤당 산지가격이 가장 높은 재료는?

✓ 자료

〈표〉 '갑'공장의 재료 매입 실적

(단위: 톤, 만원)

재료	매입량	총 매입가격	산지
A	200	10,800	가
B	100	5,300	나
C	200	12,800	다
D	200	11,600	가
E	100	5,100	라

※ 재료의 총 매입가격 = (톤당 산지가격 + 톤당 운반비) × 매입량(톤)

〈그림 1〉 '갑'공장과 재료 산지 간 운반경로 및 거리

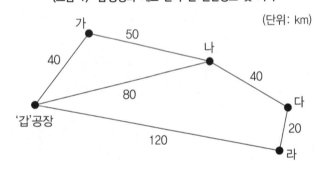

(단위: km)

※ 주어진 경로로만 운반할 수 있음.

〈그림 2〉 최단거리별 재료의 톤당 운반비

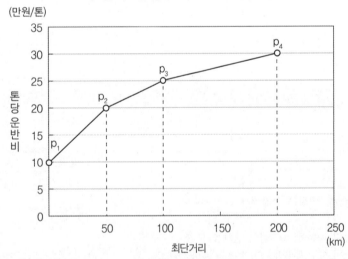

※ 1) $\overline{p_1p_2}$, $\overline{p_2p_3}$, $\overline{p_3p_4}$ 는 각각 직선임.
   2) 톤당 운반비는 재료의 산지로부터 '갑'공장까지의 운반경로의 최단거리를 위 그림에 적용하여 결정함.

① A   ② B
③ C   ④ D
⑤ E

관점 적용하기

목적: 톤당 산지가격 = 톤당 매입가격 - 톤당 운반비

(※ 톤당 매입가격 = 재료의 총 매입가격 / 매입량)

톤당 운반비는 최단거리에 의해 결정되며, 〈그림 2〉에 의해 거리가 멀수록 운반비가 늘어난다.

	A	B	C	D	E
톤당 매입가격	54	53	64	58	51
최단거리	가(40)	나(80)	다(120)	가(40)	라(120)

톤당 산지가격이 높기 위해서는 톤당 매입가격이 높을수록, 톤당 운반비(최단거리)가 작을수록 높아진다.
(〈그림 2〉를 보면, 톤당 운반비는 최단거리에 의해 결정되기 때문)

따라서, A와 D중에서는 D의 톤당 산지가격이 높으며, C와 E중에는 C가 톤당 산지가격이 더 높다.

또한 B와 D중에서는 D의 톤당 산지가격이 높다.

따라서 C와 D만 정확하게 계산하면 충분하다.

$$C = 64 - [25+5 \times \frac{20}{100}] = 64 - 26 = 38 \quad D = 58 - [10+10 \times \frac{40}{50}] = 58 - 18 = 40$$

($5 \times \frac{20}{100}$의 뜻은 x값이 100증가할 때, y값이 5증가하므로, 100중에 20만 증가했을 때 y값의 증가를 의미함.)

($10 \times \frac{40}{50}$의 뜻은 x값이 50증가할 때, y값이 10증가하므로, 50중에 40만 증가했을 때 y값의 증가를 의미함.)

따라서 톤당 산지가격은 D가 가장 높으므로 정답은 ④이다.

답 ④

기타형(고난도)-08 [5급 08-18]

표준 업무시간이 80시간인 업무를 각 부서에 할당해 본 결과, 다음과 같은 ⟨표⟩를 얻었다. 어느 부서의 업무효율이 가장 높은가?

⟨표⟩ 부서별 업무시간 분석결과

부서명	투입인원 (명)	개인별 업무시간 (시간)	회 의	
			횟수(회)	소요시간(시간/회)
A	2	41	3	1
B	3	30	2	2
C	4	22	1	4
D	3	27	2	1
E	5	17	3	2

※ 1) 업무효율 = $\dfrac{\text{표준 업무시간}}{\text{총 투입시간}}$

2) 총 투입시간은 개인별 투입시간의 합임.
   개인별 투입시간 = 개인별 업무시간 + 회의 소요시간
3) 부서원은 업무를 분담하여 동시에 수행할 수 있음.
4) 투입된 인원의 개인별 업무능력과 인원당 소요시간이 동일하다고 가정함.

① A
② B
③ C
④ D
⑤ E

✓ 자료

관점 적용하기

목적: 업무효율 = 표준업무시간 / 총 투입시간

표준업무시간은 80시간으로 고정됐으므로, 총 투입시간만 생각하면 된다.

총 투입시간 = 투입입원 × 개인별 투입시간 = 투입입원 × (개인별 업무시간 + 회의 소요시간)

개인의 업무시간과 회의로 소비한 업무시간 중에 개인이 소비한 업무시간이 훨씬 크기에 일단 개인이 소비한 업무시간에 집중하자.

A	B	C	D	E
2×(41+3) = 88	3×(30+4) = 102	4×(22+4) = 104	3×(27+2) = 87	5×(17+6) = 115

업무효율이 가장 높은 부서는 총 투입시간이 가장 적은 부서로 D이다. 따라서 답은 ④이다.

(※ 개인별 업무시간과 회의에 의한 업무시간 중 어느 시간이 더 큰 영향을 가질까?)

답 ④

기타형(고난도)-09 [7급 22-13]

다음 〈표〉와 〈조건〉은 공유킥보드 운영사 A ~ D의 2022년 1월 기준 대여요금제와 대여방식이고 〈보고서〉는 공유킥보드 대여요금제 변경 이력에 관한 자료이다. 〈보고서〉에서 (다)에 해당하는 값은?

〈표〉 공유킥보드 운영사 A ~ D의 2022년 1월 기준 대여요금제 (단위: 원)

구분＼운영사	A	B	C	D
잠금해제료	0	250	750	1,600
분당대여료	200	150	120	60

┤조건├
- 대여요금 = 잠금해제료 + 분당대여료 × 대여시간
- 공유킥보드 이용자는 공유킥보드 대여시간을 분단위로 미리 결정하고 운영사 A ~ D의 대여요금을 산정한다.
- 공유킥보드 이용자는 산정된 대여요금이 가장 낮은 운영사의 공유킥보드를 대여한다.

┤보고서├

　2022년 1월 기준 대여요금제에 따르면 운영사 (가)는 이용자의 대여시간이 몇 분이더라도 해당 대여시간에 대해 운영사 A ~ D 중 가장 낮은 대여요금을 제공하지 못하는 것으로 나타났다. 자사 공유킥보드가 1대도 대여되지 않고 있음을 확인한 운영사 (가)는 2월부터 잠금해제 이후 처음 5분간 분당대여료를 면제하는 것으로 대여요금제를 변경하였다.

　운영사 (나)가 2월 기준 대여요금제로 운영사 A ~ D의 대여요금을 재산정한 결과, 이용자의 대여시간이 몇 분이더라도 해당 대여시간에 대해 운영사 A ~ D 중 가장 낮은 대여요금을 제공하지 못하는 것을 파악하였다. 이에 운영사 (나)는 3월부터 분당대여료를 50원 인하하는 것으로 대여요금제를 변경하였다.

　그 결과 대여시간이 20분일 때, 3월 기준 대여요금제로 산정된 운영사 (가)와 (나)의 공유킥보드 대여요금 차이는 (다)원이다.

① 200

② 250

③ 300

④ 350

⑤ 400

✓ 자료

관점 적용하기

목적: (다)의 크기 = (가)와 (나)의 대여요금 차이

대여요금 = 초기비용(잠금해제료) + 추가비용(분당대여료)

〈보고서〉에 의하면 (가)와 (나)는 가장 낮은 요금을 제공하지 못하는 운영사를 의미한다.

해당 운영사를 찾기 위해 '극단'적 사고를 해보자.

극단적 사고 1) 대여시간이 극단적으로 짧은 경우 → 초기비용의 영향만 있고 추가비용의 영향이 없는 경우 = A가 가장 저렴하다.

극단적 사고 2) 대여시간이 극단적으로 긴 경우 → 초기비용의 영향이 없고 추가비용의 영향만 있는 경우 = D가 가장 저렴하다.

따라서, (가)와 (나)는 B 또는 C일 수 밖에 없다.

A와 B를 비교해보면 5분 이상 지났을 때, B가 더 저렴하게 된다.

A와 C를 비교해보면 약 9분 이상 지났을 때, C가 더 저렴하게 된다.

따라서 더 먼저 저렴해지는 B는 가장 낮은 요금을 제공하는 시간이 존재한다.

(가)가 5분간 분당대여료를 면제하여도 극단적 사고 1)과 극단적 사고 2)에는 변함이 없다. 따라서 → (가) = C, (나) = B

대여시간이 20분일 때 (가)와 (나)의 대여요금

20분 기준 (가, C) = 750 + 120×(20-5) = 750 + 1800 (※ 5분간 추가비용 면제)

20분 기준 (나, B) = 250 + (150-50)×20 = 250 + 2000 (※ 추가비용 50원 할인)

(가)와 (나)의 대여요금 차이는 300원 이므로 답은 ③이다.

답 ③

기타형(고난도)-10 [7급 22-21]

다음 〈표〉는 제품 A～E의 제조원가에 관한 자료이다. 제품 A～E 중 매출액이 가장 작은 제품은?

〈표〉 제품 A～E의 고정원가, 변동원가율, 제조원가율

(단위: 원, %)

제품 \ 구분	고정원가	변동원가율	제조원가율
A	60,000	40	25
B	36,000	60	30
C	33,000	40	30
D	50,000	20	10
E	10,000	50	10

※ 1) 제조원가 = 고정원가 + 변동원가

2) 고정원가율(%) = $\dfrac{\text{고정원가}}{\text{제조원가}} \times 100$

3) 변동원가율(%) = $\dfrac{\text{변동원가}}{\text{제조원가}} \times 100$

4) 제조원가율(%) = $\dfrac{\text{제조원가}}{\text{매출액}} \times 100$

① A

② B

③ C

④ D

⑤ E

✓ 자료

🔍 관점 적용하기

목적: 매출액 = $\dfrac{\text{제조원가}}{\text{제조원가율}}$

주어진 구분에는 제조원가는 주어지지 않았다.

하지만, 제조원가 = 고정원가 + 변동원가의 부분과 전체의 구조이므로, 고정원가와 변동원가를 이용하면 제조원가를 구할 수 있다.

고정원가율과 변동원가율은 서로 여집합 관계이므로, 고정원가율 = 100 − 변동원가율

	A	B	C	D	E
고정원가	60,000	36,000	33,000	50,000	10,000
고정원가율	60%	40%	60%	80%	50%
제조원가(전체)	100,000	90,000	55,000	62,500	20,000
제조원가율	25%	30%	30%	10%	10%

매출액은 제조원가율은 높을수록, 제조원가는 낮을수록 낮다. 따라서, C와 E만 비교하면 된다.

C = $\dfrac{55}{30}$ 이고 E = $\dfrac{20}{10}$ 이므로 C가 가장 작다.

답 ③

기타형(고난도)-11 [5급 16-35]

다음 〈정보〉와 〈표〉는 2014년 '부패영향평가' 의뢰기한 준수도 평가에 관한 자료이다. '갑'～'무' 기관을 평가한 결과 '무' 기관이 3위를 하였다면 '무' 기관의 G 법령안 '부패영향평가' 의뢰일로 가능한 날짜는?

┤ 정보 ├

- 각 기관은 소관 법령을 제정·개정하기 위하여 법령안을 제출하여 '부패영향평가'를 의뢰한다.
- 각 기관의 '부패영향평가' 의뢰기한 준수도는 각 기관이 의뢰한 법령안들의 의뢰시기별 평가점수 평균이고, 순위는 평가점수 평균이 높은 기관부터 순서대로 부여한다.
- 법령안의 의뢰시기별 평가점수
  - 관계기관 협의일 이전: 10점
  - 관계기관 협의일 후 입법예고 시작일 이전: 5점
  - 입법예고 시작일 후 입법예고 마감일 이전: 3점
  - 입법예고 마감일 후: 0점

〈표 1〉 2014년 '갑'～'무' 기관의 의뢰시기별 '부패영향평가' 의뢰 현황

(단위: 건)

구분 / 기관	의뢰시기별 법령안 건수				합
	관계기관 협의일 이전	관계기관 협의일 후 입법예고 시작일 이전	입법예고 시작일 후 입법예고 마감일 이전	입법예고 마감일 후	
갑	8	0	12	7	27
을	40	0	6	0	46
병	12	8	3	0	23
정	24	3	20	3	50
무	( )	( )	( )	( )	7

※ 예) '갑' 기관의 '부패영향평가' 의뢰기한 준수도:

$$\frac{(8건 \times 10점) + (0건 \times 5점) + (12건 \times 3점) + (7건 \times 0점)}{27} = 4.30$$

관점 적용하기

목적: G 법령안의 의뢰일로 가능한 날짜는? 단, 무가 3위이다.

무가 3위라는 것은 의뢰기한 준수도가 무보다 높은 법령안이 2개 뿐이라는 것을 의미한다.

따라서 무를 제외하고 의뢰기한 준수도가 높은 3개의 법령안을 찾고, '무'가 2위와 3위안에 들어가도록 만들면 된다.

평가점수는 10점, 5점, 3점, 0점으로 구성되며, 이것은 가중 평균으로 생각할 수 있다.

점수가 높을수록 넘치는 역할, 점수가 낮을수록 부족한 역할을 하게 된다.

따라서, 점수가 가장 높은 관계기관 협의일 이전의 비중이 높을수록 의뢰기한 준수도가 높을 것으로 예상이 가능하다.

즉, 1등 =을, 2,3등 = 병 or 정을 생각할 수 있다.

병 = (12×10 + 8×5 + 3×3) / 23 ≒ 7.3, 정 = (24×10 + 3×5 + 20×3) / 50 ≒ 6.3

따라서, 무는 6.3~7.3사이의 값이므로, 법령안 A~G의 평가점수의 합계는 44(6.3×7)~51(7.3×7)이다.

법령안 G를 제외한 나머지 법령안은 각각 5점(A), 5점(B), 10점(C), 10점(D), 3점(E) 3점(F)이므로 총 36점이다.

따라서, 법령안 G는 10점이여야만 하므로 정답은 ①이다.

답 ①

기타형(고난도)-12 [5급 14-01]

다음 〈표〉와 〈그림〉은 소나무재선충병 발생지역에 대한 자료이다. 이를 이용하여 계산할 때, 고사한 소나무 수가 가장 많은 발생지역은?

✓ 자료

〈표〉 소나무재선충병 발생지역별 소나무 수

(단위: 천그루)

발생지역	소나무 수
거제	1,590
경주	2,981
제주	1,201
청도	279
포항	2,312

〈그림〉 소나무재선충병 발생지역별 감염률 및 고사율

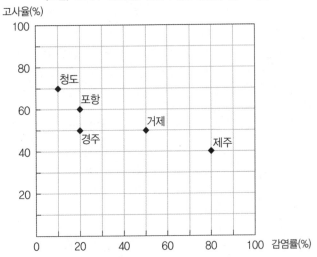

※ 1) 감염률(%) = $\dfrac{\text{발생지역의 감염된 소나무 수}}{\text{발생지역의 소나무 수}} \times 100$

2) 고사율(%) = $\dfrac{\text{발생지역의 고사한 소나무 수}}{\text{발생지역의 감염된 소나무 수}} \times 100$

① 거제
② 경주
③ 제주
④ 청도
⑤ 포항

💡 관점 적용하기

목적: 고사한 소나무 수 = 소나무 수 〈표〉 × 감염률 〈그림〉 × 고사율 〈그림〉 → 〈표〉 × 〈그림〉의 사각형 넓이 가장 많을 수 없는 지역부터 제거를 하면 청도는 쉽게 제거가 가능하다.

	거제	경주	제주	청도(제거)	포항
〈표〉	1590	2981	1201	279	2312
넓이	25%	10%	32%	7%	12%

넓이가 가장 큰 제주를 기준으로 다른 지역을 소거해 보자.

제주를 3200×12%라고 생각하면 포항과 경주가 소거된다.

따라서, 제주와 거제만 비교해 보자.

제주 = 1201×32%, 거제 = 1590×25% → 사각테크닉을 이용해 보자.

제주 = 1201×7%, 거제 = 389×25% → 제주 = 400×21%, 거제 = 389×25% → 거제가 더 크다.

📗 ①

해당 자료의 저작권은 메가피셋 김은기 강사에게 있습니다.

기타형(고난도)-13 [5급 16-04]

영희가 다음의 〈규칙〉에 따라 아래의 〈그림〉을 작성하였을 때, 영희가 사용한 두 자연수 n과 m의 합을 구하면?

┤규칙├

- 원주를 (n − 1) 등분하여 '등분점'을 찍는다.
- '등분점' 중 임의의 한 점부터 반시계 방향으로 각 점에 순서대로 1, 2, …, n − 1의 번호를 붙인다.
- 임의의 '등분점' P를 선택해 P의 번호에 m을 곱한 수를 n으로 나눈 나머지를 구하여, 그 값을 번호로 가지는 '등분점'을 P의 '대응점'이라 한다.

  단, $2 \leq m \leq \dfrac{n}{2}$ 이다.
- 각 '등분점'과 그 '등분점'의 '대응점'을 선으로 연결한다.

┤그림├

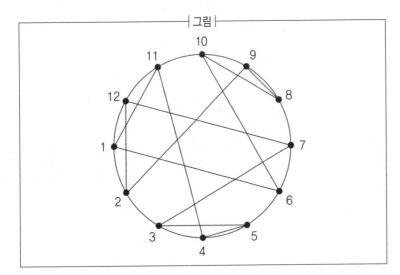

① 15
② 16
③ 17
④ 18
⑤ 19

관점 적용하기

목적: n+m

n 구하기: 원주를 n−1 등분하여 각 번호를 붙인다.

　　　　　원에 주어진 번호는 최대 12이므로, n−1=12 → n=13

m 구하기: P를 선택한 후 m을 곱하고 n으로 나눈 후 나머지로 선을 잇는다.

　　　　　P의 값을 1로 가정해보면, 1에 m을 곱하면 → m을 n으로 나눈 후에 나머지로 선을 잇는다.

　　　　　1에서 이어진 선은 6 또는 11이다.

　　　　　따라서, m은 6 또는 11이다.

　　　　　단, $2 \leq m < 6.5(n/2)$라고 하였으므로, m = 6이다.

n+m = 13+6 = 19이므로 답은 ⑤이다.

답 ⑤

기타형(고난도)-14 [5급 22-35]

다음 〈표〉는 A 지역 아파트 분양 청약 및 경쟁률에 관한 자료이다. 〈표〉와 〈청약 및 추첨 방식〉을 근거로 판단할 때, (가)에 해당하는 값은?

✓ 자료

〈표 1〉 A 지역 아파트 분양 청약 결과

(단위: 세대, 명)

택형	공급세대수	청약자 주소지	청약자수
84	100	A 지역	600
		인근지역	420
		기타지역	5,020
99	200	A 지역	800
		인근지역	440
		기타지역	4,840

〈표 2〉 A 지역 아파트 추첨 단계별 경쟁률

(단위: 세대)

택형	공급세대수	단계	경쟁률
84	100	1단계	30
		2단계	(가)
		3단계	100
99	200	1단계	(나)
		2단계	30
		3단계	50

※ (해당 단계) 경쟁률 = $\dfrac{(해당\ 단계)\ 추첨\ 대상\ 청약자수}{(해당\ 단계)\ 당첨자수}$

┤ 청약 및 추첨 방식 ├

- 청약자는 한 개의 택형에만 청약이 가능함.
- 청약자 주소지에 의해 'A 지역', '인근지역', '기타지역'으로 접수됨.
- 84택형과 99택형의 추첨 방식은 동일함.
- 다음 단계에 따라 택형별 당첨자를 뽑음.
  - (1단계) 'A 지역' 청약자 중 해당 택형 공급세대수의 (다)%를 뽑은 후,
  - (2단계) 1단계에서 당첨되지 않은 'A 지역' 청약자와 '인근지역' 청약자 중 해당 택형 공급세대수의 (라)%를 뽑고,
  - (3단계) 마지막으로 1~2단계에서 당첨되지 않은 청약자와 '기타지역' 청약자 중 해당 택형의 남은 공급세대수만큼 당첨자를 뽑음.

① 20   ② 50
③ 60   ④ 75
⑤ 80

답 ②

관점 적용하기

목적: (가)의 값은?

추첨방법은 아래와 같다.

1) A지역 청약자에서 전체 중 일부(다) 선발한다.

2) A지역 + 인근지역 청약자에서만 일부 선발한다.

3) A지역 + 인근지역+ 기타지역 청약자에서 일부 선발한다.

1단계 → 84택형, 청약자 600, 경쟁률 30 → 20세대 선발 → (다) = 100세대 중 20세대이므로 20%
　　　 → (다)가 20%이므로, 99택형은 40세대 선발

2단계 → 99택형, 청약자 (800+440), 이 중 40세대는 1단계에서 선발 됐으므로, 총 청약자 = 1200, 경쟁률 30
　　　 → 40세대 선발

　　(라) = 200세대 중 40세대이므로 20%

　　　 → (라)가 20%이므로, 84택형은 20세대 선발. 따라서, 84택형의 2단계의 경쟁률은 1000/20 = 50이다.

따라서, (가)의 값은 50이고, 답은 ②이다.

답 ②

기타형(고난도)-15 [5급 17-17]

식물학자 '갑'은 2016년 2월 14일 A지역에 위치한 B지점에 X식물을 파종하였다. 다음 〈조건〉과 〈표〉를 근거로 산정한 X식물의 발아예정일로 옳은 것은?

✓ 자료

┤조건├

- A지역 기온측정 기준점의 고도는 해발 110m이고, B지점의 고도는 해발 710m이다.
- A지역의 날씨는 지점에 관계없이 동일하나, 기온은 고도에 의해서 변한다. 지점의 고도가 10m 높아질 때마다 기온은 0.1℃씩 낮아진다.
- 발아예정일 산정방법
  1) 파종 후, 일 최고기온이 3℃ 이상인 날이 연속 3일 이상 존재한다.
  2) 1)을 만족한 날 이후, 일 최고기온이 0℃ 이하인 날이 1일 이상 존재한다.
  3) 2)를 만족한 날 이후, 일 최고기온이 3℃ 이상인 날이 존재한다.
  4) 발아예정일은 3)을 만족한 최초일에 6일을 더한 날이다. 단, 1)을 만족한 최초일 다음날부터 3)을 만족한 최초일 사이에 일 최고기온이 0℃ 이상이면서 비가 온 날이 있다면 그 날 수만큼 발아예정일이 앞당겨진다.

〈표〉 2016년 A지역의 날씨 및 기온측정 기준점의 일 최고기온

날짜	일 최고기온(℃)	날씨	날짜	일 최고기온(℃)	날씨
2월 15일	3.8	맑음	3월 6일	7.9	맑음
2월 16일	3.3	맑음	3월 7일	8.0	비
2월 17일	2.7	흐림	3월 8일	5.8	비
2월 18일	4.0	맑음	3월 9일	6.5	맑음
2월 19일	4.9	흐림	3월 10일	5.3	흐림
2월 20일	5.2	비	3월 11일	4.8	맑음
2월 21일	8.4	맑음	3월 12일	6.8	맑음
2월 22일	9.1	맑음	3월 13일	7.7	흐림
2월 23일	10.1	맑음	3월 14일	8.7	맑음
2월 24일	8.9	흐림	3월 15일	8.5	비
2월 25일	6.2	비	3월 16일	6.1	흐림
2월 26일	3.8	흐림	3월 17일	5.6	맑음
2월 27일	0.2	흐림	3월 18일	5.7	비
2월 28일	0.5	맑음	3월 19일	6.2	흐림
2월 29일	7.6	맑음	3월 20일	7.3	맑음
3월 1일	7.8	맑음	3월 21일	7.9	맑음
3월 2일	9.6	맑음	3월 22일	8.6	흐림
3월 3일	10.7	흐림	3월 23일	9.9	맑음
3월 4일	10.9	맑음	3월 24일	8.2	흐림
3월 5일	9.2	흐림	3월 25일	11.8	맑음

① 2016년 3월 7일 ② 2016년 3월 8일
③ 2016년 3월 19일 ④ 2016년 3월 27일
⑤ 2016년 3월 29일

관점 적용하기

목적: X식물의 발아예정일은?

발아예정일은 〈조건〉의 1)~4)에 따라 결정된다.

〈조건〉을 보면 최고기온을 기준으로 한 조건들로 구성된다.

발문에 의하면 X식물은 B지점(해발고도 710m)에 파종됐고, 주어진 〈표〉는 A지역(해발고도 110)에 대한 정보이다.

따라서, 〈표〉의 온도는 B지점에 비해 6℃가 더 높다.

즉, 〈조건〉의 온도를 모두 6℃씩 더 높게 만들어서 생각하자.

1) 최고 기온이 9℃ 이상인 날이 연속 3일 → 3월 2일 ~ 3월 4일

2) 3월 4일 이후 6℃ 이하인 날 → 3월 10일

3) 3월 10일 이후 9℃ 이상인 날 → 3월 23일

4) 3월 23일에서 6일을 추가로 더한다. 3월 4일 이후부터

    단, 6℃ 이상이면서, 비 오는 날 수만큼 뺀다. 3월 7일, 3월 15일 2번 존재하므로 4일만 추가로 더한다.

따라서, 3월 23일 + 4일 = 3월 27일이다. → 정답은 ④이다.

답 ④

기타형(고난도)-16 [5급 15-20]

A씨는 서울사무소에서 출발하여 정부세종청사로 출장을 가려고 한다. 〈그림〉과 〈표〉는 서울사무소에서 정부세종청사까지의 이동경로와 이용 가능한 교통수단에 따른 소요시간 및 비용이다. 아래의 〈조건〉에 맞는 이동방법은?

✔ 자료

〈그림〉 이동경로 및 이용 가능 교통수단

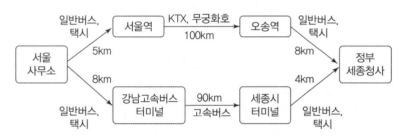

〈표〉 교통수단별 1 km당 소요시간 및 비용

교통수단	소요시간	비용
일반버스	5분/km	200원/km
택시	2분/km	1,500원/km
KTX	18초/km	300원/km
무궁화호	1분/km	150원/km
고속버스	1분/km	250원/km

┤조건├
- 총 교통비는 편도로 32,000원을 넘지 않아야 한다.
- 총 소요시간은 편도로 2시간 20분을 넘지 않아야 한다.
- 〈표〉에 주어진 교통수단별 소요시간과 비용 이외의 다른 소요시간과 비용은 고려하지 않는다.

① 택시를 타고 서울역으로 이동하여 무궁화호를 타고 오송역으로 이동 후 일반버스를 탄다.
② 일반버스를 타고 서울역으로 이동하여 무궁화호를 타고 오송역으로 이동 후 일반버스를 탄다.
③ 일반버스를 타고 서울역으로 이동하여 KTX를 타고 오송역으로 이동 후 일반버스를 탄다.
④ 일반버스를 타고 강남고속버스터미널로 이동하여 고속버스를 타고 세종시 터미널로 이동 후 택시를 탄다.
⑤ 택시를 타고 강남고속버스터미널로 이동하여 고속버스를 타고 세종시 터미널로 이동 후 택시를 탄다.

💡 관점 적용하기

목적: 조건을 만족하는 이동방법은?

KTX를 이용하는 경우 → 소요 시간: 1800초(30분), 비용: 30,000원

무궁화호를 이용하는 경우 → 소요 시간: 100분, 비용: 15,000원

고속버스를 이용하는 경우 → 소요 시간: 90분, 비용: 22,500원

KTX는 너무 많은 비용을 소모했으므로, 불가능하다.

따라서 남은 무궁화호와 고속버스를 비교해 보자.

무궁화호 → 비용은 저렴하나 시간이 긴편, 고속버스 → 비용은 비싸나 시간은 짧음

즉, 무궁화호는 시간이 짧은 것이 중요하고, 고속버스는 비용이 저렴한 것이 중요하다.

택시와 일반버스를 비교해보면,

택시는 비용은 비싸나 시간이 짧고, 일반버스는 비용은 저렴하나 시간이 긴 편이다.

주어진 제한 조건 비용 32,000원과 140분을 만족하기 위해서는 비용도 적당하고 시간도 적당해야 한다.

이것을 만족하기 위해서는 아마도 ① 일반버스 → 무궁화호 → 택시이거나 ② 일반버스 → 고속버스 → 택시여야 할 것이다.

따라서 정답은 ④이다.

※ ①과 ②의 소요시간과 비용

	일반버스	무궁화호, 고속버스	택시	합계
①	소요 시간: 25분 비용: 1,000원	소요 시간: 100분 비용: 15,000원	소요 시간: 16분 비용: 12,000원	소요 시간: 141분 비용: 28,000원
②	소요 시간: 40분 비용: 1,600원	소요 시간: 90분 비용: 22,500원	소요 시간: 8분 비용: 6,000원	소요 시간: 138분 비용: 30,100원

따라서 ②만 만족한다.

답 ④

V

배경지식형

PSAT이라는 시험은 어느정도 '상식'을 지녔다고 가정하고
문제를 제시하는 경우가 종종 있다.
그렇기에, 어느정도의 배경지식을 쌓아 놓을 필요가 있다.
특히 스포츠나, 속도와 연비에 대한 배경지식은
배경지식을 가지고 있느냐, 없느냐에 따라 난이도가 크게 나뉘는 소재이다.

1 속도와 연비

Q 속도란 무엇인가요?

속도란, 시간 대비 거리를 의미한다.

속도 = $\dfrac{거리}{시간}$

속도가 빠르다는 것은,

동일한 거리를 더 짧은 시간이 걸리거나, 혹은 동일한 시간에 더 먼 거리를 가는 것이다.

속도가 느리다는 것은,

동일한 거리를 더 오랜 시간이 걸리거나, 혹은 동일한 시간에 더 짧은 거리를 가는 것이다.

속도에 대한 기준 숫자는 2가지이다.

1) 60Km/h → 1시간에 60km를 간다. = 1분에 1km를 간다.

2) 36Km/h → 1시간에 36km를 간다. = 1분에 600m를 간다. = 1초에 10m를 간다.

2가지 기준 숫자를 통해서 다른 속도를 변형하여 생각 할 수 있다.

예를 들어, 40km/h가 있다면, 첫 번째 기준숫자인 60km의 2/3배이다.

따라서, 1시간에는 40km를 가고, 1분에는 2/3km를 간다.

예를 들어, 72km/h가 있다면, 첫 번째 기준 숫자인 36km의 2배이다.

따라서, 1시간에는 72km를 가고, 1초에는 20m를 간다.

Q 속도는 문제에서 어떻게 나오나요?

일반적으로 출발지와 목적지는 정해져 있다. (= 거리는 정해져 있다.)

그렇기에, 시간에 대해서 물어보거나, 속도에 대해서 물어본다.

만약, 속도에 대한 정보를 준다면 시간을, (시간 = $\dfrac{거리}{속도}$)

만약, 시간에 대한 정보를 준다면 속도를, (속도 = $\dfrac{거리}{시간}$)

Q 연비란 무엇인가요?

연비란, 연료소모량 대비 거리를 의미한다.

연비 = $\dfrac{거리}{연료소모량}$

연비가 좋다는 것은,

동일한 거리를 더 적은 연료로 가거나, 혹은 동일한 연료로 더 긴거리를 가는 것이다.

연비가 나쁘다는 것은,

동일한 거리를 더 많은 연료로 가거나, 혹은 동일한 연료로 더 짧은 거리를 가는 것이다.

Q 연비는 문제에서 어떻게 나오나요?

일반적으로 출발지와 목적지는 정해져 있다. (= 거리는 정해져 있다.)

그렇기에, 연비에 대해서 물어보거나, 연료소모량에 대해서 물어본다.

만약, 연비에 대한 정보를 준다면 연료소모량을, (연료소모량 = $\dfrac{거리}{연비}$)

만약, 연료소모량에 대한 정보를 준다면 연비를, (연비 = $\dfrac{거리}{연료소모량}$)

특히나, 연비에 관한 문제는 단순히 연비로 끝나지 않고 연료비용까지 확장된다.

여기서 연료비용 = 연료소모량 × 연료 단가(1L당 연료가격)으로 구성된다.

만약, 연료비용에 대해서 물어본다면, 연료소모량을 구해야하므로, 연료소모량 = $\dfrac{거리}{연비}$ 을 이용해서

연료비용을 구하자.

(연료비용 = $\dfrac{거리}{연비}$ × 연료 단가(1L당 연료가격))

해당 자료의 저작권은 메가피셋 김은기 강사에게 있습니다. **419**

배경지식형(속도와 연비)-01 [5급 10-12]

다음 〈표〉는 승완이가 A지점에서 B지점을 거쳐 C지점으로 갈 때 각 경로의 거리와 주행속도를 나타낸 것이다. 승완이가 오전 8시 정각에 A지점을 출발해서 B지점을 거쳐 C지점으로 갈 때, 이에 대한 〈보기〉의 설명 중 옳은 것을 모두 고르면?

✔ 자료

〈표〉 구간별·시간대별 각 경로의 거리와 주행속도

구간	경로	주행속도(km/h)		거리(km)
		출근 시간대	기타 시간대	
A→B	경로 1	30	45	30
	경로 2	60	90	
B→C	경로 3	40	60	40
	경로 4	80	120	

※ 출근 시간대는 오전 8시부터 오전 9시까지이며, 그 이외의 시간은 기타 시간대임.

┤보기├

ㄱ. C지점에 가장 빨리 도착하는 시각은 오전 9시 정각이다.
ㄴ. C지점에 가장 늦게 도착하는 시각은 오전 9시 20분이다.
ㄷ. B지점에 가장 빨리 도착하는 시각은 오전 8시 40분이다.
ㄹ. 경로 2와 경로 3을 이용하는 경우와, 경로 1과 경로 4를 이용하는 경우 C지점에 도착하는 시각은 동일하다.

① ㄱ, ㄷ
② ㄱ, ㄹ
③ ㄴ, ㄷ
④ ㄴ, ㄹ
⑤ ㄷ, ㄹ

해당 자료의 저작권은 메가피셋 김은기 강사에게 있습니다.

관점 적용하기

ㄱ. (O) C지점에 가장 빨리 도착하기 위해서는 속도가 빠른 경로 2와 경로 4를 이용해야 한다.

경로 2는 60km/h으로 30km이므로 8시 30분 도착 경로 4도 80km/h으로 40km이므로, 9시 00분 도착

ㄴ. (X) C지점에 가장 늦게 도착하기 위해서는 속도가 느린 경로 1와 경로 3를 이용해야 한다.

경로 1는 30km/h으로 30km이므로 9시 00분 도착 경로 3도 60km/h으로 40km이므로, 9시 40분 도착

ㄷ. (X) 경로 2는 60km/h으로 30km이므로 8시 30분 도착

ㄹ. (O) 경로 2는 60km/h으로 30km이므로 8시 30분 도착 경로 3는 40km/으로 40km이다. 그러므로 1시간이 걸린다.

그러나, 시간이 9시가 되면, 기타시간대로 변경되므로, 경로 3에서 20km는 40km/h로 남은 20km는 60km로 주행한다.

따라서, 9시 20분 도착

경로 1는 30km/h으로 30km이므로 9시 00분 도착 경로 4는 120km/으로 40km이므로 9시 20분 도착

답 ②

⁂ 배경지식형(속도와 연비)-02 [민16-22]

다음 〈표〉는 지점 A～E의 지점 간 주행 가능한 도로 현황 및 자동차 '갑'과 '을'의 지점 간 이동정보이다. 〈표〉와 〈조건〉에 근거한 설명으로 옳은 것은?

✓ 자료

〈표 1〉 지점 간 주행 가능한 도로 현황

(단위: km)

출발지점 ＼ 도착지점	B	C	D	E
A	200	*	*	*
B	–	400	200	*
C	*	–	*	200
D	*	*	–	400

※ 1) *는 출발지점에서 도착지점까지 주행 가능한 도로가 없음을 의미함.
　2) 지점 간 주행 가능한 도로는 1개씩만 존재함.

〈표 2〉 자동차 '갑'과 '을'의 지점 간 이동정보

자동차	출발		도착	
	지점	시각	지점	시각
갑	A	10:00	B	( )
	B	( )	C	16:00
을	B	12:00	C	16:00
	C	16:00	E	18:00

※ 최초 출발지점에서 최종 도착지점까지 24시간 이내에 이동함을 가정함.

┤ 조건 ├

• '갑'은 A → B → C, '을'은 B → C → E로 이동하였다.
• A → B는 A지점에서 출발하여 다른 지점을 경유하지 않고 B지점에 도착하는 이동을 의미한다.
• 이동시 왔던 길은 되돌아갈 수 없다.
• 평균속력은 출발지점부터 도착지점까지의 이동거리를 소요시간으로 나눈 값이다.
• 자동차의 최고속력은 200 km/h이다.

① '갑'은 B지점에서 13:00 이전에 출발하였다.
② '갑'이 B지점에서 1시간 이상 머물렀다면 A → B 또는 B → C 구간에서 속력이 120 km/h 이상인 적이 있다.
③ '을'의 경우, B → C 구간의 평균속력보다 C → E 구간의 평균속력이 빠르다.
④ B → C 구간의 평균속력은 '갑'이 '을'보다 빠르다.
⑤ B → C → E 구간보다 B → D → E 구간의 거리가 더 짧다.

🔎 관점 적용하기

① (X) 주어진 것은 최고속력 뿐이다. B지점에서 C지점을 가는데 2시간보다 긴 시간이 필요할 뿐이다. 즉, 14:00 이전에 출발하였다.

② (O) 1시간을 머무르면 총 5시간의 운행을 하였다. 총거리가 600km이고 5시간을 운행하였으므로, 평균 속력은 120km/h이다.

평균 개념에 의해, 무조건 120km/h 이상의 속력이 존재한다.

③ (X) 을의 B→C구간의 거리는 400km 시간은 4시간
을의 C→E구간의 거리는 200km 시간은 2시간
따라서, 평균 속력은 같다.

④ (X) 갑의 B→C구간의 시간을 알지 못해, 평균속력을 알 수 없다.

⑤ (X) 두 구간의 거리는 모두 600km로 같다.

🄳 ②

해당 자료의 저작권은 메가피셋 김은기 강사에게 있습니다.

배경지식형(속도와 연비)-03 [입 16-17]

다음 〈표〉는 45km 떨어진 A, B 두 지점 사이의 평균속도를 기준으로 과속차량을 단속하는 구간단속시스템에서 얻은 자료이다. 〈정보〉를 참고하여 이에 대한 〈보기〉의 설명 중 옳은 것을 모두 고르면?

☑ 자료

〈표〉 자동차별 지점 A, 지점 B 통과시각

구분	지점 A 통과시각	지점 B 통과시각
자동차 1	9:50 am	10:20 am
자동차 2	9:52 am	10:19 am
자동차 3	9:53 am	10:26 am
자동차 4	9:54 am	10:30 am

┤ 정보 ├

- 지점 A를 당일 오전 9:50에서 오전 9:55 사이에 통과하고 지점 B를 당일 오전 10:30 이전에 통과한 자동차들은 〈표〉의 자동차들 뿐이다.
- 이 구간에서의 법정 최고속도는 90km/h이고, 최저 시속 제한은 없다.
- 이 구간단속시스템에 의해 평균속도가 90km/h 초과로 측정될 경우 과속범칙금이 부과된다.
- 이 자료를 제외하고는 이 구간에서의 다른 과속 단속 자료나 장비는 없다.
- 두 지점 사이에서는 진입, 이탈이 불가능하다.

┤ 보기 ├

ㄱ. 〈표〉에 의하면 기록된 네 자동차 중 과속범칙금 부과대상이 있다.
ㄴ. 〈표〉에 기록된 네 자동차 중 과속범칙금 부과대상이 아닌 자동차들은 해당 구간에서 법정 최고속도를 넘긴 적이 없다.
ㄷ. 지점 A를 당일 오전 9:50에서 오전 9:55 사이에 통과하였지만 〈표〉에 기록되지 않은 자동차는 과속범칙금 부과대상이 되지 않는다.

① ㄱ
② ㄴ
③ ㄱ, ㄴ
④ ㄱ, ㄷ
⑤ ㄴ, ㄷ

ㄱ. (O) 자동차 2의 경우 45km 구간을 30분보다 짧은 시간에 지나갔으므로, 평균속도가 90km/h를 넘겨 과속범칙금을 부과 받는다.

ㄴ. (X) 평균의 개념을 생각해보면, 알 수 없다.

ㄷ. (O) 평균 속도 90km/h를 넘기 위해서는 30분보다 짧아야 한다.

그러나 주어진 〈정보〉와 〈가정〉에 따르면,

가정: A지점 통과시간은 09:50~09:55 사이, 〈정보〉: B지점 통과시간이 10:30이전에 통과한 차는 〈표〉뿐이다.

즉, A지점(출발점)은 09:50~09:55에 통과했고, B지점(도착지점)은 10:30를 넘어갔다.

즉, 아무리 적은 시간이 걸려도 35분 이상의 시간이 걸린다.

따라서, 주어진 조건은 30분보다 긴 시간이 걸리므로, 평균 속도 90km/h를 넘을 순 없다.

답 ④

배경지식형(속도와 연비)-04 [5급 18-31]

다음 〈그림〉과 〈표〉는 '갑'시에서 '을'시로의 이동에 대한 자료이다. 이와 다음 〈계산식〉을 적용하여 이동방법 A, B, C를 이동비용이 적은 것부터 순서대로 나열하면?

✓ 자료

〈그림〉 '갑' → '을' 이동방법 A, B, C의 경로

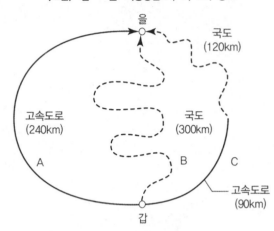

〈표〉 '갑' → '을' 이동방법별 주행관련 정보

구분 \ 이동방법	A	B	C	
이용도로	고속도로	국도	고속도로	국도
거리(km)	240	300	90	120
평균속력(km/시간)	120	60	90	60
주행시간(시간)	2.0	( )	1.0	( )
평균연비(km/L)	12	15	12	15
연료소비량(L)	( )	20.0	7.5	( )
휴식시간(시간)	1.0	1.5	0.5	0.5
통행료(원)	8,000	0	5,000	0

┤계산식├

- 이동비용 = 시간가치 + 연료비 + 통행료
- 시간가치 = 소요시간(시간) × 1,500(원/시간)
- 소요시간 = 주행시간 + 휴식시간
- 연료비 = 연료소비량(L) × 1,500(원/L)

① A, B, C
② B, A, C
③ B, C, A
④ C, A, B
⑤ C, B, A

💡 관점 적용하기

주어진 자료의 빈칸을 채우면 다음과 같다.

구분 \ 이동방법 이용도로	A 고속도로	B 국도	C 고속도로	C 국도
거리(km)	240	300	90	120
평균속력(km/시간)	120	60	90	60
주행시간(시간)	2.0	(5.0)	1.0	(2.0)
평균연비(km/L)	12	15	12	15
연료소비량(L)	(20.0)	20.0	7.5	(8.0)
휴식시간(시간)	1.0	1.5	0.5	0.5
통행료(원)	8,000	0	5,000	0

따라서, 비용은 다음과 같다.

A → 시간: 2.0+1.0, 연료소모량: 20 → 23.0×1,500 + 8,000 = 42,500

B → 시간: 5.0+1.5, 연료소모량: 20 → 26.5×1,500 = 39,750

C → 시간: 1.0+2.0+0.5+0.5, 연료소모량: 7.5+8.0 → 19.5×1,500 + 5,000 = 34,250 → C, B, A순이다.

답 ⑤

배경지식형(속도와 연비)-05 [5급 09-14]

다음 〈표〉는 A, B, C, D 4대의 자동차별 속성과 연료 종류별 가격에 관한 자료이다. 다음 중 옳지 않은 것은?

〈표 1〉 자동차별 속성

특성 자동차	사용연료	최고시속 (km/h)	연비 (km/ℓ)	연료탱크용량 (ℓ)	신차구입 가격 (만원)
A	휘발유	200	10	60	2,000
B	LPG	160	8	60	1,800
C	경유	150	12	50	2,500
D	휘발유	180	20	45	3,500

〈표 2〉 연료 종류별 가격

연료 종류	리터당 가격(원/ℓ)
휘발유	1,700
LPG	1,000
경유	1,500

※ 1) 자동차의 1년 주행거리는 20,000 km임.
2) 필요경비 = 신차구입가격 + 연료비
3) 이자율은 0 %로 가정하고, 신차구입은 일시불로 함.

① 10년을 운행하면 A자동차의 필요경비가 D자동차의 필요경비보다 적다.
② 연료탱크를 완전히 채웠을 때 추가 주유 없이 가장 긴 거리를 운행할 수 있는 것은 D자동차이다.
③ B자동차로 500 km를 운행하기 위해서는 운행 중간에 적어도 한번 주유를 하여야 한다.
④ 동일한 거리를 운행하는데 연료비가 가장 많이 드는 차는 A자동차이다.
⑤ 자동차 구입 시점부터 처음 1년 동안의 필요경비가 가장 적은 차량은 B자동차이고 가장 많은 차는 D자동차이다.

✓ 자료

관점 적용하기

① (X) 10년간의 필요경비 A: $2,000$만 $+ \dfrac{200000}{10} \times 1,700 = 5,400$만 D: $3,500$만 $+ \dfrac{200000}{20} \times 1,700 = 5,200$만 A가

   D보다 많다.

② (O) 운행 거리 = 연비 × 연료탱크용량이다. 따라서, D가 900km로 가장 크다.

③ (O) B의 경우 $8 \times 60 = 480$km이므로 연료를 주유해야 한다.

④ (O) km당 비용 = $\dfrac{\text{리터당 가격}}{\text{연비}}$ 이다. A는 $\dfrac{1700}{10} = 170$원으로 가장 크다.

⑤ (O) 1년간의 필요경비

   A: $2,000$만 $+ 340$만 $= 2,340$만,

   B: $1,800$만 $+ 250$만 $= 2,050$만,

   C: $2,500$만 $+ 250$만 $= 2,750$만

   D: $3,500$만 $+ 170$만 $= 3,670$만

   B가 가장 저렴하고 D가 가장 비싸다.

답 ①

해당 자료의 저작권은 메가피셋 김은기 강사에게 있습니다.

배경지식형(속도와 연비)-06 [5급 22-02]

다음 〈표〉는 A ~ E 지점을 연이어 주행한 '갑' ~ '병' 자동차의 구간별 연료 소모량 및 평균 속력에 관한 자료이다. 이에 대한 〈보기〉의 설명 중 옳은 것만을 모두 고르면?

✔ 자료

〈표〉'갑' ~ '병' 자동차의 구간별 연료 소모량 및 평균 속력

(단위: km, L, km/h)

자동차 (연료)		갑 (LPG)		을 (휘발유)		병 (경유)	
구분 구간	거리	연료 소모량	평균 속력	연료 소모량	평균 속력	연료 소모량	평균 속력
A → B	100	7.0	100	5.0	100	3.5	110
B → C	50	4.0	90	3.0	100	2.0	90
C → D	70	5.0	100	4.0	90	3.0	100
D → E	20	2.0	100	1.5	110	1.5	100
전체	240	18.0	( )	13.5	( )	10.0	( )

※ 1) L당 연료비는 LPG 1,000원, 휘발유 1,700원, 경유 1,500원임.

2) 주행 연비(km/L) = $\dfrac{\text{주행 거리}}{\text{연료 소모량}}$

┤보기├

ㄱ. 전체 구간 주행 시간은 '병'이 가장 길다.
ㄴ. 전체 구간 주행 연료비는 '을'이 가장 많고, '병'이 가장 적다.
ㄷ. 전체 구간 주행 연비는 '병'이 가장 높고, '갑'이 가장 낮다.
ㄹ. '갑'의 A → B 구간 주행 연비는 '을'의 B → C 구간 주행 연비보다 높다.

① ㄱ, ㄴ
② ㄱ, ㄷ
③ ㄴ, ㄷ
④ ㄷ, ㄹ
⑤ ㄴ, ㄷ, ㄹ

🌟 관점 적용하기

ㄱ (X) 전체 구간 주행 시간 = 각각의 주행시간들의 합

(※ 속력 = $\dfrac{거리}{시간}$ 이므로, 가중평균의 2가지 요소인 높이는 속력으로 주어졌으나 밑변인 시간이 없기에 사용 불가능하다.)

따라서, 병을 기준으로 주행시간을 살펴보자. 속력이 빠를수록 주행시간은 짧다.

병과 갑을 비교해서 보면 A→B구간은 병의 속력이 더 빠르고, 나머지 구간은 속력이 모두 같다.

따라서, 주행 시간이 가장 길 수 없다.

ㄴ (O) 전체 구간 연료비 = 전체 연료소모량 × L당 연료비

갑: 18×1,000, 을: 13.5×1,700 → 13.5×1.7×1000 , 병 = 10.0×1,500 → 15×1000

→ 을이 가장 많고, 병이 가장 적다.

ㄷ (O) 전체 구간 주행 연비: $\dfrac{전체\ 주행거리}{전체\ 연료소모량}$

전체 주행거리는 모두 동일하므로, 연료소모량만 비교하자.

→ 연료소모량이 많을수록 연비가 안좋고, 연료소모량이 적을수록 연비가 높다.

따라서, 연료소모량이 가장적은 병의 연비가 가장 좋고, 연료소모량이 가장 많은 갑의 연비가 가장 낮다.

ㄹ (X) 주행 연비: $\dfrac{주행거리}{연료소모량}$

'갑'의 A→B 구간 주행 연비: $\dfrac{100}{7}$ '을'의 B→C 구간 주행 연비: $\dfrac{50}{3} = \dfrac{100}{6}$

→ 을의 구간 주행 연비가 더 높다.

📘 답 ③

배경지식형(속도와 연비)-07 [5급 16-36]

다음 〈표〉는 A ~ C 차량의 연료 및 경제속도 연비, 연료별 리터당 가격에 관한 자료이다. 〈조건〉을 적용하였을 때, A ~ C 차량 중 두 번째로 높은 연료비가 소요되는 차량과 해당 차량의 연료비를 바르게 나열한 것은?

〈표 1〉 A ~ C 차량의 연료 및 경제속도 연비

(단위: km/L)

차량 \ 구분	연료	경제속도 연비
A	LPG	10
B	휘발유	16
C	경유	20

※ 차량 경제속도는 60 km/h 이상 90 km/h 미만임.

〈표 2〉 연료별 리터당 가격

(단위: 원/L)

연료	LPG	휘발유	경유
리터당 가격	1,000	2,000	1,600

──── | 조건 | ────

• A ~ C 차량은 모두 아래와 같이 각 구간을 한 번씩 주행하고, 각 구간별 주행속도 범위 내에서만 주행한다.

구간	1구간	2구간	3구간
주행거리(km)	100	40	60
주행속도(km/h)	30 이상 60 미만	60 이상 90 미만	90 이상 120 미만

• A ~ C 차량의 주행속도별 연비적용률은 다음과 같다.

차량	주행속도(km/h)	연비적용률(%)
A	30 이상 60 미만	50.0
	60 이상 90 미만	100.0
	90 이상 120 미만	80.0
B	30 이상 60 미만	62.5
	60 이상 90 미만	100.0
	90 이상 120 미만	75.0
C	30 이상 60 미만	50.0
	60 이상 90 미만	100.0
	90 이상 120 미만	75.0

※ 연비적용률이란 경제속도 연비 대비 주행속도 연비를 백분율로 나타낸 것임.

	차량	연료비
①	A	27,500원
②	A	31,500원
③	B	24,500원
④	B	35,000원
⑤	C	25,600원

✓ 자료

답 ②

해당 자료의 저작권은 메가피셋 김은기 강사에게 있습니다.

관점 적용하기

연료소모량 $= \dfrac{\text{주행거리}}{\text{경제속도연비} \times \text{연비적용률}(\%)}$ 는 다음과 같다.

	1구간	2구간	3구간	총
A	20	4	7.5	31.5
B	10	2.5	5	17.5
C	10	2	4	16

연료비 = 소모량 × 연비는 다음과 같다.

	연료소모량	연비	연료비
A	31.5	1000	31,500
B	17.5	2000	35,000
C	16	1600	25,600

따라서, 연료소모량이 두 번째로 높은 차량은 A이고, A의 연료비는 31,500원이다.

답 ②

2 스포츠형

Q 경기의 결과

첫 번재로 알아야 할 것은 스포츠의 결과가 어떻게 나뉘는 지에 대해서 생각해야 한다.
스포츠의 결과는 2가지로 나뉜다.
1) 승패가 나뉜 경우 → 누군가가 승리를 한다면, 누군가는 패배를 한다.
  따라서, 승패가 나뉘게 된다면 전체 결과로 생각한다면,
  전체 승리 경기 수가 1개 늘어날 때, 전체 패배 수도 1개 늘어난다.
  → 전체 승리 경기 수 = 전체 패배 경기 수

2) 무승부인 경우 → 무승부는 혼자 할 수 없다. 같이 무승부를 한다.
  따라서, 경기 결과가 무승부로 확정이 된다면, 무승부 경기가 1개 늘어날 때, 무승부 경기수가 1개 늘어난다.
  → 따라서 전체 무승부 경기 수는 2의 배수(짝수)로 나와야 한다.

Q 득점과 실점

스포츠에서 두 번째로 알아야 할 것은 득점과 실점에 대한 이야기이다.
득점과 실점은, 승패가 나뉜 것과 같다.
누군가가 승리를 하면, 누군가가 패배를 하듯이, 누군가가 득점을 하면 누군가는 실점을 한다.
따라서, 득점수의 합 = 실점수의 합으로 구성된다.

Q 경기의 종류

스포츠 경기는 크게 토너먼트와 리그전으로 나뉜다.

토너먼트 → 경기에서 지면 떨어진다!

여러 편이 겨루면서 경기를 할 때마다 진 편은 떨어져 나가고 마지막으로 남은 두 편이 우승을 다투는 경기 방식.

승자 진출전.

전체 경기 수: 참가팀 - 1 (Why? 1경기당 1팀씩 떨어지니까)

리그전 → 경기에서 져도 안떨어진다!

하나의 팀이 다른 모든팀과 경기를 치루는 형태

팀당 경기 수: 참가팀 - 1 (Why? 자기 자신과는 경기 못하니까)

전체 경기 수: [참가팀 × (참가팀 - 1)] / 2 (Why? 한 경기에 두팀이 참여하니까)

승점제: 승리팀, 패배팀, 무승부팀에게 각각 승점을 부여하는 경기 방식

알아두면 편한 승점제

① 승리: 2점, 무승부: 1점 패배: 0점 (승패 → 승점 2점, 무무 → 승점 2점)

　→ 경기의 결과는 승패 또는 무무로 결정되기에, 전체 승점의 합 = 전체 경기 수 × 2

② 승리: 3점, 무승부: 1점 패배: -1점 (승패 → 승점 2점, 무무 → 승점 2점)

　→ 경기의 결과는 승패 또는 무무로 결정되기에, 전체 승점의 합 = 전체 경기 수 × 2

③ 승리: 3점, 무승부: 1점 패배: 0점 (승패 → 승점 3점, 무무 → 승점 2점)

　→ 승패가 갈린 경기 수: 전체 승점의 합 - 전체 경기 수 × 2

🔅 배경지식형(스포츠)-01 [5급 17-08]

다음 〈표〉는 축구팀 '가' ~ '다' 사이의 경기 결과이다. 이에 대한 〈보기〉의 설명 중 옳은 것만을 모두 고르면?

〈표〉 경기 결과

팀＼기록	승리 경기수	패배 경기수	무승부 경기수	총득점	총실점
가	2	( )	( )	( )	2
나	( )	( )	( )	4	5
다	( )	( )	1	2	8

※ 각 팀이 나머지 두 팀과 각각 한 번씩만 경기를 한 결과임.

┤보기├

ㄱ. '가'의 총득점은 8점이다.
ㄴ. '나'와 '다'의 경기 결과는 무승부이다.
ㄷ. '가'는 '나'와의 경기에서 3 : 2로 승리했다.
ㄹ. '가'는 '다'와의 경기에서 5 : 0으로 승리했다.

① ㄱ, ㄷ   ② ㄱ, ㄹ
③ ㄴ, ㄷ   ④ ㄴ, ㄹ
⑤ ㄴ, ㄷ, ㄹ

✓ 자료

해당 자료의 저작권은 메가피셋 김은기 강사에게 있습니다.

관점 적용하기

주어진 자료의 빈칸을 채우면 다음과 같다.

팀 \ 기록	승리 경기수	패배 경기수	무승부 경기수	총득점	총실점
가	2	(0)	(0)	(9)	2
나	(0)	(1)	(1)	4	5
다	(0)	(1)	1	2	8

가는 나와 다에게 승리하였고, 나와 다는 비겼다.

ㄱ. (X)

ㄴ. (O)

ㄷ. (O) 가와 나의 경기가 3:2라면, 가와 다의 경기는 6:0이고, 나와 다는 2:2이므로 모순이 없다.

ㄹ. (X) 가와 다의 경기는 6:0이므로 옳지 않다.

답 ③

배경지식형(스포츠)-02 [민 12-09]

다음 〈표〉는 어느 축구대회 1조에 속한 4개국(A ~ D)의 최종 성적을 정리한 자료이다. 이에 대한 설명 중 옳지 않은 것은?

〈표〉 1조의 최종 성적

구분	승	무	패	득점	실점	승점
A국	0	( )	2	1	4	1
B국	( )	1	( )	3	5	( )
C국	1	( )	1	3	( )	( )
D국	( )	1	0	4	0	( )

※ 1) 각 국가는 나머지 세 국가와 한 경기씩 총 세 경기를 하였음.
　 2) 국가별 승점 = 3 × 승리한 경기 수 + 1 × 무승부 경기 수 + 0 × 패배한 경기 수

① B국의 성적은 1승 1무 1패이다.
② 모든 국가는 각각 1무씩 거두었다.
③ D국은 2승을 거두었다.
④ C국의 실점은 2이다.
⑤ B국이 C보다 승점이 더 높다.

자료

관점 적용하기

주어진 자료의 빈칸을 채우면 다음과 같다.

구분	승	무	패	득점	실점	승점
A국	0	(1)	2	1	4	1
B국	(1)	1	(1)	3	5	(4)
C국	1	(1)	1	3	(2)	(4)
D국	(2)	1	0	4	0	(7)

① (O), ②(O), ③ (O), ④ (O), ⑤ (X)

답 ⑤

배경지식형(스포츠)-03 [5급 20-39]

다음 〈표〉는 Z 리그 A ~ G 족구팀의 경기 결과이다. 〈표〉와 〈조건〉에 근거한 〈보기〉의 설명 중 옳은 것만을 모두 고르면?

〈표〉 Z 리그 족구팀 세트 스코어와 최종 승점

구분 팀	1경기	2경기	3경기	4경기	5경기	6경기	승패	최종 승점
A	0 : 2	0 : 2	( )	( )	( )	0 : 2	2승 4패	6
B	2 : 1	2 : 0	0 : 2	1 : 2	0 : 2	1 : 2	2승 4패	7
C	1 : 2	2 : 0	0 : 2	2 : 1	2 : 0	2 : 1	4승 2패	11
D	2 : 0	1 : 2	2 : 0	2 : 0	2 : 0	2 : 1	5승 1패	15
E	( )	( )	1 : 2	0 : 2	( )	0 : 2	3승 3패	( )
F	0 : 2	0 : 2	2 : 0	2 : 0	2 : 0	2 : 0	4승 2패	12
G	1 : 2	2 : 0	0 : 2	0 : 2	0 : 2	1 : 2	1승 5패	5

※ 세트 스코어에서 앞의 수가 해당 팀이 획득한 세트 수임.

─┤ 조건 ├─

• 한 팀이 다른 모든 팀과 각각 1번씩 경기한다.
• 한 경기에서 2세트를 먼저 획득한 팀이 승리한다.
• 세트 스코어가 2 : 0인 경우 승리팀에 승점 3점 및 패배팀에 승점 0점을 부여하고, 세트 스코어가 2 : 1인 경우 승리팀에 승점 2점 및 패배팀에 승점 1점을 부여한다.
• 경기한 총 세트 수는 A와 G가 같다.

─┤ 보기 ├─

ㄱ. 모든 팀 최종 승점의 합은 60점 이상이다.
ㄴ. E가 승리한 경기의 세트 스코어는 모두 2 : 1이다.
ㄷ. A가 2 : 0으로 승리한 경기 수는 1개이다.

① ㄱ   ② ㄱ, ㄴ
③ ㄱ, ㄷ   ④ ㄴ, ㄷ
⑤ ㄱ, ㄴ, ㄷ

관점 적용하기

ㄱ. (O) 1경기의 결과로 발생할 수 있는 세트 스코어는 2:0 또는 2:1이다.

2:0의 경우 발생하는 승점은 승리팀 3점 패배팀 0점

2:1의 경우 발생하는 승점은 승리팀 2점 패배팀 1점

즉, 어떤 세트 스코어이건, 전체 승점은 3점이 상승된다. 7팀의 경기이므로 전체 21경기, 즉 전체 승점은 63점이다.

ㄴ. (O) E의 승점은 7점이고, 빈칸을 제외한 승점은 1점이다. 따라서, 빈칸을 통해서 총 6점의 승점을 얻어야 한다.

E의 승패는 3승 3패이므로, 남은 빈칸은 모두 승리여야 한다.

3승으로 6점을 얻을 수 있는 조건은 모두 2:1인 경우뿐이다.

ㄷ. (O) A의 승점은 6점이며, 빈칸을 제외한 승점은 0점이다.

따라서, 빈칸을 통해서 6점의 승점을 얻어야 한다. A의 승패는 2승 4패이므로, 남은 빈칸은 2승 1패이다.

2승 1패로 승점 6점을 얻을 수 있는 조건은

1) 2:0, 2:0, 0:2, 2) 2:0, 2:1, 1:2로 2가지 경우이다.

마지막 조건에 의하여 G와의 세트수가 같아야하므로, A의 승패는 2:0, 2:1, 1:2으로 구성된다.

답 ⑤

배경지식형(스포츠)-04 [입 17-08]

다음 〈표〉는 국제축구연맹(FIFA) 월드컵 본선방식 조정안에 대한 자료이다. 〈표〉와 〈정보〉에 근거하여 A~D에 해당하는 조정안을 바르게 나열한 것은?

✓ 자료

〈표〉 국제축구연맹(FIFA) 월드컵 본선방식 조정안

구분	참가팀	조별리그 방식	토너먼트
현행	32개팀	4개팀 8개조, 조별 상위 2팀이 16강 진출	16강, 8강, 4강, 결승
가	40개팀	4개팀 10개조, 조별 1위 10팀과 조별 2위 10팀 중 상위 6팀이 16강 진출	16강, 8강, 4강, 결승
나	40개팀	5개팀 8개조, 조별 상위 2팀이 16강 진출	16강, 8강, 4강, 결승
다	48개팀	3개팀 16개조, 조별 상위 2팀이 32강 진출	32강, 16강, 8강, 4강, 결승

※ 1) 각 팀이 같은 조에 소속된 다른 팀과 한 경기씩 치름.
  2) 단판승부이며, 순위전(3·4위전 등)은 없음.
  3) 조 내에서의 순위 및 조별 2위팀 간 순위는 추가 경기 없이 결정된다고 가정함.

┤ 정보 ├

구분	조별리그 경기수	토너먼트 경기수	총 경기수
A	( )	( )	79
B	48	( )	( )
C	( )	( )	75
D	( )	15	( )

	A	B	C	D
①	다	현행	가	나
②	나	현행	가	다
③	다	가	나	현행
④	나	현행	다	가
⑤	다	나	가	현행

답 ①

💡 관점 적용하기

주어진 자료의 빈칸을 채우면 다음과 같다.

조별 리그 경기수 = $_nC_2$, 토너먼트 경기수 = 참여 팀수(강수) − 1

구분	조별리그 경기수	토너먼트 경기수	총 경기수
현행	48	15	63
가	60	15	75
나	80	15	95
다	48	31	79

A = 다, B = 현행, C = 가, D = 나

답 ①

해당 자료의 저작권은 메가피셋 김은기 강사에게 있습니다.

배경지식형(스포츠)-05 [5급 12-40]

다음 〈조건〉, 〈그림〉, 〈경기 결과〉에 근거하여 A ~ C에 해당하는 팀 (나) ~ (라)를 바르게 연결한 것은?

┤조건├

- 가산점을 포함한 3개 종목의 획득 점수(종합 점수)가 가장 높은 팀이 종합 우승, 다음으로 높은 팀이 종합 준우승을 차지한다.
- 종합 점수가 같은 팀이 2개 이상일 때는 공동 수상한다.
- 각 종목별 경기에서 우승과 준우승은 1회의 토너먼트로 결정되며, 공동 우승과 공동 준우승은 없다.
- 경기종목은 축구, 야구, 농구 3개이며, 종목별 우승팀에게는 70점, 준우승팀에게는 50점의 점수가 주어진다.
- 경기에 참가한 (가) ~ (라)팀의 3개 종목 토너먼트 대진표는 동일하다.

〈그림〉 토너먼트 대진표

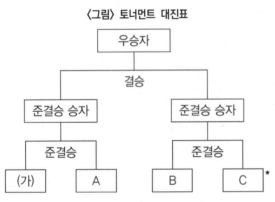

※ C * 에 배정된 팀에게 종목별로 10점의 가산점이 주어짐.

┤경기 결과├

- 두 종목 이상에서 우승한 팀은 없었다.
- (가)는 축구에서 우승하였다.
- (나)와 (다)는 야구에서 결승에 진출하였다.
- (라)는 농구에서 준우승하였다.
- (나)는 종합 우승하고 (다)와 (라)는 공동으로 종합 준우승하였다.

	A	B	C
①	(나)	(다)	(라)
②	(나)	(라)	(다)
③	(다)	(나)	(라)
④	(다)	(라)	(나)
⑤	(라)	(나)	(다)

관점 적용하기

마지막 조건을 보면 (다)와 (라)가 공동 종합 준우승하였다.
그것을 만족할 수 있는 점수의 경우의 수는 2번의 경기의 준우승을 통해서 50+50 = 100점
C의 배정된 후 1번의 우승을 통해서 30+70 = 100점이다.
따라서, C에는 (다) 또는 (라)가 배정되야 한다.
4번째 조건에 의하여, 라가 준우승 하였다고 하였으므로, C의 위치에는 (다)가 확정된다.
3번째 조건에 의하여, (나)와 (다)가 결승에서 만났으므로, (나)는 A에 위치에 확정된다.
따라서, A = (나) B = (라) C = (다)

답 ②

배경지식형(스포츠)-06 [5급 22-38]

다음 〈표〉는 A ~ J 팀으로만 구성된 '갑' 야구리그에 관한 자료이다. 이에 대한 내용으로 옳지 않은 것은?

✔ 자료

〈표 1〉 A ~ J 팀의 8월 15일 기준 순위 및 기록

순위	팀	전체 경기수	승수	패수	무승부수	승률(%)	승차	최근 연속 승패 기록	최근 10경 기 기록
1	A	99	61	37	1	62.24	0.0	3패	4승 6패
2	B	91	55	34	2	61.80	1.5	1패	6승 4패
3	C	98	54	43	1	55.67	6.5	1패	4승 6패
4	D	100	49	51	0	49.00	( )	1승	4승 6패
5	E	99	48	50	1	48.98	13.0	1패	8승 2패
6	F	97	46	51	0	47.42	14.5	1승	3승 7패
7	G	97	43	51	3	45.74	16.0	1승	6승 4패
8	H	96	43	52	1	45.26	16.5	3승	7승 3패
9	I	96	41	54	1	43.16	18.5	2승	4승 6패
10	J	95	38	55	2	40.86	20.5	2패	4승 6패

※ 1) 일자별 팀 순위 및 기록은 해당일 경기를 포함한 모든 경기결과를 반영한 값이며, 팀 순위는 승률이 높은 순서로 정함.

2) 각 팀은 최근 10일 동안 매일 한 경기씩 참여하였고, 매 경기는 시작 당일에 종료됨.

3) 승률(%) = $\dfrac{\text{승수}}{\text{승수 + 패수}} \times 100$

4) 승차 = $\dfrac{(\text{1위 팀 승수} - \text{해당 팀 승수}) - (\text{1위 팀 패수} - \text{해당 팀 패수})}{2}$

〈표 2〉 A ~ J 팀의 8월 16일 기준 최근 연속 승패 기록

팀	A	B	C	D	E	F	G	H	I	J
최근 연속 승패 기록	4패	1승	2패	2승	1승	2승	1패	4승	1패	3패

① 8월 15일 기준 D 팀의 승차는 13.0이다.

② 8월 5일 기준 승차 대비 8월 15일 기준 승차가 가장 많이 증가한 팀은 F이다.

③ 8월 12일 경기에서 A 팀이 승리하였다.

④ 8월 13일 기준 E 팀과 I 팀의 승차 합은 35.0이다.

⑤ 8월 15일 기준 최근 연속 승수가 가장 많은 팀과 최근 10경기 승률이 가장 높은 팀은 다르다.

관점 적용하기

① (O) 목적: 15일 기준 승차
승차 공식의 분자는 다음과 같다.
(1등 팀 승수 - 해당 팀 승수) - (1등 팀 패수 - 해당 팀 패수) → (1등 팀 승수 - 1등 팀 패수) - (해당 팀 승수 - 해당 팀 패수)
15일 기준 1등 팀의 승수 - 패수 = 61 - 37 = 24, 15일 기준 D팀의 승수 - 패수 = 49-51 = -2
따라서, 분자 = 24 - (-2) = 26이고, 분모가 2이므로 승차는 13.0이다.

② (O) 목적: 5일 대비 15일 기준 승차의 증가폭
승차 공식의 분자는 다음과 같다.
(1등 팀 승수 - 해당 팀 승수) - (1등 팀 패수 - 해당 팀 패수) → (1등 팀 승수 - 1등 팀 패수) - (해당 팀 승수 - 해당 팀 패수)
모든 팀에서 1등 팀의 변화는 동일하므로, 해당 팀의 승수 - 패수의 변화가 승차의 증가폭을 결정한다.
승차가 가장 많이 증가하기 위해서는 (해당 팀 승수 - 해당 팀 패수)가 작아져야 하므로 패수가 가장 많이 커져야 한다.
따라서 최근 10경기 기록에서 패수가 가장 많은 F의 승차가 가장 많이 증가한다.

③ (O) 목적: 12일 A팀의 승패 결과
A팀은 최근 연속 3패를 하였다. 따라서, 15일 = 패 14일 = 패 13일 = 패이다.
만약 12일 = 패라면 연속 패수가 4패여야 한다. 따라서, 12일은 승리이다.

④ (X) 목적: 13일 기준 E팀과 I팀의 승차의 합
13일을 기준으로 1등 팀부터 확인하자.
15일에 1등팀인 A의 경우 13일부터 15일까지 모두 패배만 하였는데도 여전히 1등이므로, 13일에도 A팀이 1등이다.
따라서 1등은 A팀, 13일 기준 A팀의 승수 = 61, 패수 = 35 → (1등 팀 승수 - 1등 팀 패수) = 26이다.
13일 기준 E팀의 승수 = 47, 패수 = 49 →(해당 팀 승수 - 해당 팀 패수) = -2
13일 기준 I팀의 승수 = 39, 패수 = 54 →(해당 팀 승수 - 해당 팀 패수) = -15
→ 승차를 정확히 계산하지 않아도, I팀의 분자 값이 홀수가 나오므로 35.0이 될 순 없다.
(※ 13일 기준 E팀의 승차 = [26-(-2)]/2 = 14, 13일 기준 I팀의 승차 = [26-(-15))/2 = 20.5, 둘의 합 = 34.5)

⑤ (O) 목적: 연속 승수와 최근 10경기 승률
연속 승수가 가장 많은 팀은 H이고, 최근 10경기에서 승수가 가장 많은 팀도 H이다.
따라서 둘은 같다.

답 ⑤

배경지식형(스포츠)-07 [5급 22-39]

다음 〈표〉는 A ~ J팀으로만 구성된 '갑' 야구리그에 관한 자료이다. 이에 대한 〈보기〉의 설명 중 옳은 것만을 모두 고르면?

✓ 자료

〈표 1〉 A ~ J팀의 8월 15일 기준 순위 및 기록

순위	팀	전체 경기수	승수	패수	무승부수	승률(%)	승차	최근 연속 승패 기록	최근 10경기 기록
1	A	99	61	37	1	62.24	0.0	3패	4승 6패
2	B	91	55	34	2	61.80	1.5	1패	6승 4패
3	C	98	54	43	1	55.67	6.5	1패	4승 6패
4	D	100	49	51	0	49.00	( )	1승	4승 6패
5	E	99	48	50	1	48.98	13.0	1패	8승 2패
6	F	97	46	51	0	47.42	14.5	1승	3승 7패
7	G	97	43	51	3	45.74	16.0	1승	6승 4패
8	H	96	43	52	1	45.26	16.5	3승	7승 3패
9	I	96	41	54	1	43.16	18.5	2승	4승 6패
10	J	95	38	55	2	40.86	20.5	2패	4승 6패

※ 1) 일자별 팀 순위 및 기록은 해당일 경기를 포함한 모든 경기결과를 반영한 값이며, 팀 순위는 승률이 높은 순서로 정함.

2) 각 팀은 최근 10일 동안 매일 한 경기씩 참여하였고, 매 경기는 시작 당일에 종료됨.

3) 승률(%) = $\dfrac{승수}{승수 + 패수} \times 100$

4) 승차 = $\dfrac{(1위\ 팀\ 승수 - 해당\ 팀\ 승수) - (1위\ 팀\ 패수 - 해당\ 팀\ 패수)}{2}$

〈표 2〉 A ~ J팀의 8월 16일 기준 최근 연속 승패 기록

팀	A	B	C	D	E	F	G	H	I	J
최근 연속 승패 기록	4패	1승	2패	2승	1승	2승	1패	4승	1패	3패

┤ 보기 ├

ㄱ. 8월 15일과 8월 16일 경기의 승패 결과가 동일한 팀은 5개이다.

ㄴ. 8월 16일 기준 7위 팀은 H이다.

ㄷ. 8월 16일 기준 승차가 음수인 팀이 있다.

ㄹ. 8월 16일 기준 4위 팀 승차와 5위 팀 승차는 동일하다.

① ㄱ, ㄹ
② ㄴ, ㄷ
③ ㄴ, ㄹ
④ ㄱ, ㄴ, ㄷ
⑤ ㄴ, ㄷ, ㄹ

관점 적용하기

ㄱ (X) 목적: 15일과 16일의 승패결과

15일과 16을의 승패가 같다면, 16일 기준 〈표 2〉의 연속 승패기록의 값이 최소한 2보다는 커야 한다.

따라서, A, C, D, F, H, J로 6팀이다. 따라서 옳지 않다.

ㄴ (O) 목적: H팀의 16일 순위

15일의 H팀의 순위는 8위이다. H팀이 7위가 되기 위해서는 15일 기준 7위인 G팀보다 승률이 높아져야 한다.

16일 H팀의 승수: 44승, 패수: 52패, G팀의 승수: 43승 패수: 52패, → H팀의 승률이 G팀보다 높아졌다.

따라서, H팀은 7위이다.

(※ 6위 이상부터는 15일 기준 2승 이상 차이나기 때문에 불가능하다.)

ㄷ (O) 목적: 승차가 음수

승차를 구하기 위해서는 우선 16일 기준 1등인 팀을 찾아야 한다.

16일 기준 1등이 될 있는 팀은 A팀 혹은 B팀이다. A팀과 B팀의 승률을 비교하자.(뺄셈테크닉 적용)

A팀($\frac{61}{38}$) B팀($\frac{56}{34}$) 기울기 테크닉으로 비교해보면, $\frac{61}{38} = \frac{56+5}{34+4}$, $\frac{56}{34} > \frac{5}{4}$이므로, B팀의 승률이 더 높다.

승차 공식의 분자는 다음과 같이 구성됐다.

(1등 팀 승수 - 해당 팀 승수) – (1등 팀 패수 - 해당 팀 패수) → (1등 팀 승수 - 1등 팀 패수) – (해당 팀 승수) – (해당 팀 패수)

즉, 1등팀의 (승-패)와 해당팀의 (승-패)를 비교하는 것이 승차 공식의 분자이다.

B팀의 (승-패)는 22이다. 혹시 B팀보다 (승-패)의 값이 더 큰 팀이 있다면, 그 승차가 음수가 가능하다.

A팀의 (승-패)는 23이다. 따라서, A팀의 승차는 음수이다.

※ 승차가 음수가 나오기 위한 숨겨진 조건은 '경기수'이다. 1등보다 경기수가 많아야만 승률이 낮아도, 승-패의 값이 더 클 수 있다.

ㄹ (O) 목적: 승차

승차 공식의 분자는 다음과 같다.

(1등 팀 승수 - 해당 팀 승수) – (1등 팀 패수 - 해당팀 패수) → (1등 팀 승수 - 1등 팀 패수) – (해당 팀 승수) – (해당 팀 패수)

따라서, 1등이 누구인지와 무관하게 오직 해당 팀의 (승-패)값이 같다면 승차는 동일하다.

16일 기준 4위팀과 5위팀은 D와 E일 것이다. 16일 기준 D의 승-패: 50-51 = -1, E의 승-패: 49-50 = -1

따라서 D와 E의 승-패가 같으므로 승차도 같다.

답 ⑤

해당 자료의 저작권은 메가피셋 김은기 강사에게 있습니다.

PSAT 자료통역사의 통하는 자료해석 ③권 전략편

초판발행 | 2023년 1월 5일
편 저 자 | 김은기
발 행 처 | 오스틴북스
등록번호 | 제 396-2010-000009호
주   소 | 경기도 고양시 일산동구 백석동 1351번지
전   화 | 070-4123-5716
팩   스 | 031-902-5716

정   가 | 33,000원
I S B N | 979-11-88426-58-4(13320)

이 책 내용의 일부 또는 전부를 재사용하려면
반드시 오스틴북스의 동의를 얻어야 합니다.